常熟文博论丛

（第一辑）

常熟博物馆　编

文物出版社

图书在版编目（CIP）数据

常熟文博论丛．第一辑 / 常熟博物馆编．—北京：文物出版社，2023.6
ISBN 978-7-5010-7906-3

Ⅰ.①常… Ⅱ.①常… Ⅲ.①文物工作—常熟—文集②博物馆—工作—常熟—文集 Ⅳ.①K872.533.04-53②G269.275.33-53

中国国家版本馆 CIP 数据核字（2023）第 014748 号

常熟文博论丛（第一辑）

编　　者：常熟博物馆

封面题字：吕济民
封面设计：陶元骏
责任编辑：窦旭耀
责任印制：王　芳

出版发行：文物出版社
社　　址：北京市东城区东直门内北小街 2 号楼
邮　　编：100007
网　　址：http:// www.wenwu.com
经　　销：新华书店
印　　刷：宝蕾元仁浩（天津）印刷有限公司
开　　本：880mm × 1230mm　1/16
印　　张：17
版　　次：2023 年 6 月第 1 版
印　　次：2023 年 6 月第 1 次印刷
书　　号：ISBN 978-7-5010-7906-3
定　　价：160.00 元

《常熟文博论丛》编辑委员会

目　录

虞山文化研究

馆藏掇英

考古与文物

博物馆学研究

倪云林常熟友人小考

李 烨*

内容提要：倪瓒一生交游广泛，经常往来于常熟、无锡之间，与常熟陈氏、缪氏、朱氏、曹氏、虞氏、徐氏等文化世家交往密切，形成了一个好友圈。他们在一起进行艺术交流、诗文唱和、切磋学问，为推动地方文化互动与发展做出了贡献。本文从方志邑乘和乡邦文献入手，梳理出倪瓒交友的相关线索，为研究元代艺术史提供依据。

关键词：倪瓒　黄公望　元四家　虞山林壑图

倪瓒（1301—1374），初名倪珽，字泰宇，别字元镇，号云林子、荆蛮民、幻霞子，江苏无锡人，元末明初画家、诗人，与黄公望、吴镇、王蒙并称"元四家"。因爱洁成癖，又有倪迂之称，与黄公望之"痴"异曲同工。无锡与常熟近邻，倪瓒在常熟有许多同道挚友，他们在一起切磋画艺，谈心论道，诗词往来，乐此不疲，形成了一个好友圈。

陈 珝

《虞山林壑图》是倪瓒一幅描绘常熟虞山风景的名画。该画为立轴，纸本水墨。纵94.6、横34.9厘米，现收藏于美国大都会博物馆（图一）。

《虞山林壑图》于倪瓒去世前两年完成，表达了作者对隐逸生活的享受和满足。柔和的干笔冷漠超然，内敛自持。宁静清亮的画面使之成为作者晚年尽悟人生、安于现实的精品之一。画首有倪瓒自题五言诗：

> 陈蕃悬榻处，徐孺过门时。甘冽言游井，荒凉虞仲祠。看云聊弄翰，把酒更题诗。此日交欢意，依依去后思。

这首诗收录在倪瓒的《清閟阁集》中，也被《海虞文征》等常熟文献收录，标题为《过虞山陈适庵处士》。有跋云："辛亥十二月十三日，访伯琬高士，因写虞山林壑并题五言，以记来游。倪瓒。"[1]辛亥年是洪武四年（1371），十二月实际上公历已经进入1372年，所以这幅应作于1372年。从题跋来看这幅画的起因是倪瓒受友人伯琬高士之邀，赴常熟而作。伯琬是一位深居简出的有德之士。

南宋时期，政治、经济、文化重心南移，江南成为中心，大量移民纷纷迁入。常熟物产丰饶，风景秀美，许多人来此安家定居。陈元大，字孔硕，福建侯官（今福州）人，是宋代名儒陈襄后裔，南宋嘉熙二年（1238）进士，任浙江温州教授，人称北山先生。南宋末年，陈元大来常熟旅游，被常熟的风土人情深深吸引，遂在东塔寺西置屋，落户常熟，成为常熟陈氏始祖。邑志有传。陈元大生有二子，次子震，字仲升。邑志中称"慷慨大节当时，世业儒术，有德门之目"。据清光绪三十三年（1907）陈星涵纂《陈氏家乘》卷七记录：陈震育有二子，长子谱名天瑞，大名陈珝，字伯琬，号适庵。隐居不仕，居常熟城中清河桥。次子谱名天珍，大名陈珪，一作圭，字伯珪，号耆庵。因居邑之东偏河西宅，是河西陈氏始祖。《氏族志》中称："书摹米氏，山水自成一家。尝云画者，无声诗也，写自家意思而已。"[2]其子陈允文，能诗善写生。《重修常昭合志》中有关陈氏兄弟的记载："洪武初，长乡赋，诣京，夜拒奔女；邑有朱虾蟆者，将肆掠，伯珪与兄伯琬，纠众擒之。兼善山水。"[3]陈珝有一子陈毖，又名陈庄，字公所，号樵云，是明初邑人吴讷的老师。陈氏以读书诗礼传家，在明代人才辈出，成为常熟名门望族。明景泰六年（1455）八月，吴讷在为陈氏后代陈德容写《陈氏族谱后题》称陈氏"世业儒术，规重矩叠，律唱吕和，奕奕载德。"[4]

* 李烨，常熟图书馆研究馆员。

倪瓒画中所提到的伯琬即是陈珝。由于陈珝“隐居不仕”，事迹罕见，邑志中没有其他文字提及。林大同《范轩集》卷十一有代陈珝撰《祭弟陈伯举文》，时间为明洪武十三年（1380）五月，则陈珝约去世于洪武、永乐年间。

这次常熟之行倪瓒登虞山寻古探幽览胜，穿小巷在言子旧宅、仲雍祠前徘徊叹息。这幅画画面简约，近景为萧疏的林木，中景一片留白，为静水，远景为枯淡的山石。意境荒寒、幽远，有一种空疏之美，虞山秋冬景色跃于纸上。

倪瓒画并题《虞山林壑图》时间上已在黄公望去世之后，而黄公望也画有《虞山林壑图》，清代常熟画家王翚曾临摹黄公望的《虞山林壑图》。如今黄氏《虞山林壑图》已湮没无存，我们只能从珍藏在常熟博物馆的清代王翚画《虞山林壑图》中领略黄画的意境（图二）。

图一 元·倪瓒《虞山林壑图》轴，美国大都会博物馆藏

图二 清·王翚《虞山林壑图》轴，常熟博物馆藏

周南老父子

倪瓒与周南老父子交往最多也最深。周南老（1301—1383），原名南，字正道，自号拙逸老人。邑志记载其祖周兴裔，字克振，道州人（今湖南道县），是宋代著名理学家周敦颐四世孙。周兴裔以和州观察使扈跸南渡，建炎三年（1129）特授武功大夫，权两浙淮东南路制置使、领侍卫马军都虞侯。驻扎平江，负责镇守长江，尽忠死节于常熟之福山，宋高宗赐葬于虞山北麓。其长子周员以荫任常熟尉，遂迁居常熟裴家庄。周员子周玙，官至秘书省检阅文字。孙周才（1239—1295），一作材，字仲美，曾担任宋朝沿江制机检察水步兵，后因病还乡。元兵过常熟，周材率领乡勇，保家安民，使百姓免于涂炭。德祐年间，裴家庄毁于火，又迁至常熟与长洲县交界的吴塘里，亦称吴塔，这支周姓也因此称为吴塘周氏。周才去世之后，郑僖撰有墓志铭。周才有二子：长子文华，次子文英。周文英（1269—1334），字子华，又称紫华先生，号梅隐。好读书，师从江阴名儒陆文圭，至治年间，授杭州北关副使，后任松江府监税。元泰定年间，曾撰《三吴水利书》，呼吁疏通白茆塘、娄江，不被朝廷采纳。后张士诚据吴时，采纳周文英当年的建议，百姓深得其利。在《吴中人物传》中周文英收录于“列仙”，可见周文英是一位修道之士。元统二年（1334）周文英仙逝之后，葬于虞山东麓。二十多年后，坟墓被人盗掘，儿子周南老收拾遗骨，重新安葬于吴县。周南老曾任永丰教谕、吴县主簿、江浙行省理问。明初征议郊祀礼，放还。后从常熟徙居苏州。卒于洪武十六年（1383），年八十二岁。有一子周敏，字逊学。据《长洲县志》卷三记载，周敏于洪武年间被举荐，任长洲县儒学教谕。倪瓒和周南老、周敏两代世交，倪瓒经常到周家小住一段时日，先派人送上名片，周家都要把家中收拾得干干净净，每根柱础都要擦得光亮无尘，用最高的礼节招待。《清閟阁集》卷二有《和拙逸先生闲居韵》：

刍豢非所悦，甘我藜藿味。无辱奚必荣，知足方可慰。客行值炎天，嘉木予来塈。禁汝忿欲心，养此浩然气。见义思必为，奋若泉觱沸。学焉苟无成，斯亦不足畏[5]。

两人都有清静无为、知足常乐的共同人生观，反映了元代文人的精神状态。周敏曾请著名画家赵原画有一幅《天香深处》长卷，是传家之宝。倪瓒题有长跋：

周逊学读书养亲，孜孜嗜古，学行隐居而急义。昔董生下帷不窥园，杨子校书不以仕进为念，周君有其志焉。自宋道国公濂溪先生之裔，有八世伯祖寓建宁之浦城，登绍圣四年乙未科，仕至吏部尚书，德业昭著。五子皆进士，荣显于朝。所居有仙桂堂、天香亭、天雨清芬楼。户庭之间，桂树纷列，秋风扇凉，香气远达。高祖始来居吴，祖紫华先生仕隐乐道，每求活人于死地，阴功及物，奕奕然向显异矣。年六十六，微示疾十许日，对客坐语如常时，及午，正容敛衣，翛然而逝，葬常熟虞仲山下。后二十七年，冢为盗所发，往易棺殓，肤体如生，遍生髭发，爪甲皆长寸余。因改葬吴县道山之原，见者莫不叹异。逊学长身玉立，勤俭自持，遇人有礼节而纯笃，能尽力于孝养，卓然颖出乎流俗矣。左丞相伯温甫，深期其必绍隆乎祖德也，既名其端居之室曰“传桂”，又曰“天香深处”。周公其善夫取喻矣。匪芳之馨，惟德之馨。绳其祖父，光远以有耀，非子其谁哉！若夫山毓秀而石韫玉，川容媚而蚌藏珠。空谷兰芳，幽林芝孕。德盛而业充，又何患人之不知也已。七月廿三日倪瓒书于卷后[6]。

对周氏身世娓娓道来，与邑志的记载基本一致。并有《题周逊学〈天香深处〉卷》诗：

城柝啼乌风满裳，月明琪树影侵墙。霏微露下琴尊净，郁勃胸中书传香。山隔浦城迷去雁，草荒吴苑泣寒螀。黄云堆径无行迹，幽思迢迢梦故乡[7]。

《清閟阁集》卷四中尚有《赵善长氏妙于绘事，以荆、关法为逊学周君画天香深处图，为美赋此篇》《次逊学广文舟出金焦山韵》《和周正道拔时髦韵》等。

倪瓒画有一幅《南渚图》轴（图三），设色纸本，落款是至正二十四年（1364）十月六日。画中有周南老题诗一首：

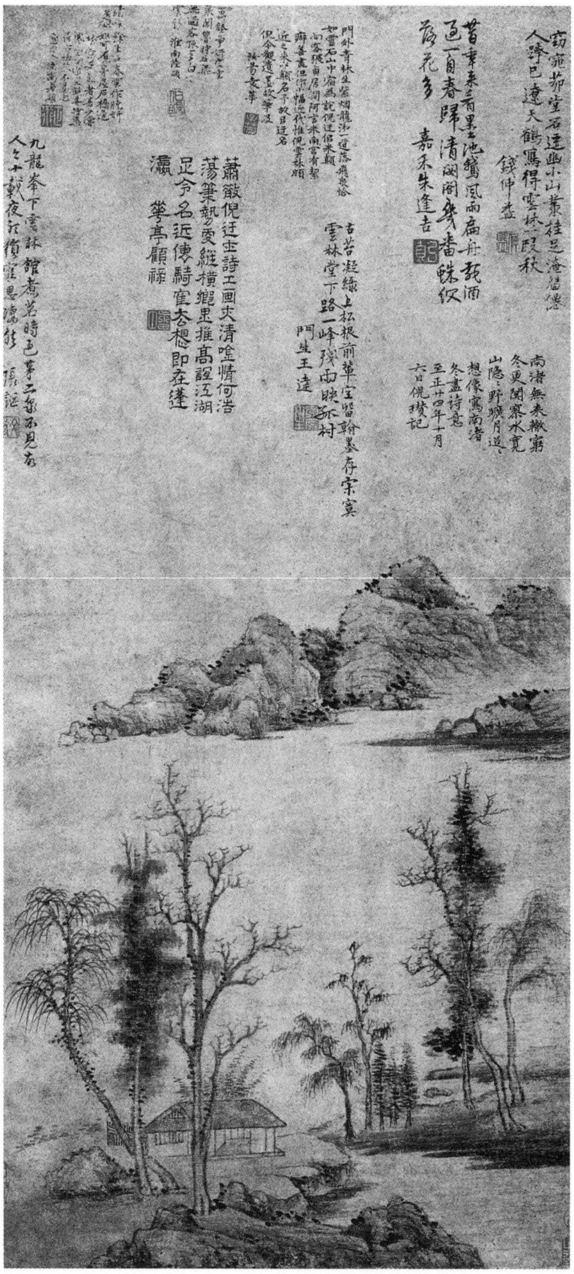

图三　元·倪瓒《南渚图》轴

晴嶂余生色，春云作晓妍。幽期如可觅，茅屋石桥边。云林小景著色甚少，尝客寒斋，间作一二，观其绘染，深得古法，殊不易也。拙逸叟周南老题。

钤“正道”白文印[8]。需要注意的是这个题跋在多幅倪瓒的伪作中出现。

倪瓒为周敏画有一幅《幽涧寒松图》轴（台北故宫博物院藏），画上倪瓒题诗道：

秋暑多病暍，征夫怨行路。瑟瑟幽涧松，清阴满庭户。寒泉溜崖石，白云集朝暮。怀哉如金玉，周子美无度。息景以消摇，笑言思与晤。逊学亲友秋暑辞亲，将事于役，因写幽涧寒松并题五言以赠，亦若招隐之意云耳。七月十八日，倪瓒。

周南老和诗道：

泠泠涧底泉，迢迢溪上路。阴壑生松风，好山当牖户。睠兹幽贞居，归来已迟暮。应门幸有子，兹行迫王度。愿言早还家，衰年慰言晤[9]。

《清閟阁集》卷十收录洪武六年（1373）十一月廿五日倪瓒为周南老《拙逸斋诗稿》所撰写的序，其中写道：

周正道甫生当明时，侨寓吴下，求友从师，不惮千里。其学本之以忠信孝友，而滋之以《诗》《书》六艺。其为文若诗，如丝麻粟谷之急于世用，不为镂冰刻楮之徒费一巧也。兵兴三十余年，生民之涂炭，士君子之流离困苦，有不可胜言者。循致至正十五年丁酉，高邮张氏乃来据吴，人心惶惶，日以困悴。正道甫自壮至其老，遇事而兴感，因诗以纪事，得杂体诗凡若干首。不为缛丽之语，不费镂刻之工，词若浅易而寄兴深远。虽志浮识浅之士读之，莫不有恻怛、羞恶、是非之心，仁义油然而作也。夫子曰："诗可以兴，可以观，可以群，可以怨。"又曰："《诗》三百，一言以蔽之，曰思无邪。"若夫闻之者，善足以训，不善足以省。今之为诗虽异乎古之诗，言苟合义，闻者有以感发而兴起，与古人何间焉[10]！

另集中收录信札一函：

七月三日偶入城郭，获承教益，又辱馆遇之者兼旬。贤父子亲爱而骨肉之，可谓备至。仆将何以报称哉？令嗣逊学已启行未耶？恐尚未行，幸为道谢。奉别忽四日，想惟玄默成帷，坐进此道，世虑消尽，如浮云之净扫也。仆随世浮沉，业缘未了。如君之有佳子，可谓万事足，他何忧哉！但嘱其早还，勿为所留。切祝[11]。

从这封信与《幽涧寒松图》轴联系起来看，应该同时所作。周敏没有在元代做官的记载，"事于役"可能指明洪武年间，任长洲县教谕一职，由于周敏身体不太好，所以倪瓒十分为其担心，可谓关怀备至。

明顾元庆《云林遗事》误把周南老、周正道当作两人。另外《清闷阁集》卷九中尚有《紫华周公碑传行状后》《重览紫华周公碑传》《题周逊学府君遗翰后》等。

倪瓒去世之后，周南老撰写《元处士云林先生墓志铭》，在讲述完倪瓒生平事迹之后在文尾写道："余辱游于处士甚久，处士来吴，尝主余家。山肴野蔌，促席道故旧，间规其所偏，未尝愠见。或吟诗作画，纵步徜徉。今年秋仲，留诗为别，而孰知遂成永诀乎！"[12]可见两人感情深厚。该墓志铭是研究倪、周交往的重要文献。周南老的资料见于常熟县志、《吴都文粹续集》卷三十九吴沈撰写的《周先生墓碣铭》和《吴中人物传》等著作中。

朱锐、朱祺

元代，朱熹七世孙朱埔隐居在福建建阳。至正五年（1345），任集贤侍讲的苏天爵奉使江南，闻朱埔之名，聘任为平江路儒学提举之职，于是朱埔带着儿子朱锐到了苏州。朱锐，字子原，在父亲的督促下读书作诗习字，年少时就写得一手风神洒落的草书。朱埔在吴中视事七年，得知叔父朱炷也流寓吴中，有孙朱鐩，字子新，定居在常熟。至正十二年（1352），陈友定破福州，朱埔被战乱阻隔不能回建阳，就侨居在苏州。临终时关照朱锐前往常熟投靠朱鐩。

朱锐来到常熟，常熟首富曹善诚闻讯后盛情邀请朱锐到自己的庄园洗梧园作客。当时名士杨维桢、倪瓒等人经常到洗梧园聚会，盛极一时。朱锐与他们交往，名声日隆。曹善诚请朱锐在洗梧园教书，人称建阳先生。朱锐有三子：拳礼、富、兴。明政权建立后，朱元璋痛恨苏人为张士诚所用，对江南豪族实行严厉打击。朱氏家族被远戍宁夏，在常熟仅留下了朱拳礼的次子朱祺一人。朱祺（1325—1406），字孟祺，号痴懒，又号拙庵居士。十三岁从朱锐在洗梧园学习。当时倪瓒经常往来于洗梧园，与朱祺成为莫逆之交，呼为小友。倪瓒经常把自己的画送给朱祺，朱祺回到家中对着画临摹，然后向倪瓒请教。朱锐觉得学画会妨碍读书，对朱祺严厉指责，倪瓒得知后对朱锐说："孺子可教，我当汝成之。"鼓励朱祺继续作画。倪瓒不仅为他评点作品，还把收藏的唐宋名人真迹让他观赏，朱祺画艺大进。朱祺画初师倪瓒，以淡远为宗，后取诸家之长，形成了自己的绘画风格，所画山水云气盘结，湍流迅激，别人问他，他讲："画者，意也，时心地夷旷，境遇闲适，故使其然。今我笔犹未动，悲已填膺，非此，无以泄胸中幽愤。我亦不知其所以然也。"有一次，在画一幅《饮马长城窟图》时，画到一半，突然泫然泫涕，口诵杜甫"元气淋漓幛犹湿，真宰上诉天应泣。"把笔一扔，感慨道："天尚且为泣，何况于人乎！"[13]可见其绘画时感情十分投入。朱祺和龚诩为好友，在龚诩书斋绘有一幅《秋江待渡图》，龚诩题七言诗一首。朱祺于明永乐四年（1406）卒，去世后葬在虞山读书台旁。朱祺长子朱佐，字廷辅，一字采芹，号武夷山人。在父亲亲授下习书画作诗。精工人物，偶作花鸟。明宣宗时期被征召，成为宫廷画家，五六年后告老还乡。

有《花鸟六段图》卷传世，现藏于故宫博物院。卒年六十五岁，葬朱祺墓旁。次子朱侃，字廷直，攻山水，师夏圭，尤超逸，惜早亡。常熟图书馆收藏有清朱克循《朱氏先世事实录》稿本和徐兆玮抄本，其中有朱锐、朱祺等人的传略，《明画录》《海虞画苑略》和邑志中也有介绍，在《清閟阁集》和倪画中未见片言只语。如果说朱锐与倪瓒等人的交往是朋友之间的来往，则朱祺是有文献记载的倪瓒在常熟所收的徒弟。

曹善诚

元季，常熟福山曹氏、支塘虞氏、半州徐氏并称三大家族，其中以曹氏影响最大。这支曹氏为北宋著名武将曹彬之后，曹善诚父亲是宋福王府庄田总管。至曹善诚时，曹家已是家财万贯的富豪，邑志称曹氏在淀山湖有湖田九十三园，数万亩，岁入租三十六万石。家中积粟百万，富甲一方。曹善诚因献粮万石，被授浙东宣慰副使。元至顺二年（1331），曹善诚一人出资购买县治东北醋库桥东一块地，创办文学书院，聘请教师，开设讲堂，祭祀言子。又捐田二千六百亩为学田，收入以作学生和教师的开销。黄溍为此作《文学书院记》，称赞曹氏以一乡之善士而专任乐育人才之责，古所无有，有功于名教。曹善诚在福山营建洗梧园，从福山陆庄一直到虞山北麓的小山一带，跨白龙港，园中亭台楼阁，卉木竹石，延袤数十里。园中有梧桐树几百棵，每有客人来访，呼童清洗之。曹善诚热情招待四方来宾，洗梧园成为文人集聚的场所，当时名士杨维桢、倪瓒、顾瑛、郯韶等人是洗梧园座上宾，盛极一时。姚宗仪《常熟氏族志》称：

> 福山曹氏，在胜国时，富甲江南，招云林倪瓒看楼前荷花。倪至，登楼，骇瞩空庭，惟楼旁佳树与真珠帘掩映耳。倪饭别馆，复登楼，则俯瞰方池可半亩，芙蕖千柄，鸳鸯、鸂鶒、萍藻、沦漪即成胜赏。倪大惊。盖曹预莳盆荷数百，移空庭，庭胜四五尺，以小渠通别池，花满方决水灌之，水满，复入珍禽、野草，宛天然[14]。

洗梧是文人高洁的一种标志性行为，不知是曹善诚的行为影响了倪瓒，还是曹善诚投其所好，故意为之。陶宗仪在《辍耕录》中记载："江南苑囿之盛，唯松江下沙瞿氏为最，次则福山之曹。"[15]

元代诗人郯韶有《过南沙曹氏别墅会沈伯熙索赋》道：

> 虞山相对南沙口，曲曲云林似辋川。隔岸花飞一片片，开门清竹雨娟娟。故人忽喜今年见，清梦已惊三日前。深夜一尊仍惜别，还家又是月初弦[16]。

元至正十六年（1356）正月，张士诚从通州渡江入福山港，"众肆攘掠，曹氏一夕而空，遂陷常熟。"名盛一时的洗梧园，从此消失。若干年后，名列"景泰十才子"之首的刘溥在洗梧园遗址旁凭吊，写下《题曹氏洗梧园》诗：

> 歌舞当年恣逸游，不知何物是闲愁。如今梧树无人洗，风雨空山几度秋[17]。

洗梧园与昆山玉山草堂一样，是元代文人思想交流、诗文唱和、才艺切磋的沙龙。

陈基

宋元时期随着政治、经济、文化中心南移，常熟吸收了大量外地移民，移民成为一支新兴力量，对常熟的发展产生了重要影响。

陈基（1314—1370），初名无逸，字敬所，后更名，字敬初，号夷白道人、赤城山樵，原籍浙江临海。《重修常昭合志·人物志》中道："从黄溍学，至正时，荐授经筵检讨。为人草谏并立后疏，几得罪，谢归，教授吴中。张士诚网罗元时名士，延致幕下，授学士。士诚就俘，从入京，特宥免。预修《元史》，书成，归卒于凤凰山河阳里。所著《夷白斋集》，其文雄杰高迈，仕不遇主，不得与宋文宪辈相颉颃，亦其所遭之不幸也"[18]。陈基九岁时父亲陈祥去世，母亲姜氏含辛茹苦持家育子，十四岁时姜氏把他送至杭州拜师受业，数年之后师从著名文人黄溍，深得黄溍赏识，称其“识子座席间，短小甚精悍。结为文字交，忘年破岸崖”[19]。其后陈基在江南苏州、常熟地区活动，与名士顾瑛、陆德源、王祎、钱逵、袁华、于立等人结交，留下了大量诗文。至元元年（1341）、至元五年、至正八年陈基三次挟策入京，广交朋友，与柯九思、陈旅、危素、葛将、萨都剌、斡勒海寿等人交游。至正八年（1348）三月，杨维桢、郯韶、李立、张渥、姚文奂等人在昆山顾瑛玉山草堂雅集，杨维桢作《雅集图记》。陈基与倪瓒、张雨等人缺席，陈基作诗二首。至正九年八月，玉山雅集，陈、倪二人均未参加，各补作诗刻入《玉山唱和集》中。是年，在御史斡勒海寿的引荐下，陈基担任经筵检讨，不久因得罪元顺帝而南归，携母定居吴中笠泽。至正十年（1350），陈基馆于陆德源女婿、常熟著名藏书家徐元震在笠泽的别业，担任其子徐缅的老师。陈基一边教书补贴家用，一边潜心著述，声名鹊起，“远近学生争师之，户外之履常满”。在笠泽期间，因与昆山相近，陈基频繁受顾瑛之邀，是玉山雅集的活跃分子。至正十年正月，陈基赴玉山草堂家宴。七月，参加顾瑛、昂吉等九人在玉山草堂的雅集。八月，顾瑛有天平、灵岩之游，陈基未能同行，作诗以寄。十一月，聚会于春晖楼。十二月下旬，在雪巢品茗。二十八日，送好友于立；正月一日，陈基作诗以送于立。至正十一年正月，评顾瑛、郯韶、于立等人所作诗并和诗。八月，饮于玉山佳处，送郑同夫归豫章。二十七日，顾瑛从无锡看望倪瓒归，陈基赴顾瑛之邀，品惠山泉所煮茶，和顾瑛纪行诗。九月与顾瑛、周砥、于立等人泛舟姑苏，祭拜陆德源墓。顾瑛汇编《玉山名胜集》成卷，陈基欣然作序。至正十六年（1356），张士诚入吴，陈基入张士德幕，欲发挥才华，一展抱负。至正十八年（1358），张士诚据杭州，陈基任枢密都事，以左右司员外郎任职江浙行省中书。至正二十二年（1362），参与张士信出征淮安的军事行动。被后人推誉为张士诚政权的“第一文人”。至正二十七年（1367）九月，张士诚被朱元璋所灭，陈基“以廉谨见容”，免于刑罚，被召预修《元史》，后告老辞职。因其兄陈聚，于至正十九年（1359）任常熟儒学教授，后慕常熟山水，定居于常熟河阳山，陈基遂来常熟依兄而居。陈基与倪瓒的交往并没有详细记载，很有可能早年在苏州一带游历时与倪瓒相识，从二人的诗文集中可见一二。陈基写有《崇丘寄倪元镇》乐府一首，通过借景抒发感情，既是对倪瓒人格品行的称颂，同时又表达了对其怀才不遇的同情，两人惺惺相惜：

> 丘崇崇兮下有流水，树森森兮匪栎伊梓。彼栎孽兮且寿梓，弃为薪兮于材何有，造物孔忍兮将焉归咎[20]。

另有《题倪元镇画》七言绝句：

> 西池亭馆带芙蓉，云水苍茫一万重。此日画图看不足，满帘秋雨梦吴淞[21]。

《清閟阁集》中该题诗名为《题元镇雨竹》，有陈旅、钱沐、陆继善等人题诗。

陈基除了与倪瓒交往外，与倪瓒的亲家徐宪、长女婿徐瑷均有诗文往来。徐宪，字元度，号水辰，无锡人。与王蒙、吴镇、倪瓒、柯九思等相友善。善作画，得梅道人法，所作山水、人物极清雅，传世极少，有《墨竹图》《策杖暮归图》等。徐宪官至内台监察御史，终户部侍郎。《清閟阁集》中也有倪瓒给徐宪的诗《送徐元度还江西》《寄徐元度》《送徐元度》。陈基为徐氏作有《风林亭记》，对徐宪极为称赏。徐宪在朝廷为官三十年，但喜欢结交文人，与倪瓒一样品行高洁。

陈基还为徐瑷作《送徐仲刚诗序》：

> 无锡两君子，其一曰徐君元度，仕为王官，居京师有声。其一曰倪君元镇，隐居著书，求志不回，余皆辱交焉。仲刚徐君之子，倪君之婿也。徐君俶傥好义，博雅有识度，与名公巨卿

游，许与意气，有国士风。倪君读古人书忘渴饥，为文章有魏晋间人气韵，其高不仕之节，虽汉东都士大夫弗过也。两人者所趋不同，要其归皆激昂砥厉，不与流俗同干没。然两家是用日益贫，徐君以禄自养，倪君以书自娱，其子弟各习知二父意。仲刚独怀奇敏给，好礼而文，居则从妇翁学为诗，出则从父官于朝。夫生为名父之子，长娶名父之女，出处学问不离二父间，仲刚之得于天者夥，而失于人者鲜。如是哉！虽富贵利达不足为仲刚道，然奉以周旋，弗敢失坠，此季文子所以为鲁之贤大夫也。仲刚勉乎哉！凡与两君子好者咸赋诗以赠仲刚，属余为之序[22]。

徐瑗善作诗，既受父亲影响，又得到倪瓒的亲授，陈基对他评价极高。

海虞缪氏

缪氏家族在南宋时迁入常熟，到元代缪氏已是常熟文化世家，缪贞以书法、篆刻闻名于世，是虞山派篆刻的开启者。

明代姚宗仪《常熟氏族志》中记载：“缪贞，字仲素。好古博识，隐虞山下，中吴闻人皆与分席。善八分书，致道观‘虞山福地’四篆字、李烈士碑隶书，其迹也。旁有正书题识尤佳，惜为羽客所断。著《书学明辨》行世”[23]。邑志人物志归入书法家类。黄溍《述古堂记》：“吴郡缪仲素好古博雅之士也，平生所嗜惟古器物，卒然遇之辄购以重赀，并置一堂之上。其目若干所宝用者有宋内府故藏绍兴丁巳邵谔所进述古图圆砚，因以述古名其堂”[24]。缪贞也是一位收藏鉴赏家，收藏三代、汉、唐器物。缪贞与邑中陆景玄、林大同、邓士行和钱甦等一批任教职的人士关系密切。

流寓常熟的浙江永嘉人张著有《愈拙生传》一文：

愈拙生者，海虞山人也。客有过生，诘之曰：“生何以拙名耶？将手拙于持耶？足拙趋耶？抑耳拙于听，目拙于视耶？生聪明而体具，且工文艺，岂意有所向，而拙于为耶？”生怃然曰：“是吾无有也。吾言以直，屈于辨，愈董而愈拙也；吾行以质，违于时，愈修而愈拙也；吾才以短，弃于世，愈学而愈拙也；吾智以正，昧于邪佞，愈养而愈拙也。矧吾数奇又愈守而甚焉。子所谓拙以形迹，求吾所以拙，病于退修，子将不为我忧乎！”客以告迂叟，叟闻而善之曰：“言直而愈董，其言必信焉；行质而愈修，其行必优焉；材短而愈学，才必充博焉；智正而愈养，智必加上焉；数奇，而愈守出处，吾知其尤不苟焉。是君子所以为贤，而小人以为病。彼言行才智之不谨修学养，而为机变之巧以求进者，噫得不有愧于生哉！”生姓缪，字仲素，其先世或云出秦缪公，以谥为姓，传至汉有缪彤，尝以拙治家，掩户自挝。降唐及宋，家乘散逸不可考。生早读吾儒氏书，中遭变故，避地浙东，西行中省，尝辟为掾，寻授乐清令。既而归老于乡，以不善谋身，故自号愈拙生云[25]。

缪贞与黄公望有相似的经历，在浙江担任过小吏，后任乐清县令，不久即告归家，以山民自居。张著有《为缪仲素谢陈伯康参政》。高启有《缪仲素先生赞》：“虞仲之邦，言游之里。山高水深，生此德士。其外则癯，中含道腴。诵诗读书，终焉自娱。”王行有赞道：“于其容，已见其开资之美；于其言，而知其读书之功。其守可尚足表其所嗜之淡，其行可嘉足验其所学之充。是所谓粹然之善士，可视为臞然之素翁耶。”

缪贞还花巨资打造了一艘大船，琴棋书画置于其中，可容纳数十人，称“五湖宅”，走亲访友，实际上是流动书房，非常便利，杨维桢作记，可见家境优渥。

缪贞对文字和书法研究颇有心得，有感于“后世相承，遂有流传之误，诸儒授受不无沿袭之讹。故孜孜窃补阙遗，乃历备加明辨，偏傍点划下一笔必究其源，假借异同，稽九经精穷其旨”，著成《书学明辨》又称《六书明辨》四卷，一万九千余字。书成先后邀请好友张著、李远、倪瓒和林大同各作一序，并由林大同撰《刊六书明辨疏》，为其筹措资金刊刻发行。可惜张、李、倪所作之序与该书一起均未传世，仅存林大同一序。

缪贞同样也是玉山草堂的嘉宾，常与顾瑛唱和往来。

倪瓒传世有一幅《梧竹秀石图》(图四)，是两人友谊的见证，现珍藏于故宫博物院。据考证此画约作于至正五年（1345），画中倪瓒题：“贞居道师将往常熟山中访王君章高士，余因写梧竹秀石奉寄仲素孝廉”，并赋诗云：

> 高梧疏竹溪南宅，五月溪声入坐寒。想得此时窗户暖，果园扑栗紫团团[26]。

倪瓒称缪贞为“孝廉”，说明缪贞得到过地方官员的举荐。“王君章高士”为王珪，一作圭，字君章，亦作均章，号中阳老人，道号洞虚子，原籍河南开封。尝以材异辟同知辰州，辞不起，大德年间隐居虞山。王珪是元代著名的养生家、道士，是医学史上著名的隐士医家之一，著有《泰定养生论》一书。后人尊称其为王隐君或王中阳。王珪也是一位画家，布置繁密，意趣幽远。尤善画花卉、草虫。他画有一幅《虞山图》，后代文人题诗累累。张雨到常熟访王珪，倪瓒托其顺便把《梧竹秀石图》带给缪贞。在缪贞家抚卷观赏，张雨赋诗一首题于画上：

> 青桐荫下一株石，回棹来看雪未消。展图仿佛云林影，肯向灯前玩楚腰[27]。

缪贞有二子：缪侃，字叔正；缪佚，字叔明，一作叔民。缪侃，曾任浙东帅府照磨，未几辞职。诗工玉台小体，篆、隶书得家学渊源，画山水、花卉，皆精妙。时与名流张渥、顾瑛、杨维桢等多有往来，雅集于玉山草堂，曾绘《读书巢图》赠予顾瑛。至正十六年（1356），缪侃画《望云图》，庆元路录事陈高作《望云图诗序》：“常熟缪侃叔正，世居海虞山之阳。至正丙申春二月，江城陷，叔正避地荒野。”[28]同年，缪侃有玉山之行，与好友相聚，顾瑛记道：

> 海虞山人缪叔正扁舟相过，以慰别后之思。余谓兵后朋旧星散，得一顷相见，旷如隔世，遂邀汝阳袁子英、天平范君本、彭城钱好学、荥城赵善长、扶风马孟昭聚首可诗斋内。诸公亦乐就饮，或携肴，或挈果，共成真率之会，由是皆尽欢。饮酒酣，各赋诗以纪，走笔而就。兴有未尽

图四 元·倪瓒《梧竹秀石图》轴，故宫博物院藏

者，复能酬倡，以乐永夜。余以诗先成，叔正俾余叙数语于篇首。缅思烽火隔江，近在百里，今夕之会诚不易得，况后会无期乎！吴宫花草，娄江风月，今皆走麋鹿于瓦砾场矣，独吾草堂宛在溪上。余虽祝发，尚能与诸公觞咏其下，共忘此身于干戈之世，岂非梦游于已公之茅屋乎！善长秉笔作图于卷，余索孟昭楷书以识。时丙申岁己亥月乙亥日，斋之主人顾瑛序而复赋诗曰：

木叶纷纷乱打窗，凄风凄雨暗空江。世间甲子今为晋，户里庚申不到庞。此膝岂因儿辈屈，壮心宁受酒杯降。与君相见头俱白，莫惜清谈对夜釭[29]。

《玉山名胜集》中收录有缪侃诗数十首。传世的绘画有水墨绢本《香山雾霭图》。

缪佚亦以绘画著名，曾写《林塘图》，倪瓒题诗，杨维桢和倪诗：

清流带古郭，中有射鸭堂。苔衣画壁涧，石台花雨香。之子弄孤翰，相见竹梧苍。思幽天机发，虑清尘梦忘。会须琴堂夜，共宿破山房[30]。

缪佚另有一幅《山径杂树图》卷，卷后名人题诗众多，对缪佚的艺术评价极高，亦可见其在元代画坛上有一定地位。唐元题诗："云林笔法出王维，佚也风流每过之。记得蒲轩春日暖，东风吹满凤凰枝。"昂吉题诗："绕屋昔年栽好树，春深罗立侣人长。绿云冉冉忽飞动，散作清阴覆草堂。"郯韶题诗："缪生写画如写字，趣到不必求其工。古人已远更勿论，端合置之逸品中。"秦约题诗："楼头虹月尚团团，染翰金壶墨未干。一夜琼林催主树，断云凌乱凤毛寒。"陆广题诗："陶令幽居水绕村，几株佳木翠过门。何人落墨浑相侣，犹带沅湘宿雨痕。"姜渐题诗："缪生妙得云林趣，爱写江南老树秋。怪底新诗照珠玉，眼中文物晋风流。"袁华题诗："南宫书画俱称绝，谁其继之缪海虞。闲把豹囊蒲序墨，山径嘉树写成图。"明代则有张简、刘铉、刘溥、陈绍先、刘钰、周洪等人题诗[31]。从这些题诗中可知，缪佚在笔墨之间寻求自己的艺术追求，绘画风格深受倪瓒的影响，亦从一个侧面反映当时常熟画坛活跃着一支为数不少的画家队伍。

明代天顺年间（1457—1464），嘉定画家马愈把该画和题跋全部临摹下来，后人将马愈所临题跋割掉，充缪佚真迹。马愈临本现藏于故宫博物院，而缪佚真迹已不知所踪。

2011年缪佚画作水墨绢本《云山雾霭图》亮相国内的拍卖市场。画作于至正元年三月十三日，用米家山水的苍润点染出一幅水木清华的江南山水景色（图五）。

虞子贤

常熟虞氏为唐代名臣虞世南后裔，于北宋末年南迁常熟，定居于常熟支塘镇东隅，与虞堪同宗，故称江东支。至元代和曹善诚、徐洪成为常熟三大家族。虞子贤，号金石翁，生活于元至正年间，为人博雅好古，与杨维桢、倪瓒、宋濂、袁华等人友善。家富收藏，其中以名人书画、金石法帖闻名于世，是常熟私家藏书的开创者。虞子贤家中经济条件优渥，交游广泛，在常熟西门城外筑有别业园林，袁华有《寄虞子贤》诗可见其盛：

虞仲园池艺水濆，华林曲馆远人群。一编岂为穷愁著，万石犹能孝谨闻。玉蹬金题书满架，锦衣珠履客如云。悠然坐挹西山翠，宝鸭焚香到夕熏[32]。

虞子贤曾用重金购得一名为"瑶芳"的唐代古琴，如获至宝，专门筑了一幢楼命名为"瑶芳楼"，日与好友在楼中弹曲论道，乐此不疲。宋濂撰有《瑶芳楼记》，称"子贤不同于流俗之辈"。虞子贤有一女嫁给了邑人钱广之子。钱广，字伯广，也嗜藏书，与苏州干文传为知交，干文传把珍藏多年的朱熹《城南二十咏》诗真迹手卷的上半部分赠给了钱广，钱广为此建"城南小隐"贮放。在娶亲时钱广忍痛割爱，把它作为聘礼，赠给了虞子贤。至正

图五 缪佚《云山雾霭图》

六年（1340），钱广去世之后，干文传之子干渊在虞子贤家中目睹手卷，感慨良多，回到家中在剩下的手卷下半部分尾端写下长跋，一并赠给虞子贤，使之成为完帙。虞子贤惊喜欲狂，特意构堂三楹起名为“城南佳趣堂”，并把屋分割成二十间，每间以诗的题名来命名。并请著名书法家周伯琦题写“城南佳趣”匾，请秦约作记。

在倪云林《清闷阁集》中有《寄虞子贤》五言律诗：

> 天阔海漫漫，昆山望眼宽。桃源迷晋世，松树受秦官。雨藓鹿迒遍，霜梧鸾影寒。封题数行字，聊尔问平安[33]。

诗中倪瓒嘘寒问暖，字里行间透露出两人真挚的情谊。虞子贤居住的支塘镇与顾瑛、谢伯诚所居的任阳近邻，是过往的交通要道。

倪瓒还有一首《写竹石赠钱自铭》的七言绝句：

> 瑶芳楼下曾留宿，因见明琅旧日圆。钱起能诗多逸思，为渠吟啸不能孤[34]。

从诗中内容看，倪瓒不仅曾过访虞子贤，并在瑶芳楼中留宿，还一起欣赏品鉴虞氏家中所藏书画名帖。钱沐，字自铭，号吴野耕夫，生平事迹无考，曾在虞子贤家中任家庭教师，教育虞氏子孙。笔者推测，钱沐很有可能是钱广之子、虞子贤的女婿。倪瓒绘有《竹石寒雨图》赠给钱沐，在这幅上有钱沐的自题诗：

> 泉石膏肓二十年，每逢山水即流连。画图酷似幽人意，嘉树疏篁最可怜[35]。

画上也有陈旅、杨基、张简、谭奕、陈继善、陈基、沈应、吴文泰等人题诗。以竹石为题材是倪瓒绘画作品中最多的，存世的就有十多幅，倪瓒通过竹石来表达高洁、孤傲的情怀，和君子之交淡如水的人生理念。

明初，江南豪门大族遭到朱元璋的严厉镇压，虞氏家族遭人陷害，家产没收充公，流放外地，很快衰落。常熟虞氏家族和瑶芳楼、城南佳趣堂一起从此消失在历史的长河中，真可谓“不道世移人事改，野花无数领春风”。所幸朱熹《城南二十咏》手卷，在城南佳趣堂灰飞烟灭之后，几经辗转，至今保存于故宫博物院（图六）。

黄公望

在元四家绘画风格上，黄公望以苍浑秀润见长，而倪瓒的风格，以简远幽淡著称，对后世绘画产生重要影响。

早年，黄公望与倪瓒同父异母的长兄倪昭奎一起在浙西廉访使徐琰手下共事，后又曾先后师从金月岩学道，加入全真教，与倪瓒是同道中人，故与倪的交往也是较早的。黄、倪两人年龄相差32岁，但他们亦师亦友，在艺术上有许多共同语言，相互欣赏，相互影响，切磋交流也最多，引为知己，黄公望也因此成为“清閟阁中一老友”。

至正元年（1336）十月四日，倪瓒在黄公望《雪山图》上作跋赠给苏州著名收藏家、听雨楼主人卢士恒。《溪山雨意图》卷是黄公望早年在苏州时为好友陆时本所绘山水画，尚未题款即为好友取去。至正四年（1344）春天，倪瓒在好友处见到《溪山雨意图》，在卷上题跋：“黄翁子久虽不能梦见房山、鸥波，要亦非近世画手可及，此卷尤为得意者。甲寅春，倪瓒题。”同年十一月，黄公望才在此卷补写说明原委：“此是仆数年前寓平江光孝时，陆时本将佳纸二幅用大陀石砚、郭忠厚墨一时信手作之。此纸未毕，已为好事者取去。今复为世长所得，至正四年十月来溪上足其意。时年七十有六，是岁十一月哉生明识。”[36]此画现藏于中国国家博物馆。

现藏于上海博物馆的《仙山图》是黄公望于至元戊寅（1338）九月，为好友张雨所作。至正十九年（1359），黄公望已经去世，倪瓒在张雨书斋中见到真迹，题二首诗于上：

> 东望蓬莱弱水长，方壶宫阙锁芝房。谁怜误落尘寰久，曾敕飞霞咽帝觞。
>
> 玉观仙台紫雾高，背骑丹凤恣游遨。双成不唤吹笙侣，阆苑春深醉碧桃。
>
> 至正己亥四月十七日，过张外史山居，观大痴道人所画《仙山图》，遂题二绝于上，懒瓒[37]。

至正五年（1345），卢士恒，别号白石先生，乘船到无锡城访倪瓒。朋友相见分外高兴。到晚上，船停靠在弓河，卢士恒拿出笔墨纸砚，向倪瓒求画，倪瓒虽已十分疲惫，但只得强作精神，在船上当场挥毫，山石间，松、柏、樟、楠、槐、榆六树，姿态挺拔，扶疏掩映，远处清山隐隐。画毕在纸上写道：“卢山甫每见辄求作画，至正五年四月八日，泊舟弓河之上，而山甫篝灯出此纸，苦征余画，时已惫甚，只得勉以应之。大痴黄师见之必大笑也。倪瓒。”黄公望见到画后，赋诗一首写道：“远望云山隔秋水，近看古树拥陂陀。居然相对六君子，正直特立无偏颇。大痴赞云林画”[38]。从此《六君子图》名闻艺林。

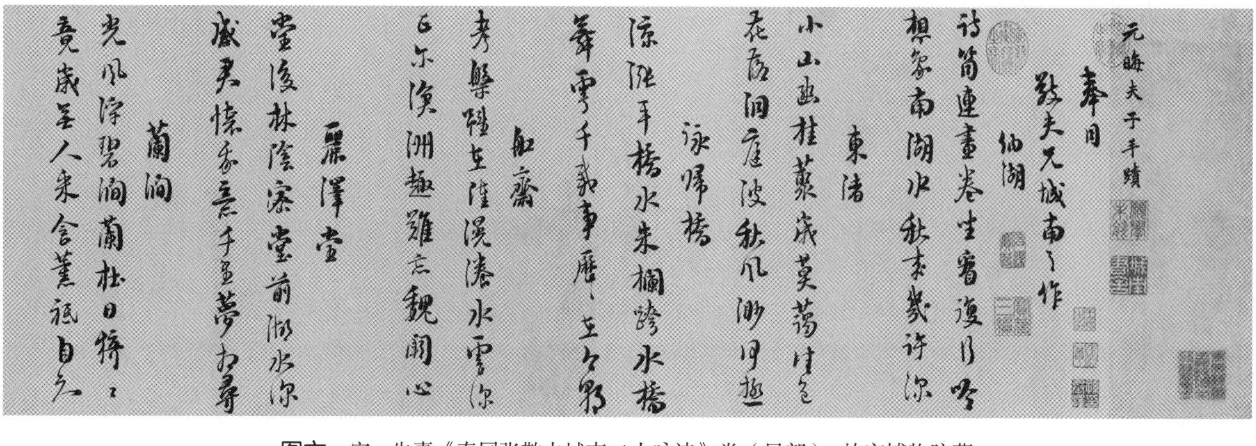

图六 宋·朱熹《奉同张敬夫城南二十咏诗》卷（局部），故宫博物院藏

同年，倪瓒应黄公望之请绘册页五幅，每画一幅作诗一首，分别为题《秋亭晓色图》：“园林夏雨歇，旭日照苍苔。谁见竹亭里，孤坐兴悠哉。”题《湖山远清图》：“杳杳碧山岑，森森灌木阴。幽闲斋且坐，诗酒并鸣琴。”题《疏林绝壁图》：“玉标明霞秀，灵气混合成。流光映紫宫，云旆招万灵。息景憩烟霞，澄怀卧丘壑。久迟苏仙君，莫惊松上鹤。”题《古木幽篁图》：“雨过潇湘渚，风生渭水波。暮窗挥醉墨，翠雾湿烟萝。”题《筠石樗散图》：“厌听残春风雨，卷帘坐看青山。波上浮鸥天远，林间鹤带云还。”并跋：“余于绘事始知之，而复好。既好而至于乐，终未有得也。一日子久先生以佳素数幅索画，岂以予为能事乎？但意兴所到，各自为宗，疏木片石，各自成趣。至于妍媸工拙，予不能知。若子久爱我，惟一笑而置之高阁，由此册幸矣。奚暇计其传与不传哉！至正五年春三月既望，东海倪瓒识。”[39]

黄公望获得倪画精品后，高兴地写道：“元镇友兄为予作是册也，清美如天仙，秀逸如高士，间旷如野鹤，萧散如孤云，可谓众妙毕臻，众善毕具矣。元镇资禀高朗，不耐检束，随其兴趣所至，积之期年方就，每幅必系题句，益见其命笔不易，而用意不苟也。予阅之三复，不胜热中亦欲效颦一二，未识可否？但老人衰颓日甚，神情非昨，求如元镇之精妙，恐不可得矣。四月廿日大痴道人记”[40]。对倪瓒的艺术成就非常赞赏。

至正十二年（1352）倪瓒在题黄子久画上写道：“本朝画山林水石，高尚书之气韵闲逸，赵荣禄之笔墨峻拔，黄子久之逸迈，王叔明之秀润清新，其品第固自有甲乙之分。然皆予敛衽无间言者，外此，则非予所知矣。此卷虽非黄杰思，要亦自有一种风气也。至正十二年三月七日，与明道尊师谒张先生，出此示余，遂得纵观。东海倪瓒题。”[41]

倪瓒另有《题黄子久画》七绝：

> 白鸥飞处碧山明，思入云松第几层。能画大痴黄老子，与人无爱亦无憎[42]。

黄公望则有《题倪云林赠耕云东轩读易图》，另在倪瓒为静远、章征士等人的画上，也都有黄公望题诗。

黄公望与倪瓒亲家徐元度也是好友，黄公望常探访，主要是欣赏徐元度家中收藏的名人书画。曾为徐元度画图一卷，图上有柯九思题诗：

> 一峰老人嗜泉石，八尺素缣写秋色。顿使窗头开翠微，复令箧里流丹碧。翩翩逸兴殊未已，更拨苔文青可指。摆脱骊黄见神骏，洗尽铅华出西子。徐君那得不破颜，此身如坐清泠间。未损嘉宾一日橐，买尽沃州千万山。吴中好事家相属，得陇何人堪望蜀。断无明月映连城，或可昆冈矜片玉。君不见开元王右丞，南唐董北苑。丹青一片流至今，前辈风神更超远。一峰固是餐霞侣，知音未敢轻舒卷[43]。

需要注意的是张泰阶《宝绘录》中题跋大都作伪造假，其可靠性值得研究。

释克新

倪瓒交游广泛，其中不乏佛教人士。克新，字

图七 元·黄公望《溪山雨意图》卷，中国国家博物馆藏

仲铭，自号江左外史，又称为雪庐和尚，鄱阳人，为北宋名臣余靖之后。早年因废科举，赴集庆（今南京）入大龙翔集庆寺，拜大䜣笑隐门下。至正十五年（1355），缪德谦任常熟州同知，邀其主慧日寺。后卓锡平江（今苏州）资庆寺。缪调任嘉兴同知时，又随其往嘉兴水西寺。明洪武三年（1370），应朱元璋诏往西域，招抚吐蕃，绘制所经地方的山川地形图，数年后归。著有《雪庐南询稿》（别题《元释集》），另辑有《金玉编》。据《元释集》中诗序推测，克新生于至治二年（1322）。从西域归后行事及卒年不详。钱谦益《列朝诗集》闰集中有克新小传。克新有良好的儒学、佛教功底，也有很深的绘画造诣。清钱陆灿纂《康熙常熟县志》及《重修常昭合志》中均有传。据邑志中称，明洪武六年（1373），倪瓒到常熟慧日寺访克新，为其作《虞山草堂图》[44]，说明克新西域归来后曾在常熟慧日寺居住过。

除此以外，在常熟顶山寺的清上人也与倪瓒有交往，清上人圆寂之后，倪瓒闻讯悲痛万分，作悼念诗：

> 杯渡前溪见水源，偶来佩芷服兰荪。香台犹带山窗影，经卷长依松树根。云起晴峰还有触，雪消春野不留痕。倏然我已忘言说，翠竹黄花自满园[45]。

结　语

倪瓒在常熟的朋友众中尚有多人，因资料缺乏无从考证，如徐季明，《清闷阁集》中留有诗二首，此人极有可能是徐元震同族中人。王敬之，倪瓒有题壁诗一首等等，有待于史料的进一步发掘和深入研究。

注释：

［1］〔元〕倪瓒：《清閟阁集》，西泠印社出版社，2010年，第338页。

［2］〔明〕姚宗仪：《常熟氏族志》，明万历稿本，常熟图书馆藏。

［3］ 丁祖荫等编、常熟市地方志编纂委员会办公室点校：《重修常昭合志》，凤凰出版社，2021年，第1185页。

［4］〔清〕陈星涵：《陈氏家乘》卷七，清光绪刻本，常熟图书馆藏。

［5］ 同［1］，第42页。

［6］ 同［1］，第297页。

［7］ 同［1］，第191页。

［8］〔清〕卞永誉：《式古堂书画汇考》画卷二十，清康熙刻本。

［9］ 同［1］，第50页。

［10］同［1］，第311页。

［11］同［1］，第320页。

［12］同［1］，第378页。

［13］〔清〕朱克循：《朱氏先世事实录》，民国徐兆玮虹隐楼抄本，常熟图书馆藏。

［14］同［2］

［15］〔元〕陶宗仪：《辍耕录》卷二十六，明万历六年刻本，常熟图书馆藏。

［16］〔清〕邵松年编：《海虞文征》，广陵书社，2017年，第720页。

［17］同［16］，第785页。

［18］同［3］，第1283页。

[19]〔元〕黄溍:《金华黄先生文集》卷第四,清席淏藏抄本,常熟图书馆藏。
[20]〔元〕陈基:《夷白斋稿》卷之一,铁琴铜剑楼藏明抄本,常熟图书馆藏。
[21]同[20],卷之十一。
[22]同[20],卷之十六。
[23]同[2]
[24]同[16],第313页。
[25]〔明〕张著:《永嘉先生集》卷十二,民国抄本,常熟图书馆藏。
[26]同[8]
[27]同[8]
[28]〔元〕陈高:《不系舟渔集》卷十,明抄本,常熟图书馆藏。
[29]〔元〕顾瑛:玉山名胜集,明万历刻本,卷四。
[30]同[16],第637页。
[31]赵苏娜:《故宫博物院藏历代绘画题诗存》,山西教育出版社,1998年。
[32]同[16],第715页。
[33]同[1],第61页。
[34]同[1],第268页。
[35]同[16],第637页。
[36]〔明〕郁逢庆:《书画题跋记》,卷五,清抄本,常熟图书馆藏。
[37]同[36],卷六。
[38]同[36],卷六。
[39]〔明〕张泰阶:《宝绘录》卷十六,明崇祯刻本,常熟图书馆藏。
[40]同[39]
[41]同[1],第296页。
[42]同[1],第250页。
[43]同[39],卷十四。
[44]同[3],第1293页。
[45]同[1],第141页。

说钱谦益的几个问题

钱文辉 *

内容提要：本文主要论述关于钱谦益研究的几个问题。钱谦益仕途多舛，为官的时间前后不超过五年，一生主要在常熟闲居。在常熟，钱完成了巨著《初学集》的大部、《有学集》《投笔集》的全部。《初学集》《有学集》扭转了明代诗文颓风，开创了清初诗文新局面。钱谦益的留仙馆、玉蕊轩，经笔者考证应在其半野堂外北侧附近，而不是在半野堂之内。“保民”是钱谦益降清的重要原因，降清后钱内心悔惭，继而又投身反清。据钱氏家谱《常熟奚浦支竹深公派》等资料，可以证实钱谦益并非三代后绝嗣。

关键词：钱谦益　降清　原因　留仙馆　玉蕊轩　后嗣

一　钱谦益与常熟

钱谦益（1582—1664），字受之，号牧斋、蒙叟、东涧老人，江苏常熟人（图一）。他是五代十国时期吴越国王钱镠二十五世孙。据海虞钱氏诸家谱载，十一世钱迈由浙江台州赴任通州（江苏南通）知府，其长子十二世钱元孙（千一公）陪侍。南宋末，钱迈于任上病故，当时正值宋元易代之际，乱兵塞途，无法回台州，于是元孙仓促葬父之后，渡江从常熟福山登岸，到海虞（常熟旧称）江边的奚浦定居，遂成为吴越钱氏迁海虞始祖。元孙在奚浦苦心经营，四代后家业大振，十六世祖钱昌宗生镛、珍二子，因族大地狭，长子镛迁居距奚浦三里许的鹿苑（亦称禄园），为鹿苑支祖；次子珍留居奚浦，为奚浦支祖（今奚浦、鹿苑属张家港市塘桥镇）。钱谦益属奚浦支，虞山诗派成员钱龙惕也属奚浦支；虞山诗派成员钱陆灿、钱曾、钱良择等则属鹿苑支。

钱谦益少年即随父学《春秋传》，熟读《史记》《汉书》《吴越春秋》《三国志》《世说新语》，十五六岁作《伍子胥论》《留侯论》，纵论古今，得长辈赏识。25岁乡试中举，29岁会试中一甲三名进士（探花）。入仕后，钱谦益人生艰危，连遭打击，明末时五次遭难，反复削职返里。先是万历二十九年（1611）受党派之争牵累，父丧归乡期满而朝廷不予补官，赋闲十载；后是天启元年（1621）浙江乡试考官任上，被诬告乡试有弊，受罚归里；天启三年（1623）受召入京，又于天启五年（1625）在少詹事兼侍读学士任上，因魏忠贤罗织东林党罪名受参劾，削职返里；崇祯元年（1628），奉诏出任礼部左侍郎，因温体仁与之争阁臣之位，诬其“结党受贿”，次年再次削职返里；崇祯十年（1637）又被常熟奸民张汉儒迎合温体仁之意诬告其与门生瞿式耜“居乡不法”，被温逮至北京刑部狱，次年狱解返里，一直闲居到崇

图一　钱谦益画像，陈达摹绘

*　钱文辉，常熟文史专家。

祯十七年（1644）明亡投入南京弘光政权为止。

入清后，顺治三年（1646），钱谦益在清廷做官五个多月后即称病返乡，此后连续两次被捕入狱：顺治四年（1647）三月，因受山东友人卢世㴶、谢陞“私藏兵器”案牵连，逮往北京。秋日摆脱卢、谢案后，顺治五年（1648）四月，又因江阴反清义士黄毓祺从舟山起兵，钱谦益有“许资助招兵”之罪而逮往南京。

纵观钱谦益入仕以后的50多年中，从明入清，真正做官的时间一共不超过五年，其余50年时间都在常熟闲居。在常熟，钱完成了皇皇巨著《初学集》的大部、《有学集》《投笔集》的全部。《初学集》《有学集》扭转了明代诗文颓风，开创了清初诗文新局面。

钱谦益明末时所写诗收入《初学集》，入清后所写诗收入《有学集》。在《初学集》第12卷《霖雨诗集》（写于崇祯十年）及第15卷《丙舍诗集》（写于崇祯十二年）里，写及家乡常熟风物的诗甚多，如组诗《新阡八景诗》[1]，其中《拂水回龙》一首写拂水岩，《沓石参天》一首写剑门，《石城开嶂》一首写拂水岩西之石城雉堞，《湖田舞鹤》一首写尚湖，另两首《团桂天香》《紫藤衣锦》则写山庄花木（图二、三）。另一组诗《山庄八景诗》中，《锦峰晴晓》一首写虞山之主峰锦峰，《春流观瀑》一首写拂水涧飞瀑，《月堤烟柳》写尚湖之柳堤（图四、五）；《秋原

图二　清·吴穀祥《虞山十八景图》册之拂水晴岩

图三　清·吴穀祥《虞山十八景图》册之剑门奇石

图四　清·吴穀祥《虞山十八景图》册之湖田烟雨

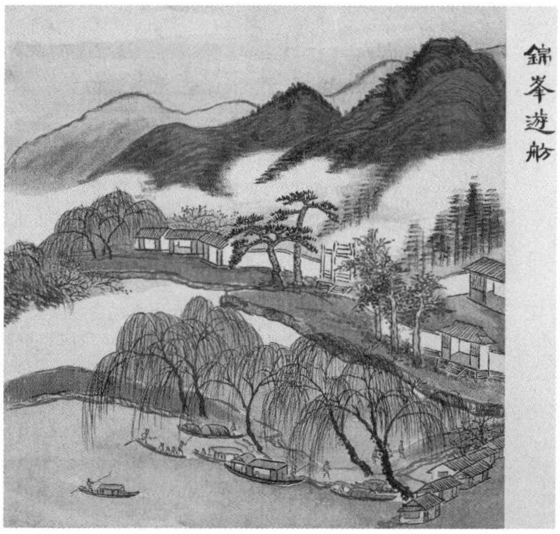

图五　清·吴穀祥《虞山十八景图》册之锦峰游舫

耦耕》《山阁云岚》《梅圃溪堂》《酒楼花信》诸首分别写置于湖山间的山庄建筑。这两组共16首诗是钱氏写及家乡常熟的最完整的风景组诗，风光秀丽，情意恬淡。令人不可思议的是，这十六首诗竟是钱氏在狱中写成。崇祯九年四月至崇祯十年五月，钱谦益被诬"居乡不法"而入京师刑部狱，在囚室里他写了《新阡八景诗》和《山庄八景诗》，以遥忆家乡、故园的美景，消解阴囚惨凄之痛苦，并以此寄托对昭雪冤狱、重返自由的向往。是家乡、故园使钱谦益在人生之最低谷，心灵由地狱上升至天堂，情绪由绝望转向为希望。钱氏在狱中同时所作的《狱中杂诗三十首》第二十首"梦断江南好春事，与君狱底话神仙"句中，自注云："与刘敬仲谈江南风景"。钱氏两组八景诗，正是他在狱中与牢友刘敬仲[2]所谈的"江南风景"。（事见《初学集》卷十二《续次敬仲韵四首》之序及《初学集》卷十五钱曾注钱谦益《二哀诗》。）

崇祯十一年五月，钱冤狱终得平反昭雪，欣然回归乡里，终于重会家乡之"江南风景"。自此至甲申明亡，钱一直生活于家乡之怀抱，往返于西郊之拂水山庄和城内含晖阁之半野堂，徜徉于山水间。在半野堂，钱登楼眺望虞山的齐女墓及乾元宫："登高望远不出户，连山小阁临莽苍。翠微欲上齐女墓，绿净遥分老子堂。"[3]齐女墓在辛峰亭台基下，故在半野堂可望见；老子堂即指辛峰亭后之乾元宫，因内供宋塑老子像而得名。而夜归拂水山庄时，十里山塘云破月出，吴歌彻夜，钱氏耳快目悦，歌曰："轻云如帷月如烛，满载江兰泛湖曲。吴娃向月吹短箫，月色箫声并如玉。玉箫声中兰气香，月照兰舟如洞房。清歌一曲夜山晓，十里山塘抵许长。"[4]

崇祯十一年，钱氏冤狱平反昭雪，诬钱主谋、权臣温体仁削职，诬告者奸民张汉儒被处死，钱氏狱解返乡，名声骤高，竟至全国各地士人千里奔走，以到常熟拂水山庄见钱一面为荣。《明史纪事本末》记其盛况曰："洛中之冠带、汝南之车骑、蜀郡之好事、鄠杜之诸生，闻声造门，希风枉驾，履舄交错，舟船填咽，邑屋阒其无人，空山为之成市。"钱氏《初学集》卷四十五《明发堂记》中也有此自况。《明史纪事本末》乃录自钱氏自述。在这等情状下，钱氏心情之欢快可想而知，歌咏家乡风物的诗应情而发，这也是"良有以也"的事。钱氏在入清后所作的《有学集》中，写故乡风物的诗就少了，偶有写其山庄景物的，也是或寄世事寥落之意，或寄避世隐遁之情。江山易代，家乡风物也黯然失色。钱氏已不复有先前的兴致了。

《初学集》中写家乡风物的诗，笔者以为数作于崇祯十二年（1639）的《拂水竞渡十首》最有情趣，它让我们看到了常熟三百八十年前原汁原味的龙舟竞渡场面。

招屈亭前沅水回，千年鱼腹有余哀。儿童不解灵均苦，拂水岩前竞渡来。（其一）

龙舟竞渡是为纪念楚国大诗人屈原沉江而来。竞渡地点在虞山拂水岩下的山前湖，划船人都是年轻人。

共驾龙舟戏晚风，扬旗鼓浪自为雄。群儿不省船头画，只道青龙见水中。（其五）

脚踏潮头口唱歌，吴儿从小狎风波。自家身命浑如掷，却为他人数鸭鹅。（其六）

呼噪儿童口尚黄，争标夺彩斗身强。须臾鼓罢龙舟退，脱却黄衫便下场。（其八）

船头画青龙图像，舟侧杂放鸭、鹅；竞渡者身穿黄衫，边歌边鼓，争标夺彩，威武勇猛。

乱流齐进咽通津，画舫垂杨不动尘。咫尺白头波浪里，水边人看水中人。（其九）

船夹蛟螭水怒飞，红阑桥外雨霏微。龙舟唱断菱歌起，日暮安流荡桨归。（其十）

竞渡时在春季，河中各舟竞先，岸边观众如潮，直至日暮方歇。

在今日我邑盛行的端午龙舟赛中，尚依稀可见到钱氏当年所描写的那份乡土气息及热烈情状。

二　钱谦益在常熟的别业、馆轩

钱谦益长期在常熟闲居，先后有几个居住地。除东门坊桥头祖宅外，有拂水山庄、半野堂、红豆庄诸别业。拂水山庄及半野堂是明末崇祯年间造的，红豆庄是在清顺治年间借其外祖废庄修建的，这几个别业无争议。馆轩有留仙馆、玉蕊轩。这两个馆轩在哪里，始终是个谜，有争议。许多志书都说在拂水山庄内，这其实是错误的，这两处肯定不在拂水山庄。

拂水山庄在常熟西门外拂水岩下山麓，而据钱谦益所写的《留仙馆记》《玉蕊轩记》，可知两处同在崇祯十五年（1642）底建造，且同在钱所购得的“北廓”之“周氏废圃”内。拂水山庄在西，留仙、玉蕊两处在北，相隔至少十余里地，可谓风马牛不相及。石韫玉、冯桂芬、王峻所编三部《苏州府志》及丁祖荫《重修常昭合志》把两处都说成在拂水山庄内是错误的，而且对学界多有误导，他们大概只是看到《留仙馆记》《玉蕊轩记》两记和钱谦益所作拂水山庄主体建筑的记（如《花信楼记》《耦耕堂记》《明发堂记》《秋水阁记》《朝阳榭记》等）放在一起收入《初学集》，而没有细读两记中所谓“得周氏之废圃于北郭”之语，所以犯错。两处不在拂水山庄，那应该在哪里？文史泰斗陈寅恪先生曾探讨过这一问题，在其所著《柳如是别传》一书第四章中，开始以为在半野堂内，是钱谦益兼并邻近屋地之举，后即又否定，最后不置可否。民国邑人金鹤冲主张两处在半野堂，但态度及提法并不十分鲜明，在其《钱牧斋先生年谱》中说“半野堂增设绛云楼、留仙馆”，并说“绛云楼、留仙馆，顺治庚寅并毁于火”，但他作为《重修常昭合志》修志委员会成员和协纂人，并没有出来纠正该志中留仙馆、玉蕊轩在拂水山庄的说法。金氏却又在《钱牧斋先生年谱》附录中说“留仙馆、玉蕊轩盖在城内半野堂之旁……不在拂水山庄也”。用“盖”这样一个存疑揣测之词，表示他虽然提出两处在半野堂，但是他还不全然有把握地断定就在半野堂。金说“盖在城内半野堂之旁”，“之旁”是模糊的说法，没有明确在内、在外的问题。我认为两处是在钱别业半野堂外北侧附近，不是在半野堂之内。

半野堂的范围，根据杨氏旧刻《南张剩稿》所记，“南起邵巷，西至北门街，北至椐树弄”。清道光八年（1828），张大镛所撰《半野新园记》中说其祖上治斋公时，半野堂的范围已至椐树弄。后此张氏园辗转被钱谦益购得，建成其半野堂别业，当时也是这样的一个范围。钱的半野堂作为城内别业，应当有围墙，其北向围墙至于椐树弄。钱《留仙馆记》写馆所处自然环境为“古木丛石，郁苍荟蔚”“山翠湿牖，烟雾澄鲜，云物靓深”，此等广阔幽深的景物，不会处于围墙之内，也即不会处于半野堂别业之内。应当是在半野堂之外，而在半野堂之外，则应当是什么地方呢？

这要从钱《留仙馆记》开头“得周氏之废圃于北郭”这句话中去寻找答案。周氏废圃，指明代周木、周彬兄弟的北园，亦称北苑、苍翠园，在常熟北门（镇江门，又称旱北门）内，为养亲、娱亲而辟建。其父澍，字时望，曾作园记。清康熙钱陆灿《常熟县志》、民国丁祖荫《重修常昭合志》都有如上记载。此园在明弘治初建成，距钱谦益出生近100年，到钱时已成废园，也即钱所谓的“废圃”。这北园在哪里？弄清其地理位置即可找到留仙馆、玉蕊轩的位置。在这方面，周木、周彬之父周时望《乐山亭记》[5]，提供了最原始的证据。该记说，在弘治元年（1488），周时望时年六十岁，得了半身不遂症，长子周木居官在外，侍奉在身边的次子周彬想“择闲旷之地以宽亲心”，他表示同意，“遂买地于北廓之山麓，去家里许，累石为山，凿地为地，构亭曰‘乐山’，栽植四时花卉松竹之类，予每于风和景明之际，挈一二知己登眺于此，笑谈歌咏，尽日而还”，由此可见，此园所在地在“北廓之山麓”。常熟博物馆藏光绪年修纂的《海虞周氏宗谱》中，有一幅《近仁公北园全图》并附序，是乾隆初周木六世孙为追怀先祖旧业，仿照园主周木之弟周彬所绘的《北园全图》缩小重绘的，图上的北园比周时望《乐山亭记》所述更为详细具体。按此图可知北园初建时的范围：西起旱北门大街，东到琴川六弦河、七弦河，北至混堂街，南起椐树街（图六）。经过百年的岁月沧桑，此园已成废圃。钱所购得不可能是当年北园的全部，只是其中的一部分，但从钱《留仙馆记》所记馆周遭广阔的自然环境看，这一部分范围也不小。钱别业半野堂是北至椐树弄，而此园是南起椐树街（即椐树弄），两处有椐树弄相隔。钱必须走出椐树弄半野堂之后门，才能到达他所购得的周氏废圃。周氏废圃不在半野堂别业之内，而是在其北侧不远处，在那里所建的留仙、玉蕊一馆一轩，真可称是钱氏在《留仙馆记》中所言的“灵区别馆也”。

三　钱谦益降清的原因

顺治二年，弘光元年（1645）五月，清兵围南京，发生柳如是劝钱谦益投寓中池塘殉国而钱拒绝不从的事（图七）。此事最早记录于钱的门生顾苓所写的《河东君小传》里，文曰：“乙酉五月之变，君劝宗伯死，宗伯谢不能。君奋身欲沉池中水，持之不得入。其奋身池上也，长洲明经沈明伦馆宗伯寓中见之；而劝宗伯死，则宗伯以（抄本作‘己’）语兵科都给事中宝丰王之晋，之晋，语余者也。”文意是：当时柳劝钱投池死，钱辞拒不从命，柳则奋身欲沉池，被阻挡不得入。柳奋身投池，是钱的馆宾沈明伦所亲见，而柳劝钱投池而钱不从，则是钱自已亲口对宝丰人王之晋说的，而由王转述给顾苓。顾苓所述沈明伦及王之晋，史有其人，《苏州府志》及《河南通

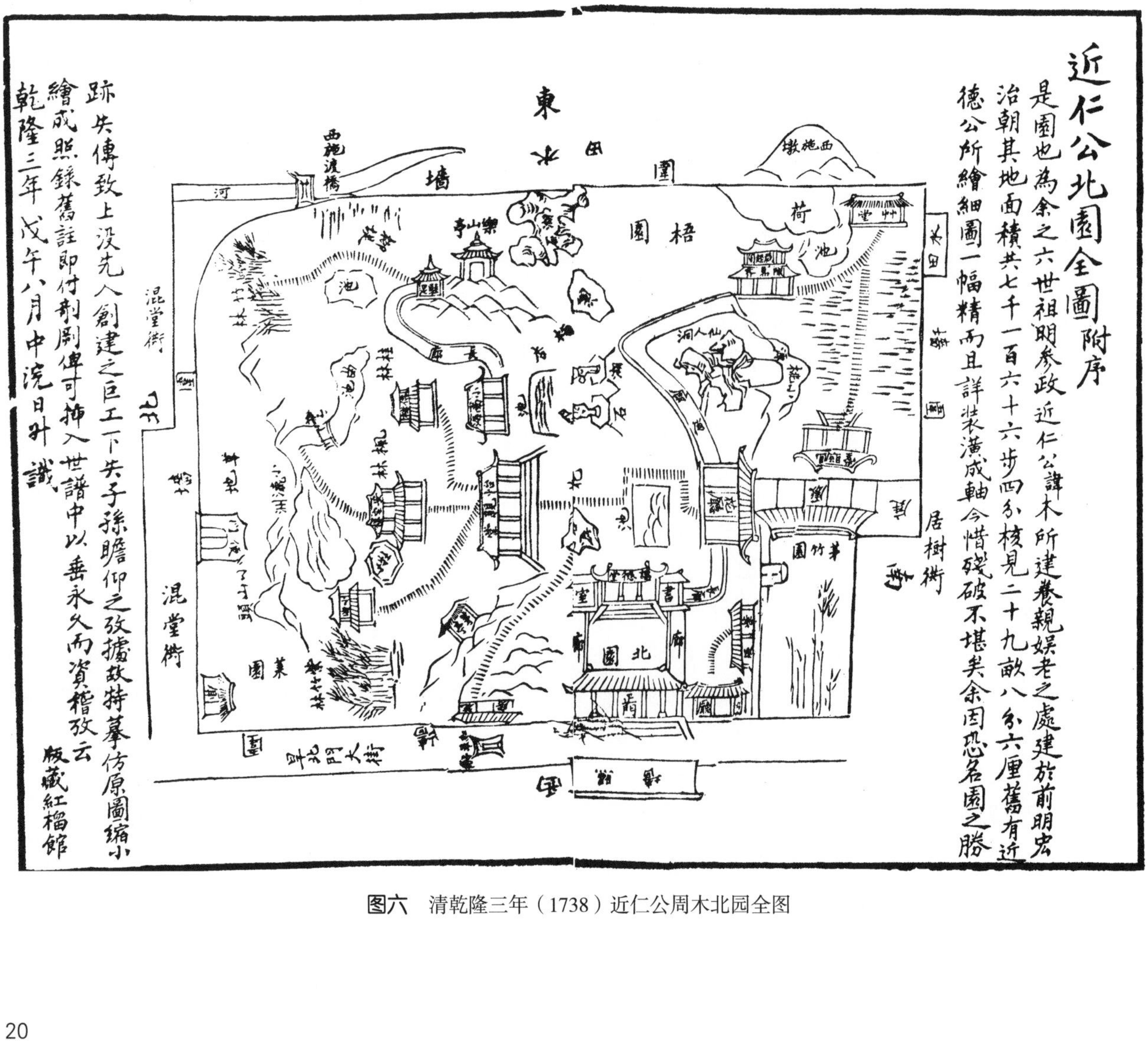

图六　清乾隆三年（1738）近仁公周木北园全图

图七　清·毕琛《柳如是儒服像》册页，常熟博物馆藏

志》分别有其传载。因此所述是可信之史料，可视作实录。顾苓在《河东君小传》中言明："宗伯语王给事之言，为信而有征也。"后来有人编野史虚构出钱怕水冷而不敢投池等故事来证明钱降清是出于贪生怕死，再与柳奋身欲沉池作对比，更渲染钱降清贪生怕死之劣迹。其实，从顾苓《河东君小传》所记述看，"君劝宗伯死，宗伯谢不能"，宗伯[6]钱谦益只是不从柳投池殉国之命。为何不从？钱本人未作说明，钱贪生怕死而降清，只是学界某些人的一种看法。"贪生怕死"说外，还有一种说法是"修《明史》"说，他要留世完成编写《明史》的未竟之业。钱精于史学，毕生愿望是编修一部纪传体《明史》。准备先撰长篇和事略，后撰本纪、列传。清初，钱收集了完备的明代史料，并已纂成《明史》百卷，另编次明代文集百余卷，藏于其别业半野堂后的藏书处绛云楼。但在顺治七年（1650）冬绛云楼失火，钱的《明史》稿及藏书全部付之一炬。从流传下来的钱氏相关明史著作《国初群雄事略》及《太祖实录辨证》两书来看，钱氏治明史有极高功力，史界公认为明史的杰作。当然，钱氏在入清后世事纷扰，他又着力于反清复明行动及领导虞山诗派及诗文著述诸事，修《明史》意愿并未实现。这可能成为他终身憾事之一。

除了"修《明史》"说外，还有一种"保民"说，保民是指钱为避免史可法抵抗不降，扬州百姓遭屠城之难而降清。这种看法我以为值得重视。崇祯帝自缢明亡后，其堂兄福王朱由崧在南京继皇帝位，改元弘光。弘光朝仅维持不到一年。顺治二年、弘光元年（1645）四月，清豫亲王多铎率大军南下围扬州，弘光政权兵部尚书、扬州督师史可法誓死抵抗，拒招不降。四月二十五日清军攻陷扬州，屠城十日，数十万（一说八十万）百姓被杀害。陷扬州后，清军直逼弘光政权首都南京。多铎下谕书《谕南京等处文武官员人等》："官员军民抗拒不降，维扬可鉴"，警示南京不降，将如扬州屠城。清军攻南京步步进逼，五月初一布阵长江，初九晨已出现长江南岸，十五日多铎进驻南京，扎营于城北。南京是五月十五日开城门迎降的，在这之前四天即五月十一日，弘光帝与内阁首辅马士英瞒着大臣们偷偷逃离南京，弘光帝逃往芜湖，马士英逃往杭州（后两人被清兵俘获而杀）。

作为朝廷象征的皇帝和朝廷主政的首辅都逃跑了，而城内无将守城，城外亦无救援之兵，作为礼部尚书的钱谦益与内阁次辅王铎、京营都督赵之龙等三十余大臣在此等情况下献城迎降。据钱海岳编《南明史》"牧斋本传"载，清兵围扬州时，钱谦益曾向弘光帝请求督师救围，但弘光帝慰留未准，这说明钱也是有殉国的准备的。据史料笔记载，钱与王铎献城投降后，外逃的弘光帝被清军执获押至南京，钱见弘光帝时伏地恸哭不能起，而王铎则直立不拜，而且用手指着弘光帝数落其罪恶，并说："余非尔臣，安所得拜？"并挥臂呼叱而去。由此可见，钱对弘光帝始终有忠君之心，但南京城内有上百万百姓的生命，何以处之？钱谦益献城降清实有保民免遭屠城杀戮的因素在内。在降清后钱谦益给苏州等四郡长官的亲笔劝降书中，提出如今是"大事已去，杀运方兴，为保全百姓之计，不如举郡以降"，即可见其降清心曲的表白。但降清，毕竟是钱谦益人生的污点，失节的羞惭及悔恨始终郁结于心，遂生反清复明之念，在他的《有学集》《投笔集》等诗文中乃至友人信札、为人所做的寿序、墓志中大量吐露这种思想情结。更冒生命危险联络反清志士张煌言、黄宗羲、郑成功、瞿式耜、黄毓祺等投入秘密反清复明行动。反清志士阎尔梅在其诗作中记述自己被清兵追捕亡命至钱谦益家，见钱“大节当年轻错过，闲中提起不胜悲”[7]，这真实地反映出钱对降清的悔惭及投身反清行动的决心。钱谦益悼念门生瞿式耜殉难诗中，反清复明的意念极其明显，顺治七年（1650），也即南明永历四年，瞿在桂林殉难，钱作《哭稼轩留守相公诗一百十韵》，十三年后的康熙二年（1663），钱又作《迎神曲》，再三歌哭，可见其对瞿氏殉难的至痛至敬心情。钱对另一位门生郑成功的反清复明斗争极力歌赞，所作《投笔集》一百零八首诗就是明证。

钱若不降清而身死，《有学集》《投笔集》及入清后所作大量诗文不会出现于世，而降清后这些诗文又因含反清复明意识，使钱几遭灭顶之灾。乾隆帝极恨钱谦益降清后反清，曾在乾隆三十四年、三十五年分别下谕禁钱氏著作，将之劈版销毁，其严厉程度甚至连引用钱诗文或仅仅是提到钱名字的作品也多被禁毁；乾隆四十一年、四十三年又分别下诏在国史内增立《贰臣传》及《贰臣传》分立甲、乙两编，甲编列明朝官吏降清后有功勋者，乙编列明朝官吏降清后无所建树或不满诋毁清朝者。将钱列入乙编之首，贬其为“进退无据，非复人类”。直到光绪末，钱氏著作才得以重见天日，钱氏本人才得以露名。

近百年来，经过学界努力，对钱谦益的研究成为一门方兴未艾的专门学问，特别是陈寅恪撰《柳如是别传》为钱、柳辩诬洗雪，钱仲联标校《钱牧斋全集》集钱著作大成，钱谦益已被公认为明末清初文坛泰斗、东南文宗、虞山诗派领袖。他那降清的行为，也理所当然成为深入研讨的一个问题。我们应当平心静气地将它放入钱的人生轨迹中观察，从而做出应有的评议。日本著名汉学家吉川幸次郎在1965年发表的《钱谦益与清朝的经学》长文[8]中高度评价钱谦益的文化地位和贡献：“钱谦益是明末清初十七世纪前半叶中国文学或文明史的巨人。他不仅是文学家、批评家、理论家，也是政坛巨子，但他却未能受到重视，研究论著很少。”这位日本汉学家所说钱未能受到重视，研究论著很少，是半个世纪以前的事。当今，国内以苏州大学、山东大学等高校为主要阵地的钱谦益研究已旷日持久，国内研究钱谦益诗学、文学、史学、佛学、藏书、传记等方面的著作就笔者所见不下数十种，研究的队伍也不断扩大，后继有人。

四 钱谦益并非三代后绝嗣

钱谦益有子钱孙爱（后名上安，又名孺贻），有孙钱锦城（字镜先）。钱谦益父钱世扬，本生二子，谦益和二酉。世扬去世当年，谦益幼弟二酉二岁夭折，故谦益可称单传，而谦益以下子、孙两人，都是单传。谦益之孙钱锦城之后裔情况，无文献资料可寻。自清代以来，学界都认为钱谦益三代（指谦益本人及子、孙共三代）后绝嗣。

清嘉庆年间，钱泳所撰《履园丛话》二十四“东涧老人墓”条曰：“第闻受翁之后已绝，墓亦荒废。”[9]1926年出版的邓之诚《骨董琐记》七“钱蒙叟墓”条曰：“（墓碑）嘉庆中族裔所立，本宗久绝矣”。陈寅恪《柳如是别传》“钱氏家难”一节中，录上述两条并按曰：“此俱钱柳死后，有关考证之材料，故并录之”[10]，似是无所异议，同意了绝嗣的说法。

常熟理工学院方良先生在其2007年出版的《钱谦益年谱》书尾“附录”里“关于钱孙爱及其后人”一节中，在叙述过钱谦益子钱孙爱、孙钱锦城之后，曰：“此外，信息杳然”[11]。在其《钱谦益后裔踪迹查寻》一文中，又断言“钱锦城之后更是式微，不见名氏流传”。

观现今留存于常熟西门外之钱谦益墓，同穴三墓，中为钱谦益父母钱世扬、顾夫人墓，昭（左）位为钱谦益、陈夫人墓，穆（右）位为钱谦益子上安（孙爱）、孙锦城墓。钱世扬夫妇墓有嘉庆年间立碑，立碑者不是钱世扬、钱谦益之后裔，而是写着“奚浦、禄园两支同立”的字样。这种迹象，确实会使人得出钱谦益子孙两代以下已无后人的结论。晚清两朝帝师、协办大学士翁同龢晚年罢官返常熟，访钱谦益墓时见奚浦、鹿（禄）园两支立石碑后，也产生过钱氏三代后绝嗣的看法。光绪二十九年七月初七日《翁同龢日记》记载："晨肩舆访蒙叟墓，其尊人世扬实主穴，而叟在昭位，有嘉庆中奚浦、鹿园[12]两支立石，则无后可知。"

但笔者对钱谦益三代后绝嗣之说本有怀疑，如清光绪三十年（1904）郑钟祥、张瀛、庞鸿文等修《常昭合志稿》二十六《钱裔僖传附族人上安传略》上说：钱孙爱致仕返里后，性情落寞，"闭门不见一人，即子孙罕见之"。此可说明钱孙爱非但有子（锦城），而且还有孙，亦即钱谦益非但有子有孙，而且还有曾孙，钱谦益并非三代后绝嗣；又如嘉庆间常熟县令陈文述在其《颐道堂文钞》卷四《重修河东君墓记》中说，他为寻找并重修已荒废的柳如是（号河东君）墓，"访之故老及其后裔名宗元者"。此钱宗元，莫非是钱谦益后裔？又如翁同龢《瓶庐诗稿》八《东涧老人墓》诗云："秋水堂安在，荒凉有墓田。孤坟我如是，独树古君迁。题碣谁摹宋，居人尚姓钱。争来问遗事，欲说转凄然。"这钱墓周围村落之钱姓居人，莫非也是钱谦益后裔？

笔者虽存疑，但因一直未见到如家谱一类的证信资料，故一直不敢对此问题置喙。2022年夏，无锡的一位钱氏宗亲送我看一份罕见的家谱《常熟奚浦支竹深公派》，是奚浦（今属张家港市）的一位老

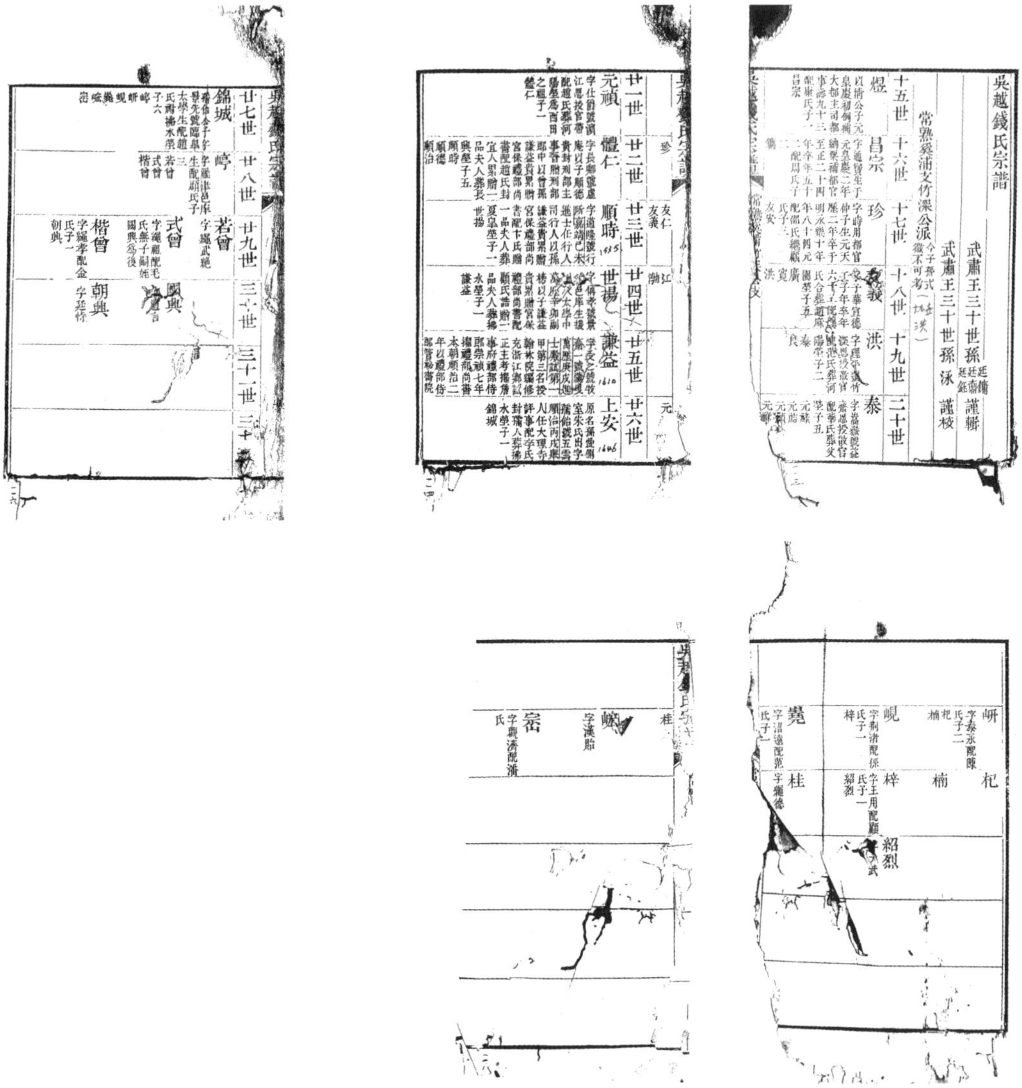

图八 《常熟奚浦支竹深公派》书影

者珍藏的，征得其同意加以复印（图八）。由此谱，可证钱谦益之孙钱锦城以后，尚有子、孙、曾孙诸后裔在，且可知其名字、生平概况。钱谦益三代后绝嗣之说并不可信。

需要说明一下，所谓“常熟奚浦支竹深公派”，据诸多常熟钱氏家谱如明钱岱《海虞钱氏宗谱》、清钱谦益《钱氏家乘》、民国钱昌穀、钱昌运、钱元萼《海虞禄园钱氏振鹿公支世谱》等所载：南宋末咸淳、德祐间，武肃王钱镠十一世孙钱迈从浙江台州赴任通州（今南通）知府，长子钱元孙（千一公）随行（其他五子留台州）。钱迈卒于任所，时元兵入侵，战乱中途塞无法归台州安葬，元孙仓促料理父丧后，渡江至常熟西部长江边的奚浦安家。经绮、渚、煜三代，至武肃王十六世孙钱昌宗时，家大业大，人丁繁衍，其长子钱镛迁至距奚浦二里许的鹿苑（后亦称禄园），是为钱氏鹿苑支祖；二子钱珍，留奚浦，是为钱氏奚浦支祖。钱珍为武肃王十七世孙，其子武肃王十八世孙钱友义，生五子广、宽、洪、江、渤。其中第二子钱宽、第三子钱洪有名声，列入“景泰十才子”中。钱宽号柳溪，称“柳溪公”；钱洪号竹深，称“竹深公”。竹深公钱洪，为武肃王十九世孙。钱洪以后，经泰、元祯、体仁、顺时、世扬五代传至钱谦益（钱谦益为武肃王二十五世孙，竹深公钱洪六世孙）。钱谦益之后，传至子钱孙爱（上安）、孙钱锦城。这份《常熟奚浦支竹深公派》家谱，主要价值在于记列了钱谦益孙钱锦城之后的下三代，显示钱锦城之后并非“不见名氏流传”，解开了所谓钱谦益三代以下有无后嗣的谜团，从而证明了钱谦益三代以后绝嗣之说的不可信。

由此谱知，钱谦益之孙钱锦城有六子：崞[13]、岍、岘、峣、崈、崇。钱锦城长子崞生三子：若曾、式曾、楷曾。其中式曾有子国兴，楷曾有子朝兴。钱锦城第二子岍，有二子：杞、楠。钱锦城第三子岘，生子梓，梓生子绍烈。钱锦城第四子峣，生子桂。钱锦城第五、六两子崈和崇，无子。钱锦城为武肃王二十七世孙，直到三十世孙国兴、朝兴、绍烈都入谱。但三十世以后，此谱无载。谱上云：“今子孙式微不可考”。

众所周知，乾隆帝由于愤恨钱谦益降清后反清，曾多次下谕劈版禁毁钱谦益著作，其严厉程度甚至连引用其诗文或仅仅是提及钱谦益名字的作品也多被禁毁。乾隆帝还点名将钱谦益列入他下诏编纂的《贰臣传》乙编[14]，贬其为“可鄙可耻”。直到光绪末，钱氏著作才得以重见天日，钱氏本人才得以露名。钱谦益三代之后，虽未绝嗣，但确如谱中所言呈“式微”之势。钱谦益之孙钱锦城，有六子，后嗣应该不在少数，但由于钱谦益在乾隆时遭遇厄运，声名狼藉，而且钱锦城之后三代中，无一有科名、功名者，都是平民（仅有长子崞一人为“邑庠生”），连谱上一般都要记及的葬地都无所记述。在这种情况下，钱氏子孙哪敢哪愿续修家谱？钱氏子孙“式微”不见谱载，原因或在于此。

《常熟奚浦支竹深公派》谱，为武肃王三十世孙钱廷镛、钱廷熏、钱廷钰兄弟三人所辑，他们是竹深公钱洪之兄柳溪公钱宽后裔、乾隆进士钱大章之子，所辑家谱应是可信的。校订者为武肃王三十世孙、著名学者钱泳，所校亦应是可信的。

注释：

[1] 新阡，指拂水山庄里新修的钱氏先人墓道，代指山庄，山庄在拂水岩之下，背山面湖。

[2] 刘敬仲，万历间进士，官工部尚书，因治黄河不力而下狱论死，在牢中与钱“比屋而居，昏夜得句，扣门索和”。明崇祯十一年（1638）死于狱中。

[3]〔清〕钱谦益：《初学集》卷十七《九日宴集含晖阁醉歌》。

[4]〔清〕钱谦益：《初学集》卷十七《五月望夜泛西湖归山庄作》。

[5]〔清〕邵松年辑：《海虞文征》，广陵书社，2017年，卷十一，第294页。

[6] 宗伯，官名，周代六卿之一，掌宗庙祭祀等事，即后世礼部之职。因此亦称礼部尚书为大宗伯或宗伯，钱谦益为礼部尚书，所以称其为“宗伯”。

[7]〔清〕阎尔梅:《钱牧斋招饮池亭，谈及国变事恸哭，作此志之，时同严武伯熊》。

[8]〔日〕吉川幸次郎:《钱谦益与清朝的经学》,《京都大学文学部研究纪要》第九号。

[9] 钱谦益，字受之，号蒙叟，晚号东涧老人。

[10] 陈寅恪:《柳如是别传》(下)，生活·读书·新知三联书店，2001年。

[11] 方良:《钱谦益年谱》，线装书局，2007年。

[12] 鹿苑又称鹿园、禄园。

[13] 崞，笔者疑为崞字误刻。《说文解字》九篇下山部：“崞，山也，在雁门”。《常熟奚浦支竹深公派》谱云：“(钱)崞，字雁津”。

[14] 乾隆四十一年(1776)，乾隆帝下诏修纂《钦定国史贰臣表传》，简称《贰臣传》，分甲、乙两编，甲编列明朝官吏降清后有功勋者，乙编列明朝官吏降清后无所建树或不满诋毁清朝者。两编共列157人。《贰臣传》附录于《清史列传》卷七十八、七十九两卷中。

虞山派藏书与藏书江南

曹培根*

内容提要：虞山派藏书以钱谦益为代表，是在中国私家藏书史上产生过重要影响的藏书流派，特点是读书者、好古者、开放者、有识者之藏书。虞山派藏书崇敬古籍的文化自信、传承文化的责任担当、工匠作为的精致创新、乐以传播的开放情怀，影响藏书江南，对今天的文化建设多有启迪。

关键词：江南　虞山派　藏书

明末清初，随着中国文化中心不断向江南转移，出现了以常熟钱谦益为代表的虞山派（或称常熟派）藏书，为中国藏书文化注入新的文化元素，影响藏书江南。

一　虞山派藏书之说

明代胡应麟最早借用宋人对画家分类的方法对私家藏书作分类研究，他在所撰《少室山房笔丛》卷四“经籍会通”之四中将藏书家分为好事家、鉴赏家二家[1]。后来，清洪亮吉在《北江诗话》卷三中从藏书家的旨趣和成就特征角度，把藏书家分成考订家、校雠家、收藏家、赏鉴家、掠贩家五等[2]。近人叶德辉在《书林清话》卷九“洪亮吉论藏书有数等”条提出：“考订、校雠，是一是二，而可统名之著述家。若专以刻书为事，则当云校勘家。”不少藏书家又“考订、校雠、收藏、鉴赏，皆兼之。”[3]缪荃孙在《〈书林清话〉序》中列举姑苏之学术家，分为“考订家”“校勘家”“收藏家”[4]。这些对私家藏书的分类研究有助于判析收藏家的各种特点，但对具体收藏家的归类也不可能十分贴切，各类藏书家对于典籍的利用是多方面的，许多“兼类”的藏书家自不必说，就是对同一藏书家由于实践经历的不同，前后也会属于不同的类型，同一藏书楼的主人也难以用某种类型来概括。

与私家藏书作分类研究的同时，一些学者注意到私家藏书的地方区域特色，以此来剖析藏书家的特点，如提出“虞山派”“常熟派”“苏州派”“浙东派”之说。清顾广圻在为《清河书画舫》十二卷抄本所撰跋中早就提到“常熟派”：“藏书有常熟派，钱遵王、毛子晋父子诸公为极盛，至席玉照而殿。一时嗜手抄者如陆敕先、冯定远为极盛，至曹彬侯亦殿之。”[5]顾广圻之说侧重于概括常熟派藏书家嗜手抄的特点。清潘祖荫将“常熟派”细分为“二派”，他在辑刊《滂喜斋丛书》时序陈揆《稽瑞楼书目》称：“吾乡藏书家以常熟为最，常熟有二派，一专收宋椠，始于钱氏绛云楼、毛氏汲古阁，而席氏玉照殿之；一专收精抄，亦始于钱氏遵王、陆孟凫，而曹彬侯殿之。”周星诒说：“藏书家首重常熟派，盖其考证板刻源流，校订古今同异及夫写录、图画、装潢、藏庋，自五川杨氏以后，若脉望、绛云、汲古及冯氏一家兄弟叔侄，沿流溯源，踵华增盛，广购精求，博考详校，所谓读书者之藏书者，惟此诸家足以当之。故通人学士于百数十年后得其遗籍，争相夸尚，良友以也。钱氏绛云，同时有幽古、述古、怀古诸家，一时称盛。而著录诸书，惟绛云、脉望、述古仅传书目，其余诸家，弆藏之富，著述无闻，未由稽考，人以为恨。”[6]1934年，赵万里在《重整范氏天一阁藏书记略》中谈到“苏州派藏书家”之说：“当年范东明选书的标准，与同时苏州派藏书家，完全采用两个不同的方式，他是‘取法乎下’的。”[7]王重民《论〈四库全书总目〉》说《总目提要》：“汲取了清代《读书敏求记》和朱彝尊及常熟派校书家所写题跋记的方法和形式。”[8]黄

* 曹培根，常熟理工学院教授。

裳《书林漫话——与刘绪源对谈录》文中谈道："藏书的确有流派，明清之际出现的虞山（常熟）派与浙东派的区别，就是一个值得注意而又恰恰为过去的研究者所忽略的问题。虞山派的代表是钱谦益及他的族孙钱遵王，还有毛子晋和季沧苇，都是很有名的藏书家，他们讲究收藏宋元刻本、抄本、稿本。浙东派就完全不同了。宁波的天一阁是最有代表性的。要论宋元抄稿本，天一阁几乎没有；它所注重的是当代史料、地方志和登科录等。"[9]黄裳在前人的基础上探讨私家藏书流派这一值得注意而又"恰恰为过去的研究者所忽略的问题"。1997年，笔者在《常熟文献史在中华文献史上的地位论略》一文中论述虞山派的收藏传统[10]。2000年，谢灼华在《试论清代江南常熟派藏书家》一文详论常熟派藏书家之形成与传统特点，指出："正如顾千里和周星诒等人所说的，常熟派藏书家的特色是非常明显的。大致说来，是重视钞录、考证版刻源流和注重藏书装帧和整理。"[11]

二　虞山派藏书特点

虞山派藏书，是源远流长的常熟诸文化流派之一（还有虞山诗派、虞山画派、虞山印派、虞山琴派等），又是在中国藏书史、文化史上具有深远影响力的流派之一。虞山派藏书崛起于明嘉靖后，以明诗坛领袖、虞山诗派宗师钱谦益为代表。

虞山派的主要特点之一是读书者之藏书。脉望馆赵用贤、琦美父子喜藏书，精校勘，开虞山派藏书家藏书、校勘之风。钱谦益在《列朝诗集小传》中称赵用贤"强学好问，老而弥笃，午夜摊书，夹巨烛，窗户洞然，每至达旦"，其子琦美同样，"朱黄雠求，移日分夜，究老尽气，好之之笃挚，与读之之专勤，盖近古所未有也。"钱谦益更是读书者之藏书的典型代表，曹溶《绛云楼书目题词》记钱谦益"每及一书，能言旧刻若何，新板若何，中间差别几何，验之纤悉不爽，盖于书无所不读"，"去他人徒好书束之高阁远甚"（图一）。钱曾在《读书敏求记》卷二引清常道人跋后称："清常言校雠之难如此，予尝论牧翁绛云楼读书者之藏书也，赵清常脉

图一　绛云楼图，陈达绘

望馆藏书者之藏书也。"钱曾这里的"藏书者"主要也指校雠言。钱曾自己也重视对藏书的校理，终身苦读勤藏，《也是园书目》《述古堂书目》和《读书敏求记》载录其校勘成果。他在《述古堂藏书自述》中说："必知之真，而后好之始真"，认为嗜书必须真懂书，精于鉴别，这样才能藏到好书。钱谦益曾看到其述古堂藏书"缥青朱介，装潢精致"，"纵目流览，如见故物"。钱曾不仅继承了钱谦益绛云楼焚余之书，还将钱谦益的藏书传统发扬光大，是钱谦益虞山诗派的继承者，又是读书者之藏书的继承人。毛晋曾师从钱谦益，钱谦益称毛晋"故于经史全史勘雠流布，务使学者穷其源流，审其津涉"。毛晋友陈继儒赞扬其"胸中有全书，故本末具脉络，眼中

图二 铁琴铜剑楼

有真鉴，故真赝不爽秋毫”，时人“无不侈其博而服其鉴”。毛晋子毛扆也精于校勘，魏禧在《汲古阁元人标点五经记》中称其“承其家学，为搜辑古椠本，考订讨论，正世本之失。”张金吾被黄丕烈称为“此真读书者之藏书也”，他强调“欲致力于学者必先读书，欲读书者必先藏书。藏书者，诵读之资，而学问之本也。”“藏书而不知读书，犹弗藏之。读书而不精覃思，随性分所近，成专门绝业，犹弗读也。”张金吾的《爱日精庐藏书志》是他藏而读的成果，具辨章学术、考镜源流之功用。铁琴铜剑楼瞿氏也是读书者之藏书，季锡畴在《荫棠先生检书图》题词中称瞿氏“非徒藏之，而能读之，且义方有训”，“非徒一己读之，且欲令世世子孙读而守之，以迄于无穷”。瞿氏数代惟好藏书，经史子集手自校雠成为传统。在虞山派多读书者藏书这一点上，正如周星诒所说“藏书家首重”的“常熟派”是“所谓读书者之藏书者”。

虞山派的主要特点之二是好古者之藏书。以钱谦益为代表的虞山派首开好古收藏之风，所藏多宋元本、抄本及稿本。叶德辉在《书林清话》卷九“吴门书坊之盛衰”条中称：“国朝藏书尚宋元板之风，始于虞山钱谦益绛云楼、毛晋汲古阁。”[12]又在卷十“藏书偏好宋元刻之癖”条中说：“自钱牧斋、毛子晋先后提倡宋元旧刻，季沧苇、钱述古、徐传是继之，流于乾嘉，古刻愈稀，嗜书者众，零篇断叶，宝若球琳，盖已成为一种汉石柴窑，虽残碑破器，有不惜重赀以购者矣。”[13]叶氏还在“明以来之抄本”条里，论述明以来抄本书最为藏书家所秘宝者共23家，其中常熟藏书家占了12家[14]。顾广圻在《思适斋书跋》中已经注意到常熟藏书家好抄本的特点，甚至认为是“常熟派”的主要特色[15]。潘祖荫在序陈揆《稽瑞楼书目》中注意到虞山派藏家好收宋椠与精钞的特点。

虞山派的主要特点之三是开放者之藏书。虞山派藏家中藏书致用、流通古籍的思想占主导地位，他们通过编印家藏书目来传播藏书信息，或以刻书为己任来广传秘籍，或提供借用以共享私藏。脉望馆赵氏父子通过精校刊刻、编目撰跋、提供阅抄等途径交流私藏，为后人树立了榜样。钱谦益在绛云楼失火后，将焚余之书悉数赠予钱曾，并在《草莽私乘》跋文中颂扬李如一“天下好书，当天下人共之”[16]的藏书开放思想。毛晋“缩衣节食，遑遑然以刊书为急务”，《汲古阁歌》赞扬他“君获其书好示人，鸡林巨贾争摹印。”张海鹏以毛氏汲古阁为榜样，“以剞劂古书为己任”，提出“藏书不如读书，读书不如刻书，读书只以为己，刻书可以泽人。”张金吾抱着“乐与人共，有叩必应”的态度公开私藏，并说：“若不公诸同好，广为传布，则虽宝如球璧，什袭而藏，于是书何裨？于予又何裨？”瞿氏铁琴铜剑楼更是公开其藏书，供读书人前往浏览、校勘、转抄、参观，使藏书发挥作用，还编印《铁琴铜剑楼宋金元本书影》《铁琴铜剑楼藏书目录》《铁琴铜剑楼题跋集录》及撰跋以飨海内外人士，提供所藏善本影印入《四部丛刊》《续古逸丛书》，中华人民共和国成立后又将私家藏书捐献给国家（图二）。

虞山派的主要特点之四是有识者之藏书。一个成熟的藏书流派应该有自己的藏书理论，虞山派有自己的藏书理论，主要体现在虞山派藏书理论代表作孙从添的《藏书纪要》里，以及散见于虞山派藏书家的藏书目录、藏书题跋等内容中。

三　虞山派藏书思想

虞山派藏书的思想文化遗产是多方面的，对今天的文化建设多有启迪。

一是崇敬古籍的文化自信。中华民族文化凝聚力与对自身文化的自信由来已久，虞山派藏书家有崇敬优秀文化典籍的好传统。孙从添撰《藏书纪要》旨在为同道传播虞山派藏书家在长期实践中积累的藏书经验和技术，其《购求》一则可视作虞山派藏书家之藏书宣言，论述“购求书籍，是最难事亦最美事，最韵事亦最乐事。”因为“书籍者，天下之至宝也。人心之善恶，世道之得失，莫不辨于是焉。天下惟读书之人而后能修身，而后能治国也。是书者，又人身中之至宝也。”[17]虞山派藏书家注重藏书以修身立德，强调读书的明理益能价值。张金吾强调：“人有愚、智、贤、不肖之异者，无他，学不学之所致也。然欲致力于学者，必先读书，欲读书者，必先藏书。藏书者，诵读之资，而学问之本也。”[18]翁同龢为读书而藏书，他为自家厅堂撰联：“绵世泽莫如为善，振家声还靠读书。”又为铁琴铜剑楼题联：“入我室皆端人正士，升此堂多古画奇书。”强调藏书、读书与做端人正士的关系。虞山派藏书家把藏书、读书与修身、治国紧密联系起来，让人们从这样的高度来认识敬惜书籍、热爱读书。

二是传承文化的责任担当。成千上万的私家藏书海纳中华典籍，一代代传递下去。流传至今的中华典籍，大多是经过历代私人藏书家递藏的。虞山派藏书家好古收藏与千方百计抄刻典籍，对保存和传播中华典籍精华为功尤巨。如今国家文化机构收藏的宋元本典籍，多有虞山派藏家之物。仅瞿氏铁琴铜剑楼捐赠北京图书馆（今中国国家图书馆）并载入《北京图书馆善本书目》的就达242种2501册。李致忠撰《宋版书叙录》著录北京图书馆收藏的宋版书60种，其中31种曾被虞山派藏书家递藏。虞山派藏书家藏书、刻书、传承文化的事迹感人。例如，汲古阁毛晋缩衣节食，以刊书为急务，甚至变卖田产刻书，毛氏《重镌十三经十七史缘起》所谓“奚止十年之田而不偿也”。张海鹏志愿“以剞劂古书为己任”，践行刻书泽人[19]。铁琴铜剑楼瞿氏五代人精心藏书、护书，特别是第三代楼主瞿秉渊、秉清兄弟在咸丰十年至同治二年间（1860—1863），为避太平天国战乱保护铁琴铜剑楼藏书，经历惊心动魄的七次大迁移，终于保全藏书精品。1915年，第四代楼主瞿启甲等创建常熟县图书馆，捐书充馆藏，还出借私家珍贵藏书用于影印《四部丛刊》，临终遗命家人“书勿分散，不能守，则归之公”。瞿氏视家、国为一体，护先人遗籍以体现仁孝，即翁同龢所谓“仁孝之诚”，瞿氏视献书给国家为先人遗籍的妥善归宿。

三是工匠作为的精致创新。中国古代私家藏书，属于综合性的学术文化活动。虞山派藏书家的大家多、成就大，归根到底是藏书家好书敬业，追求精致，讲究质量，创新藏书措理之术。虞山派藏书家盛行抄书之风，尤其是影抄，为汲古阁毛氏首创，影写本保存宋元旧本原貌，以精工著称。虞山派藏书家的藏书目录多为创新之作，在中国私家藏书目录中创第一的有很多。例如，赵琦美的《脉望馆书目》开近世著录残宋元本先例；钱曾的《读书敏求记》是我国第一部研究版本的专著；毛扆的《汲古阁珍藏秘本书目》最早详注宋元各种版本，是具有完整意义的最早的善本书目；张金吾的《爱日精庐藏书志》开创藏书志新体制；瞿镛的《铁琴铜剑楼藏书目录》体例创新，读此一书可得数书功用。虞山派藏书家的藏书目录精致多样，体系完备。例如，钱曾的《也是园书目》《述古堂书目》《述古堂宋元本目录》和《读书敏求记》，分别从体制上创立了普通书目、善本书目和题跋目录的格式。瞿氏铁琴铜剑楼书目既有《铁琴铜剑楼藏书目录》等集大成的私家藏书目录，又有《铁琴铜剑楼宋金元本书影》《铁琴铜剑楼藏书题跋集录》等丰富多样的专题特色书目，还有多种瞿氏藏书化私为公的多种专题书目，充分反映出瞿氏藏书目录的丰富多样性。孙从添在《藏书纪要》第六则“编目”一则中总结虞山派藏书家编制四种书目的具体方法[20]，这四种书目包括大总目录、宋元刻本钞本目录、分类书柜目录、书房架上书籍目录，可谓精致细腻。

四是乐以传播的开放情怀。虞山派藏书家通过互抄藏书、编藏书目、刻印藏书等途径公开交流私藏之外，或直接捐赠藏书，或将私家藏书楼营造成文人交流处。例如，常熟陈揆在道光三年（1823）五月，将乡邦文献160部461册捐兴福寺，临终前又续送240部439册，一起贮藏于寺内救虎阁，以供众览。陈揆有《兴福寺书目》传世，瞿凤起撰《〈兴福寺书目〉跋》称：“陈氏藏书于乡邦文献致力尤勤，积四百种。先后庋藏破山寺救虎阁，以供众览，早有今日公共图书馆之至意。”虞山派藏书家通常以其藏书楼会友，文人在一起雅集唱和，或讲学交流、编目著述、鉴赏藏品等。例如，赵氏旧山楼主人赵宗德、宗建兄弟十分好客，当时的旧山楼为文人雅集之所、区域学术文化中心。翁同龢等人在旧山楼论书，见诸《翁同龢日记》等文献记载。铁琴铜剑楼瞿氏以所藏珍本自刻或助人刻书，广为传播私藏。瞿氏在藏书开放的过程中，与当时众多文人广泛交往，许多学者慕名到古里铁琴铜剑楼访书交流、登楼阅览、借阅抄录等。铁琴铜剑楼将藏书提供社会利用，发挥了“公藏”的部分功能，也发挥了区域学术文化交流中心的作用。

四　虞山派影响藏书江南

自明代后期以来，常熟成为中国私家藏书中心地之一。据范凤书统计，中国历代藏书家为4715人，其中，明代869人，清代1970人，最多的10个县市为：苏州268人，杭州198人，常熟146人，湖州94人，绍兴93人，宁波88人，福州77人，嘉兴75人，海宁67人，南京60人[21]。可见，在环太湖、大运河沿线区域集中了中国绝大多数的藏书家，而这一区域的藏书家收藏志趣、收藏内容、藏用原则等，包括尚宋元版本之风，好抄稿本，藏书偏重正经正史，重视编目，乐于交流等，与虞山派藏书家趋同，而区别于黄裳所谓浙东派[22]。晚清四大藏书楼，即常熟瞿氏铁琴铜剑楼、浙江杭州丁氏八千卷楼、吴兴陆氏皕宋楼、山东聊城海源阁，他们无一不继承虞山派藏书传统，这表明了虞山派的影响力和辐射力。王红蕾在《〈卷盦书目〉与叶景葵藏书思想》一文中谈到“叶景葵的藏书思想是乾嘉以来，江南正统藏书观的延续”，“深受嘉兴派藏书思想的影响”，江南藏书“以稿抄校本为主要特色”[23]。江南正统藏书观，或者可以说江南藏书形成的主要特色正是深受虞山派藏书的影响。

注释：

[1]〔明〕胡应麟：《少室山房笔丛》卷四《经籍会通》之四，上海书店，2009年。

[2]〔清〕洪亮吉：《北江诗话》卷三，《洪北江全集》，光绪三年（1877）阳湖洪用懃授经堂刊本。

[3]〔清〕叶德辉著、李庆西校：《叶德辉书话》，浙江人民出版社，1998年，第240–241页。

[4] 同［3］，第19—20页。

[5]〔清〕顾广圻著、王欣夫辑：《顾千里集》，北京：中华书局，2007年，第331页。又，〔清〕顾广圻著、黄明标点：《思适斋书跋》，上海古籍出版社，2007年。

[6]〔清〕周星诒：《题记》，〔清〕钱曾著，管庭芬、章钰校证，佘彦焱标点：《读书敏求记校证》，上海古籍出版社，2007年，第504页。

[7] 赵万里：《重整范氏天一阁藏书记略》，《国立北平图书馆馆刊》1934年第1期。

[8] 王重民：《论〈四库全书总目〉》，原载《北京大学学报》1964年第2期，辑入王重民：《中国目录学史论丛》，中华书局，1984年，第225—254页。

[9] 黄裳：《春夜随笔》，成都出版社，1994年，第78—81页。

[10] 曹培根：《常熟文献史在中华文献史上的地位论略》，《吴中学刊》1997年第1期。

[11] 谢灼华：《试论清代江南常熟派藏书家》，《江苏图书馆学报》2000年第1期。

[12]〔清〕叶德辉：《书林清话》，中华书局，1957年，第254—257页。

[13] 同［12］，第290—292页。

[14] 同［12］，第275—283页。

[15]〔清〕顾广圻著、王欣夫辑：《顾千里集》，中华书局，2007年，第331页。〔清〕顾广圻著、黄明标点：《思适斋书跋》，上海古籍出版社，2007年。

[16]〔清〕钱谦益：《牧斋集再补》，钱曾笺注、钱仲联校：《钱牧斋全集》，上海古籍出版社，2003年，第925页。

[17]〔清〕孙从添：《藏书纪要》，〔明〕祁承㸁等：《藏书记》，广陵书社，2010年，第39—40页。

[18]〔清〕张金吾：《爱日精庐藏书志序》，张金吾：《爱日精庐藏书志》，光绪十三年（1887）吴县灵芬阁徐氏木活字合刊本。

[19]〔清〕黄廷鉴：《朝议大夫张君行状》，《第六弦谿文六钞》卷四，清光绪十年（1884）虞山鲍氏《后知不足斋丛书》本。

[20] 孙庆增：《藏书纪要·编目》，徐雁、王燕均主编：《中国历史藏书论著读本》，四川大学出版社，1990年，第524—525页。

[21] 范凤书：《中国私家藏书概述》，虞浩旭主编：《天一阁论丛》，宁波出版社，1996年，第259—282页。

[22] 黄裳：《春夜随笔》，成都出版社，1994年，第78—81页。

[23] 王红蕾：《〈卷盦书目〉与叶景葵藏书思想》，《理论界》2009年第11期。

支撑毛晋汲古阁文化传承的经济基础

蒋伟国 *

内容提要：明代著名藏书家、刻书家毛晋一生致力于读书、藏书、刻书、校书、印书，为中华典籍的传承与发展做出了巨大贡献，其依托汲古阁所刻书籍成为中国藏书文化的不朽传奇。本文以毛氏汲古阁刻书为中心，通过文献调研法对其刊刻书籍概况、所需费用进行深入梳理与分析，揭示了长期积累的家族财富、持续不断的刻书售卖、亲朋好友的大力襄助，为毛氏校刻数量庞大的经史子集提供了强有力的经济保障。

关键词：毛晋　汲古阁　校刻书籍　经济基础

毛晋与汲古阁成为明代晚期中国藏书文化的传奇，离不开毛晋自己的人生选择，离不开毛晋及其家族传承传统文化的共识，离不开毛晋同时代师友对他的认同以及给予的支持，也离不开当时的社会大势所营造的氛围影响。然而，以往众多研究毛晋、汲古阁的著作、文章，普遍存在着宏观分析多、微观分析少，综合分析多、个案分析少，定性分析多、定量分析少等问题，使得汲古阁何以在商品经济初兴的时代、地域获取长足发展缺乏有力的实证性结论。有鉴于此，本文通过对留存下来的原始记录和时人记载的梳理、解读，试图还原当时的一些场景，活化汲古阁作为藏书文化地标的存在。

一　汲古阁刊刻书籍概况

毛晋的汲古阁不仅以数多量大的藏书著称于世，其刻校书籍之多之精，也在中国古代藏书历史上屈指可数（图一）。

图一　清·王咸《毛氏汲古阁图》（局部），中国国家图书馆藏

毛晋一生笃奉佛教，堪称虔诚之信徒。据史料记载，早在明万历、天启年间（1573—1627），毛晋家中就供奉佛祖如来像。其室名笃素居、曹溪一滴

* 蒋伟国，常熟市政协主任科员。

庵（又名一滴庵）、双莲阁、华严阁等，或为自己静心焚修处，或为释友校书处，或为私家刊经坊，以及把“在在处处有神物护持”作为汲古阁藏书图记，自号“笃素居士”等，足见他对佛教的极度崇信。

正是出于这种对佛教的虔敬热诚，毛晋在对僧侣慷慨施济，把方外人士延为汲古阁座上常客的同时，或出资，或校对，或独刊，加上他殁后三子继承父志续刻的，共剞劂佛教经典300余种，内容涵盖经、律、论三方面。

毛晋开始从事佛经刻校，可以一直追溯到明天启元年（1621）。据杜信孚《明代版刻综录》著录，那一年，毛晋谋刻僧友明河之《续补高僧传》，此为已知汲古阁最早刻经之年[1]。

明天启六年（1626）初，毛晋许下其后为之终生努力的宏愿：“一愿刊经史全部，以资后隽；二愿刊《大方广佛华严经》，以报四恩。是日伊始，常课行善行，以祈必遂”[2]，以大投入花大力气刻经。此后，他和儿子兢兢业业于此80多年时间，为保存、弘扬、传播佛教文化做出了不可磨灭的历史贡献。

其中，从明崇祯十五年壬午（1642）四月至十七年甲申（1644）十二月，是毛晋大规模校刻《嘉兴藏》（又名《径山藏》）最集中的时间。他以华严阁名义，在常熟隐湖（东湖）七星桥西专设刻经坊，招书手、刻工等各类人员，大量刻校佛典，最终刊刻典籍共计277种。据统计，当时，来自上元、溧水、长洲、江宁、中山等不同地区的18名书工和籍贯句容、溧水、长洲、江宁等地的8名刻工，以及共同参与校对的释道源、戈汕、郁慈明、殷时衡、孙房、王咸等人，与毛晋一起完成了上述盛举。如此不凡的功业，是毛晋父子通过271个具有较为统一雕版风格的刻书牌记详尽记录下来的[3]。

毛晋刻书范围甚广，佛教经典仅仅是其刻校书籍的一部分，他对传统文化中经史子集的关注，并不比佛典逊色。叶德辉在《书林清话》中写道，“明季藏书家，以常熟之毛晋汲古阁为最著。当时遍刻《十三经》《十七史》《津逮秘书》、唐宋元人别集，以至道藏、词曲，无不搜刻传之”[4]（图二）。

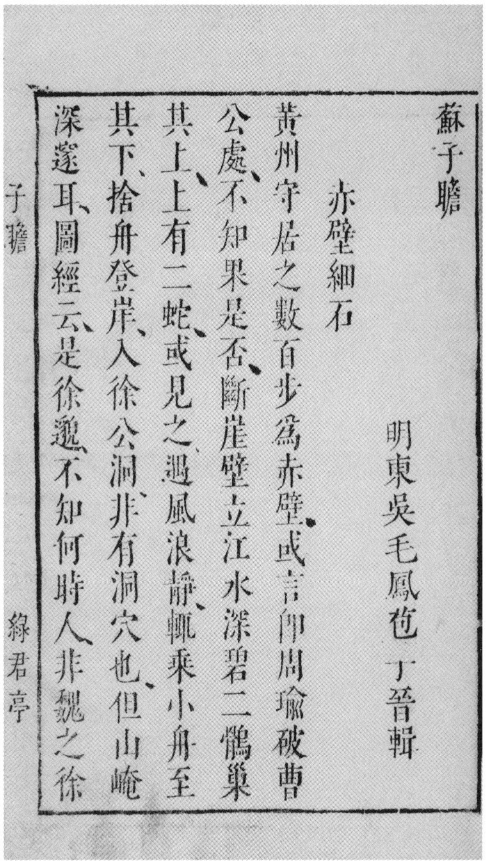
蘇子瞻
赤壁細石　明東吳毛鳳苞　子晉輯
黄州守居之數百步爲赤壁或言即周瑜破曹
公處不知果是否斷崖壁立江水深碧二鶻巢
其上上有二蛇或見之遇風浪靜輒乘小舟至
其下捨舟登岸入徐公洞非有洞穴也但山崦
深邃耳圖經云是徐邈不知何時人非魏之徐
子瞻　綠君亭

图二　明毛晋汲古阁刻本《苏米志林》

《十三经注疏》和《十七史》是毛晋刻书的重中之重，这项浩大的经史丛书刻印工程，几乎贯穿了他的整个刻书生涯，倾注了他大量的精力、财力。由此，有学者将其作为个案进行专题研究，力求公正客观地对毛刻经史丛书做出符合实情的评价。

《十三经注疏》和《十七史》两部丛书，在中国古典文献中有着至高无上的地位，但在明末以前，均由中央或地方政府凭借其雄厚实力刻印成书，还从未有以私人名义独力刊刻的先例。

作为江南水乡耕读起家的藏书家，毛晋有感于当时社会上“经史子集率漫漶无善本”的客观实际，凭着文化人特有的责任感，依托毛氏家族的力量，“乃刻《十三经》《十七史》”，去着力完成这一史无前例的文献载籍的刻印任务[5]。

根据《十三经注疏》《十七史》序跋、题识，以及《毛子晋年谱稿》等诸多材料记载，毛晋在明崇祯元年（1628）誓愿此后每岁订正一经一史，寿之梨枣，并通过开设梨枣局，开雕《十三经注疏》《十七史》。当年正月十五日，这一传世功业正式开始启动。在此后整整30个春秋中，频繁的水旱灾荒、兵事战乱，入不敷出的家庭财力，毛晋始终没有改变刻书的初衷，一直保持着他对文化传承的情有独钟。纵然如此，创业之路的艰难困苦，对毛晋的身心产生了不可挽回的损害。在经历了“卷帙纵横，丹黄纷杂，夏不知暑，冬不知寒，昼不知出户，夜不知掩扉，迄今头颅如雪，目睛如雾”[6]的岁月，他所精心擘画的经史丛书刚刚告成，夙愿终于得以了却不久，毛晋就告别了人世。

毛晋“举唐虞迄于昭代，上下三千余年间，凡圣经贤传，与夫忠臣孝子、义夫节妇诗文传记，可以正风俗而厉人心者，穷年考校，悉力梓行”之举，使当时“天下皆传汲古书”[7]。

当然，汲古阁所刻之书，远不止此。举其要者，有“开藏书家刻丛书之风，有功于艺林至伟”的《津逮秘书》。此书共收录157种书，除胡震亨等辑《秘册汇函》17种、绿君亭刻本4种和部分顺治刻本，大部分是在崇祯时期刻成的；有被誉为“词林之渊海”、“嘉惠倚声家之恩大矣”的《宋名家词》。此集收词61家，是现存刊刻时间最早的词集丛编。由此，毛晋本人被称为“第一位全面从事词集校勘，有意识地进行词作辑佚、考辨的学者”，“清代以前在词集校勘领域成就最大、影响最深的学者”；有中国戏曲史上最早的传奇总集、也是规模最大的戏曲总集的《六十种曲》。它被黄裳赞为“目光远大，于正经正史外，广涉俗文学的曲本，影响深远，是文化风景线上一个触目的亮点”。余如《汉魏六朝百三家集》《乐府诗集》《唐诗纪事》《唐人八家诗》《三唐人文集》《五唐人诗集》《唐三高僧诗集》《唐人四集》《唐人选唐诗》《陆放翁全集》《元人集十种》《元诗四大家》《诗词杂俎》《词苑英华》《道藏八种》等书籍，也是体量颇大的作品[8]。

以前的研究普遍认为，把刻书作为毕生事业和追求的毛晋，一生中共刻校书籍600多种，积书板109067叶。然而，近来有人经过大量搜集资料和重新统计，认为毛氏刻书总量应当更多[9]。郑伟章在《〈汲古流芳〉序》中则更加直截了当指出，毛晋“收藏宋元刻本及历代抄本达八万四千余册，刻经、史、子、集、丛书及佛典，总数在千种以上，可谓空前绝后，私人藏书、刻书一时难以与之比肩”[10]。这从毛晋《汲古阁校刻书目》、毛扆《汲古阁珍藏秘本书目》、郑德懋《汲古阁校刻书目补遗》、陶湘《明毛晋汲古阁刻书目录》、赵万里《中国版刻图录》、王重民《中国善本书提要》、丁丙《善本书室藏书志》，以及《中国丛书综录》等时人或后人的著录中都可得到印证。据记载，毛晋所刻经史类书37种、37250叶，丛书类书141种、16631叶，诗文词曲类书351种、48065叶，乡邦文献类书5种、1000多叶[11]，佛教经籍类书300多种、8700多叶[12]。

除上述荦荦大端外，毛晋还为时人代刻了一些著述，其总量不算大，但也是其刻书的一个方面。李炳震曾在《毛晋汲古阁的出版规模》中，列出请他代刻的人员、作品名称：郑瑄《昨非庵杂俎》，王象晋《二如亭群芳谱》，张溥及其批点本《南史》《汉魏六朝百三名家集》，张之象《唐诗类苑》，冯班《冯定远全集》，胡世安《龙乘》，周之夔及其《文集》，余怀《七歌》《甲申集》8种，钱谦益《列朝诗集》等[13]。

二　汲古阁刊刻书籍所需费用分析

毛晋汲古阁所刻书籍，数量之多，在明末众多的刻书家中首屈一指。同时，毛刻之书，对于底本的选择特别慎重，可以说到了找不到好的底本宁可不刻的地步。两者互相映衬，决定了毛氏刻本独特的价值和地位。

（一）购书费用

作为有名于时的藏书家，毛晋一生购买了大量书籍。这些书，一方面是为了丰富自己的藏书数量，另一方面则是出于增加所刻书籍“含金量”的考量。当时，为了搜求合适的底本，奠定扎实的刻书基础，毛晋在购书上动了不少脑筋，也投入了不菲的财力。

明崇祯四年（1631）六月，毛晋在已经开雕

《十三经注疏》《十七史》《离骚》和《陶渊明集》等大量文集的情况下，为求得《华严经》善本作为雕刻范本，专程至苏州开元寺石佛前“长跪恳祈”“经一日夜”。他的虔诚终于感动了寺院僧人，从而获知“镇山之宝”宋本《华严经》已被拿去质钱。毛晋欣喜不已，马上按图索骥，出资买了下来。接着，汲古阁以此本为底本，校以北藏本、南藏本及新旧各本，择善书良匠，大字开雕，经过七个寒暑夜以继日的雕版、校雠，终于在崇祯十一年（1638）十月告成[14]。

类似情形，在毛晋刻书过程中并不鲜见。其时汲古阁刻的《诗外传》《郑注尔雅》《后村题跋》《魏公题跋》《芥隐笔记》《孟东野集》《歌诗编》《玄英先生诗集》《松陵集》《花间集》《片玉词》《史记索隐》《姚少监诗集》《乐府诗集》《吴郡志》《杜工部集》《孟襄阳集》《吴郡志》《晋书》《剑南诗稿》等多种书籍，均以宋刻本作为底本。

《孔子家语》一书，明末时是有刻本流传的。但毛晋对元代王氏刻本的割裂和明代包山陆氏刻本的颠倒非常不满，希望找到善本重刻而加以取代。可惜久觅不获。为此，他常常长跪于孔子像前，祈求圣人了却自己的夙愿。天遂人愿。天启丁卯（1627）秋，毛晋从吴兴书商手里得到了北宋版王肃注本，书写刻印，与流行刻本迥异，可惜的是二卷十六叶前的书页已经遭到虫蚀。于是，他又向孔子像焚香叩头，祈求圣人成全他窥见全豹的愿望。几年之后，一段奇遇使他如愿以偿：“己卯（1639）春，从锡山酒家复觏一函，冠冕岿然，亦宋刻王氏注也，所逸者仅末二卷。余不觉合掌顿足，急倩能书者一补其首，一补其尾，二册俨然双璧矣！纵未必夫子旧堂壁中故物，已不失王肃本注矣。三百年割裂颠倒之纷纷，一旦而垂绅正笏于夫子庙堂之上矣。是书幸矣！余幸矣！亟公之同好，凡架上王氏、陆氏本，俱可覆诸酱瓿矣。”[15]他的另一段话，也印证了这一点。《孔子家语》“经近代改窜，非复古本，今殆亡矣。誓必得之。一念经年，果从锡山酒家得宋版，乃开雕行之”[16]。

毛晋汲古阁为了刻印书籍，不遗余力地搜购前代典籍善本的举动，不仅得到了同时代文人士子的嘉许，更赢得了书商等同行的认可。吴伟业曾在诗中写道，“嘉隆以后藏书家，天下毗陵与琅琊。整齐旧闻收放失，后来好事知谁及。比闻充栋虞山翁，里中又得小毛公。搜求遗逸悬金购，缮写精能镂板工”[17]。荥阳悔道人郑德懋则在为毛晋写的《汲古阁主人小传》中，记录下了传主顺应当时社会思潮出现的变化，把传统义利观念中耻于言利的方面抛在一边的故实：汲古阁收书、刻书的全盛时期，门首有一块专门的告示牌，上面写着“有以宋椠本至者，门内主人计叶酬钱，每叶出二百。有以旧抄本至者，每叶出四十。有以时下善本至者，别家出一千，主人出一千二百。于是湖州书舶云集于七星桥毛氏之门矣。邑中为之谚曰：三百六十行生意，不如鬻书于毛氏”。毛晋同时代的诗人陈瑚，在诗中也有着差不多同样的表述：“朱庄泾畔见人烟，近水雕胡虾菜鲜。隔岸便通汲古阁，夜来闻到卖书船。”[18]当年，书商常年流连于汲古阁，不是没有来由的。他们之间有着供需双方合作互惠的关系，当然更多的存在着有利共享的关联。

毛晋为了书籍孜孜以求埋头苦干的一生，差不多耗尽了祖上传下来的和自己创业取得的家财。其中用在购买书籍特别是善本上的钱财，根据当时的记录、现存的资料，可能难以稽考，但从当时留下来的诗文、笔记、序跋、书目等索隐钩沉，大略可知毛晋在这方面的用力之勤、花费之巨。

《铁网珊瑚》是明中期苏州人朱存理每遇名山秘玩、书画名迹，搜辑而手录完成的著述，共14本。毛晋于清顺治五年（1648）得到此书后，从不轻易示人。毛晋殁后，这一枕中秘籍传给了毛扆。清康熙三十三年（1694），时任江苏巡抚的宋荦得知《铁网珊瑚》原本在毛家，委托常熟县令陶濬出面，以每本6两白银的价格求购，被毛扆婉拒。后有人开出每本8两、10两的价格，亦遭拒绝。毛扆生病后，家中资金短绌，只得忍痛将此书典入当铺，得银24两，以此购药治病。之后毛家再也无力赎回此书了[19]。

这是一个极端的例子。《铁网珊瑚》尚是同时代的一个抄本，价格就如此高启。倘若以此类推，按照毛晋收藏宋元刻本及历代抄本达8万余册的藏书总量测算，当时他投入的总购书资金，已远不能用数以万计来量化了。

（二）藏书建筑群的营造费用

毛晋的汲古阁有狭义、广义之分。狭义的汲古阁，专指毛晋建造的上下三楹的藏书楼；广义的汲古阁，则是指以此楼为核心的建筑群。

毛氏旧宅原来在昆承湖之南，名载德堂。在明崇祯元年（1628）许愿每年刻印一经一史之前，毛晋一直在此居住、读书。在禀明母亲要通过自己的努力，使《十三经》《十七史》大放异彩后，毛晋考虑到无论是安置藏书、收贮板片、提供作坊，还是安顿书手、刻工、校书者等各类能工巧匠，原先的宅院已不敷所用，便选取"东北至七星桥二里，距毛氏旧宅一里"的桑沪浜口一个名"楼子基"的地方，开始建造起汲古阁。当其时，毛晋"购异书，嗜之如饥渴。四方名胜，争以所有邮致之，无虚日。多得宋版，及旧家故籍，筑阁庋置之，扁曰汲古"。"子晋社主结藏书阁于隐湖之滨，颜曰'汲古'。"[20]

汲古阁开建于明崇祯元年（1628），营造"在湖南七星桥载德堂西……阁后有楼九间，多藏书板，楼下两廊及前后，俱为刻书匠所居。阁外有绿君亭，亭前后皆种竹，枝叶凌霄，入者宛如深山。又二如亭左右则植以花木，日与诸名士宴会其中，商榷古今，殆无虚日。又有所谓一滴庵者，为子晋焚修处……"[21]

汲古阁作为毛晋藏书楼建筑群的重要建筑，自然是毛氏藏书的精华所在。他的其他藏书、读书、校书场所，尚有绿君亭、载德堂、目耕楼、宝月楼、宝晋斋、笃素居、此静坐、华严阁等。这些分布于毛氏旧宅附近、面积大小不一的建筑，对毛晋而言，有着各不相同的用途。华严阁是毛晋校刻佛教经典《嘉兴藏》的地方。有关此建筑的信息，在殷时衡与毛晋的诗歌唱和中可见。殷时衡在诗中写道："绿波鳞砌新水清，摇空阁影凫渚平。"毛晋则和之云："草阁孤高立芳渚，凌波瞥见双娉婷。"渚是水中小洲，结合"桥西小筑未云深"看，阁建在一块小洲之上，靠一条小桥与外界相通。在这样一个僻静的地方校刻佛经，有着比较理想的氛围[22]。

毛晋藏书楼建筑群，当时究竟投入了多少资金，建造了几处建筑，由于主其事者没有具体的记录，后人很难凭空加以臆测。加上这些建筑现在已经湮没无存，人们要了解每一处建筑的四址方位、体量大小、昔日风采，更是难乎其难。

为了心心念念的书籍，毛晋竭尽了自己的心智财力。但是，他的投入不是没有轻重缓急的，而有着他独具匠心的选择。出于尽可能减少投资总量的考虑，毛晋对于汲古阁的装潢，是能省则省，把好钢用在刀刃上。他的儿子在《先府君行实》中曾记述，"阁中不事华饰，板扉壁素而已。装潢卷帙，皆质素。每曰：'锦标牙轴，非儒家之玩也。'"[23]

（三）工匠日常劳作的费用

按照现在通行的说法，毛晋一生共刻校书籍600多种。如此大量需要依靠手工劳动不断推进的工作，没有专门的团队是难以完成的。事实上，毛晋在作坊里聘用了书写工、刻字工、校对工、印书工等多个工种的匠人。有学者做过专门统计，仅在毛晋刻印佛典过程中，用的书写工有黄铭、罗章、徐大任等18人，用的刻字工有潘守诚、李如科、杨可浍等8人，请的校对者有道源、戈汕、郁慈明等6人[24]。毛晋之子毛扆在《影宋精抄本五经文字九经字样》卷末跋语中曾记述，"吾家当日有印书作，聚印匠二十人刷印经籍。扆一日前往观之，先君适至，呼扆曰：'吾缩衣节食，遑遑然以刊书为急务。今板逾十万，亦云多矣，窃恐秘册之流传者，尚不及一也……'"[25]陈瑚在《汲古阁制义序》中也提及，"虞山之阳，星桥之偏，望之岿然而杰出者，曰汲古阁，昆湖毛氏藏书处也。阁之下梓工数百人"[26]。

毛晋书坊里的众多匠人，给主人校刻印刷了数量可观的典籍，为后世留下了不同凡响的文化业绩。当然，他们在为毛晋创造包括物质、精神等社会财富的同时，也在消耗汲古阁主本来有限的资金。

根据汲古阁刻书牌记的记录，明代末年，书写工平均每字0.05厘，刻书工平均每字约0.34厘，每个字刻书价格约是写书价格的7倍。清徐康在《前尘梦影录》中说，“毛氏广招刻工，以《十三经》《十七史》为主，其时银串每两不及七百文，三分银刻一百字，则每百字仅二十文矣”。当时的工价银以板块数量为计量单位，每块板工价银4或5分。按照这些基本数据计算，在崇祯十五年至十七年（1642—1644）三年里，毛晋共刻佛经340万余字，支出的各类人工费用分别为：写银，126两7钱7分9厘；刻印，1105两4钱6分4厘5毫；工价银，189两9钱8分。三项总计1422两2钱2分3厘5毫[27]。

以上仅是以华严阁名义集中力量校刻佛典的人工费用，据此推算毛晋刻书的全部人工费用，量级估计要提升多个层次。

《十三经注疏》是研究我国先秦文化的重要文献。据清人钱泰吉统计，经文本身除去篇名，共有64万多字[28]。

相比较于《十三经》，《十七史》的篇幅要大很多。《十七史》是史学界对《史记》《汉书》《三国志》《后汉书》《宋书》《南齐书》《魏书》《梁书》《陈书》《北齐书》《周书》《晋书》《隋书》《南史》《北史》《旧唐书》《旧五代史》等17种古代史籍的统称。依据中华书局版17种史书繁体字竖排版版权页上所标注的字数，《十七史》的总字数超过了2262万。严格来说这个数字是个约数，但大致上八九不离十。

把上述两部经史丛书的字数加在一起，总量达到了2326万余字。如果撇开明末不同时期物价的差异、收入的高低等因素，按毛晋集中三年刻校佛教经籍340万字，支付人工费用1422两银子计算，刻印《十三经》《十七史》的各项人工费用高达9728两。

当然，毛晋围绕刻书所支付的费用，远不止上述所列的项目：汲古阁支出的人工费用中，还不包括他延请名士、专家勘校书籍的费用；刻印书籍所需的刻板、纸张、油墨等巨量的材料费用，尚不包括在内；为防止水害鼠咬等所采取保护措施的资金，也没有列入。

三　汲古阁校刻书籍的经济保障

汲古阁长期围绕购书、刻书、校书、印书狠下功夫，收到了极大的成效，奠定了其“藏书、刻书为全国之最，雄视东南，名垂青史，光照宇内”难以撼动的历史地位[29]。其取得如此骄人的历史功绩，殊为不易。最为关键的是，无论何方人士，亦无论何时何地，从事文化活动，都需要强有力的经济基础予以保障。

（一）毛氏家族多代积累的财富

毛晋及其家族生活在江南经济发达地区常熟。凭借物产丰饶的先天禀赋，鱼米之乡的天然条件，使得吃苦耐劳的毛晋祖上积累了相当殷实的家产。《〈东湖汲古阁毛氏世谱〉序》中写道，“七星桥汲古阁毛氏，家声著于四方……其先本姓靳，由河南东徙此常熟隐湖之东，耕读传家，至子晋公家业饶裕，文墨精通，剞劂诗书，颇多而工”。谱书的记述中，也对毛氏起家的情况，作了简要的梳理：毛晋的曾祖父毛玺，是毛家“迁东湖之始祖，以耕读传家，开创基业”；祖父毛圣“承父业而增广之，盖守成而兼创业者”；父毛清“才干过人，富冠东湖”[30]。同时代常熟的著名文人钱谦益在为毛晋之父毛清撰写的墓志铭中，肯定了毛氏几代人在东湖边上的苦心经营，探寻到了他们在财富积累上的主要途径：“君讳清，字叔涟，祖、父居东湖之滨，以孝弟力田世其家。君尤精于农事，重湖复陂，堤塍相輵，为溉为陆，百谷蕃庑”[31]。

孝悌力田、耕读传家，是中国古代传统的读书之家，从清贫逐渐走向富足的不二法门。他们中有的人在致富后添田置产，成了更大的土地经营的业主；有的人把积攒的钱财用于文化传承等功业，通过创造精神财富扬名立万。毛晋的人生经历，就属于后者。他把祖上边诵读儒家经典边勤劳稼穑所得的家财，义无反顾地用在自己认定的藏书刻书事业上，开创了风生水起的“汲古阁时代”。

当然，毛晋不仅仅依托祖上之财兴书籍传布之业，他本人在田园躬耕的长才，也使他的汲古阁得到了更为充裕的财力支持。“子晋固有钜才，家畜奴婢二千指，同釜而炊，均平如一。躬耕宅旁田二顷有奇，区别树艺，农师以为不逮。”[32]“予与子晋交，因予友确庵。数年中数过其庐，登楼读书，见其品题位置，无不精绝。而又能以其余力，庀治田园，经理公私，诸务莫不井然，咸中条理，畷中陈子义扶常叹其有大司农才。”[33]

毛晋家族从毛玺开始，直到毛晋、毛扆，究竟有多少亩田产？每年有多少银两的收入？土地收益中有多少用于购书刻书？由于留下的历史资料甚是不足，只能借助当时零星的记录了解一二。

“虞山毛子晋生明季天、崇间……本有田数千亩……以为买书刻书之用。”[34]钱泳《履园丛话》给出了毛晋家族的田亩数，但只是个很模糊的说法，不少问题仍然难以求解。据《神宗实录》记载，明万历三十年（1602），全国共有耕地105900万亩，按当时5600万人口计算，人均耕地面积18.9亩。如此说来，毛晋一家拥有数千亩土地，家产是很殷实的。

中国古代耕地的亩均产出普遍较低。在明代，南方稻麦两熟田的亩产，一季晚稻是2.72石，稻麦或稻豆复种是稻谷2石、麦（豆）1石[35]。如果按照天启、崇祯年间（1621—1644），每石大米均价1两银子计算，亩均作物的年收入大约在二三两银子之间[36]。由此可以得出结论：毛晋家“有田数千亩”的年收入，扣除必须缴纳的税赋等，净利或有数千两到万两之数。

耕地上获得的收益，在较长的时间里，是毛晋购书刻书的主要经济支撑。“子晋素心侠骨，口不言阿堵。湖田所入，即买异书，藏之几阁。并镌异书，布之通都。如流泉长转，自无盈涸……”[37]。万不得已的情况下，他也在通过出卖田地维持。变卖田产犹如杀鸡取卵，可谓是下下之策。在毛晋的人生历史上，这或许是无法隐忍的心头之痛。《十三经注疏》经过“十三年如一日”的刻校，“迨至庚辰除夕，十三部板斩新插架。赖巨公渊匠，不惜玄晏，流布寰宇。不意辛巳、壬午两岁灾祲，资斧告竭，亟弃负郭田三百亩以充之”。到甲申春仲，《十七史》“亦裒然成帙矣”[38]。

毛晋去世后，毛扆也曾不惜卖掉良田，完成《说文解字》的校刻。“先君购得《说文》真本，系北宋版，嫌其字小，以大字开雕，未竟而先君谢世。扆哀毁之余，益增痛焉。久欲继志，而力有不逮。今桑榆之景，为日无多，乃鬻田而刻成之，盖不忍堕先志也。”[39]

毛晋每年用在书籍购、刻、校、印上的资金，耗掉了他大部分的家财。到他离世的时候，毛家这个曾经的东湖首富早已不复当年的光景。他“见人以手捋面云，无银以贻后人，可羞之甚”[40]。

除土地、农作物收成外，当铺在毛晋的文献事业中也发挥了极大的作用。时人记载，当时，他家开设的“质库若干所”，承担起了买书、刻书以及营造藏书建筑等方面相当大的责任[41]。

明代中期以后，江南地区商品经济的繁荣和城市商业化的发展，使得士农工商的地位发生了一定的变化。“吴中缙绅士大夫，多以货殖为急。”[42]“古者四民异业，至于后世士与农商常相混”[43]。明“正德以前，百姓十一在官，十九在田，盖因四民各有定业，百姓安于农亩，无有他志。昔日逐末之人尚少，今去农而改业为工商者，三倍于前矣。昔日原无游手之人，今去农而游手趁食者又十之一二矣。大抵以十分百姓言之，已六七分去农”[44]。受到世风的影响，毛家也投入了不少商业活动。

《醒世姻缘传》是明代中后期一部以乡村社会的民众和他们的日常生活为描写对象的小说，它延续《金瓶梅词话》“世俗写真”的创作方法，使得作品成为“一部最丰富最有价值的社会史料”。书中对其时当铺的描述，可作为了解毛晋家质库经营的参考。此书第76回中写到，做生意的监生狄希陈在京国子监坐监期间，“在兵部洼儿开个小当铺，赚的利钱以供日用，赁了房屋，置了家伙”，不仅养活了自己一家人，连父亲之妾与妾所生的儿子也生活在一起，另外还附带给妻弟一家找到了生计。后来，狄希陈要到四川成都府当经历，岳母童奶奶便让他“把当铺里的本钱拨五百两给相太爷，抵还他借的那五百两银子”，把在工部当主事的狄希陈表哥相于廷也拉入了从商的行列[45]。当时小当铺的经营，竟有如此利润，若当铺在主业之外，附带开展了初兴的货币兑换业务，那其收益就更不同寻常了。

（二）通过刊书售卖获得的经营性收入

在中国古代很长的时间里，文人是耻于言利的，也是不愿意抛头露面去从事商贸经营活动的。但是明代中期以后，整个社会发生了千年未有之变局，人们的意识、言论、行动等都产生了有异于以往的变化。当时，不少文人已在肯定商人并认可其从商行为，“商与士，异术而同心。故善商者处财货之场而修高明之行，是故虽利而不污”[46]。

毛晋出生于耕读之家，在传统的科举道路上没有走得很远，但他审时度势，扬长避短，以独到的见识做出了人生最重要的选择：以书为伍，传播文化。

在毛晋的人生历程中，致力于书籍购藏、刻校，差不多在同一时间。据记载，明万历四十六年（1618），毛晋19岁时，就以绿君亭名号合刻了《屈子》七卷、《楚译》二卷、《屈子参疑》一卷、《屈子评》一卷。“盖自其垂髫时节即好锓书，有《屈》《陶》二集之刻。”[47]

作为毛氏有明确纪年的最早刻本，《屈子》刻成以后，毛晋并没有将其束之高阁，而是送入了书肆。由于此书“雕镂精工，字绝鲁亥，四方之士购者云集。于是向之非且笑者，转而叹羡之矣”[48]。

小试牛刀并且旗开得胜，使毛晋看到了刻书在文献事业上的潜能和希望。其后，他继续以绿君亭名号刻书27种。自明崇祯元年（1628）开始，汲古阁出现于毛晋刻本上，历经了数十年时间，现今可考的刻本有121种，其中丛书34种，子目及合刻的有656种；知而未见、未得者47种；参与《嘉兴藏》刻经66种[49]。这些书籍，大多通过毛晋本人的擘画经营，流向了全国各地，进入了寻常百姓人家。

对于毛晋刊刻书籍有功于学林的业绩，不少文人都称颂有加。毛晋“力搜秘册，经史而外，百家九流，下至传奇小说，广为镂板，由是毛氏锓本走天下”[50]；他“于经史全书勘雠流布，务使学者穷其源流，审其精涉。其他访佚典、搜秘文，皆用以辅其正学。于是缥囊缃轶，毛氏之书走天下……”[51]；“子晋好刻书，自《十三经》《十七史》以下，流传于世者，不下万卷，毛氏之书，重于天下”[52]；“万里购书通尺素，毛板流行若轮毂”[53]。

毛晋自主选择内容刻校经史子集各种书籍，占到了其所刻书籍的绝大部分，自然随着它们在各地的流通，使他“成为一时广大读书界知识资粮供应者”[54]。正因为汲古阁刻书远近闻名，在知识界取得了很高的声誉，不少原来跟毛晋素不相识的文人，慕名辗转寻上门来，请毛晋代为刻书。“白下、金阊两地坊贾，绝不理古文事，亦其时为之。偶于姑苏遇钱牧斋宗伯，以此就商，始作一书，送去虞山毛子晋宅，似须弟备资而往约，今夏再东。”[55]武进人毛重倬在写给桐城友人方文的书札中有言，“弟虽贫，犹能以二百金付家子晋处，为先生成不朽之业”[56]。

当时，为文人代刻文集，获利不多，因而不少书商都懒得去做这样的小生意。然而毛晋选择做别人不愿做的买卖，等于比他人多了一条路，这在相当程度上给汲古阁的形象增添了亮色，也为他承接更多的刻书业务打开了方便之门。

明崇祯十三年（1640）仲春，远在西南边陲的云南丽江土司木增，派遣悉檀寺僧人法润作为使者，远涉千山万水，慕名来到江南寻求汲古阁主人毛晋代为刻书。对此，时人称道“至滇南官长，万里遣币，以购毛氏书，一时载籍之盛，近古未有也”“万里购书尝遣币，一经遗书是生涯”。原来，木增从云南鸡足山叶榆崇圣寺得到一部《大方广佛华严经海印道场十重行愿常遍礼忏仪》，相传是唐代僧人一行依经录下的，从来没有刻入《大藏经》。木增听闻汲古阁刻书的声名，特地派法润专程前往，请求刊布。三月三日，毛晋在苏州华山寺听经会上见到了法润，接受了为木增刊刻《华严忏仪》的请求。毛晋“欣然鸠工庀材，经始乃事”，经过一年的努力，《华严忏仪》四十二卷顺利刻竣。全书刻成之日，正好是四月八日浴佛节。“一时远近缁素，诧为奇特，闻风随喜者，陆不停轮，水不辍棹，至法润师南旋之日，爇香献花者棋布于隐湖之干”[57]，盛况空前。

自明崇祯十四年（1641）汲古阁刻竣《华严忏仪》后，到十六年（1643），木增又派遣使者送去自著《芝山云薖集》《云薖淡墨》《释庄义》等，还有其六世祖木公（字恕卿，号雪山）之《雪山诗选》三卷，请汲古阁代为刊刻。毛晋在所撰《释庄义序》中说，“先是，公以唐一行禅师《华严忏》属予流通，俾东南缁素普被法施，得未曾有。予幸而得僭笔焉。至是，公复以所著《芝山》《淡墨》诸集，并得读公大父雪山先生之遗文，且俾予得泚笔于公所著《释庄义》之弁”[58]。

（三）亲朋好友的共同襄助

汲古阁刻书对中国古代文化所产生的重大影响，并不完全是毛晋的一己之功。在完成这个巨大功业的过程中，他的亲朋好友出力甚多，贡献有目共睹。

首先，毛晋的家族成员在汲古阁刻书中居功甚伟。毛晋刻书之初，“客有言于虚吾者曰：‘公拮据半生，以成厥家。今有子不事生产，日召梓工弄刀笔，不急是务，家殖将落。’母戈孺人解之曰：‘即不幸以锓书废家，犹贤于摴蒲、六博也。’乃出橐中金助成之。”[59]

毛晋的继配严氏出身常熟名门，系明代武英殿大学士严讷之后。汲古阁在崇祯元年（1628）开雕《十三经》《十七史》之时，“诸务未中条理”。第二年，“孺人来主中馈，分命傔仆，各执其役。雠勘之宾，剞劂之工，装潢熟纸之匠，各从其宜，秩然有序，则孺人内助之力居多”[60]。

毛母戈孺人、继配严氏对毛晋的支持，既有回应质疑表达道义的，也有统筹协调合理安排的，还有节衣缩食予以资助的。可以说，没有她们的深明大义、不凡见识、全身心投入，毛晋的刻书事业肯定要打一个很大的折扣。

其次，与毛晋亦师亦友文人的支撑，使得他的刻书之路走得更长更稳健。作为毛晋的好友，王咸在明崇祯年间应请在汲古阁从事书写和校勘。毛晋在收书时得到特别中意的旧本，会请他充当书手写版。《金台集》是元人乃贤的作品，被毛晋于明崇祯十一年（1638）编入《元人集》中，当时他就是请王咸手书的。毛晋在跋中写道，“兹集二卷，即其手编。前后诸序跋，不但评论详覈，书法亦极精妙。因倩友人王与公（咸）摹而副诸枣。若初本、临本，予亦不能辨。”[61]

“书多手抄，精六书之学”的“江阴老儒”周荣起是毛晋的知交，毛晋刊刻图书，聘其担任校勘之职，校订古籍数百种。“毛子晋校刻古书，多其勘正。”[62]他花两年时间于清康熙二年（1663）校勘完成毛晋所藏的《铁网珊瑚》，并一丝不苟手抄一部。他的朋友不理解他过于认真的态度。他却说，每个人都有自己的爱好。抄书的乐趣，你们是难以体会到的。毛晋得到对文化事业有如此执着的同道相帮，难怪他的书籍刻校会如日中天，盛极一时。

钱谦益是对毛晋影响最大的老师。在与这位当时的文坛领袖、私家藏书执牛耳的重量级人物的交往交流中，毛晋受益匪浅。毛晋所刻的不少书籍在市场上取得好的销路，固然有质量上乘、校勘有方的因素，但也与钱谦益的看重、推介分不开。明崇祯十二年（1639）十一月，钱谦益应毛晋所请，为其花费十几年心血刻校完成的《十三经注疏》撰写了序言。此书出版后，市场销售相当好，一时供不应求，以致出现了质量低劣的翻刻盗版本冒充应市的情形[63]。

出于对老师时常关心、经常点拨自己的感激，毛晋为恩师刻校了多部著述及精品藏书，如钱谦益创作的读杜（甫）笔记、编纂的《列朝诗集》、收藏的《金刚般若波罗蜜多经颂论疏记会钞》等，使其时心灰意冷的钱“抚之慨然而叹”，得到极大的精神安慰[64]。

毛晋抱着真诚的态度为师友刻校书籍，不仅是钱谦益一人。当时，常熟本地的魏冲、冯班、缪希雍、戈汕等文人都深受其惠。

当然，毛晋的付出，也换来了很多朋友的热情回报。毛晋在华严阁每刻一经，均有两人同时进行校对。参校者中，既有他的密友，也有他的亲戚，还有他的不少同道。让人感到记忆深刻的是，在毛晋父子校刻佛典过程中，很多人捐俸捐资，助成这无量功德之事。根据对271个刻书牌记记录的统计，在华严阁集中校刻佛经的三年（1642—1644）里，捐资最多的是萧士玮，共刻了72种佛经，占到了当时刻经总量的近四分之一，前后捐银281两5钱4分2厘，其中写银24两5钱8分6厘、刻银219两7钱3分6厘、工价银37两2钱2分[65]；捐资刻了10种以上佛经的有6人；包括吴氏、戈门周氏、李氏、严氏、何氏上宁等女性在内，共有40人为之捐俸捐资[66]。他们共同襄助成就了毛晋的刻书大业。

注释：

［1］程体壕：《明代中后期常熟藏书家刻书及文学活动研究》，延边大学2014年硕士学位论文。

［2］胡艳杰编著：《毛晋父子校刻佛典书录》，国家图书馆出版社，2019年，第3页。

［3］胡艳杰：《毛晋父子校刻〈嘉兴藏〉述略》，胡艳杰编著：《毛晋父子校刻佛典书录》，国家图书馆出版社，2019年，第641—644页。

［4］〔清〕叶德辉撰、紫石点校：《书林清话》，北京燕山出版社，1999年，第190页。

［5］钱大成撰，刘奉文整理：《毛子晋年谱稿》，《国立中央图书馆馆刊》1947年第1期。

［6］〔明〕毛晋：《重镌十三经十七史缘起》，陶湘辑：《明毛氏汲古阁刻书目录》，天津陶湘1938年刻印。

［7］《以介编》诸士俨《叙》、杨补祝寿诗，常熟市政协文化文史委员会编：《汲古流芳》，广陵书社，2020年，第64、42页。

［8］苏晓君：《汲古阁汇纪》，北京大学出版社，2018年，第97页；常熟市政协文化文史委员会编：《汲古流芳》，广陵书社，2020年，第65—66页。

［9］赵玉君：《毛晋刻〈十三经注疏〉〈十七史〉考》，东北师范大学2011年硕士学位论文。

［10］郑伟章：《〈汲古流芳〉序》，常熟市政协文化文史委员会编：《汲古流芳》，广陵书社，2020年。

［11］常熟市政协文化文史委员会编：《汲古流芳》，广陵书社，2020年，第219—220页。

［12］华严阁刻经板为双面雕版，一块板刻佛经两叶；且此处叶数仅为崇祯十五、十六、十七年刻校佛经的数量。参见［3］。

［13］胡英：《毛晋汲古阁刻书研究——兼从〈汲古阁书跋〉数跋看毛晋刻书的文学倾向》，广西师范大学2007年硕士学位论文。

［14］郑伟章：《〈毛晋父子校刻佛典书录〉序言》，胡艳杰编著：《毛晋父子校刻佛典书录》，国家图书馆出版社，2019年，第3页。

［15］同［11］，第34页。

［16］钱大成：《毛子晋年谱稿》附录。曹之：《毛晋刻书功过谈》，《出版科学》2001年第4期。

［17］同［11］，第34页。

［18］同［11］，第35页。

［19］同［11］，第293—295页。

［20］同［11］，第43—48页。

［21］〔清〕钱泳：《履园丛话》卷二十二，上海古籍出版社，2012年，第393页。

［22］同［11］，第60、61页。

［23］〔清〕毛褒等撰：《先府君行实》，南京图书馆藏抄本。

［24］同［3］，第643、644页。

［25］〔明〕毛晋撰、潘景郑校订：《汲古阁书跋》，古典文学出版社，1958年，第128页。

［26］同［11］，第61页。

［27］同［3］，第645页。

［28］王恩保：《〈十三经注疏〉的卷数和字数》，《文献》1982年第2期。

［29］同［10］。

［30］《东湖汲古阁毛氏世谱》，常熟博物馆藏抄本。

［31］〔明〕钱谦益：《牧斋初学集》卷六十一，上海古籍出版社，1985年，第1467页。
［32］〔清〕陈瑚撰：《为毛潜在隐居乞言小传》，苏晓君编著：《汲古阁汇纪》，北京大学出版社，2018年，第948页。
［33］〔清〕陆世仪：《祭虞山毛子晋文》，陆世仪：《桴亭先生文集》卷六，清刻本。
［34］同［21］。
［35］吴慧：《中国历代粮食亩产研究》，农业出版社，1985年。
［36］陈宝良：《明代的物价波动与消费支出——兼及明朝人的生活质量》，《浙江学刊》2016年第2期。
［37］〔明〕徐遵汤：《〈和古人诗卷〉序》，〔明〕毛晋：《和古人诗卷》，民国间常熟丁氏刻《虞山丛刻》本。
［38］〔明〕毛晋：《重镌十三经十七史缘起》，毛晋撰、潘景郑校订：《汲古阁书跋》古典文学出版社，1958年，第123页。
［39］同［11］，第111页。
［40］同［11］，第109页。
［41］同［21］。
［42］〔明〕黄省曾：《吴风录》。见谭廷斌：《明清"士商相混"现象探析》，《湖北师范学院学报（哲学社会科学版）》1990年第1期。
［43］〔明〕归有光：《震川先生集·白庵程翁八十寿序》，见谭廷斌：《明清"士商相混"现象探析》，《湖北师范学院学报》（哲学社会科学版）1990年第1期。
［44］同［43］。
［45］吴晓龙：《〈醒世姻缘传〉与明代世俗生活》，上海师范大学2006年博士学位论文。
［46］〔明〕李梦阳：《明故王文显墓志铭》，李梦阳：《空同先生集》卷四十四，台湾商务出版社，1986年版。
［47］同［32］。
［48］同［32］。
［49］苏晓君编著：《汲古阁汇纪》，北京大学出版社，2018年，第42、47页。
［50］〔清〕朱彝尊：《严孺人墓志铭》，常熟市政协文化文史委员会编：《汲古流芳》，广陵书社，2020年，第96页。
［51］〔明〕钱谦益撰：《隐湖毛君墓志铭》，苏晓君编著：《汲古阁汇纪》，北京大学出版社，2018年，第950页。
［52］〔明〕归庄：《毛子晋刻昔友诗序》，《归庄集》卷三，上海古籍出版社，1984年，第189页。
［53］同［11］，第252页。
［54］黄裳：《清代版刻一隅》（增订本），复旦大学出版社，2005年，第421页。
［55］〔清〕陈孝逸：《痴山集》卷六，清初刻本。
［56］〔清〕方文：《嵞山集》卷五，清康熙刻本。
［57］郑伟章：《毛晋代丽江木增刻书略述》，《文献》2009年第4期。
［58］同［57］。
［59］同［32］。
［60］同［50］。
［61］《元人集十种·金台集》，明崇祯汲古阁刻本。
［62］〔清〕黄丕烈：《士礼居藏书题跋记》，常熟市政协文化文史委员会编：《汲古流芳》，广陵书社，2020年，第294页。
［63］同［11］，第163页。
［64］同［11］，第162、164、166页。
［65］详见胡艳杰编著：《毛晋父子校刻佛典书录》所录刻书牌记，国家图书馆出版社，2019年。
［66］同［3］，第642—643页。

恽寿平艺术的先声

——明代常州恽氏家族考述

朱万章*

内容提要：明代常州恽氏家族的发轫与发展，是清代以恽寿平为中心的恽氏艺术家族的先声，也是恽寿平及其传人在清代画坛影响两百余年的重要基石。这一时期的恽氏重要成员有恽釜、恽绍芳、恽应侯、恽应翼、恽日初、恽厥初、恽含初等。他们历经五代凡二百余年，传承明晰，源远流长。他们以诗文传家，已渐露出兼擅书画的艺术征象。到了明末清初，随着恽向、恽寿平及其他恽氏子弟的出现，这种艺术征象逐步走向前台，成为以恽寿平为主角的恽氏家族的主要特征。

关键词：常州　恽氏　诗文　艺术　恽寿平

常州自古以来便是人文荟萃之地。宋代大诗人陆游称此地“儒风蔚然，为东南冠”[1]，而清代诗人龚自珍更称常州“天下名士有部落，东南无与常匹俦”，“人人妙擅小乐府，尔雅哀怨声能遒”[2]，显示其文风昌盛、文士云集的地域特征。有清一代，常州地区更出现了以恽寿平（1633—1690）为代表的常州画派，以庄存与（1719—1788）、刘逢禄（1776—1829）为代表的常州今文学派，以恽敬（1757—1817）、张惠言（1761—1802）为代表的阳湖文派，以张惠言、张琦（1764—1833）、董士锡（1782—1831）为代表的常州词派，以费伯雄（1800—1879）、马培之（1820—1903）、丁甘仁（1865—1926）为代表的孟河医派（亦称常州医派）等号称“五派”的鼎盛局面。在这样一个具有深厚文化底蕴的地域，产生了众多以诗文、艺术为擅场的家族群体，也就不足为奇了。明清时期，先后出现了以恽寿平为代表的恽氏家族，以庄存（1710—1752）、庄存与、庄永男（1789—1862）为代表的庄氏家族，以张惠言、张琦为代表的张氏家族，以毕涵（1732—1807）、毕简（1781—1860）为代表的毕氏家族，以汤贻汾（1777—1853）、汤禄名（1804—1874）为代表的汤氏家族，以左锡璇（1829—1895）、左锡嘉（1830—1894）为代表的左氏家族等。他们或者以诗文传家，或者以学术光耀门庭，或者以艺术扬名，不仅在常州地域文化中留下浓墨重彩的一笔，在整个中国文化的发展中，都做出不可磨灭的功绩。

恽氏家族便是在这样的文化背景中应运而生的世家望族。

一　恽氏源流

恽氏在百家姓中是一个小姓，在江苏常州却是一个家喻户晓的名姓。《辞源》列举恽姓人物恽冰、恽敬、恽寿平等三人[3]，均为江苏武进（今常州）人；《辞海》列举恽姓人物恽敬、恽寿平、恽铁樵、恽代英等四人，也为常州人[4]。《中国人名大辞典》列举恽姓恽日初、恽世临、恽本初、恽光宸、恽冰、恽秉恬、恽彦琦、恽昶、恽珠、恽祖翼、恽厥初、恽敬、恽寿平、恽标、恽巍等十五人[5]，除恽光宸、恽彦琦寄籍大兴（今北京大兴区）外，其余13人均为常州籍，而恽光宸、恽彦琦原籍阳湖，阳湖本为常州署辖，因而恽光宸、恽彦琦实际也为常州人；俞剑华编《中国美术家人名辞典》[6]和朱铸禹编《中国历代画家人名辞典》[7]所载恽氏书画家，

* 朱万章，中国国家博物馆研究馆员。

几乎都出自常州。《中华姓氏大典》这样说："武进多恽氏，他县无闻"[8]，因此有"天下恽姓出常州"之说[9]。

关于恽氏的起源，历史上多种不同的说法，归纳起来，主要有以下三种：

（一）出自汉代杨恽。这是目前学术界最流行的说法。最早记录恽姓并提出这一说法的是明代洪武年间的翰林院编修吴沈，他在撰写的《天下姓》（又名《皇明千家姓》）中首次将恽姓收入官谱，认为恽姓"出于汉平通侯杨恽，子孙徙安定，遂以名为姓"[10]。到了清代，王相在笺注《百家姓考略》时更详细指出，西汉大臣杨恽，为司马迁外甥，官中郎将，封平通侯，因得罪宣帝被腰斩，其子为避难，以恽为氏，世代相传[11]。清代阳湖文派的代表人物张惠言在其《敕封文林郎恽君墓志铭》中也这样写道："恽本杨氏，汉平通侯恽，其子违难，是曰贞道。后迁于毗陵之黄山而葬焉，子孙世为毗陵人……惟恽氏自汉子孙不他徙，能志其祖居而葬，至于今不婚杨氏"[12]。恽敬在《得姓述》中引用恽氏十世祖恽东麓《黄山集》中所载的一条资料进一步印证：元代末年发掘出一座恽氏墓葬，上有碑碣"汉梁相国恽子冬之墓"，故推恽氏始祖为恽子冬，根据明代嘉靖年间所编辑之恽氏私谱所载，子冬正是杨恽之子贞道，这便与前述史实相吻合了，因而确定恽子冬（贞道）为恽氏第一世[13]。传至宋朝恽方直时为恽氏第44世。其长子恽绍恩留居河庄（现为常州市新北区的孟河镇），为恽氏北分之祖；次子恽继恩迁徙城南上埜（清咸丰、同治年间改称上店，今属常州市武进区湖塘镇），为恽氏南分之祖。恽氏从此遂分为北南二支，世称北恽、南恽。

（二）出自芈姓，春秋楚成王熊恽之后，以祖名为氏。据张澍撰《姓氏寻源》载，春秋时楚国楚成王熊恽的后人，有的以祖名恽为姓，称为恽氏[14]。

（三）出自郓姓所改。据《姓考》载，恽氏本姓郓，后改为恽姓，形成另一支恽氏。

以上三种恽氏起源说，比较被认同的观点是第一种。

恽氏长期居住于毗陵，繁衍生息，代代相传。从元代以降，直到二十世纪，其传承之脉络极为清晰，并且多出官宦、文人、画家，所以清代道光年间的书画家陆鼎在为恽寿平《瓯香馆集》作序时开宗明义便说："毗陵恽氏，世家也"[15]，而徐珂《清稗类钞》也说："毗陵恽氏多画师"，"毗陵恽氏，则以一族而多画"[16]。这是对恽氏家族的极好概括。

在恽氏家族中，以现在有据可查的文化人可追溯到明代成化年间的恽釜，一直绵延至晚清民国，可谓文脉清晰，家学渊源。有论者指出，"家学也就是一个家庭或一个家族在学识、道德、行为等方面所具有的连贯性"[17]，在恽氏家族中，这种"连贯性"集中表现在艺术成就方面。据《中国历代画家人名辞典》所载，恽氏画家有恽公醇、恽氏、恽本初、恽玉、恽玉珍、恽光业、恽冰、恽宅仁、恽良洲、恽秉恬、恽采山、恽奎、恽恒、恽彦彬、恽珠、恽羽、恽焯、恽景升、恽桢、恽源清、恽源景、恽源睿、恽舆、恽毓秀、恽毓善、恽毓庚、恽毓德、恽寿平、恽标、恽骏、恽爕、恽怀娥、恽兰溪、恽馨生等34人[18]；而《中国美术家大辞典》所载恽氏书画家75人[19]。他们无一例外都属于常州恽氏家族系统。另据李宝凯编《毗陵画征录》、李镇瀛编《常州书画家名录》和秦耕海编著《常州书画家传》记载[20]，除上述画家外，尚有恽氏书画家近35人。在同一个家族中，产生如此众多的艺术家，时间跨度达五六百年，这在中国美术史上是并不多见的。

在恽氏文化名人或书画家中，恽釜（1484—1556）是恽寿平先祖，为官一方，名满天下，有诗文集行世；恽寿平曾祖父恽绍芳（1518—1579）是明代诗人，诗风与"后七子"相近；祖父恽应侯（1548—1615）是位学者、书法家；父亲恽日初（1601—1678）是清初"心学"派的学者，与黄宗羲同为刘宗周高足；堂伯父恽本初（1586—1665）是学者、画家，是恽寿平的画学老师；另一堂伯父恽厥初（1572—1652）和堂叔父恽含初（1603—1686）都是当地有名的诗人，有诗文集行世。在恽寿平以书画家身份出现在文坛以后，恽氏家族中以书画擅名者层出不穷，其中较为有名者有恽源濬（1692—1763）、恽源桂（1718—1763）、恽毓秀（1732—1800）、恽冰、恽怀英、恽珠（1771—1833）等。他们从明代中期以来便秉承诗书传家的文化传统，以笔墨自娱，以家塾式的教育薪火相传。这种家族的发展既有源于光宗耀祖的普遍心态，也有文化家族的相互砥砺与熏染。有清一代，以恽氏家族为中心的江苏画坛，甚至出现"家南田而户正叔"的现象。在这些书画家中，不少人有大量的书画作品行世，成为一笔宝贵的文化遗产，也是中国美术史上一道亮丽的风景线。

另一方面，恽氏家族中，恽寿平之外的多数艺术家几乎都被遮蔽于恽寿平巨大的光环之下，并不为人所知。基于此，本文在掌握大量史料和传世作品的基础上，通过对史料的疏证，厘清恽氏家族自明代中期至清代中期二百余年的发展脉络与各个艺术家的艺术成就，揭示其家族背景、文化渊源、艺术传承、艺术成就以及在清代画坛的影响及其在中国美术史上的意义等。希望这种考据与立论的研究能有助于学术界从家族背景的角度透视以恽寿平为代表的恽氏家族在明清美术史上的地位。

二　常州恽氏家族最早的文化名人：恽釜

在恽氏家族中，恽釜无疑是可以追溯到的最早的文化名人。他虽然没有对以恽寿平为中心的艺术家族产生直接的影响，但在其家族文化的传承中，尤其是在恽氏文脉的奠定中，显然具有开山祖的意义。

恽釜（1484—1556）是恽绍芳的从祖，恽氏第57世，字器之，号后溪，弘治十三年（1500）补县学生，十四年（1519）礼部中式，十六年（1521）与张璁（1475—1539）同中进士，同年谒选授湖北安陆知州，为政清廉秉公，深为民戴，"弗避权贵，守正不阿"[21]。后来，他再赴京师补官，出任均州知州（今湖北丹江口市），如同在安陆州一样获得嘉评。嘉靖七年（1528），恽釜擢南京户部员外郎，不久再升为郎中，调往吏部。他为政刚正不屈，治理有方，时人对他有"无暇之玉，有用之才；无政不善，无官不宜"[22]的称许。时张璁主政吏部，张璁为浙江温州人，他认为温州一直缺乏一个好官来治理，而恽釜正是最适合的不二人选，遂疏陈力荐，因而恽釜得补温州知府。恽釜赴任后，一如其原来作风，"一以法治，贵游之私人不得逞"[23]，使温州得到很好的管理，无论黎民百姓还是吏部官员，都对其给予好评。张璁认为这样的好官不应再在温州这样的小地方屈才，遂再次举荐恽釜去天府之国的成都任知府。因路途遥远，年迈体衰，恽釜便以疾病为由告老还乡，从此结束了长达三十五年的官宦生涯。

恽釜一生的大多数时间虽然都周旋于官场，但和大多数官宦人物一样，在诗文辞赋方面不乏造诣，传世的《溪堂集》便很能说明问题。《溪堂集》凡二卷，第一卷为乐府、辞、歌、谣、五言古诗、七言古诗、五言律诗；第二卷为七言律诗、五言绝句、词、疏、记、序文。该集由其从孙恽厥初编辑刻板。恽厥初认为该集"乐府诸谣，简淡沉快，宫词潇洒有致"，"近体清适流畅，不习饾饤"[24]，评价极高，显示出恽釜在诗文辞赋方面的不俗表现。

虽然由于传播不广，恽釜及其《溪堂集》并未在历史上产生很大的影响，而在已知的恽氏家族的文化传统中，恽釜起着开一代风气之先的先锋作用，为随后的近五百余年的恽氏家族的文化传承奠定了基础。

三　诗文兼擅的恽绍芳

恽绍芳（1518—1579）[25]为恽氏第59世，乃恽寿平曾祖父。他初名祖锡，七岁后改名绍芳，字光世，号少南。嘉靖四年（1525），年仅八岁的恽绍芳在其父亲的教导下开始读《易经》，又习举子业，翌年开始颂《论语》《孟子》。他与文学家王世贞（1526—1590）同为嘉靖二十六年（1547）进士，先是授刑部主事，再擢员外郎中，再外转湖广按察司事、福建布政司参议等，颇有政声。和很多士大夫一样，他不仅仅是一位仕途顺畅的官僚，更是一个诗文兼擅的文人。他是当时文坛"唐宋派"的重要代表作家唐顺之（1507—1560）的弟子。唐顺之亦为常州人，是明代著名的文学家和心学学者[26]，有论者认为"唐顺之和薛应旂（1500—1573）对常州文士生活的各个方面影响深远”[27]，这种近水楼台式的师承关系无疑对恽绍芳的诗文创作产生重要影响。唐顺之之子唐鹤征（1538—1619）谓其“于古今书无所不读，于古人之旨，无所不窥”[28]，虽然带有明显的溢美之词，但可窥其诗文功底是相当深厚的。同时，恽绍芳在刑部任职时与文坛名流袁福征及“后七子”之一的李攀龙、王世贞等交游甚密，因而在文风、诗风受其熏染，相互促进。有论者谓其诗风与“后七子”（另五人分别是谢榛、梁有誉、宗臣、徐中行、吴国伦）相类[29]，自然也就顺理成章了。

恽绍芳著述甚丰，有《林居集》《考槃集》[30]等行世。《林居集》共十二卷，第一卷为五言古诗、七言古诗、五言律诗、七言律诗；第二、三卷为赠序；第四卷为寿序；第五卷为集序、记；第六、七卷为志铭；第八卷为行状；第九卷为书；第十卷为祭文；第十一卷为表、启、词；第十二卷为赞、箴、跋、策问、杂著。时人陈文烛（1525—？）在其序文中称其“为文简洁俊拔，奇古沉雄，不衍而腴，不饰而精，不雕琢而自工，不绳削而自合”，认为其文没有任何矫揉造作而独树一帜，并进一步指出：“立论若贾太傅谊，而寄情八荒之表；叙事若司马太史迁，而漱润千古之遗”[31]，将其与西汉的贾谊、司马迁相提并论，虽然有些言过其实，但据此亦可看出其文在时人眼中的地位。

虽然目前并没有任何资料显示恽绍芳有艺术作品（书法或绘画）传世，但在其遗存的文集中，我们仍然可以见其艺术素养。关于这一点，可以从其短文《题赵子昂书华严行愿品后》中看出来：

> 赵承旨书法妙绝古今，而所书《行愿品》，尤为中年得意之笔也。天真烂漫，艳人目睫，真有褚登善青锁瑶姬之态。且佛乘圆顿，华严甚极致也，而普贤行愿又经中之极致。李长者之论曰，有智无行，处俗不圆，有行无智，无由出俗。又曰，行普贤之行，不染世间名。离世间品事理，无碍称心之谈，如此哉。承旨好以笔妙作佛事，观者能得佛事而通之，则笔妙之游戏三昧耳，何如[32]？

赵子昂即赵孟頫，是元代开宗立派的书画家，因在元仁宗时官至翰林学士承旨，故人们称其为“赵承旨”。其书宗法二王（王羲之、王献之），时人评其“篆、籀、分隶、真、行、草书，无不冠绝古今，遂以书名天下”[33]，对后世书法影响极大，可谓承前启后的一代大家。恽绍芳所言其书法“天真烂漫，艳人目睫”，将赵书中率真、妩媚的特性概括得恰到好处，深得赵书之精髓。题跋中所言“真有褚登善青锁瑶姬之态”，“褚登善”即唐代书法家褚遂良（字登善），与虞世南、欧阳询、薛稷并称初唐四大书家，张怀瓘评其书法“若瑶台青琐，窅映春林；美人婵娟，似不任乎罗绮，铅华绰约，欧、虞谢之”[34]，故恽绍芳有“青锁瑶姬之态”的说法。他将赵孟頫书法与褚遂良相提并论，显示出对于赵书的独到见解。恽绍芳题跋中又言赵孟頫善以“以笔妙作佛事”，并言《华严》《行愿》两佛经各具其妙，“观者能得佛事而通之”，可看出其对赵书中所蕴涵禅意的深刻认识。

这是现在所见关于恽绍芳在艺术方面的造诣的珍贵文献。作为以恽寿平为中心的恽氏艺术家族的第一人，恽绍芳的意义是不言而喻的。

四　雅擅临池的恽应侯和恽应翼

恽应侯和恽应翼为恽氏第60世。

恽应侯（1548—1615）是恽寿平祖父，恽绍芳长子，字顺德，号学思，由廪生[35]入太学，曾从唐顺之之子唐鹤征（1538—1619）游。关于他的生平事迹，史籍并无详细记载，但常州博物馆收藏有他的书札，可有助于我们了解其艺术渊源。该书札共十二通，装裱在同一手卷中[36]，这是目前所见恽寿平艺术家族中传世最早的艺术作品。从书风看，书札随意自然，结体圆润厚重，颇具文气。在恽应侯所处的时代，正是“馆阁体”书风较为兴盛的时期，恽应侯此书不染时习，独具一格，反映出深厚的艺术涵养。有论者谓其书法“似二王、赵孟頫体为主”[37]，是很有道理的（图一、二）。

此外，恽绍芳之侄、也即恽寿平叔祖父恽应翼也有文名。恽应翼（1545—1610），字远卿，号愚公，更号瑶池，其父恽绍元乃恽绍芳胞弟[38]。他和恽应侯一样，也是由廪生而入太学，谒选得甘肃安定县令。他曾于万历十三年（1585）修安定县志，有《新修安定县志》七卷存世[39]，并参与重辑《高山志》，有《重辑高山志》五卷存世[40]。著有《归与堂诗文集》和《瑶池集》，遗憾的是两种集子均已失传。所幸常州博物馆藏有其书札卷，可让我们了解其书法艺术。该书札共计六通，亦装裱在同一手卷中，纸本，纵29厘米、横74厘米[41]，其书风与前述恽应侯书札卷极为相似，所以有论者评其“学业上上窥经籍，旁及子史，善书法，书学二王、赵子昂体为主”[42]，与对恽应侯的品评是一致的（图三、四）。

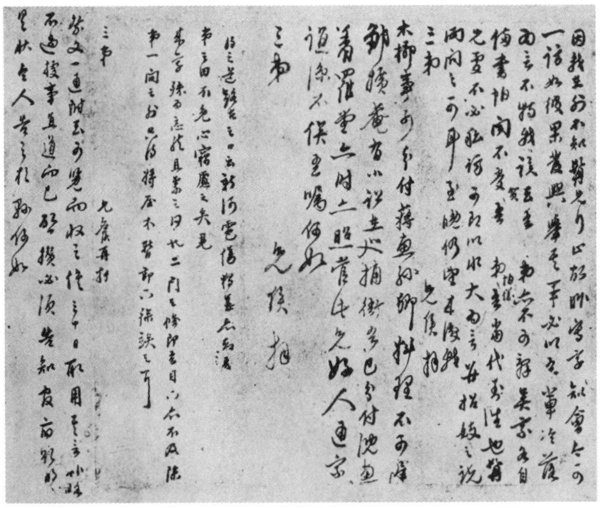

图一 明·恽应侯《行书书札》之一，纸本，纵29、横110厘米，常州博物馆藏

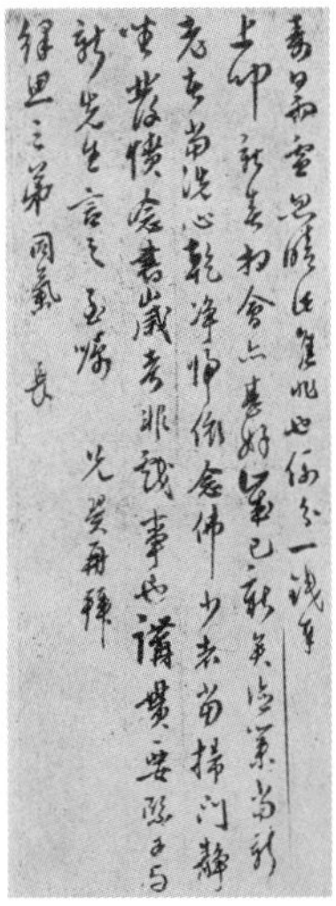

图三 明·恽应翼《行书书札》之一，纸本，常州博物馆藏

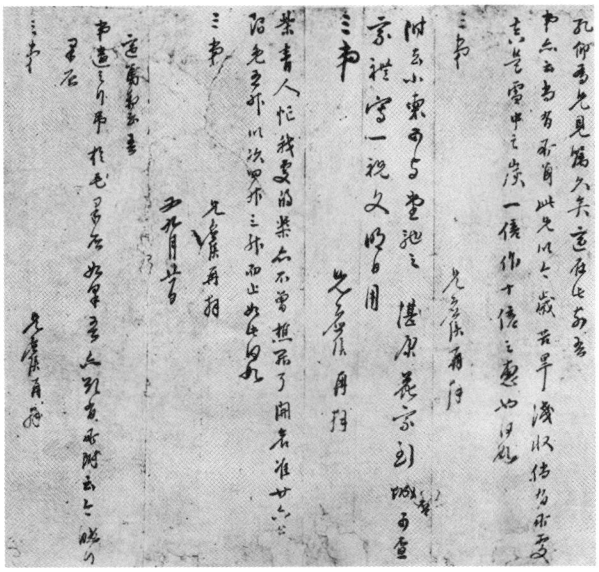

图二 明·恽应侯《行书书札》之二，纸本，纵29、横110厘米，常州博物馆藏

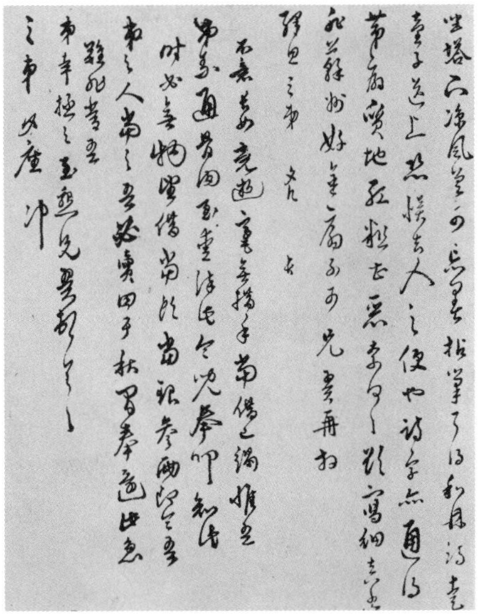

图四 明·恽应翼《行书书札》之二，纸本，常州博物馆藏

五 画家恽寿平之父恽日初

恽日初、恽厥初、恽含初为恽氏第61世。

恽日初（1601—1678）乃恽寿平之父，恽应侯子，字仲升，号逊庵、黍庵，崇祯六年（1633）乡试副榜贡生。恽日初所处的时代，正是明亡清兴之时，社会动荡，风雨飘摇，因而注定其一生都是在漂泊流离中度过。崇祯十一年（1638），恽日初与黄宗羲（1610—1695）、杨廷枢（1595—1647）、方文（1612—1669）、冒襄（1611—1693）等140人联名声讨阮大铖，并在南京公布《留都防乱公揭》[43]；崇祯十六年（1643），久留京师的恽日初应诏上《备边五策》（一作《守御十策》）[44]，结果不报。心灰意冷的恽日初知时事不可为，便回到家乡。后来，为避乱世，他携书三千卷，隐居于浙江天台山中。顺治三年（1646），北京、南京先后陷于清军之手，唐王朱聿键立于福州，鲁王朱以海亦监国绍兴，吏部侍郎姜垓举荐恽日初为知兵，鲁王派遣使臣到山中来聘请他，而他知当时大势已去，无可作为，遂坚持谢绝了出山之请。顺治二年（1645），清兵攻下浙江，恽日初避走福州；后福州又被攻破，遂再避走广州；广州复破，无处可避，乃与当时很多既不愿降清为官、也无必要殊死抗争的文人士大夫一样，选择了祝发逃禅，释名明昙，过着亦儒亦释的生活。后来，他从广州回到了福建建阳（图五）。

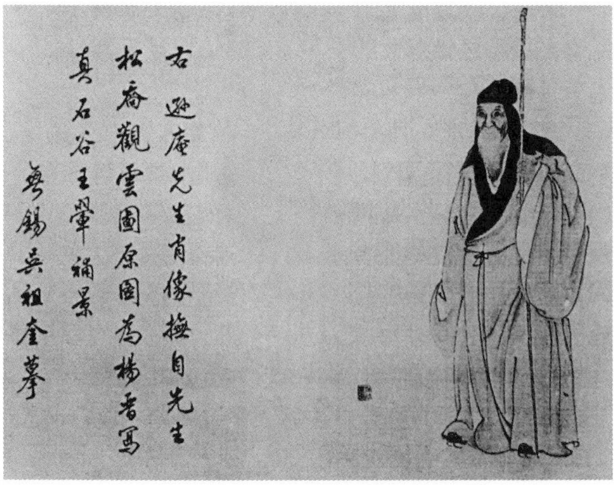

图五 吴祖奎摹《恽逊庵先生像》，选自《恽南田书画研究》

当是时，清军以势如破竹之势席卷浙江、福建、广东三省，唐王被执死，鲁王亦败走海外，广东的何腾蛟（1592—1649）、江西的杨廷麟（1596—1646）等均举抗清大旗而先后破灭。在浙江的明朝遗老遗臣及部分残兵败将聚集起来，在金坛人王祈的带领下进入建宁，周围各县均纷纷响应。于是，建阳数百士民聚集在恽日初门前，希望他能出来领导大家，他不得已来到建宁见王祈，对王祈说，建宁是进入福建的门户，如果能镇守住则诸郡安，但要守住建宁，必须要攻下仙霞关，而要攻取仙霞关，则必须要先取浦城。这时，其长子恽桢刚好从常州来到建宁，他遂派遣恽桢随副将谢南云去攻打浦城，恽桢因失利而战死。而御史徐云兵接连攻下数州县，锐不可当。恽日初游说他夜袭浦城，当时正好是大雷雨，人马在泥淖中缓行，到达城下的时候，已经是黎明了，因而不战而败。顺治五年（1648），清军的总督陈锦、张存仁、侍郎李率泰带领重兵六万来围攻建宁，永明王派遣兵部尚书揭重熙赶来增援。固执的恽日初上书揭重熙，请其再次攻取浦城，截断仙霞岭的运粮之道，再与围中诸将夹击清军。揭重熙抵达邵武，队伍在清军的阻挡下无法继续前进。这样，建宁便被清军攻破，王祈力战死，恽日初收罗了部分残兵败走广信（今江西上饶），不久再进入被清军封禁的大山中。数月后，粮草殆尽，无可奈何的恽日初感喟道："天下事坏散已数十年，如何救正。然庄烈帝殉社稷，普天率土，切齿腐心。小臣愚妄，谓即此可延天命，今乃至此！徒毒百姓，何益？"[45]这次真正感受到穷途末路、大势已去，于是，他遣散了众兵，独自回到了家乡常州。

不久，坚持抗清的张煌言（1620—1664）和郑成功（1624—1662）围攻江宁而败走，坊间有人讹传张煌言之弟张凤翼乃恽日初门人，藏匿在其家中，县官遂将其收捕，恽日初并无惧色，只是平淡地说："吾当死久矣"[46]。不久，此事得以澄清，他获得自由。

纵观恽日初的一生，不难看出其为时事所困、为国难所系的动荡生活，这正是天崩地拆时代的文人们的共同宿命。在这样大环境下，独立书斋、安静地从事文学、艺术的创作几乎是不可能的。但即便如此，我们仍然可以看到一个诗文传家、艺术渊源有自的恽日初形象。

恽日初年少时与文坛名流杨廷枢、钱禧交游，康熙十年（1671），还与江西的魏禧在毗陵订交。当时，同里张玮在时任左都御史的刘宗周（1578—1645）手下任副职，遂引荐恽日初拜于刘宗周门下。刘宗周是当时的学界名流，被称为明代最后一位儒学大师。在其门下研学，恽日初学问日进，因而“为文章纵丽，于百氏无所不窥，犹喜宋儒书”[47]。他从建宁回到常州后，着僧服讲学于常州的道南学院，“言学者多宗之”[48]，一时影响甚巨。无锡高世泰重修东林书院，恽日初参与其间，一道讲学论学。高世泰乃东林学派的重要代表人物，是东林党领袖高攀龙（1562—1626）从子，在学界享有很高的声望。恽日初与其重开东林书院，在当时是一件轰动学界的盛事。常州府知府骆钟麟[49]屡次欲求见，都被恽日初所谢绝，直到钟氏去官后，方得一见，两人交谈《中庸》要领，满意而去，对人说：“不图今日得闻大儒绪论也”，足见其对恽日初推崇之至。

恽日初著述宏富，可惜不少著作已经失传。这些失传的著作主要有《见则堂四书讲义》、《野乘》五卷、《驳陆桴亭论性书》一卷、《刘子节要》十四卷、《不远堂诗文集》《见则堂古文集》等数种，现传世的著作有《续证人社约诫》一卷、《恽逊庵先生遗集》一卷、《恽仲升文稿》《逊庵诗文集》《恽逊庵先生文稿》等[50]。据此可看出恽日初在诗文及学术上的造诣。

恽日初兼擅书画。恽敬称其“以枯墨作山水，殊古简，然非作家”[51]，说明其画格调较高，属于文人画的范畴。可惜现在尚未发现有其绘画作品传世。今有论者称其山水画“枯木寒山，古意浑穆，笔墨简而有生趣”[52]，不知何据，疑为是对恽敬评语的进一步诠释与演进。恽日初上与当时的画坛名流有过交往，康熙十一年（1672），常熟画家杨晋曾专门为恽日初写像，并由另一画家王翚补图[53]。

浙江省博物馆收藏有一件恽日初书于康熙元年（1662）的《行书祭祝开美诗札卷》，但有专家认为是其子恽寿平代笔[54]。从风格看，和恽寿平一贯的书风如出一辙（图六）。

恽日初同时也喜碑帖鉴藏。他曾收藏过《柳跋十三行》。“十三行”是王献之所书《洛神赋十三行》的简称，原迹已经失传，唐代有很多摹本，其中柳公权题跋本被称为《柳跋十三行》。恽日初所藏版本为宋拓本，乃拓本中最善本，金石学家张廷济（1768—1848）称其为“当与唐本在伯仲间”[55]，足见其珍善之处。据此亦可看出恽日初的鉴藏眼力与审美素养。

恽日初虽然以学问文章见称于世，但就其兼擅书画的记载可看出，作为恽寿平的父亲，他已经显露出艺术方面的才能。

六　仕途显达的恽厥初与遁迹空门的恽含初

恽厥初（1572—1652）乃恽应侯之弟恽应雨之子，与恽日初为堂兄弟，即为恽寿平的堂伯父。他字伯生，号衷白，又号知希居士，万历三十二

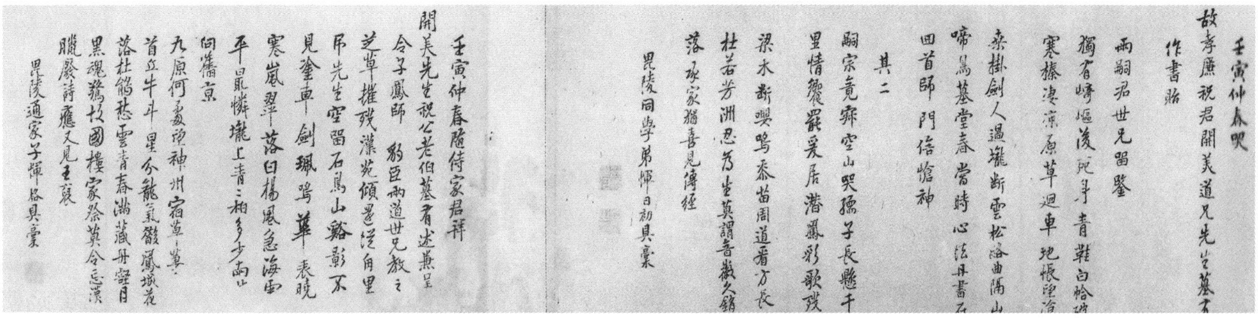

图六　明·恽日初《行书祭祝开美诗札》，纸本，纵23.5、横101.3厘米，浙江省博物馆藏

年（1604）进士，由行人转户部主事。天启元年（1621），他以兵部主事身份领取尚方宝剑赴四川平乱。次年，权倾一时的魏忠贤（1568—1627）以其子魏良卿叙庆陵功，以荫补指挥事，恽厥初为避免与其共事，遂以托词请求外补，并得以补浙江按察副使，再转福建右参议，擢湖广按察使。

崇祯二年（1629），清军从遵化州侵入，京师戒严，恽厥初率领三千精兵勤王。这一时期，各省兵马结集，粮草不继，沿途对当地多有骚扰，唯独恽厥初所率军队备足三月军饷，兵部尚书梁廷栋在检阅部队后，对皇帝上奏曰："恽厥初并非书生，大将才也。"[56]显示出他在统领军队方面的杰出才能。崇祯帝专门派内侍劳军，且向恽厥初请教治兵方略。他一一具呈利害，讲明当时的严峻形势并提出对策。但当时各种矛盾丛生的晚明政府并未采纳其建议，兵部依然一意孤行地执行既定的方略。万念俱灰的恽厥初遂以疾病告老还乡。后来，京城失守，明朝江山落入清军之手，福王朱由崧在南京称帝，召恽厥初为光禄寺卿。他面对明朝内忧外患、权臣倾轧的局面，喟然曰："疆场无胜算，而朝党日争，时事可知。"[57]便谢绝了福王的征召，仍然在乡里过着隐居的生活。

恽厥初是恽氏家族中在仕途上职位最显著。史载其具有杰出的军事才能，"曾督兵勤王，军容甚盛"[58]，但他和当时所有怀有雄才大略的士大夫一样，在国运衰微、政局纷乱的形势下，无法施展自己的治国方略，只好回到故里。他在故乡，常常以佛教的禅语示人，因而虞山钱陆灿来看他的时候，把他比作张无尽。其实，这是恽厥初不得已而为之的事。

恽厥初隐居后，闭门谢客，以读书赋诗自娱。有论者谓其擅绘事，"画宗董源，恽格少时曾师事之"[59]（关于恽格（寿平）师承的问题，后文将述及），实则是误传。此语是与恽敬所撰《香山先生家传》造成的混淆[60]。实际上，关于恽厥初擅绘事的说法并未出现在时人的任何记载中，更没有画作传世，今人有关绘事的说法，都是以讹传讹的结果。

恽厥初也是一个文人，以诗文见长，著有《素园集》（乃《征草》《归舟草》《感怀集》的合集）、《知希庵稿》（诗文各二册）等，可惜均已失传。他尚编有《兰陵恽氏家集四种》，分别为恽釜所著《溪堂集》二卷、恽绍芳所著《考槃集》四卷、《林居集》十二卷（存九卷）、恽厥初所著《感怀诗》一卷，今收藏于中国科学院图书馆和浙江省图书馆。

恽厥初传世的书法扇面，有一首书赠"仲来词长"（此人待考）的七言律诗，可窥其诗风之一斑：

> 环堵依然在水隈，秋风著屐过苍苔。
> 林堂昼静鸟声涧，度壑寒深树影开。
> 酒对清尊心共远，题看旧壁首重回。
> 蒹葭一望伊人杳，白眼何须更浪猜[61]。

从此诗虽然不能见其文学成就，但大致可看出其独抒性灵、不落古人窠臼的诗风。

恽含初（1603—1686）是恽绍芳之孙、恽应明之子、恽向（本初）之弟、恽寿平之堂叔父。又名于迈，字涵万，号建湖，崇祯时为顺天府学贡生，廷试以推官知县用，明亡后出家为僧，云游四方以终老。

恽含初亦有诗文集刊行，著有《楚天西诗草》一卷、《草堂明月吟》一卷及《退耕堂诗草》等，所憾均已失传。虽然我们没有机会读到其诗文，但从文献记载中可看出其所具有的深厚的文学造诣。

恽釜、恽绍芳、恽应侯、恽应翼、恽日初、恽厥初、恽含初等恽氏五十七世、五十九世、六十世、六十一世等五代，时间上跨度达二百余年，家族传承明晰。在对他们的考察中，不难看出其以诗文传家的家族文化传统。在这种文化传承中，已渐露出兼擅书画的艺术征象。到了明末清初，随着恽向、恽寿平及其他恽氏子弟的出现，这种艺术征象逐步走向前台，成为以恽寿平为主角的恽氏家族的主要特征。因而，明代常州恽氏家族的发轫与发展，是清代以恽寿平为中心的恽氏艺术家族之先声，也是恽寿平及其传人在有清一代影响画坛两百余年的重要基石。

注释：

［1］《常州府志》卷十六，转引自叶鹏飞：《常州画派研究》，江苏人民出版社，2008年，第5页。

［2］〔清〕龚自珍：《常州高材篇》，《龚自珍全集》，中华书局，1959年，第494—495页。

［3］ 广东、广西、湖南、河南辞源修订组、商务印书馆编辑部编：《辞源》（修订本）第二册，商务印书馆，1979年，第1144页。

［4］ 辞海编辑委员会编：《辞海（1979年版）》（缩印本），上海辞书出版社，1980年，第869页。

［5］ 臧励和等编：《中国人名大辞典》，上海书店，1980年，第1156—1157页。

［6］ 俞剑华：《中国美术家人名辞典》，上海人民美术出版社，1981年。

［7］ 朱铸禹：《中国历代画家人名辞典》，人民美术出版社，2003年。

［8］ 巫声惠：《中华姓氏大典》，河北人民出版社，2000年。

［9］ 苏慎：《常州姓氏》，中国文史出版社，2003年。

［10］〔清〕恽敬：《得姓述》，恽敬：《大云山房文稿》初集卷二，《续修四库全书》集部·别集类，上海古籍出版社，1995年，第94页。

［11］王相笺注：《百家姓考略》，中国书店，1991年。

［12］张惠言：《茗柯文编》，上海书店，1989年。

［13］〔清〕恽敬：《大云山房文稿》初集卷二。

［14］张澍编纂、赵振兴校点：《姓氏寻源》，岳麓书社，1992年。

［15］陆鼎：《瓯香馆集·序》，海昌蒋氏别下斋刊本，清道光二十六年（1844）。

［16］〔清〕徐珂：《清稗类钞》第九册，中华书局，1984年，第4084—4085页。

［17］杨旭辉：《清代经学与文学——以常州文人群体为典范的研究》，凤凰出版社，2006年，第32页。

［18］朱铸禹编：《中国历代画家人名辞典》，人民美术出版社，2003年，第1382—1390页。

［19］赵禄祥主编：《中国美术家大辞典（下卷）》，北京出版社，2007年，第1458—1460页。

［20］李宝凯编：《毗陵画征录》二卷补遗一卷，常州振群印刷公司，民国二十二年（1933）；李镇瀛编：《常州书画家名录》，常州市政协文史资料委员会编印：《常州文史资料》第十四辑，1998年；秦耕海：《常州书画家传》，中国画报出版社，2003年。

［21］南京师范大学古文献整理研究所编著：《江苏艺文志·常州卷》，江苏人民出版社，1994年，第102页。

［22］〔明〕恽绍芳：《书后溪公仕略》，恽绍芳：《林居集》不分卷，清钞本，《四库未收书辑刊》，北京出版社，2000年，伍辑20—770。

［23］〔清〕恽敬：《后溪先生家传》，恽敬：《大云山房文稿》初集卷三，《续修四库全书》集部·别集类，上海古籍出版社，1995年，第141页。

［24］黄仁生：《日本所藏稀见元明文集考证与提要》，岳麓书社，2004年，第90页。

［25］关于恽绍芳生卒年，一般认为是1528—1579年，可参见杨臣彬《明清中国画大师研究丛书·恽寿平》（吉林美术出版社，1996年，第2页）和叶鹏飞《常州画派研究》（江苏人民出版社，2008年，第33页），实误。今据恽绍芳《林居集》中《书初年事》文中“正德戊寅年武宗皇帝御极之十有三年，予生于二月十有七日”将其生年定为1518年。关于恽绍芳生年的正确提法有南京师范大学古文献整理研究所编著《江苏艺文志·常州卷》，参见该书127页。

［26］孙彦、周群：《大家精要：唐顺之》，云南教育出版社，2010年。

［27］〔美〕艾尔曼著、赵刚译：《经学、政治和宗族：中华帝国晚期常州今文学派研究》，江苏人民出版社，1998年，第29页。

［28］〔明〕唐鹤征：《恽少南先生林居集序》，同［22］，伍辑20—738。

［29］〔清〕恽敬：《少南先生家传》，同［23］，第142页。

［30］《林居集》最早有明崇祯二年（1629）家刻本，《考槃集》则有集部别集类本，后又由恽厥初重辑为《少南先生文集》十五卷，合《林居集》和《考槃集》，并增加部分二书所遗失者，但仅有传抄本，参见前揭《江苏艺文志·常州卷》128页。

［31］陈文烛：《少南先生遗稿序》，转引自黄仁生：《日本现藏稀见元明文集考证与提要》，岳麓书社，2004年，第90页。

［32］同［22］，伍辑20—752。

［33］《元史・赵孟頫传》，引自马宗霍辑：《书林藻鉴》卷十，文物出版社，1984年。

［34］〔唐〕张怀瓘：《书断》，中华书局，1960年。

［35］明清两代称由府、州、县按时发给银子和粮食补助生活的生员，也称为廪膳生、廪膳生员。

［36］《书法丛刊》1992年第2期，第73—75页。

［37］秦耕海：《常州书画家传》，中国画报出版社，2003年，第24页，

［38］秦耕海《常州书画家传》误将其作为恽绍芳子，参见该书23页。

［39］此县志由恽应翼修，张嘉孚纂，有万历二十五年（1597年）刻本，参见前揭《江苏艺文志・常州卷》，139页。今有《安定县新志》六卷，兰州古籍书店，1990年。

［40］此书最早由顾世登、顾伯平辑，后由恽应翼重辑，有万历三十六年（1608年）原刻本和道光二十九年（1849年）、民国二十六年（1937年）重刻本。

［41］《书法丛刊》1992年第2期，70—72页。

［42］同［37］，第23页。

［43］冒广生编：《冒巢民先生年谱》，转引自张慧剑：《明清江苏文人年表》，人民文学出版社，2008年，第536–537页。

［44］张慧剑《明清江苏文人年表》误作"1641年"（参见该书556页），现以恽敬《逊庵先生家传》为准。

［45］〔清〕恽敬：《逊庵先生家传》，载恽敬：《大云山房文稿》初集卷三，第144页。又，李元度《国朝先正事略》卷四十六亦载此事，但文字稍有相异，"如何救正"此书为"不可救正"，"普天率土，切齿腐心"此书为"薄海茹痛"，参加该书1178页，岳麓书社，1991年。

［46］前揭恽敬：《逊庵先生家传》。

［47］同［46］。

［48］〔清〕李元度：《国朝先正事略》卷四十六。

［49］〔清〕李元度：《国朝先正事略》卷四十六误作"骆钟泰"，今从恽敬《逊庵先生家传》。

［50］同［21］，第204—205页。

［51］同［46］。

［52］同［37］，第29页。

［53］赵怀玉：《亦有生斋集》文九，转引自张慧剑：《明清江苏文人年表》，第768页。

［54］中国古代书画鉴定组编：《中国古代书画目录（第六册）》，文物出版社，1993年，第8页。

［55］〔清〕张廷济：《清仪阁题跋》，清光绪十九年（1893）刻本。

［56］〔清〕恽敬：《衷白先生家传》，载恽敬：《大云山房文稿》初集卷三，第143页。

［57］同［56］。

［58］〔清〕恽祖祈：《毗陵恽氏家乘》（前编卷十八），《先世著述考略》，转引自叶鹏飞：《常州画派研究》，第34页。

［59］南京师范大学古文献整理研究所编著：《江苏艺文志・常州卷》，第157页；前揭秦耕海编著：《常州书画家传》，第29页。

［60］李镇瀛编：《常州书画家名录》"恽厥初"条也称"画宗董源，恽格少时曾师事之"，并谓出处乃恽敬撰《家传》《大云山房稿》（参见政协常州市文史资料委员会编印《常州文史资料》第十四辑，1998年，第59页），查恽敬《衷白先生家传》并无此语，反而在《香山先生家传》中有谓恽向"画宗董源，恽格少时曾师事之"之语，足见其乃张冠李戴之误。各种谓恽厥初擅绘事之书（文）源于此，并以讹传讹，前揭秦耕海编著《常州书画家传》（参见29页）也如此。

［61］〔清〕恽格著、秦耕海校注：《恽南田文集（下）》，中国文联出版社，2008年，第641页。该诗录自恽厥初书法扇面，题为《光禄公诗扇》，但此扇是何书体及收藏单位，该书中并未说明。

从“勾花点叶”到“蒋派花鸟”

——试论明清常熟花鸟画代表画家的风格转变

夏 淳*

内容提要：明清两代，常熟作为苏州府下辖县，以地大赋多、经济繁盛著称，加上地域文化的滋养层层深积，以致文脉昌盛，造就了绘画人才辈出的景象。以孙艾、周之冕、马元驭、蒋廷锡等为代表的花鸟画家，一方面在前人规约和督导的图式语汇下开拓题材范围，完善绘画手法，使花鸟画的创作方式臻于多样与成熟，另一方面又在出世与入世、在朝与在野的人格转换与现实境遇下树立时代典型。

关键词：花鸟画　文人画　趣味　世俗　商品经济

一

笔墨内涵的自主和独立，对于中国绘画史来说是一个划时代的革命。然而，当山水画尚处于丘壑统帅笔墨之际，这场革命的出发点就以枯木竹石或“三友”“四君子”之类题材对文人墨戏做出了敏锐反应。尽管这种反应很早就伴随着借物寄情向缘物写心的演进，但由于花鸟的“类”多“迹”简，且更多地带有“比”“兴”之便，故再现性始终占据着较高比重，成为造型意识难以割舍的要素。不过，自从“黄家富贵，徐熙野逸”的传统格局引发水墨花鸟画自觉意识以来，由工到写的演变就在一代代画家中悄然延续。宋元以还，花鸟画发展的主线可概述为“写形”与“写意”两种形态。两宋以“写形”为主的花鸟画已将形体塑造、精工细作、设色丰富的实践推向了高峰，留下的阐释空间极其有限。而以“写意”为代表的元人花鸟画则通由自娱的笔墨意趣和较为单调的题材，为后人留下了大片可供耕耘的良田。至明清画坛，花鸟画变革的主战场遂已形成。伴随人性的解放，商品经济的催发，专制统治的腐朽，抒发胸臆与市场需求相互激荡。以文人画理论为宗旨，以写意画风为主体，由院体、浙派、吴派交叉演变，错综古人、工写兼习的花鸟画多元局面奔泻而来。

尽管“明四家”是以山水画名派，但他们在绘画形式趣味上集大成的努力，也蕴含着题材内容上的全能或一专多能追求。如果说，沈周的山水画将对元季文人山水的认同与注入自身情感和形式意绪相结合，其作品中的人物描绘之精已不能简单划归点景之列，其花鸟画更为明末大写意花卉的出现做了铺垫。那么，文徵明对山水、人物、花鸟的全面进取姿态，则显示了进一步的包容和融会能力。至于唐寅不仅在取材之广泛、体格之多样均超过了沈、文，且最大限度地实现了南派与北派、淡雅与艳俗、文人画与院体画的嫁接整合。而仇英虽极少作花鸟画，但是通过文人、院体、市民三种趣味相结合，创造了广受普通民众喜爱的工细写实画风。上述脉络正反映了文、唐、仇在沈周复兴文人画传统后，将其融入新兴市民文化中，并逐步分化的两种花鸟画路径。一面是由水墨写意孕育出陈淳、徐渭的大写意，周之冕的勾花点叶，恽寿平的没骨设色，乃至“扬州八怪”、海上诸家，远及齐白石、潘天寿等人。另一面则在“送纸敲门索画频”的市场交易中倒向坊间化的极致精巧画风。事实上，无论是沈周从未应科举征聘，还是文徵明屡试不售，抑或唐寅因鬻题受贿案牵连入狱，乃至仇英以画工身份跻身画坛名流，都折射出士人阶层虽多以进身仕途为目标，但博得功名者仍在少数。生活在“翠袖三千楼上下，黄金百万水西东”的都市城镇中的画家，以

---

* 夏淳，高级工艺美术师，常熟市美术家协会主席。

隐逸姿态游山玩水、观花赏草，透露着安闲与谐俗。他们的画作虽各擅胜场、各具生面，但在工商业繁荣发展的大背景下，维护自身不同于普通市民的艺术人格，满足商贾们通过附庸风雅改变“四民”之末地位的需求，都使花鸟画逐渐演变为文人士大夫和普通市民皆可接受的新兴体裁之势愈演愈烈。

二

沈周突破了文人写意花鸟画题材集中于梅竹之类的限制，在元人张中为代表的墨花墨禽基础上，参以法常等南宋禅宗画的简笔意趣，抒发自己对平凡事物的率真情感。不过，在其活跃于画坛之时，以戴进、吴伟为首的浙派与林良、吕纪为代表的院体画势力强劲，呈现出“反元复宋”的气象。沈周倾向于元季画家的高逸风范，一方面与日益盛行的市民审美趣味相疏离，另一方面又因对传统图式的整合和对造型意识的体悟都具有高难度旨趣为世人所不解，故其画风的时效性不免受损。尽管沈周弟子众多，但多有知难而退、望峰息心之人，直接受其影响且在绘画形态与趣味上接近者甚少，唯有孙艾、吴麒数人而已。

孙艾（1452—1533），字世节，号西川，常熟人。性格豪爽，风流雅儒。孙艾很早便与吴中文人往来，后拜于沈周门下学习诗文书画，其比沈周小二十五岁。孙艾诗画皆得沈周称赞，且以山水最擅，早年师黄公望，后学王蒙。不过，其山水作品仅见著录，无一流传至今。孙艾能作肖像，三十九岁时特意为沈周绘小像一幅。沈周应请题诗云：“白头尽是老便宜，六十余生天地私。学舞固无长袖子，出游还有小车儿。绿阴如水微吟处，紫袷含风半暖时。瘦影任君描写去，百年草木要相思。”可见二人情谊深笃。孙艾传世可靠的花鸟画仅《蚕桑图》与《木棉图》数件。《蚕桑图》与《木棉图》为典型的没骨设色作品，吸收了钱选的工致描绘，又深得沈周朴实稚拙之趣。两件作品均无作者款印，《木棉图》沈周跋文曰：“世节生纸写生，前人亦少为之，甚得舜举天机流动之妙。观其蚕桑、木棉二纸，尤可骇瞩，且非泛泛草木所比。”（图一）事实上，明代具有洇渗效果的生纸大量使用，催化了水墨写意花鸟画基本语汇的成熟，可视为绘画材质与绘画观念互为递进发展过程中的重要节点。据记载，孙艾文思放逸，或其花鸟画应另有面目，惜孤篇寂寥，形容隐约，不复大观。

在后学中，直接承袭沈周之人虽不多，但由其画风于不同侧面继续展开者却不在少数。陈淳、陆治、周之冕在其中声名卓著。明王世贞《弇州续稿》言：“胜国以来，写卉草者无如吾吴郡，而吴郡自沈

图一 明·孙艾《木棉图》，故宫博物院藏

启南之后，无如陈道复、陆叔平，然道复妙而不真，叔平真而不妙，周之冕似能兼撮二子之长”[1]。此论虽有偏颇之嫌，却道出了以沈周为启蒙者的人文写意花鸟画发展主线。陈淳着力开挖笔墨的个性价值，在写意程度上比沈周更进一步；陆治彰显了画面的精耕细作，继承了由沈周至文徵明演变而来的“细文”画风；周之冕则汰炼了物象的写真之法，简笔写意画作多取法沈周、陈淳、陆治。

周之冕，生卒年不详，字服卿，号少谷，斋号墨花馆，常熟人。大致活动于明隆庆、万历年间。清鱼翼《海虞画苑略》言其“居东徐市，后寓郡中”[2]，东徐市即属今常熟境内。周之冕生前未取得功名，也无诗文集存世，同时代著录中称其嗜酒如命、落魄不羁。周之冕最擅勾花点叶之法，故被后世誉为“勾花点叶派”创始人。实则此法至迟可上溯元代，至沈周已日臻成熟，文徵明亦精于此道，陈淳更是行家里手。所谓勾花点叶，是以勾花之笔，点叶之墨形成线与面、枯与润、淡与浓、细与粗、白与黑的对比关系。其实，周之冕的画风较为多元，不乏院体样貌的工细之作，但以勾花点叶一路画作成就最高（图二）。这类作品以勾花点叶之法将文人笔墨与写生物象相结合，题材上多选取日常生活中易见之物，笔墨洒脱，点乱勾描兼而有之，看似漫不经心实则形神俱足。其长卷《百花图》尺幅规模之大，花卉品类之多，皆令人瞠目。周之冕尤喜饲养禽鸟，既是生活嗜好，又于写生之便。不过，其画作重在表达的既不是文人画的野逸之趣，也不是院体画的富贵之态，而是平民化的世俗之美。明凌濛初《初刻拍案惊奇》在描述时人居所时就有“壁间纸画周之冕，桌上砂壶时大彬”[3]之说。勾花点叶之法虽不为周之冕所创，却由其发扬光大，后学追随者，不乏其数，像乔枝、刘奇、王维烈、王维新、朱统银、王醛、陈嘉言、顾炳等均为代表。

如果说，传统的隐逸文人是被动地承受着现实压力，所坚守的更多是基于文化道统的“清高”，那么以周之冕为代表的晚明文人则以主动的意识构建着个性化的“清高”生活。在日常生活中，无论是周之冕的喜养禽鸟，还是陈淳的爱花如命，抑或陆治的以隐自况，其实都显示出晚明文人近乎偏执的爱好及彰显文化个性和人生价值的手段。这些嗜好亦能清楚地折射于他们的作品中。周之冕对禽鸟姿态的真实描绘，陈淳富有激情的花卉作品，陆治喜画花中隐逸的菊花皆与此相关。面对日益勃兴的市民文化，这些画家在绝对的超越与彻底的媚俗矛盾中左右腾挪，印证着自我的分裂化追求，机敏的抽取借以表达自身

图二 明·周之冕《松梅芝兔图》轴，常熟博物馆藏

价值的不同趣味。明中叶以后文人著述中频繁出现的“趣”“癖”“闲”“赏”“玩”等词汇正是上述现象的注解。往深一层看，自从明王朝继蒙古征服者后恢复汉人统治，在复古主义思潮影响下，两宋院体画于明初得以复兴，文人画家则承接着元末隐逸画家的创作导向。然而，至明中晚期，外患内乱以及传统道德的沦丧促使反中和思潮崛起。艺术中率易狂纵的个性化表现与严和雅正的高古品格在历时性发展中同时并存。这一龃龉偏欹也并没有因为清承明祚的巨大政治变故而改变，只不过到了清初，汉族文人维护和弘扬文化传统的集体意识促使集古成家的思潮获得了强化，思想文化界力矫明中叶以来明心见性的空疏议论而倡导笃实之学。

三

当然，从绘画发展的风格传续看，继周之冕之后，开焕然新风的花鸟画家是被誉为清六家之一的恽寿平。其画法汲取周之冕勾花点叶之法，汇通陈淳写意之长，同时上溯徐熙、黄筌遗韵，总体格调保持了文人画的情趣。恽寿平尤其重视对“没骨”画风的研习。所谓“没骨”是指不用墨笔立骨而直接以色造型，或用色填没墨线而不见笔痕。恽寿平以拙逸用笔，驱娴雅古丽之色，印合写生体验，尽态极妍又力去华靡，被推为写生正派、大雅之宗，深受时人追捧。一如清张庚《国朝画征录》所云：“近日无论江南江北，莫不家南田户正叔，遂有常州派之目。”[4]其影响之大，可见一斑。恽寿平弟子众多，但以马元驭、笪重光二人地位最高，且备受重视。

马元驭（1669—1722），字扶羲，号栖霞，又号天虞山人，常熟人，出生于书香世家，家有田数十亩于尚湖之滨。其少时聪敏，喜好诗文书画，得父家传长于画，点笔信手皆有生趣。后师恽寿平，与蒋廷锡、杨晋私交甚好，其花鸟画名重一时，与王翚山水画并驰。马元驭终身追求适志生活，不求富贵，性情豪放，嗜酒。其作画喜用水墨，神韵飞动，写没骨花卉尤为出色。所绘物象点染生动，墨色妍丽。其作品中花鸟鱼虫面貌种类均超过恽寿平，常含有八哥、老鹰等鸟禽，昆虫亦有飞蛾、蝴蝶、蜜蜂等。由于描绘对象触目可得，经常年观察，着笔萌生点滴趣味。与恽寿平追求花卉单纯之美相比，马元驭画作常表现出花与草虫相伴，树与鸟禽相依的叙述性，同时显示出繁满、均衡的特质。如《南溪春晓图》《蝴蝶虞美人图》等均可窥见其传承恽寿平又与之不类的特点（图三）。

以上述画家为例，尽管有着明晰的传承谱系，但仍折射出文人画发展趋势舍深而取广的新动向。

图三　清·马元驭《南溪春晓图》轴，南京博物院藏

元季文人画家对绘画题材和手段的专注及由此构建的“畅神”“适意”“自娱”的绘画性深度，在无形中被消解。事实上，明代花鸟画创作风向如清徐沁《明画录》所言：“大都右徐熙、易元吉而小左黄筌、赵昌。”[5]由此生发的舍深而取广，固然体现在画材、画法、画风、画意的丰富性上，更表现为诗、书、画、印及其阐释方式和服务功能的综合性上。诗画一律、书画结合作为文人画传统的重要美学特征，均有内外之分。内在的诗画一律表现为绘画意境的诗意化，外在的诗画一律表现为诗和画按需要组合在一起。内在的书画结合旨在引书法用笔入画，外在的书画结合即通常所说的“题画”或“题款”。然而，元季文人画建立在没有社会功利性目的之上的诗画一律和书画结合内外圆成的现象，此时已被推向了外在一面。诗、书加上印，作为画外之功，在画家不断寻求作品文化增值、绘画商品化以及“代笔画”“赝品求题”的特殊氛围下，越来越透露出形式主义倾向。画作产量的激增、流行风格的推拥、个人地区间的竞争，都使画坛呈现出异常繁杂的面目。当然，光从迎合市民文化的功利角度来看待这一崭新特质无疑是偏颇的。这些画家一方面沐浴着商品经济的阳光雨露，另一方面也以主观能动的意识对原有的价值标准提出了挑战。在文人画与非文人画，主体精神与消费需求的界限变得愈发模糊之时，他们的画作融行、利多种结晶的世俗化倾向，无疑让雅俗共赏之妙得到了前所未有的展现。

四

由舍深而取广造就的以写意为主体，多样综合的花鸟画新貌，由于画家身份的不同，显示出个体差异。自从北宋中叶出现文人画、院体画和民间画分流的局面，文人画家、画院画家、民间画工的社会格局随之确立，经过元、明两代发展至清初，文人画一方面进入宫禁与院体画合流，一方面普及民间，受工匠画追随。以恽寿平为代表的“常州派”在清初被认为是花鸟画写生正派，其画风在宫廷与民间广泛流传，即属于上述现象的典型代表。但自清中叶起，词臣画家蒋廷锡以没骨写生技法为主创立的“蒋派花鸟”却于宫廷内取得了长盛不衰的影响，康、雍、乾三代帝王均认定其为徐熙、黄筌一脉正宗，乃至后来的嘉庆、道光皇帝都要求宫廷画家仿蒋体作画。

蒋廷锡（1669—1732），字扬孙，号西谷，又号南沙、青桐居士，常熟人。出生于显宦世家，康熙四十二年（1703）进士，官至文华殿大学士，加太子太傅，卒于任内，谥文肃。蒋廷锡自幼随父蒋伊习画，尚未及第时常与同乡同辈画家马元驭、顾文渊切磋画艺。作为康、雍两朝重臣及词臣画家，蒋廷锡地位尊贵无比，平日案牍劳形，只有奉旨或闲暇之时才能作画，与以画为业的满、汉宫廷画家和传教士画家不可同日而语。蒋廷锡花鸟画有两种面貌，一是寓意祥瑞、富丽堂皇的院体画风，传世“臣”字款作品多属此类。这些作品多取法黄筌一派勾染画法，以传统工笔花鸟画基调为主，如《佛手写生》《藤花山雀图》等。一是近文人画逸笔风格的写意花鸟画，多为业余所作，吸收徐熙、徐崇嗣、沈周、恽寿平等人之长，以没骨作品居多，又独创赭墨写意花鸟画，如《海棠牵牛图》《花卉册》等（图四）。所谓赭墨写意花鸟画先以淡墨勾勒轮廓，再于重墨或焦墨中加入赭石或胭脂定形，使墨、色相互渗透，最后以干笔皴擦营造出立体感。此类作品最具“蒋派花鸟”特色。考虑到蒋廷锡位高权重、政务繁忙，故存世作品中定有不少赝品或门徒、友人代笔之作。由蒋廷锡所创“蒋派”花鸟画风，影响广泛，加之其集官吏、学者、诗人、画家于一身，清朝帝王对其画作都极为推崇，使其作品无论在朝堂抑或坊间都是尊崇之品。此外，蒋廷锡不仅绘画方面技艺精湛，且是清代文献学家、藏书家，著有《尚书地理今释》《破山集》《秋风集》《青桐轩诗集》等。蒋氏家族善画者有蒋廷锡之子蒋溥、蒋洲，其女蒋淑，孙蒋尚桓，以及蒋廷锡的胞妹蒋季锡等。蒋氏的门生有钱元昌、潘林、邹元斗、余省、马逸等。

其实，作为内廷大臣，蒋廷锡的花鸟画亦受到西画影响。明清之际在西学东渐背景下，西方传教士于中国宫廷将西方写实、透视、明暗技法运用于中国画创作。尽管清邹一桂在《小山画谱》中对西画“笔法

图四 清·蒋廷锡《海棠牵牛图》，南京博物院藏

全无，虽工亦匠，故不入画品”[6]的评价代表了当时绝大多数中国文人对欧洲绘画的看法，但由于中国花鸟画自古以来重视写形和写生的特点，与西方花鸟、静物画有异曲同工之妙，使其借鉴西法的阻力要比山水和人物画小得多。蒋廷锡奉旨所作的宫廷画谱就有明显的西画明暗痕迹。当然，传统文人审美观依旧左右着中西绘画于体用之间的尺度。蒋廷锡以传统花鸟画为基调的作品更符合文人士大夫的口味。

结　语

行文至此，需要指出的是，明清两代，常熟作为苏州府下辖县，尤以地大赋多、经济繁盛著称，加上地域文化的滋养层层深积，以致文脉日趋鼎盛，造就了绘画才人辈出的景象。以孙艾、周之冕、马元驭、蒋廷锡等为代表的花鸟画家尽管在面对文人画发展过程中良莠不辨、泥沙俱下的困境时，缺乏董其昌、徐渭、陈洪绶等人以一超直入、不可一世、迂拙怪诞的破格气质追求中兴画学的远大理想，但一方面他们毕竟在前人规约和督导的图式语汇下开拓题材范围，完善绘画手法，使花鸟画的创作方式臻于多样与成熟；另一方面他们又在出世与入世，在朝与在野的人格转换与现实境遇下树立时代典型。事实上，明清之际文人画存在方式向职业绘画靠拢，画家从艺心态又强调业余性乃至反职业化的现象是继元代确立文人画对应图式以来的又一次重大历史转折。无论是鬻文卖画的底层文人画家还是位高权重的官员文人画家，都很难挣脱这一具有悖论色彩的枷锁。多数情况下，画家的从艺之路在质以代兴、妍因俗易的作用下充满着被动与无奈。

注释：

［1］〔明〕王世贞：《弇州续稿》。

［2］〔清〕鱼翼：《海虞画苑略》。

［3］〔明〕凌濛初：《初刻拍案惊奇》。

［4］〔清〕张庚：《国朝画征录》。

［5］〔清〕徐沁：《明画录》。

［6］〔清〕邹一桂：《小山画谱》。

沈春泽生平考略

蒋　晖*

内容提要：明代沈春泽既是《长物志》序言的作者，也是该书《几案》卷的审定者，但是其生平不为世人所知。笔者查阅地方志、诗文集等文献，对其生平、家世和交友做了研究和考证。沈氏作为出版家的身份尤应重视，出版有《水云诗》《隐秀轩集》《诗经》（钟惺点评本）《白香集》等多种书籍。

关键词：明代　沈春泽　生平　长物志

一 《长物志》序言作者、《几案》卷审定者

《长物志》问世以来，影响深远。其流传刻本情况大致如下：

1.明刻本。

2.《四库全书》本。

3.《砚云乙编》本，乾隆四十三年（1778）刊。

4.《粤雅堂丛书》本，三编二十四集，同治十三年（1874）刊。

四种木刻本中，中国国家图书馆所藏明代刻本最为罕见（图一）。此书卷首，钤有吴县潘祖荫“攀古楼”藏书印、郑振铎先生藏书印，各卷依次刊有

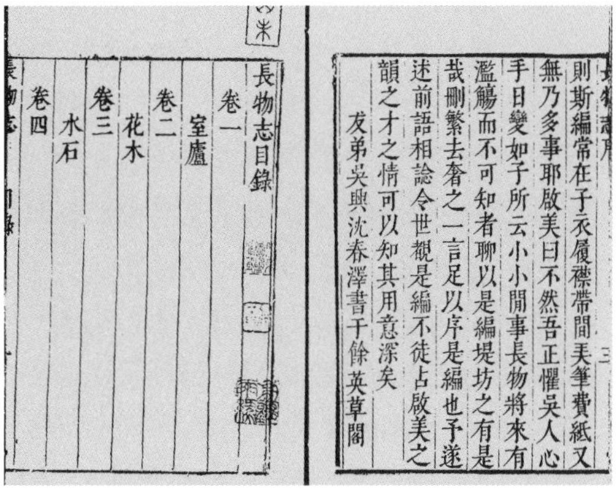

則斯編常在子衣履襟帶間美筆費紙又
無乃多事耶啟美曰不然吾正懼吳人心
手日變如子所云小小閒事長物將來有
濫觴而不可知者聊以是編堤坊之有是
哉删繁去奢之一言足以序是編也予遂
述前語相諗令世覩是編不徒占啟美之
韻之才之情可以知其用意深矣
友弟吳興沈春澤書于餘英草閣

長物志目録
卷一
室廬
卷二
花木
卷三
水石
卷四

图一 《长物志》书影，中国国家图书馆藏明刻本

审定者名。十二卷分别是：《室庐》卷，王醇；《花木》卷，潘之恒；《水石》卷，李流芳；《禽鱼》卷，钱希言；《书画》卷，沈德符；《几榻》卷，沈春泽；《器具》卷，赵宧光；《衣饰》卷，王留；《舟车》卷，娄坚；《位置》卷，宋继祖；《蔬果》卷，周永年；《香茗》卷，文震孟（图二、三）。

十二位审定者，大多为江南文士，有名于时，其中少数有举人功名，如文震孟、沈德符；或为秀

图二 苏州园林艺圃

图三 苏州艺圃内的明代乳鱼亭遗构

* 蒋晖，苏州文化学者、作家。

才身份，如潘之恒、周永年；有书画家，如李流芳；有以文章道德闻名的，如“嘉定四先生”之一的娄坚；有些审定者，则以“山人”的身份更为突出，如赵宧光、钱希言。按照各卷先后，沈春泽之外的其他审定者生平大致如下：

王醇，生卒年不详，字先民，江都人。少习诸生业，弱冠能诗，得李维桢等人推重，长于射箭技击，性情疏放，挟妓走马，无所不为。遍游吴越山水，后归扬州慈云庵为僧，自为清修。

潘之恒（1556—1622），字景升，号鸾啸生、亘生、山史，歙县人。戏曲家。家资丰饶，早年得汪道昆、王世贞提携诗坛，科举不第，遂恣情山水，遍交名士，日以诗酒游宴、征歌度曲为生活。曾从事《盛明杂剧》的编校工作，与汤显祖、沈璟等交好。撰有《黄海》《亘史》《涉江集》《鸾啸小品》等。

李流芳（1575—1629），字茂宰、长蘅，号香海，嘉定人。读书檀园，亦以为号。书画家，著有《檀园集》十二卷。

钱希言，生卒年不详，字象先，常熟人。博览好学，王穉登因力为延誉，与袁宏道、江盈科游，有名于吴中。

沈德符（1578—1642），字景倩，又字虎臣，秀水（今浙江嘉兴）人。万历四十六年（1618）举人，后屡试不第。精通戏剧，通诗乘，平生博览，所著《万历野获编》有“明代野史未有过焉”之誉。

赵宧光（1559—1625），字凡夫，太仓人。文字学家、书论家，著有《说文长笺》《六书长笺》《九圜史图》《寒山帚谈》《牒草》《寒山蔓草》《寒山集》等。妻陆卿子，为文徵明弟子、画家陆师道之女，以诗文著称。子赵均生（1591—1640），字灵均，金石学家，娶妻文从简之女文淑。

王留（1590—1619），原名王无留，王穉登第四子。

娄坚（1554—1631），字子柔，一字歇庵。祖籍长洲，与唐时升、李流芳、程嘉燧并称“嘉定四先生”，著有《学古绪言》。

宋继祖，生平阙疑，待征[1]。

周永年（1582—1647），字安期，《长物志·蔬果卷》审定者。吴江人，生员。对兵农水利有研究。与高僧紫柏等交往，著有《吴都法乘》。

文震孟（1574—1636），初名从鼎，字文启（或作文起），号湛持，文徵明曾孙，文彭孙，文元发子。文元发去世后，守墓竺坞，深山苦读。立身持重，精研《春秋》经义。中举后，九试不中，有声于野，天下望之。天启二年（1622）中状元，授翰林院修撰，上《勤政讲学疏》，忤魏忠贤，遭廷杖，调外辞归。崇祯八年（1635），李自成破凤阳，力陈致乱之缘，升礼部左侍郎兼东阁大学士，旋与温体仁不和，落职闲住。去世后葬竺坞。南明时，追谥“文肃”。

以上诸位审定者中，潘之恒、娄坚、赵宧光、钱希言年齿较长，属于文震亨前辈；文震孟长文震亨十一岁，李流芳长文震亨十岁；吴江周永年长文震亨三岁；沈德符比文震亨小三岁；王留情况特殊，尽管比文震亨小五岁，却是文震亨妻子王氏的长辈；王醇具体生卒不详，但考钱谦益所记其事迹，“弱冠能诗”并得李维桢等推重，较文震亨或更年长。

沈春泽既是《长物志》序言的作者，也是《几案》卷的审定者，其重要性尤应重视。

首先，《长物志》各卷，相当部分内容，援引自明代更早的鉴赏类著作《清秘藏》《遵生八笺》。而《几榻》在《长物志》各卷中，属于原创性内容最多，相对于明代类书、笔记、地方志，以及相关图像资料，如《物理小识》《通雅》《宋氏燕闲部》《三才图会》《事物绀珠》等同时代相关著述，其体系更为完备，是当时鉴赏类著作中记录明代家具制作最详、也是唯一流传至今的文献！

我们今天研究明代家具，《长物志》是唯一完整的文献来源，研究晚明文人参与明代家具设计、制作的情况，重要性无可替代。

沈春泽所审定的《几榻》卷，开篇便说：

> 古人制几榻，虽长短广狭不齐，置之斋室，必古雅可爱，又坐卧依凭，无不便适。燕衎之

暇，以之展经史，阅书画，陈鼎彝，罗肴核，施枕簟，何施不可。今人制作，徒取雕绘文饰，以悦俗眼，而古制荡然，令人慨叹实深。

对家具“古制”的揄扬肯定，反映出其保守的古典审美倾向，具体到《几案》卷所涉及的家具，有“榻，短榻，禅椅，天然几，书桌，壁桌，台几，椅，杌，凳，交床，橱，架，佛厨佛桌，床，箱，屏，脚凳”一共十八类。笔者认为，贯穿全卷、对当时家具制作、审美归纳主要有四个重点：

1.对于进口日本家具的重视。

2.注重对家具材质木料的区别对待，涉及“湘妃竹”“乌木”“豆瓣楠”“赤水”木、“椤木”，以及对“古黑漆断纹”“螺钿”工艺等的描述。

3.体现江南苏州家具制作特色，如“专诸禅椅”等。

4.强调对天然奇木家具的美学鉴赏，并结合古代绘画予以肯定。

总之，该卷作者、审定者，对晚明家具制作工艺、细节、地域特点、流行趋势的熟悉程度，令《几榻》卷的独特性、重要程度凸显无疑，此卷审定者沈春泽生平研究的价值无疑十分重要，而颇为遗憾的是目前关于沈春泽的研究，几乎空白（图四）。

更值得深入讨论的，还有其《长物志》序言作者的身份问题。

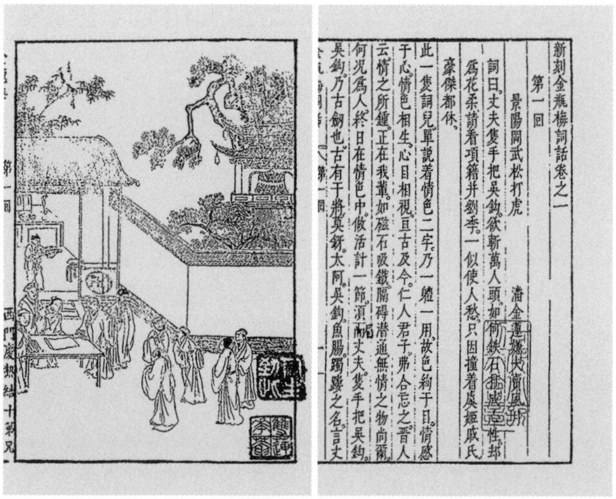

图四 明崇祯刻本《金瓶梅》插图中的明式家具

不足千字的序言站在全书高度，客观而准确评价了《长物志》的美学思想，充分肯定了文震亨“删繁去奢”的审美、制器、消费理念，针对晚明苏州等江南地区奢靡风气，予以批判、斥为鄙俗，“富贵家儿与一二庸奴钝汉，沾沾以好事自命”，态度鲜明。沈春泽为《长物志》所作序言本身，已经获得了较多研究者的重视，一些学者从《序言》文本本身入手，引征、阐述晚明物质文化、审美趣味、江南社会风尚诸问题。《序言》强调文震亨写作本书的目的，在“惧吴人心手日变，如子所云，小小闲事长物，将来有滥觞而不可知者，聊以是编堤坊之”，作者的一番苦心孤诣，由序言一问一答揭示而出，文震亨与沈春泽彼此理念相契、莫逆于心的关系，在此表露无遗：

夫标榜林壑，品题酒茗，收藏位置图史、杯铛之属，于世为闲事，于身为长物，而品人者，于此观韵焉，才与情焉，何也？挹古今清华美妙之气于耳目之前，供我呼吸，罗天地琐杂碎细之物于几席之上，听我指挥，挟日用寒不可衣、饥不可食之器，尊逾拱享，轻千金，以寄我之慷慨不平，非有真韵、真才与情以胜之，其调弗同也。

这段为《长物志》所写序言，已经成为今人理解明代物质文化消费观念、审美趣味的重要依据，可谓脍炙人口。沈春泽是谁？为什么是他，而不是《长物志》的其他更具社会声望的审定者为《长物志》作序？

二 家世

沈春泽是常熟支塘人，其祖父沈应科官居广西参政，沈春泽出生于官僚家庭，自小受到良好的教育。关于沈应科，《支溪小志》记载：

沈应科，字献夫，号全吾。先世为吴兴人，明初有存礼者卜居支塘，世业农，至应科始以进士起家……嘉靖四十年辛酉举于乡，隆庆五年辛未成进士。

《常昭合志稿》卷二十五“人物”四“耆宿”：

沈应科，字献夫，支塘人，登进士，知忻州……累升广西参议，致仕，家居三十年，八十六乃卒。孙春泽，字雨若，好客能诗，善草书，画兰竹，有《秋雪堂诗集》。

以上资料均引自钱谦益所作《广西布政使司左参政沈公墓表》，沈应科与常熟赵用贤为同榜进士，最早任官山东兖州，转任山西忻州，升任南京兵部员外郎、郎中，转廉州知府，再升福建兴泉道副使、广西左参政。“以哭其子，移疾归。”因辞官归家，家居三十年抚育孙儿沈春泽，享年八十六岁。昆山张大复《梅花草堂笔记》“沈参政”，还提到沈应科为孙子沈春泽获得秀才功名，前去拜托座师沈鲤的一则轶闻：

参政沈全吾，归德（沈鲤）门下士，甚相知。爱参政雅自重，都无所请。其孙雨若幼孤，意怜之，令就童子。试贻书归德，祈共奖成。答曰：“公善人也，后必有兴者。”都无一字。而是岁雨若补博士弟子，参政愈益诵归德之相成，至老不替焉。

按照张大复的记述，他与青少年时代的沈春泽就有交往，沈应科对沈春泽的友人们非常热情：

某尝从雨若游，参政喜为置酒具，乐歌阑舞罢不肯止。性又不饮，对客危坐，啖果微笑而已。尝夜罢酒，天且雨，与客着屐而去，客强之舆，不听，曰：“毋令后生辈笑老人惫也。”

以上记述，生动展现出一个慈祥祖父对孙儿的特别宠爱，这是有原因的。沈春泽早年丧父，沈应科因此不惜托病辞官，并担负起了养育孙儿的责任。

沈春泽生平，《明画录》《海虞画苑略》《常熟县志》均有所记载，其中以《列朝诗集》钱谦益为作小传最为详尽。《支溪小志》“人物志八”“文苑”，也引自钱谦益《列朝诗集》“沈秀才春泽”小传：

春泽字雨若，常熟人，福建参政应科之孙也。少孤，儿时骄稚，长而才情焕发，能诗，善草书画竹，折节胜流，输写肝胆，遂为吴下名士。大父没后不得志于里闬，移家居白门，治园亭，洁酒馔，招延结纳，交游歙集。负气肮脏，多所睚眦，酒悲歌怨，声泪交咽，故有羸疾。兼以氍毹，忽忽发病而死……

限于体例，钱谦益写的这份小传，其实故意淡化了沈春泽的成长背景，只说早年丧父之不幸。事实上，不仅是童年失怙这么简单。笔者在姚希孟《棘门集》卷五，意外发现《沈母顾少君传》一文，这也是目前发现的沈春泽家世最翔实的一种资料，读后深感意外。

姚希孟在文章开头，以宋仁宗宫廷发生的“李娘娘狸猫太子”事件举例，将沈春泽生母顾氏，比喻为终生不能认子、以宫女身份老死深宫的李婉仪。这篇揭秘其悲惨家世的传记，姚希孟明确提到是应沈春泽之邀请而作，更耐人寻味。据《沈母顾少君传》，沈春泽生父沈申锡为太学生，申锡艰于子嗣，父亲沈应科为其纳妾数人，直到顾氏有孕。但还没出生，沈春泽的命运就已经发生了逆转：

申锡未有子，则参政公日夕弗怡，为之置篷后先且数辈，而少君亦以差池进幸有身矣。嫡仲者亦明智人也，自度终无子而有君舅在，诸姬且旅进，诸姬或有子而嫡为赘疣。微闻少君既娠，心怦怦焉。太学君揣知之，而好谓少君曰：“内主之心，若曹所稔知也。若幸有身，即一旦生子，必不安。盍舍其子为嫡子，而子与母可两利俱存乎？”少君饮泣许之，而嫡

仲者已预入其言，遂称妊，设重幕高卧不时起。（《沈母顾少君传》）

申锡正室与丈夫商议后，遂对外扬言自己怀孕，“设重幕高卧不时起，非亲昵不得辄见。布告张皇，将计日就蓐”，“而真就蓐者”生母顾氏，“束身甚谨，日夜操作不休，腹垂垂若悬瓠，至载震载夙，不敢告人。”

传统社会官宦之家所发生的这出人伦悲剧，到沈春泽出生时达到了顶峰：

比春泽生，就秽渍中提置嫡仲所蓐。医环绕，燂汤请洗，门内外欢声雷动，贺嫡夫人得子，争具膳馐及金钱相饷送。闻绣幕内作呻楚声，群婢隔流苏通起居而已。少君宛转床笫，听小儿呱呱啼，心痛如刿。又恐偃卧久，旁人迹之，其事弗得秘，强起栉缅，诣嫡夫人房，捧儿惊喜，若未尝识儿。或问少君：“女何病，色如黄土耶？”少君亦谬以他病对。至三日浴儿，弥月设汤饼，三月之末剪发为鬌，姻党毕集，张筵奏伎。嫡夫人出自密室，后先扶掖，不胜矜严。少君与诸姬竟日环侍，或时代青衣执爵行酒，或伺儿小遗，浣中单。女伴争谑之：“安得此年少乳媪邪？”而少君泊然，不少色动也。嫡以此日安，少君乃日益恭。（《沈母顾少君传》）

隐忍的顾氏，虽步步小心，却难掩众人之口，正室夺子的阴私事，在沈春泽父亲去世后余波不断，有族人觊觎沈家资财，借此宣扬沈春泽是“野种”，局面一度非常尴尬：

亡何太学病殁，族之不类者有鸱鸮之志。向嫡仲就馆时，外人颇廉得其情，稍稍布闻，争造为蜚语，谓此子实非太学子。仲大穷，计不知所出。而有密戚与太学厚善者，始教之自明言：“吾向者欲重其宗祏，代顾姬冒此名耳。某月日，遇某事，而姬隐身不出者，妊将及期也。某日称病蒙被卧向者，坐草也。血不华色，人相讶者，甫免身也。此子非吾子，独非顾姬子邪？”族人就其言还按之，无毫发爽，于是莫敢哗，而为子者、与其子之为嫡以者、生母者，其名始大定。

《沈母顾少君传》作者姚希孟和沈春泽交谊深厚，序文中称“余友人沈雨若”。

姚希孟（1579—1636），字孟长，号现闻，是文震亨的外甥，但比文震亨年长六岁，他的身世有一点和沈春泽很相似，父亲姚汝辙早逝，而姚希孟尚在襁褓中。或因感同身受，同为孤儿自小深刻体验丧父之痛，姚希孟在为沈春泽生母所作传记最后，不禁有感而发：

姚子曰：“余序述顾少君事，几潸然泪下也。少君为沈氏衍一线之绪，而不使之子，又使之不得不子。既子矣，复避罪于村墟篱落之间，夫生子妾何罪哉？凡为人姬媵，见抑于小君，或棰楚，或播弃，或蓬垢、僵馁，丑声之所诟谇，怒目之所注射，每每不聊生，则未有生子三十年僩然称生母者，亦二十余年而不能退、不能遂，终于无可奈何而死，此亦古今希觏矣。无怪乎春泽语次呜咽不自胜，其所自述及托名愚姬传，字字酸楚，使人不忍读，读又不忍竟也。”

同为孤儿，姚希孟相对幸运，母亲文氏（文震孟、文震亨兄弟的三姐）守节四十六年，抚孤成人。万历四十二年（1614）“以节妇抚孤”，巡按御史薛贞题旌。姚希孟在万历四十七年（1619）成进士，选翰林院庶吉士，授检讨。天启时，姚母文氏受朝廷表彰，在苏州中街路树有旌节坊。姚希孟从小与舅舅文震孟亲密，舅甥一起读书苏州城外西山竺坞，砥砺向学。中进士后，姚希孟在朝以文行为时人所重，与黄道周等交善。他和沈春泽的亲密关系，多大程度上影响了文震亨与沈春泽的交谊，则需要新的材料进一步佐证。在《沈母顾少君传》最后，姚希孟还提及沈春泽的嫡母，“今嫡犹在堂，春泽亦礼之不衰。”

生母的不幸，祖父的宠溺，童年经历影响到沈春泽的性格。“稍长纨绔，赋性不恒，与人交，忽离忽合，以故不理于人”。其人生经历，人视之以性情乖离，种因或在于此。沈春泽的住所，程嘉燧、张大复、李流芳、孙永祚等友人诗文、题跋中均有所记，“园居有十五松”，名“十五松山房”，在常熟。程嘉燧《次韵酬沈雨若见寄》：

寥落花间一草堂，喜看舟楫到江乡。春潮送客浑无信，寒菊怀人尚有香。十五松斋容啸傲（雨若园居有十五松），三千尘路费商量（时予将北上）。凭君莫问行藏意，世事于今正渺茫。

孙永祚《雪屋集》，有《夏日题沈雨若十五松山房》：

巧叠山溪石裂根，水亭凉气绝无喧。
草深不扫云堆径，林密无人昼掩门。
四面疏帘领风色，一声熟杏落苔痕。
竹床尽日能销夏，在涧清音独寤言。

沈春泽另一处山居或名“典园”，位于常熟城北，遍植梅花、杏花。春夜旖旎，歌女云集，通宵狂饮，此时的典园，是另一种风情：

城北草亭夜不关，梅花数十相回环。
阑干平望雪斑斑，花气迷蒙春一湾。
三三五五语笑间，呼卢命酒开春颜。
绿衣歌舞缟衣间，人影参差醉不还。
醉态风流意有余，摩空喷雪赋成初。
人人自矜仙骨殊，不改心肠铁石如。
月落孤山处士居，罗浮美人鹤来徐。
相携清梦碧窗虚，犹有香风欲袭予。

（孙永祚《雪屋集·春夜看梅沈雨若典园欢醉达旦》）

三　生平与交游

钱谦益与沈春泽的祖父沈应科熟识（图五）。在为其所作墓表中，有很多内容是回忆官场往事，如二人谈论沈应科与御史李世达交往等，以及宦海历程心态。沈春泽诗，收入《列朝诗集》的仅二首，其一《受之贻我盆中古桧，报以短歌》诗，即记钱谦益赠送盆景古桧给沈春泽事：

冬冬叩门惊坐起，一札传来香雾泚。
乃是钱郎贻我书，古桧忽从庭下徙。
虬枝铁干不似人间来，柏叶松身何足拟。
君言尔有凉月台，移傍朱阑故可喜。
又言吾家童子不好事，坐见苍髯委蝼蚁。
捧缄抚桧三叹息，我知君意不止此。
君何不贻我一树花，花随风雨三更死。
又何不贻我一束书，恨杀人情薄于纸。
古桧亭亭傲岁寒，沈郎不受人怜应似尔。
感君此意宁可辞，著意护持推小史。
日高不厌置苔阶，寒来莫更添梅水。
他年老作博望槎，往问支机我与子。

有证据表明，沈春泽在万历四十七年（1619）前往南京拜识钟惺，是出于钱谦益的介绍。钱、钟二人，是万历三十八年（1610）同年进士。钟惺《隐秀轩集》有《沈雨若自常熟过访，九月七日要集敝址，有虞山看红叶之约》诗，题注“时喜得钱受

图五　钱谦益像

之书”，“见君疑旧识，不必故人书”句，透露当时沈春泽或携有钱谦益所写的信札。

钟惺（1574—1625），字伯敬，号退谷，湖广竟陵（今湖北天门）人。万历三十八年（1610）进士。曾任工部主事，天启元年（1621）升任福建提学佥事，不久辞官归乡，闭户读书，与同里谭元春共选《古唐诗归》，名扬一时，称“竟陵派”。沈春泽所作《隐秀轩集》序言称，“先生为人，落落穆穆，涉世自深，出世自远，意不可一世，而独屈节好余。”这部诗集的编纂刻印，对于钟惺诗歌的保存传播，意义重大。而文学思想的志同道合，使得二人的交往更为密切。从万历四十七年（1619）二人结识算起，之后四五年间，沈春泽和钟惺成为挚友。钟惺还曾为其祖父沈应科作《沈全吾大参像赞》。

与钟惺结识同年，沈春泽结识谭元春。《谭友夏合集》有《上海顾绣，女中针神也。己未十一月十一日，与雨若相见蒋樹。适有贻尊者二幅，举一为赠。时地风日，往来授受皆不知为今生，相顾叹息，乃为歌识于二幅上》诗，记录二人初识的情况：

> 女郎绣佛人天喜，运针如笔绫如纸。华亭顾妇嗟神工，盘丝劈线资纤指。如是我闻犹未见，以纸以笔想灵变。一见惊叹不得语，竹在风先，果浮水面，拙哉笔纸犹有气，安能十七尊者化为线。有鹤有僮其佛性，托汝铁神光明映。浪浪层层起伏中，以手扪之如虚空。可见此物神灵肃，来向沈郎现水木。沈郎爱予初见予，寒日霜湖赠一幅。尚留一幅亦奇绝，同是顾妇幽素结。相视恍然各持去，我归荒郊草庵处。

同为《长物志》审定者，画家李流芳曾为沈春泽诗集作序。《沈雨若诗草序》提到万历四十一年癸丑（1613），二人同游西湖，六和塔看潮，虎跑山中畅游，连日赋诗歌咏的情况，对他的诗歌才华深为叹服：

> 去年中秋待月于西湖，因流连两山间，至红叶落而还。雨若后余至而先余去，在湖上不数日。又初病起，扶杖蹣跚而行。然两高三竺诸名胜，无幽不探，无奇不咏，日得诗数十篇。余游迹所至，不能道一字，仅题画走笔数篇而已。见雨若之诗，畏其多而服其工，不敢出而示之。雨若乃欲余序其诗，余又何敢哉？犹忆与雨若看潮六和塔下，酒后并肩舆而行于虎跑山间，相与论诗甚洽，雨若似以余为知诗者……

作为世家子弟，沈春泽自己的文学天赋，得到当时很多名士的赞许。沈春泽的诗文体现了自己的个性鲜明，爱憎分明，这种态度也表现在为《长物志》序言中：“近来富贵家儿与一二庸奴、钝汉沾沾以好事自命，每经赏鉴，出口便俗，入手便粗，纵极其摩娑护持之情状，其污辱弥甚，遂使真韵、真才、真情之士，相戒不谈风雅。嘻！亦过矣！”

钱谦益《列朝诗集·沈春泽小传》中对沈春泽的评价，总体肯定其文学才华，但似乎仍有所保留：

> 余爱其才而悯其志，翻阅其诗二千余首，才情故自烂然，率易丛杂，成章者绝少。士之负才自喜而不知持择，迄以无成，良可悲也。钟伯敬官南都，雨若深所慕好，郑重请其诗集序而刻之。伯敬亡，雨若著论曰：“大江以南学伯敬者，以寂寥言简练，以寡薄言清迥，以浅俚言冲淡，以生涩言尖新，篇章句字，多下一二助语，辄自命曰空灵。余以为空则有之，灵则未也。波流风靡，彼倡此和，未必非钟谭为戒首也。人不可以无年，雨若遂反唇于伯敬，虽然斯论，亦钟氏之康成矣。”

钱氏对竟陵派的文学主张一贯不予认同，他肯定沈春泽的天纵诗才，但又对沈春泽的诗歌创作手法、观念提出批评，这是可以理解的。（钱氏为作《小传》还严厉批评沈春泽的人品道德，语多讥讽，其中原委或另有原因，恐涉及沈春泽去世后的遗产争夺案，此事涉及常熟巨室名门，一度舆论沸腾，详见下文。）

相比钱谦益、钟惺，姚希孟与沈春泽的交往时间更早。姚希孟《文远集》卷三“信札”，有一封写给沈春泽的信札，兹录全文如下：

不得金玉之音者一年于兹，然风雨鸡鸣，未尝无一雨若往来于胸中也。兄病瘍时，曾嘱夷甫道意已而知勿药，私心甚喜。又闻兄作举业，半岁盈百篇，脍炙于四方人士之口，则又喜。但愿兄努力加餐，身名俱泰，则区区一念粗可自慰，又何计其踪迹之密疏哉？愚公一病不起，此同志之痛也。屈指海内如愚公者定复有几？兄犹计壬子汀干，与去年湖上，弟谆谆语兄，愚公良友，吾口入兄耳，惟有白水可质，嗟乎！愚公而今已矣。追维往事，真令人潸然数行也。兄何时来哭之？乞枉高轩，以舒契阔，兼溯其今替存亡之感。

信中再次提到万历四十年壬子（1612）姚希孟曾与沈春泽南京的会晤。信的写作时间，按“去年”云并提及“愚公”[2]去世的内容，大致在天启六年丙寅（1626），与“壬子”相隔十四年之久，则二人交谊之长久，亦可推想。沈春泽与姚希孟的友谊，终生保持。《明史》载，“天启初，（文）震孟亦取上第，入翰林，甥舅并持清议，望益重。寻请假归。四年冬还朝，赵南星、高攀龙等悉去位，党祸大作，希孟郁郁不得志。”姚希孟这次天启四年（1624）的还朝之旅，八月曾顺道游览镇江，有《游京口诸山记》，提到沈春泽专程前来，与邵弥等友人聚会的情况：

次日沈雨若从南都来，偕游甘露寺。转回廊入殿礼佛，层折而上，至石亭。大江入目，胸怀廓然。登多景楼，同雨若、僧弥小饮，因评宇内山川，凡雄巨者未必韶丽，而独此地兼之，文人风致英雄战争，其景色尽露于此。微雨蒙蒙，不能久留。下楼谒关圣，遇丁印趋，同入海岳庵，谒米家父子及子瞻先生，登砚山楼。自乙卯八月至此，已十年矣。流光弹指，使人悸惋。归舟招雨若小饮。十三日，复偕诸君登金山熟游之地，如遇久别故人，倍加狎惬。

关于沈春泽的生平事迹，几个关键时间点的记载，均出自友人张大复的记载。张大复《梅花草堂集》中，有《海虞沈雨若与予同事十五松下者二年，意相善也。万历戊午后，知其以感奋故，迁居白门，遂不复闻问。天启乙丑旋还故里，不数日辙（辄）去。今年己巳夏有自白门来者，问之则已称古人且三月矣。情之所极，不觉潸然，为赋长句一章哭之》诗。此诗长题，几乎就是一份二人交谊的简略记录，更弥补了沈春泽生平几个重要时间点记录的缺失，据此明确沈春泽移居南京是在万历四十六年戊午（1618）之后，沈春泽天启五年乙丑（1625）曾一度回到常熟，但很快返回南京。按照以上记述，参考祖父沈应科辞官直到去世的时间为三十年，沈春泽本年三十岁推算，则其生年当在万历十六年（1588）[3]。

张大复的这首挽诗，明确了沈春泽去世时间，在崇祯二年己巳（1629）春天。

至此，沈春泽的生卒年，基本可以论定。

回顾天启六年姚希孟的信札，其中提到，“又闻兄作举业，半岁盈百篇，脍炙于四方人士之口”。由此可知，沈春泽去世前三年的天启六年（1626），他还一度决心继续科举事业，其功名之心似乎颇切，但实际上，以“浪游白下而卒”的沈春泽，在南京寓居的十一年时间，更多以风流浪漫的才子名士形象示人。沈春泽为文震亨编著《长物志》作的序言，题书于“余英草阁”，当属其南京寓所。沈春泽的绘画作品，“疏疏清出”，据说画兰学的还是赵孟頫一路（图六）。《玉台画史》有沈春泽《寒夜醉后看寇五姬画兰》诗：

诗画亦常事，疑信何参差。昨宵水阁中，酒深灯短时。看子停银觥，支颐如有思。开箧澥香豪，墨花生几枝。纤指过寒笺，餐墨成冰澌。缀以竹石情，洗却儿女姿。此时众信坚，吾复转疑之。安得手与心，出奇能若斯。相顾各叹息，歌子明月诗。

与秦淮歌妓的交往，是当时名士的时尚，沈春泽“家饶于财，君少长纨绔”，无疑是事实。他在《长物志》序言里写到，“司马相如携卓文君，卖车骑，买酒舍，文君当垆涤器，映带犊鼻裈边；陶渊明方宅十余亩，草屋八九间，丛菊孤松，有酒便饮，境地两截，要归一致；右丞茶铛药臼，经案绳床；香山名姬骏马，攫石洞庭，结堂庐阜；长公声伎酣适于西湖，烟舫翩跹乎赤壁，禅人酒伴，休息夫雪堂，丰俭不同，总不碍道，其韵致才情，政自不可掩耳”。这种脱手千金、飞扬洒脱的艺术人生，其实正是翩翩公子沈春泽“白下浪子”生活状态的某种写照！不仅为白门名妓的兰花图题诗，余怀的《板桥杂记》还隐晦地

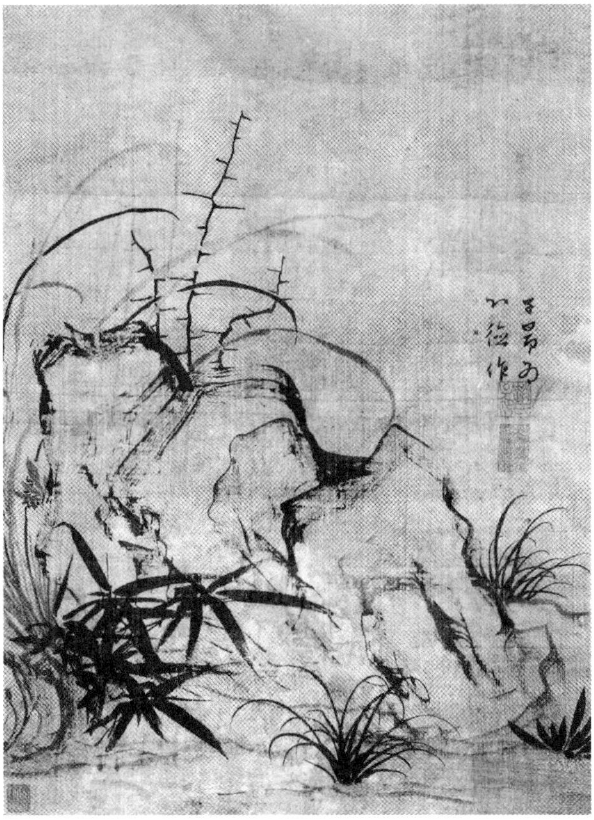

图六　元·赵孟頫《兰石图》轴，上海博物馆藏

提到“吴兴沈春泽千金定花案”的往事：

嘉兴姚北若，用十二楼船于秦淮，招集四方应试知名之士百余人，每船邀名妓四人侑酒，梨园一部，灯火笙歌，为一时之盛事。先是，嘉兴沈雨若费千金定花案，江南艳称之。

余怀比沈春泽年轻近三十岁，万历、天启时代沈春泽在南京的风流往事，余怀当属听闻轶事，虽未曾亲睹当年情景，但评定秦淮花榜的“前辈”沈春泽，祖籍在吴兴，余怀并没有说错。浪迹南都十一年、彼时寓居南京的布衣诗人葛一龙，也是他的苏州同乡，二人往还甚密。《葛震甫诗集》有《重阳后二日，为沈雨若生日，同比玉过访柳花店，夜醉听歌，明发移居天界。因寄此诗》，生动记录了沈春泽纵酒吟诗的场景：

秋客亦常醉，醉于君独堪。
岁开阳节后，月在水窗南。
顾饮忘争雉，因声讶吐蚕。
来朝携菊往，应只傍松龛。

葛一龙另一首《答雨若万松庵见寄》诗，沈春泽的形象迹近修行人，虽不戒酒，也反映其曾寄居山寺养病的信息：

入寺深复山，山风松树间。
移情于视听，享病以高闲。
数客岂不厌，与僧同掩关。
还闻前夜酒，送月野塘湾。

四　沈春泽的出版事业

重新审视《长物志》的出版活动，沈春泽作为出版家的身份，应予以更多的重视。其参与刊印的书籍，据笔者所得，粗略还有以下几种：

（一）邵濂《水云诗》

姚希孟《响玉集》有为邵茂齐《水云诗》所作

的一篇序言，提到沈春泽为业师邵濂编刻遗作诗集的情况："茂齐死而沈雨若传其诗数百首，取其集中长短水云诗之句，而颜之曰'水云诗'，识不亡也……茂齐之工而不必传者，何妨以不工而传也。此雨若刻水云诗之意也。"

邵濂，字茂齐，常熟人，以科举文章闻名于时，"生徒云集，至赁屋列肆以居"。邵濂于万历三十九年去世，他的墓志铭由钱谦益在万历四十七年完成。

据张大复《梅花草堂集·邵茂齐水云诗序》，《水云诗》可能是沈春泽最早刻印的书籍：

> 辛亥（万历三十九年，1611）夏六月，予与友人沈雨若憩十五松下，抚景慨然，忆与茂齐啸咏于此。时茂齐甫病，谈言亹亹弗能止。日且尽，觉茂齐小疲，亟辞去，弗许也。既别，而约以其明日过严中翰，啸咏如昨，抵暮则自以其疲谢客，挥手行矣。自是而后，予与茂齐不复有追随之欢云。雨若闻予言，涕滛滛下交于颐，予亦倚而叹。顷之，取其所为《水云诗》，披襟解带，且读且喟，不啻兰芬之袭其鼻，凉飔之拂其腋也。而是日岚色如洗，泉声如沸，相苓响于几案间……

（二）钟惺《隐秀轩集》

沈春泽于天启二年（1622）序刻钟惺的《隐秀轩集》，是他刊刻图书中影响较大的一种。沈春泽为该书所作序言，写于同年六月。《隐秀轩集》刊刻后三年，钟惺去世。

（三）《诗经》四卷，钟惺点评本

在《隐秀轩集》刊刻之前，其实沈春泽、钟惺二人还有过一次出版合作，湖北省图书馆藏万历四十八年泰昌元年（1620）刻本《诗经》四卷，"钟惺批点、沈春泽校阅"。钟惺批点的这一经典古代诗集，对于竟陵诗派的观念传播有一定的作用。

（四）沈行《白香集》，宋珏[4]藏本

沈春泽为该书作序，序言以梅花为喻，回忆家乡风物真情流露，文采斐然：

> 吾友宋比玉得而秘之数年，始付梨枣，为履德功臣，予读之、藏之，又几三年，始践宋子之诺，为之序。予年来瘦影飘篷，竟为秣陵羁客，胸中郁郁，有二大恨：一恨吾家十五松下，古梅百树，每流风回雪之夜，开窗倚笻，南枝初放，前岭半白，此乐遂如隔世！又恨吾乡去光福玄墓诸山不过百里，遇腊尽春来之日，一舟一衲，纵游无赖，万峰雪满，则讶花之在地，千村花发，则叹雪之在枝，至今梦寐犹香，不知何年更过其下……

（五）《弘秀集》

此书历代著录、版刻皆为十卷。南宋书棚本为最早之祖本。明黄鲁曾刻本与书棚本文字接近。沈春泽在常熟时，先据何季穆藏抄本刻成"秋雪堂本"，后将版片携至南京校改后重印。后世毛晋刻本底本，或即为沈春泽刻"秋雪堂本"。

（六）谭元春《鹄湾文草》

九卷，崇祯初年刻本。

（七）《才调集》

五代所编唐诗集，最早有宋刻本，明代仅存残卷及家藏抄本。万历四十六年（1618）沈春泽借孙研北家藏抄本，重刻此书，为明代首次重刻版本。

五　小结

沈春泽与文震亨的交往，限于篇幅本文不作展开，仅从他序言中祝贺《长物志》出版所谓"诚宇内一快书，而吾党一快事矣"，不难想见其与文震亨的亲密关系，而"吾党"之说，自有原因。

纵观沈春泽在苏州、南京的交游圈，除了前文述及诸人，有材料可考证的，大致还有朱鹭、宋珏等人，与文震亨的交游圈高度重合。"吾党"往往宴饮欢愉，或泛舟出游，登临唱咏。晚明秦淮河畔，当时形成了福建籍、苏州籍士人为主的多个社团诗社，彼此联系紧密，衍生出许多逸闻佳话（图七）。

李流芳在为沈春泽诗集（《秋雪堂集》）所作序

图七　明·文征明《真赏斋图》卷，上海博物馆藏

言中，提及个人印象中的沈春泽，“居然羸形，兼有傲骨，孤怀独往，耿耿向人，常若不尽。吾知雨若之于情深矣！”李流芳和沈春泽同为诗人、画家，观察朋友的角度或更为精准，这些文字与《支塘小志》中沈春泽形象基本一致，不妨对照参看。

崇祯年间，曾任应天巡抚的张国维著《抚吴疏草》，有《再覆张汉儒诬讦疏》，里面有沈春泽中年去世后的遗产纠纷案件：

> 监生徐受所生在官男沈春沂，系参政沈全吾嫡甥，幼育沈门，因从沈姓，后沈宦已故，嫡孙沈春泽早丧，遗存不在官妻范氏，与在官幼男沈云祥，孤寡相依，家产悉与沈春沂掌管。原与瞿宦无干，止因沈春泽存日与瞿宦不在官姊夫陆泰徵交谊甚厚，陆泰徵将女陆氏与配沈云祥为妻，因陆泰徵夫妇俱故，将陆氏托令瞿宦抚养长成，嫁与沈云祥成婚讫，并无假女联姻婪占资产逼逐范氏情繇。今阖族先在官监生沈蕃锡、沈春洪等诉称陆伯符与沈春泽夙谐婚媾不意……瞿宦素修邻好，安得捏嵌父名等情见证。又沈云祥系瞿宦甥婿，伊父沈春泽中年身故，遗存资产因沈云祥年幼，托已故家人王禄掌管，后因帐目不明，沈云祥向系清理明白。王禄告退归家，随患病身故，并非瞿宦锁拷立死。今王禄先在官男王宾诉称，沈云祥与父清理帐目，父遂算明告退染病……

据此，可知沈春泽妻范氏，有子名沈云祥，妻陆氏。

沈春泽所著《秋雪堂集》，有诗二千余首，嘉定李流芳为作序，今不传。《传是楼书目》记，沈春泽还有《得闲集》四卷。现在可以找到的沈春泽诗文，散见于各种选集，如钱谦益《列朝诗集》、冯舒《怀旧集》收入沈春泽诗三首，一些序言文章收入《媚幽阁文娱》等文集。

虞山十五松下，斯人已逝，风流犹在。

注释：

[1]《穰梨馆过眼录》，录《赵完玉石梁飞锡图卷》，有《华亭宋继祖赋送无染师游天台诗》一跋：“手持天台藤，身入天台路。寒泉宜远听，芳草宜缓步……”随后题跋为《竹懒李日华吟赠无染上人游天台诗》。同治《苏州府志》卷六十《选举二明进士外籍附》：宋继祖，嘉靖三十二年（1554）癸丑陈谨榜，四川中江县籍科未详；雍正《四川通志》记宋继祖“字汝孝，汉州人”，任定海县令，率军民抗击倭寇，居家笃于养志；乾隆《江南通志》称其常熟人，或当时落籍常熟。根据“嘉靖三十二年进士”推测，宋继祖即以二十岁成进士，至《长物志》刊刻时，年龄已为八十六岁。参详李日华（1556—1635）生平，此宋继祖与《飞锡图卷》题跋之宋继祖或非

一人？待考。

[2] 邹迪光（1550—1626），字彦吉，号愚谷，无锡人。万历二年（1574）进士，官至湖广副使。

[3] 另外可以补充的还有他的生日情况，据葛一龙《重阳后二日为沈雨若生日，同比玉过访柳花店，夜醉听歌，明发移居天界，因寄此诗》，沈春泽生日是九月十一日。

[4] 宋珏（1576—1632），字比玉，莆田人。国子监生，诗人，工书画篆刻。漫游吴越，交文震亨、李流芳、葛一龙、顾梦游、谭元春诸名士于金陵。

戈朋云在常熟鲜为人知的经历

韩长宝*

内容提要：戈朋云是中国近代著名教育家，其父戈鲲化是中国第一个在美国高校执教的学者。戈朋云早年在美国接受西方教育，回国后积极参加社会活动，通过学术演讲、出版专著等方式大力提倡家庭教育。1906年，戈朋云在常熟石梅高等小学担任英文教员，与邑人丁祖荫、沈石友、徐枕亚等人结下深厚友谊。本文以《朋云吟些》为线索，简要勾勒戈朋云在常熟的经历。

关键词：戈云朋　石梅小学　徐枕亚　沈石友

近来高温，几位同道好友相约品茗闲谈，借以消暑。友人知我嗜藏古籍，带来数册古籍共赏，其中一册吸引了我的目光，封面题名《朋云吟些》，钤有“东海”朱文方印（图一、二）。抚卷翻阅，全书小楷抄录工整，一丝不苟。我让好友留下此册细细品赏研究，惊喜之余，揭开了一段鲜为人知的历史。

图一　《朋云吟些》封面

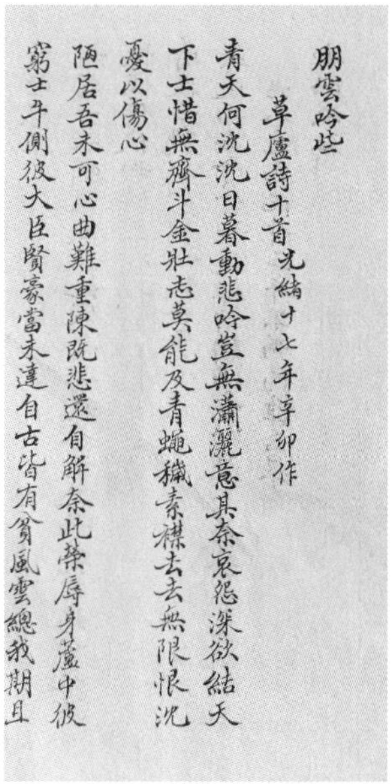

朋雲吟些

草廬詩十首 光緒十七年辛卯作

青天何沈沈日暮動悲吟豈無瀟灑意其奈哀怨深欲結天下士惜無齊斗金壯志莫能及青蠅穢素襟去去無限恨沈憂以傷心

陋居吾未可心曲難重陳既悲還自解奈此榮辱身蘆中彼窮士午側彼大臣賢豪當未達自古皆有貧風雲總我期且

图二　《朋云吟些》首页书影

《朋云吟些》的作者戈忠（1867—1927），字鹏云，一字朋云，以字行，别字伯虎，又署恒寿堂戈（图三）。祖籍安徽休宁，同治六年（1867）出生于浙江鄞县（今宁波市鄞州区）天封桥莫子喜东巷。父亲戈鲲化（1836—1882），字砚畇，举人出身，曾在美国驻上海领事馆、英国驻宁波领事馆任职。清光绪五年（1879），由其学生、宁波税务司任职的美国人杜德维推荐，戈鲲化携家眷和大量中文典籍远赴重洋，成为美国哈佛大学传授中国文化的教授。戈鲲化创立哈佛大学的中文教育，这是中国向西方大学第一次派出教师传授中国文化，是整个中外文化交流史上具有重大意义的一件事。戈鲲化也因此成为中国人登上哈佛大学讲台的第一人，并编撰出第一部由中国人为西方人写的中国文化教材，为哈佛大学燕京图书馆的第一批图书来源提供基奠。如

图三　戈朋云

*　韩长宝，常熟收藏爱好者。

今，在哈佛大学燕京图书馆的墙上还悬挂有他的照片，供人瞻仰。

戈朋云是戈鲲化的长子，7岁时就读于英国人在宁波创办的教会学校，12岁随父赴美，进入当地最好的学校读书，接受了良好的西方教育，并受洗礼皈依基督教。父亲去世后，戈朋云回到中国，在上海进入美国传教士林乐知所办的教会学校“中西书院”。光绪九年（1883）去美国哈佛大学留学，光绪十七年、十八年间（1891—1892）回到国内。光绪二十四年（1898），被丁韪良举荐为京师大学堂英文副教习。次年，其母亲在上海去世，戈朋云辞职赴沪，此后主要在上海、南京等地生活。同年，在上海创立中美学社，开办英文补习班，李叔同曾在此社学习半年。戈朋云曾为李叔同篆刻“当湖息霜”四字白文寿山石印章，此印现藏于杭州西泠印社（图四）。1905年4月，戈朋云成立公忠演说会，反对中国与列强签订丧权辱国的不平等条约、抵制美货，成为著名的演说家、社会活动家，尤其积极倡导家庭教育，身体力行，颇有建树。1905年底，上海发生大闹会审公廨流血事件，中美学社、公忠演说会被工部局查封，戈朋云等人被通缉，戈朋云四处躲藏，得到在上海经商的太仓人洪伯言庇护。1906年春，由洪伯言介绍，戈朋云到常熟丁祖荫处暂住，与常熟结缘。在常熟他写下了诗《彷徨》，写出了与家人离别的苦闷心情：

出走重彷徨，英雄困稻粱。
虞山一无语，对客郁苍苍。
杜老儿荒学，买臣妇下堂。
两般情味苦，多并阿吾尝[1]。

同年夏，经丁祖荫推荐进入石梅高等小学，任英文教员。在常熟期间，戈朋云被虞山的风景所吸引，留下了《丙午夏登虞山剑门之颠》《丙午夏，周庆林志士远访予，于石梅小山顶憩隐处，其冒难崇义，为时人所罕能，作口占识之》二首五言律诗[2]。

《朋云吟些》书末有作者附言（图五）：

诗岂止此，然而止此亦可以见吾诗之涯略矣。乙巳冬，诸稿丧失尽净，大事且去，于诗尚

图四　戈朋云为李叔同刻“当湖息霜”印章，印面2.0厘米×2.0厘米，杭州西泠印社藏

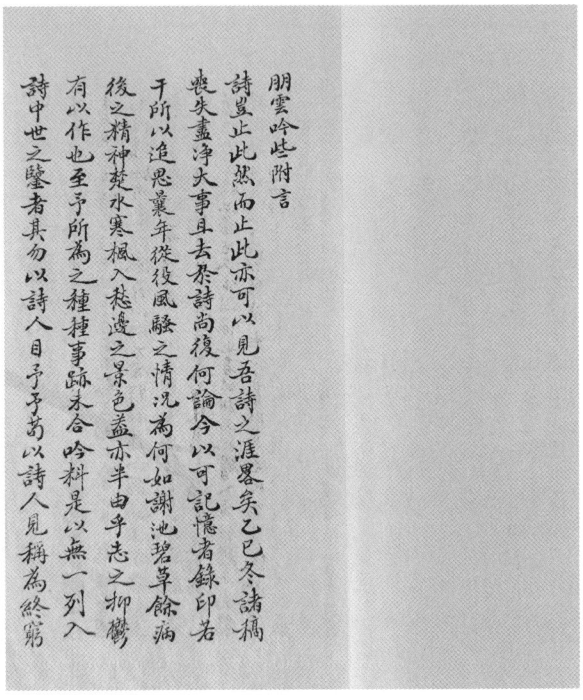

朋雲吟些附言
詩豈止此然而止此亦可以見吾詩之涯畧矣乙巳冬諸稿
喪失盡淨大事且去於詩尚復何論今以可記憶者錄印若
干所以追思曩年從役風騷之情況為何如謝池碧草餘痛
後之精神楚水寒楓入愁邊之景色蓋亦半由乎志之抑鬱
有以作也至予所為之種種事跡本合吟料是以無一列入
詩中世之鑒者其勿以詩人目予予苟以詩人見稱為終窮

图五　《朋云吟些》附言

复何论？今以可记忆者录印若干，所以追思曩年从役风骚之情况为何如。谢池碧草，余病后之精神；楚水寒枫，入愁边之景色。盖亦半由乎志之抑郁，有以作也。至予所为之种种事迹，未合吟料，是以无一列入诗中。世之鉴者，其勿以诗人目予，予苟以诗人见称，为终穷天下之大，志士竟如斯已，则予能不摧心痛哭[3]？

诗集以编年形式排列，首诗作于光绪十七年（1891），末一首为光绪三十二年（1906）六月四日所作《丙午夏登虞山剑门之颠》，可见此卷非戈朋云作品之全部。

早在1901年，戈朋云就结识了鼓吹革命的常熟人黄宗仰，共同的信仰和理想使他们成为知己。1901年5月19日上海《同文消闲报》上刊登有戈朋云的《赠宗仰上人》一首五言诗。次日，在报上发表了黄宗仰七言和诗，两人同声相契，同气相应，惺惺相惜[4]。

能够聘请既有留学背景又有很深国学功底的戈朋云担任英文教师，可见当时常熟石梅高等小学办学理念之开放，是有卓识远见的。戈朋云大约于1907年离开常熟，在石梅高等小学教了两个学期的英文课。后赴日本，直到1908年回国旅居南京。

在常熟期间，经丁祖荫引荐结识了沈石友（图六）。沈石友以藏砚闻名于世，同时又是著名诗人，曾为好友吴昌硕代笔写过不少诗文，著有《鸣坚白斋诗集》，由吴昌硕作序。戈朋云登门拜访，呈上出版的诗集，请沈石友过目。沈石友读过之后击节赞赏，题诗于书后：

戈君气豪迈，悲喜惟任真。
一哭风云愁，一笑天地春。
词章寓经济，志士亦诗人。
怀沙汨罗者，千载交以神[5]。

戈朋云离开常熟后与沈石友一直保持书信来往。1912年，上海成立文社“希社”，戈朋云作为社员写信给沈石友诚邀其加入。沈石友回赠诗道：“海上有知己，蒹葭水苍苍。飞书劝入社，沆瀣无参商。结交异乌集，何必同行藏。”同时表示“我居言子里，孤陋逾穷乡”[6]。从诗中意思看，沈石友似未加入该社。

1913年，“二次革命”失败，戈朋云避祸于杭州，沈石友得到戈朋云来信写下《得戈朋云书，知移居友家，感事却寄》以示慰问：

书来喜无恙，乱后似重生。
龙战看流血，莺迁为避兵。
何时沧海上，共结白鸥盟。
浩浩虫沙劫，风波尚未平[7]。

1917年，沈石友去世，戈朋云作《闻沈公周去世》表达深切悼念之情：

咫尺当年失，机缘不复来。
赏音终不觌，高曲向谁弹。
川欲琴弦绝，门留剑影寒。
更将环秀里，长作梦魂看。

图六　沈石友赏砚图，1921年王震绘

错过惟咫尺，即此永难逢。
徒忆音相赏，风兰吊雨松[8]。

《朋云吟些》卷尾有抄写者题跋云（图七）：

戈君朋云，绍兴人，海内大志士也。自幼游历欧美各国，力求欧西文学，返国后肆力于中国之古学，不数年间，大学、小学无所不通。而性情孤介，气概激昂，以故不合于时，为人所嫉，不能发抒其胸中之奇，以大有为。去年夏，以事至虞，爱吾邑山水之胜，留恋不去，暂于石梅高等小学授英文教员之职。余适亦承乏小学，得与之晤，亦前生文字因缘也。有时相与把臂入市肆，灯下飞觞，酡然一醉。谈及时事，须发皆动，予甚壮其志而怨其遇。此卷乃今年春间所印，予乞得一册，长夏无事，手录一过，以赠吾契友严君柳渔，读其诗可以想见其为人也。时光绪戊申六月上浣，枕霞山人录毕并识[9]。

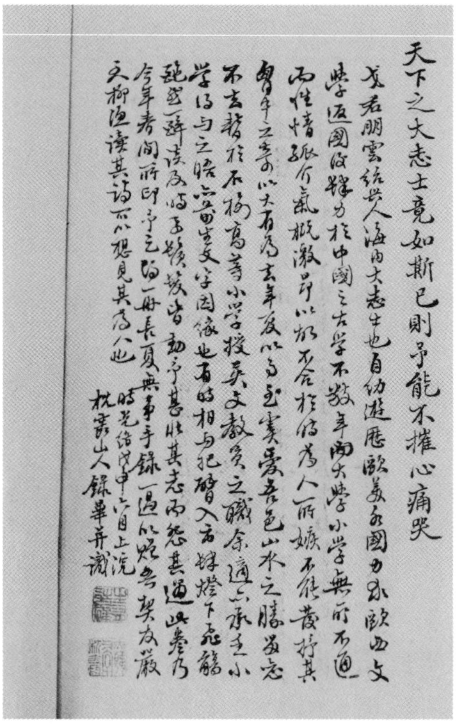

图七 《朋云吟些》卷末抄录者徐枕亚题跋

跋语写于光绪三十四年（1908），钤有“生有诗癖”“亦韩又字枕霞”两朱文方印。说明这部《朋云吟些》曾有刊本流行，但非常稀罕，而此册诗卷抄录者为鸳鸯蝴蝶派的开山祖师徐枕亚。

徐觉（1889—1937），字枕亚，别署东海三郎、东海鲛人、青陵一蝶、眉子、辟子、注珠生等。出身于书香门第，这支徐姓居住在常熟西乡，称渔梁邵舍支，是明代嘉靖年间抗倭牺牲的徐詧之后。父亲徐懋生，又名梅生，勤于学，善音律，是邑中名师，著有《自怡室丛钞》。兄徐天啸（1886—1941），南社社员，曾先后主办过《黄花旬报》《五铜元》《大同报》等报刊。擅诗文小说，著有《太平建国史》《自由梦》《神州女子新史》《近代小说家小史》等。精篆刻，工书法，手书“自由不死”镌刻在黄花岗七十二烈士纪念碑上。兄弟二人并称“海虞二徐”。徐枕亚五岁与兄一起在父亲的塾馆中读书，1903年，与兄一起进入在游文书院内创办的师范学堂“虞南师范”学习，成绩优异，与同学徐笑云、吴双热号称“四痴”，曾出刊《四痴酬唱集》。1904年，父亲创办善学小学堂，兄弟两人即在该学堂教书。光绪三十三年（1907）父亲病逝，徐枕亚在常熟城区西门李王宫敦行小学任教，敦行小学后更名为海虞市立第五国民小学，不久并入石梅高等小学，徐枕亚成为石梅高等小学的国文教师，就在这个时候，与来常同校任教的戈朋云相识，两人志趣相投，成为契友。虽然同事仅有短暂的一年左右的时间，但结下了深厚的友谊。得到好友的诗集之后，徐枕亚爱不释手，又认真细致地抄录一部以赠好友严柳渔共赏。徐枕亚亦工书法，1922年曾为中共中央机关报《向导》周报书写刊名。从《朋云吟些》题跋落款可知，徐枕亚早年曾用名亦韩，字枕霞。

上海辞书出版社于2018年出版了由戈朋云曾孙戈钟伟编的《鲲鹏集》，此书收录了《朋云吟些》，但与该卷有所不同，《鲲鹏集》先按诗体分为古体、律绝，然后再按年代排列，在时间延伸到民国初年，但不知何故未收附言。书中编有《戈朋云年谱》，对于其在常熟一段经历语焉不详，与徐枕亚、沈石友的交往则全无记载。

除了上面提到的人外，戈朋云还与邑人蒋凤梧有交往，蒋凤梧留学日本习法律，民国初，与瞿启甲、徐兆玮一同当选为国会众议员。曾在上海与戈朋云一起演说。

1927年3月26日，戈朋云在上海去世。1937年9月27日，徐枕亚在日寇的炮火声中溘逝，走完了他曲折的一生。这部抄本见证了徐、戈二人共事、交往的一段历史，册薄而情谊重，具有一定的收藏和研究价值。经历岁月沧桑，此册几经辗转，后被常熟程氏珍藏。而今又成为余耕堂的案头之物，实乃大幸事，大快事也。

注释：

［1］〔清〕戈鲲化、戈朋云著，戈钟伟编：《鲲鹏集》，上海辞书出版社，2018年，第530页。

［2］ 同［1］，第530—531页。

［3］ 戈朋云：《朋云吟些》，徐枕亚抄本。

［4］ 同［1］，第550—551页。

［5］〔清〕沈石友著、徐国华点校：《鸣坚白斋诗存》，广西师范大学出版社，2018年，第232页。

［6］ 同［5］，第322页。

［7］ 同［5］，第342页。

［8］ 同［1］，第542页。

［9］ 同［3］。

常熟博物馆藏明《别知诗画卷》研究

车旭东 *

内容提要：常熟博物馆藏《别知诗画卷》是明代李濂、蒋山卿、景旸于1515年为送别友人顾璪离开北京到南京任官而作的一幅“送别诗画”。本文从卷中诗文题跋出发，考证了顾璪的生平及其与李、蒋等人的交游关系，并对该卷的书画艺术进行探析。卷中李濂的书迹对于讨论其书派具有重要价值，而景旸的篆书是明中期篆书的代表之一。卷中的三幅山水画吸收了元人和南宋院体画法，笔墨风格与沈周相似，其作者并非前人认为的“伍好古”或蒋山卿，而应是吴门画派中师法沈周的佚名画家。

关键词：别知诗画卷　顾璪　蒋山卿　李濂　景旸

明代有着成熟的科举制度，文人们需要离家赶考，考中功名后又要外出任官，于是亲朋为他们送别成了常见现象。这时友人们若能作诗文书画以寄托离别之情，并为之赠行，那对于临行者来说无疑是很好的纪念品。而送别图、送别诗便是明代较为盛行的书画题材，《别知诗画卷》（图一）就是这样一件“送别诗画”。此卷收藏于常熟博物馆，为纸本长卷，纵34.5、横648厘米，是明代李濂、蒋山卿、景旸为送别友人顾璪离开京师到南京任职而作。前人对于该卷并无深入研究，本文从释读卷中的诗文题跋出发，考察诸人的生平与交游，并对该卷的书画艺术进行探析。

一　诗文题跋

该卷共分为五段，第一段引首有篆书题“别知”两字，落款“前溪旸为兰皋书”。第二段是李濂行书《南都行》诗：

南都秀插南斗傍，澄江一道流雪光。钟山万峰蛟蜃翔，云霞明灭遥相望。吴花晋草春自芳，古坛遗殿空荒凉。祖皇杖钺开运昌，驭电骑星来建康。万年日月昭全盛，百粤讴歌向此方。我欲游之不可得，闻君南下生凄恻。君家旧在江水边，楼外玻璃万顷悬。雨过沙鸥窥砚沼，月明渔笛到书筵。历阳树色镜中见，淮海潮声天上传。门阑喜气江涛动，共道金陵出双凤。彩服翩翻湖上春，素丝潇洒周南颂。杜甫仍兼吏隐名，谢安还为苍生恸。别君无奈吴帆开，试问仙舟几日回。明年若得过江去，与君同上姑苏台。

汴李濂。

后有一图，绘江山远阔，近景有丛树掩映楼阁、船帆。

第三段为浅绛山水，山麓有二人握手言别，画后蒋山卿题：

志士惜相知，相知贵知心。旷观海内交，遇子一披襟。有酒共斟酌，有怀各吐申。文辞纵飞辩，析理穷奥津。规游与矩步，日夕交相箴。殷勤指前期，列彼君子林。如何中道乖，羽翼成商［商］参。送子古道旁，杨柳何阴阴。上有鸣春鸟，哀吟叫其群。岂不感衷肠，涕泣沾裳衣（叶）。聊共举一觞，与子当解分。道上多青草，子行其慎旃（叶）。

蒋山卿。

诗中标注两处“叶”字，应指“叶韵”，即韵字如读本音，便与其他韵脚不和，须改读某音，以协调声韵。

第四段绘雪景山水，画前有蒋山卿题《附录春雪歌赠英玉》：

* 车旭东，博士，南京大学历史学院考古文物系助理研究员。

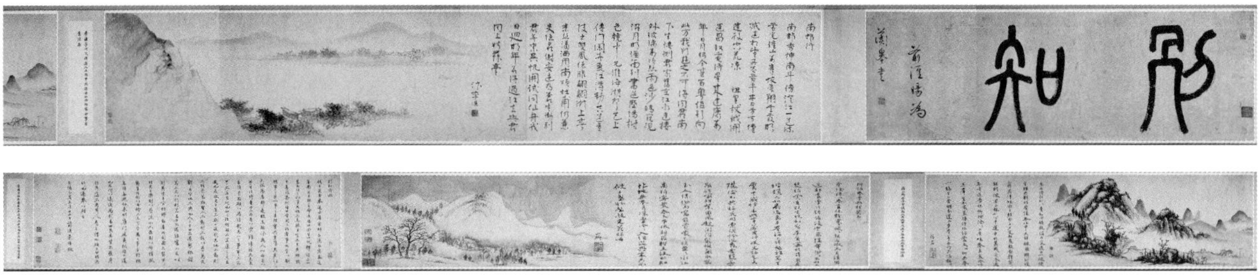

图一 明《别知诗画卷》，常熟博物馆藏

重阴拂拂春云低，轻寒戚戚朝雨微。三月清明过却尽，雪片错落漫空飞。隔年渺渺不相见，双眼贪看欲生眩。初惊屋角密于筛，忽尔堦头大如扇。逸马千群海上归，怒龙万甲云中战。怪来此事若有神，风光物色真殊伦。不共梅花同索调，恰从桃花竞芳辰。谁家柳絮因风起，闭门梨树开冰蕊。玉人缥缈向窗前，霓裳不隔盈盈水。江南归客爱春天，乍试新罗轻且便。那知北地无春月，冻雪冷冷入酒筵。兴来共尔倾千盏，粉壁凝光花烛偏。

山卿。

最后一段是景旸题《别知诗叙》：

顾子英玉举进士，居京师。正德乙亥春，适有南京工部之命，过旸曰："余生也晚，释褐未一乘，而任之政事，大惧不克胜，且官不去其乡，毁言易致，奈何？"旸曰："尝闻之：政者，事也。学以明理，事之原也。事之与理，实共贯焉。夫奚以不胜为病耶？是故支离疏，疾人也，而足以养生；汪踦，童子也，而足以洁难。伟然丈夫，素畜预养，而顾以为难哉！天下之事，耳不若口，口不若足，何也？知之既明，固不若履之，履之，真且安也。是故君子岂不欲一试哉？天地不动则不能养万物，圣人不动则不能以养万民，蜓蜓自守所不兴也。人之言曰：不遇盘根错节，不足以别利器；君子不遇难处，不足以别其才。子官于乡，动有所制，固亦势耳。然君子乐制以养德，小人畏制以妨情。使动有所制以自检，不亦可乎？要之，事主于理，无将无迎，物来顺应，门庭夷狄同一道也，而何以远迩为哉？易曰：'艮其背，不获身；行其庭，不见其人。'是之谓也。"顾子曰："然。"其行也，遂举以赠之。

正德乙亥三月十九日，前溪景旸叙。

关于卷中题诗作跋的诸人，首先是题引首和跋尾的景旸（1476—1524），字伯时，号前溪，仪真（今江苏仪征）人，正德三年（1508）进士，为一甲第二名榜眼，授翰林编修。不为宦官刘瑾所屈，后进国子监司业，又于正德十三年（1518）年任南京国子监司业，为官清廉。工诗文，著有《前溪集》，与乡人蒋山卿、赵鹤、朱应登并称"江北四才子"。顾璘（1476—1545）为之作有《景伯时旸行略》，且其"《国宝新编》载弘德间名士李梦阳等十二人，旸其一也"[1]。

李濂（1488—1566），字川父，号嵩渚，祥符（今河南开封）人，正德八年（1513）河南乡试第一，次年举进士。历任沔阳知州、宁波府同知、山西按察司佥事，嘉靖五年（1526）罢归，居家四十余年，潜心著述。以古文名于时，早年受知于李梦阳（1473—1530），后自成一格，著有《嵩渚集》。

蒋山卿（1486—1548后），字子云，号南泠、江津，仪真（今江苏仪征）人，正德九年（1514）进士，授工部主事，于1519年因谏阻武宗南巡而被杖责，贬为南京前府都事，后历任南宁知府、广西布政司参政。著有《南泠集》《休园集》。

二　上款人顾璪

由蒋山卿和景旸的诗、跋可知，此卷上款人"英玉""顾子英玉"即顾璪，字英玉，号横泾先生。《明史》记载顾璘、陈沂（1469—1538）、王韦三人当时号称“金陵三俊”，而据明周晖《金陵琐事》记，他们三人再加上顾璟，称“金陵四杰”[2]。顾璘为弘治九年（1496）进士，历官南京吏部主事、开封知府、南京刑部尚书，罢官后于南京筑息园。顾璟便是顾璘的从弟，二人并称“江东双玉”。据《金陵通传》[3]和陈舜仁为顾璟作《河南宪副顾横泾先生璟小传》[4]，知顾家祖籍苏州吴县，洪武时二顾之高祖顾通“以匠作征隶工部，遂占籍为上元人”[5]。顾通子顾海，顾海子顾诚（字仲实），诚有四子：纲、纹、缙、绅。顾璘即顾纹之子，而顾璟是顾缙之子。顾璟少时便聪敏绝人，长大后为文宏肆藻丽，十八岁补生员，于正德甲戌（1514）中进士，授南京工部主事，武宗南巡时任护卫官。庚辰（1520）升任南京武选郎（兵部郎中），后谪为许州（今河南许昌）知州。又历任温州府同知、山东按察佥事、河南按察副使。后罢官归家，以授徒为生。

由景旸《别知诗序》可知，此卷是在正德乙亥（1515）顾璟被授官为南京工部主事，将从北京到南京就任前，诸友为之送行而作的。临行前，顾璟找到作为前辈的景旸，说自己考中功名后一事无成，突然任命自己为官处理政事，担忧不能胜任，况且是回家乡南京做官，恐怕有诽谤之言，便向其求教。景旸认为学问和处理政务有共通之处，还特意例举《庄子》中的“支离疏”，虽然身体残疾但仍能靠自己的劳动而生活；又举《左传》中记载的“汪踦”，虽是孩童尚能为国捐躯，以此勉励顾璟作为“伟然丈夫”，不能畏难。另外，他进一步说明君子应该亲身参与实践，这样才能锻炼自己，凸显才能。而到家乡任官，更是一个检点和约束自我的好机会。最后劝勉他要顺应变化、安然若素，顾璟欣然受教。

在后来的为官历程中，顾璟“清介端毅”，十分正直，确实也不畏强、不畏难。在南京任官期间，他“虽居桑梓，而直己行志，请托问馈，一切谢绝”[6]。时值明武宗南巡，他兢兢业业，深受兵部尚书乔宇（1464—1531）器重。武宗认为他“甚爽俐，可着充护卫官”[7]，于是护跸还朝，被升为南京兵部郎中，奉旨查办冗员。当时魏国公之子在被革之列，为其求情者甚多，就连乔宇也想庇护他。而顾璟坚决不从，由此得罪了权贵，被贬为许州（今河南许昌）知州。后于嘉靖丁亥（1527）升任河南按察副使，他秉公执法、克勤克俭，整饬信阳田租以充公。一次因与部使者（御史）论事不合，他便封还文书，官员们大惊失色，他说：“朝廷置按察外台为耳目，枉法媚人，吾不为也！”[8]由于这种清介孤高的性格，他最后因谗言而被罢官。后人评其：“性刚直，高自负许，寡谐于世”[9]。

因顾璟为官清廉，除俸禄外秋毫不取，归家后十分清贫，只能以授徒为生。他曾说：“贪贿请嘱与武断乡曲，虽略有差第，皆非知耻畏义者所忍为。”[10]顾璘的息园与之仅一墙之隔，时常宾朋满座，邀其共饮，多不赴。甚至绝粮时，只能售藏书以度日，顾璘赠之斗粟，亦不受。南京礼部尚书霍韬（1487—1540）是其同年，以荒废寺田百亩给之，顾璟也坚辞不纳。他著有《寒松斋集》六卷，《明史》将之列入“文苑传”。关于顾璟的生卒年，文献并无确切记载，今人有1489至1553年之说[11]，不知何据。据陈舜仁所作之传，顾璟于1527年任河南按察副使，“归时甫四十”，可推其应生于1487年之前，又“退居二十余年”，可知其享年六十余岁，卒年在1547年之后。顾璟的后人中，以其曾孙顾梦游（1599—1660）最为知名。

三　顾璟与李、蒋之交游

景旸题画卷引首“别知”之意，或源于韩愈所作的《别知赋》，意即送别知己。而李濂、蒋山卿为顾璟作诗赠别，是因三人是正德十年（1515）同榜登科进士，即“同年”，且三人年纪相仿，意气相投，彼此引为知己。卷中李濂的“南都行”，被收入其《嵩渚文集》卷十三，名为《南都行送顾英玉》[12]，个别字词有异。此诗遥想南京风光，表达送别友人的凄婉之情，又憧憬与顾璟再会。李濂在早年诗文就得“前七子”之一的李梦阳欣赏，二人结为忘年交。后来他与何景明（1483—1521）、薛蕙（1489—1541）组织“都亭社”，相互唱酬。李濂文集中有多首表达与顾、蒋二人出游、宴饮而唱和的诗作，如《游法藏寺同蒋子云、顾英玉二同年》《过子云饮怀英玉》《深沟寺送顾英玉》等，第三首有“那堪潞河浒，送汝下扬州”[13]，应是正德十五年（1520）顾璘升任南京兵部郎中，将从京师南返前送行而作，其时李濂任沔阳知州，入京考绩将返[14]，所以有“并马不同舟”之句。

卷中蒋山卿有两首题诗，第一首“志士惜相知”是五言古诗，未录入其《南泠集》中，诗言自己与顾璘志同道合，又回顾二人一起饮酒赋文，是能坦言相待的诤友，最后表达离别不舍之情。第二首“附录春雪歌赠英玉”是七言古诗，被其诗集收入，名为《春雪歌送顾英玉》[15]。此诗描写北方春雪，并未直抒送别之情，但自己与顾璘同为南方人，对此雪景应都会发出“那知北地无春月”的感慨，以当时风景和思乡之情表达送别之意。蒋山卿“髫年学诗，弱冠渡江，见东吴顾吏部、宝应朱户曹，教以读汉魏晋宋唐人之诗”[16]，知其早年向顾璘和朱应登学诗，或许此时他就与顾璘相识，两人自此保持着诚挚的情谊。《南泠集》有《送顾英玉扈从北上》，应是正德十五年（1520）顾璘被选为护卫官护跸还京前所作，其时蒋山卿被贬为南京前府都事。还有《月夜英玉君采同饮》，“君采”即薛蕙，也与顾、蒋等人为同年，几人均有交往。他还有《七友诗》，以怀念七位好友，其中写顾璘的《吴郡顾兵曹英玉》言：“顾侯耿介姿，百炼知金精。名高谤毁积，才异耳目惊。屡黜岂其愆，两美诚难并。归来守空庐，斗粟常不盈。徒有芳尊好，匪同俗人倾。何时重携手，相与叙平生。”[17]应作于顾璘罢官之后，赞赏其安贫乐道的节操。此外蒋山卿还有《夏夜与李川父对酒有怀顾英玉》《寄顾英玉》《月夜同顾英玉登观音山》等诗，均表达出与顾璘的相知之情。

据钱谦益（1582—1664）记载，蒋山卿、薛蕙、陈沂还为顾璘作有一卷《寒松斋词翰》。顾璘罢官归家后，将旧居之东的沿街小楼命名为“寒松斋”，并“乞人为诗文，而自叙之曰寒松斋者，自砺之名也”[18]。他勉励自己：“今日寒矣，天地冻塞，汝当为寒松之荣，毋为靡草之死。”[19]钱谦益在顾璘曾孙顾梦游处得见此卷，对顾璘的人格胸次非常赞叹钦服，便为之作赞。赞曰：“所以志士，高举自砺。亭亭孤松，落落天际。凄神清骨，琢冰积雪。”[20]后世记载顾璘的文献，也多赞赏其孤介的品格。

四　书画艺术分析

此卷中李濂书法（图二）是其极其少见的传世墨迹之一。其书结体扁阔，架构上有疏离和脱榫，用笔细劲，时而流畅婀娜，时而生涩古拙，追求“以拙取巧”的书艺理念。这种书法明显受到李梦阳（图三）影响，李梦阳“书仿颜鲁公”[21]。边贡《题空同书翰后》言：“鲁公圣于书者也，子美圣于诗者也，李子兼之，可谓豪杰之士已矣。今之学者之为

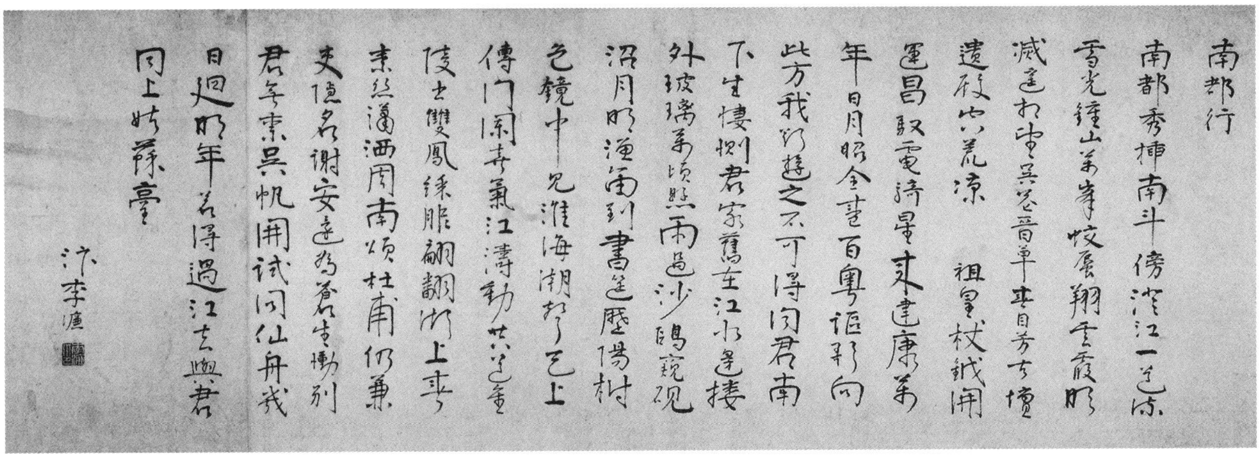

图二　《别知诗画卷》中的李濂书法

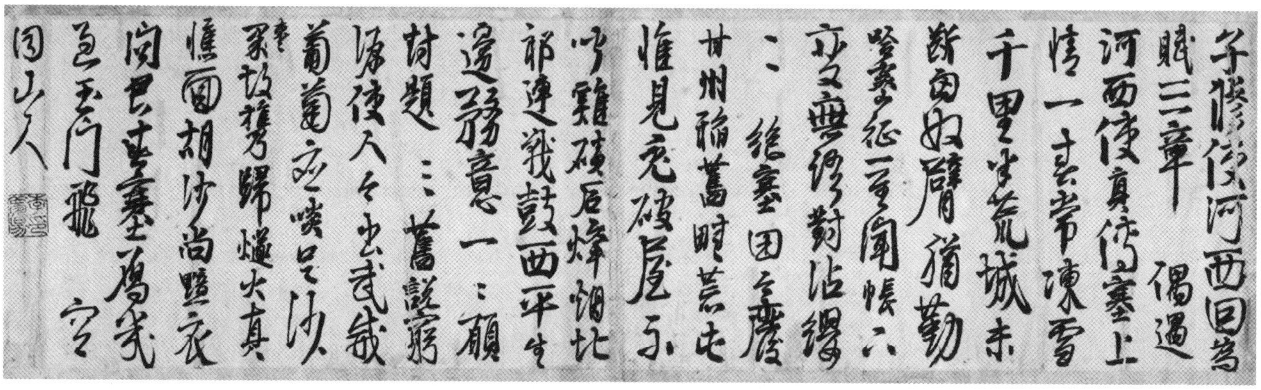

图三　明·李梦阳《行书诗卷》（局部），故宫博物院藏

诗若书，莫不曰：‘乃所愿则学李子也’”[22]，指出李梦阳（号空同）书学颜、诗学杜是取法乎上，而当时文人亦多以之为师。可见李梦阳不只在诗文上引领文坛，在书法上也有引领之功。薛龙春曾提出：“李梦阳、何景明及其流派的行书书风‘古拙’远过王宠，他们在渊源上似乎都和颜真卿（709—785）一脉的传统有关，风格浑厚稚拙，追求用笔的生辣与结字开阖的趣味，而与赵孟頫以来的精致娟好判若鸿沟”[23]，“何、李等人的行书取向并非个例，此一时期受他们影响的诗人实多”[24]。何景明书法（图四）也与李梦阳相近，亦是学颜，而有“怒张之势”[25]。李濂从李、何游，书法直接师法他们，可见这件李濂书迹对研究李、何所引领的书派具有重要价值。

蒋山卿的题诗书法结体宽扁，多长撇大捺，用笔柔韧，掠笔波挑，颇有隶书的古雅意蕴。蒋氏留有的书迹还有题跋传唐虞世南《虞摹兰亭序卷》（图五，故宫博物院藏），攲侧多变、遒逸疏爽，比之本卷更为成熟。而景旸“为文雅丽，诗效唐人调。书法晋，尤精于古篆文”[26]，特别是《列朝诗集小传》中称其“善书，初工真行，后师周伯琦，小篆颇得风骨。”[27]周伯琦为元代书家，以篆书名世，行笔肥润。卷中引

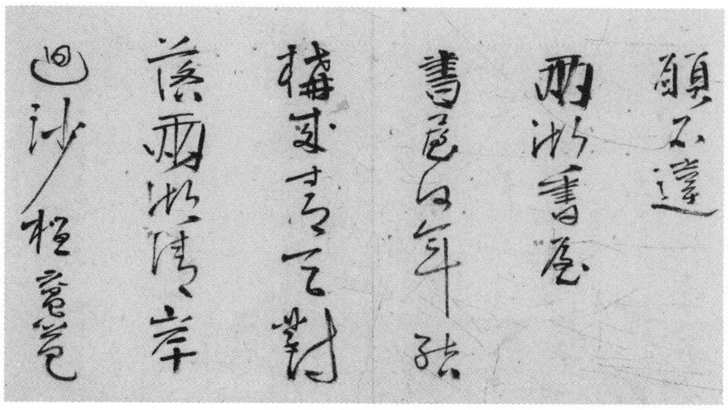

图四　明·何景明《行书乙亥元日等诗册》（局部），故宫博物院藏

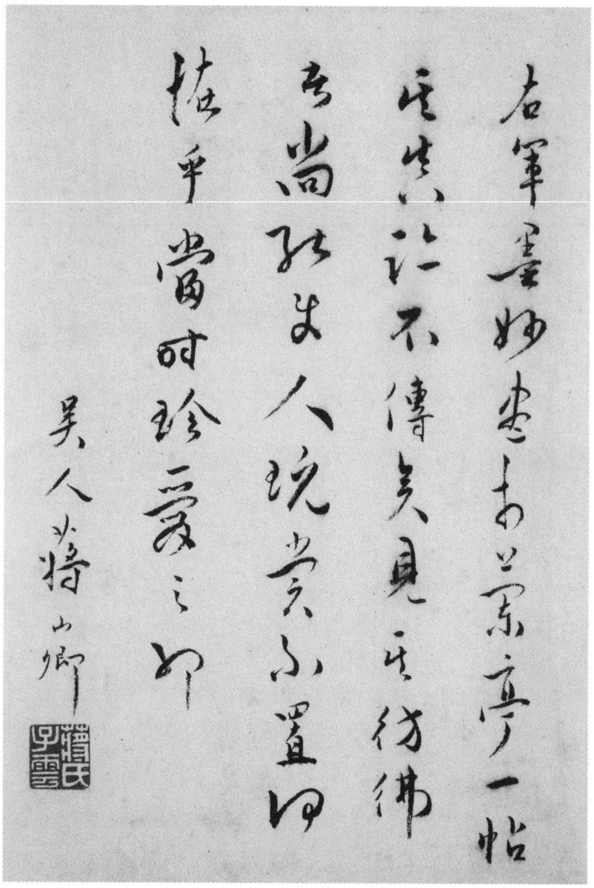

图五　（传唐）虞世南《虞摹兰亭序卷》蒋山卿跋，故宫博物院藏

首“别知”二字就是篆书，行笔丰腴，确实承袭自周伯琦，此外其书迹甚为罕见。篆书在明中期形成一股风潮，何良俊（1506—1573）言：“元时有吾子行，国初则周伯琦，宗玉箸，似乎少骨……宪、孝朝李西涯与乔白岩用小篆，徐子仁宗玉箸，皆入妙品。此篆书之流派也。”[28]说明成、弘之际，篆书以李东阳（1447—1516）、乔宇和徐霖（1462—1538）为代表。其时陈沂亦擅篆隶，陈、徐寓居南京，乔宇在南京任官，而景旸是南京人，后任南京国子监司业，亦活动于此期，他们之间相互影响，篆书风格相近，形成了明中期值得关注的篆书书家群体。而景旸在卷后的行书题字婉秀潇洒，翩然有晋人意味，显然是源于二王一脉温和秀雅的书风。

那三幅山水画的作者是谁呢？本卷被收入《中国古代书画图目》第六册，编为“苏4—003明李濂等诗画卷”，下又注“作者：李濂、伍好古、蒋山卿”[29]，这是国家文物局成立的中国古代书画鉴定组于20世纪80年代鉴定本卷的意见。鉴定组成员杨仁恺也记：“画前李濂行书《南都行》，汴李濂款；之后伍好古画三图，后两图蒋山卿题诗。”[30]他们认为本卷图画的作者是“伍好古”，然查阅文献，此人无考。他们之所以如此认定，或是因卷中有几枚“伍□□”的印章。而笔者仔细辨认，这几印应为“白下伍生”“伍氏图书”“伍氏珍藏”，亦见于传黄庭坚《砥柱铭》卷，是收藏印。考印主伍福，字诒堂，江宁（今南京）人，为清代收藏家，与孙星衍、何绍基、严可均等文人有交游。所以在清代此卷由伍福收藏，他是藏家，而非此卷的画作者。

另外，吴敦木《中国古代画家辞典》收录蒋山卿，言其“擅书画，传世作品有正德十年（1515）三月为送别顾英玉离南京，与李濂（川父）、景旸合璧《别知诗画》卷，图绘嘉陵江景色……”[31]这显然是将蒋山卿作为画家，且认为此卷是其代表作。然而如上文所言，该卷是送顾璘离北京到南京，而非离开南京，那图中所绘更非“嘉陵江”，而应是京杭运河。其实查阅关于蒋山卿的文献，他虽与文徵明、陈淳等绘画名家交好[32]，但并未发现有关他能画、擅画的记载。且其《南泠集》中诗歌众多，却几乎没有题画诗，所以难以证明三图是他所作。

而三图的画意确切地表现了诗意。第一段“南都行”是畅想南京风光，写到“澄江一道”“钟山万峰”“古坛遗殿”以及“君家旧在江水边，楼外玻璃万顷悬”，还有“历阳树色”“吴帆开”。图中就描绘了山峰耸峙，山下葱郁树木间掩映着楼阁，又有帆船停泊水际。空阔的水域便是长江，对岸山峦起伏，烟云迷蒙。从画法上看，此图简括勾勒山体，

图六 《别知诗画卷》中的第二图

泼墨作拖泥带水皴，还有刮铁皴，可知受南宋院体画法影响，亦近于浙派。而树丛以粗笔点簇，远山又有米家云山之意，水墨晕章，又表现出吴门画派温雅的文人气。第二图（图六）后为“志士惜相知”一首，描写二人依依惜别，意象有“古道”“杨柳”“青草”，而图也描绘两人握手惜别，青色的路旁有杨柳、帆船。右侧城墙、楼阁，应即表现北京城。此图为浅绛设色，山石以粗笔勾勒皴擦，多作披麻皴，这源于元人画法，风格与沈周相似（图七）。第三图则表现《春雪歌》，作雪景，山峦和地表空勾而少皴，以表现皑皑白雪，天际以淡墨渲染，烘托雪景。

由此可见，图画完全表现诗意，所以应是先有送行诗，画家再据诗意作图，且可能就是顾璞在得到诗作后再请画家绘制的。三幅山水的画法综合了元人意味和南宋院体，应是一人手笔，显然受吴门画派的创始人沈周影响较大。其创作时间是1515年之后，此时沈周已去世数年，他的画风对画坛影响巨大，所以三图应是学习沈周的吴门画派画家所作，但暂不能确定作者究竟是谁。综上所述，《别知诗画卷》是一卷为送别顾璞离北京到南京任职的“送别诗画”，全卷既体现了明中期文人官员的同年之谊，也有较高的诗文和书画艺术价值，对于研究当时的文人交游以及书画风貌有着重要意义。

图七 明·沈周《仿黄公望富春山居图》（局部），故宫博物院藏

注释：

[1]〔明〕王兆云：《皇明词林人物考》，周骏富编：《明代传记丛刊·学林类12》，明文书局，1991年，第805页。

[2]〔明〕周晖：《金陵琐事·续金陵琐事·二续金陵琐事》，南京出版社，2007年，第98页。

[3]〔清〕陈作霖纂：《中国方志丛书·（光绪）金陵通传》，成文出版社，1970年，第431—432页。

[4]〔明〕焦竑：《国朝献征录》，周骏富编：《明代传记丛刊·综录类26》，明文书局，1991年，第587—588页。

[5] 同[3]，第427页。

[6] 同[4]，第587页。

[7] 同[4]，第587页。

[8] 同[4]，第588页。

[9] 同[4]，第587页。

[10] 同 [4]，第587页。

[11] 王河主编：《中国历代藏书家辞典》，同济大学出版社，1991年，第324页。

[12]〔明〕李濂：《嵩渚文集》，北京图书馆古籍出版编辑组编：《北京图书馆古籍珍本丛刊（101）集部・明别集类》，书目文献出版社，1995年，第289页。

[13] 同 [12]，第331页。

[14] 袁喜生：《李濂年谱》，河南大学出版社，2001年，第58页。

[15]〔明〕蒋山卿：《南泠集》，四库全书存目丛书编纂委员会编：《四库全书存目丛书・集部》第七〇册，齐鲁书社，1995年，第157页。

[16]〔清〕钱谦益：《列朝诗集小传》，上海古籍出版社，1983年，第345页。

[17] 同 [15]，第150页。

[18]〔清〕钱谦益著、〔清〕钱曾笺注、钱仲联标校：《牧斋有学集》（下），上海古籍出版社，1996年，第1429页。

[19] 同 [18]。

[20] 同 [18]，第1430页。

[21]〔明〕朱谋垔撰、徐美洁点校：《续书史会要》，浙江人民美术出版社，2019年，第345页。

[22] 张毅、陈翔：《明代著名诗人书画评论汇编》（上），南开大学出版社，2016年，第352页。

[23] 薛龙春：《雅宜山色：王宠的人生与书法》，上海书画出版社，2013年，第130-131页。

[24] 同 [23]，第260页。

[25] 同 [21]，第346页。

[26]《天一阁藏明代方志选刊（十五）：隆庆仪真县志（江苏省）》，上海古籍出版社，1963年。

[27]〔清〕钱谦益著：《列朝诗集小传》，上海古籍出版社，1983年，第347页。

[28]〔明〕何良俊撰、李剑雄校点：《历代笔记小说大观：四友斋丛说》，上海古籍出版社，2012年，第178页。

[29] 中国古代书画鉴定组编：《中国古代书画图目》（六），文物出版社，1988年，第361页。

[30] 杨仁恺：《中国古代书画鉴定笔记》（四），辽宁人民出版社，2015年，第1689页。

[31] 吴敢木主编《中国古代画家辞典》，浙江人民出版社，1999年，第382页。

[32] 其《南泠集》中有《别文衡山内翰二首》《白阳访任世冲》等，可知他与文徵明、陈淳等人交往。

苏州博物馆藏张瑞图行草五律诗轴赏析

朱晋訸　褚　燕*

内容提要：作为“晚明四大家”之一的张瑞图，与董其昌齐名。张瑞图行草五律诗轴是苏州博物馆藏的书法精品，所书内容是杜甫诗《题玄武禅师屋壁》，展现了张瑞图行草书的特点，反映其追求半隐半仕的心态。

关键字：明代　张瑞图　杜甫诗　题玄武禅师屋壁

张瑞图（1570—1641），字长公，又字无画，号二水，别号果亭山人、白毫庵主，福建晋江人。张瑞图自幼受粗通文墨的父亲影响，在严格要求的环境下求学精进。他在科举之路上相当顺畅，在万历三十五年（1607）的殿试高中探花，随即授翰林院编修，后以礼部尚书入阁。天启一朝，阉人魏忠贤权势熏天，人称“九千岁”，党羽遍布朝野上下。魏忠贤的党羽极尽阿谀之能事，给魏忠贤建生祠，生祠的碑文多请张瑞图书丹。崇祯帝登基后，以雷霆之势剿灭魏忠贤及其党羽，张瑞图也被定为阉党成员，罢职归乡。

张瑞图以擅书名世，其书法生动奇逸，峻峭劲利，为晚明四大书法家之一，与董其昌、邢侗、米万钟齐名，有“南张北董”之称。受中国传统文化价值观的影响，人们普遍认为书家的作品能反映出其为人，人品和书品是紧密关联的。所以后世评价张瑞图的其人其书，褒贬不一，见仁见智。客观来说，晚明政局错综复杂，结党营私者比比皆是，张瑞图很难独善其身。张瑞图因书艺出众，为权势滔天的魏忠贤书丹赞文，并没有做出为虎作伥、残害忠良的事情，却被扣上阉党的罪名，饱受诟病。有明一朝，大臣向权贵低头乃至依附，几乎是不可避免的，比如平定倭寇的名臣胡宗宪，也不得不依附于严嵩，随着严嵩倒台，胡宗宪最终落个狱中自杀的下场。

行草五律诗轴是苏州博物馆收藏的一件张瑞图的书法作品，长170.2、宽47.0厘米，是张瑞图的传世书法精品之一。此件书法在生宣上用硬毫毛笔写就，墨色饱满，笔法老道，气魄雄伟；行笔提按多变化，洒脱有法度，章法有度（图一）。清代书法家梁巘评论张瑞图书法：“张二水书，圆处悉作方势。有折无转，于古法为一变。”这幅行草五律诗轴可以说是张瑞图书风的集中体现。该作品的内容是一首五言律诗：

> 何年顾虎头，满壁画沧洲。赤日石林气，青天江海流。锡飞常近鹤，杯渡不惊鸥。似得庐山路，真随惠远游。

落款“白毫庵瑞图”。

钤印“瑞图”方形朱文印。

查阅资料，可知这首五言律诗是杜甫的《题玄武禅师屋壁》。杜甫自安史之乱后，入蜀避乱，在蜀地观赏了玄武禅师（另一说，玄武县的一位禅师）屋中的壁画后，创作了这首诗。

“何年顾虎头，满壁画沧洲。”顾恺之，小字虎头，这里“顾虎头”就是指东晋大画家顾恺之。后世常用“虎头”指代绘画名家，如苏州过云楼第三代主人顾鹤逸，人称“当代虎头”，称赞顾鹤逸绘画造诣之高深。值得注意的是，“沧洲”，这里不是指地名“沧州”，而是滨水的地方，通常指隐士隐居的胜景之地。玄武禅师屋壁上不知道什么时候留下了东晋顾恺之的精彩画作，满眼都是适宜隐居的胜景。

* 朱晋訸，苏州博物馆馆员。褚燕，苏州博物馆助理馆员。

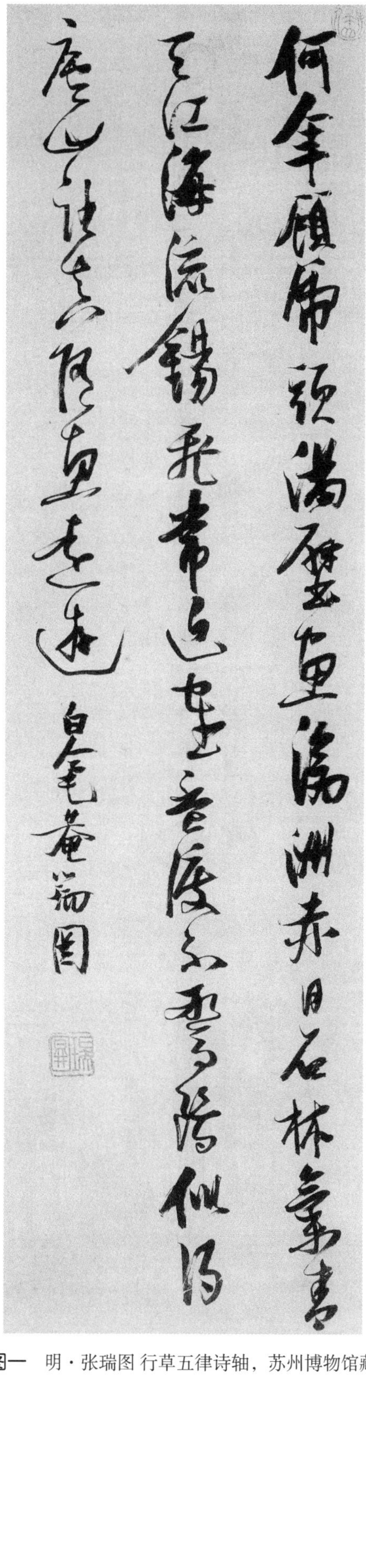

图一 明·张瑞图 行草五律诗轴，苏州博物馆藏

“赤日石林气，青天江海流。”杜甫写意地描绘出赤日当空、林木森森、山石嶙嶙，石林受赤日炙烤升腾出气体；青天之下，江水汩汩而流，直奔大海而去，此句真有“寥廓江天万里霜”的雄浑气概。

“锡飞常近鹤，杯渡不惊鸥。”杜甫描写的是两则高僧隐居的故事，借以表达作者追摹古贤隐居的心情，也是对玄武禅师的致敬。“锡飞常近鹤”，志公禅师（即宝志禅师）的禅杖在空中飞舞靠近白鹤道人的仙鹤。这个典故较为复杂：南梁的志公禅师与白鹤道人都想隐居山中，梁武帝曾令他们各用自己的物件记下自己所要之地，白鹤道人放出豢养的仙鹤，志公禅师则挥出锡杖飞入天空。当仙鹤飞至山时，锡杖已先立于山上，梁武帝以其各自停立之处让他们筑屋居住。“杯渡不惊鸥”指刘宋时的杯渡禅师乘木杯渡海，轻快得连海鸥都不惊动，其潇洒和轻快堪比达摩祖师的“一苇渡江”。

“似得庐山路，真随惠远游。”惠远（334—416），一作慧远，东晋时高僧，为净土宗之始祖，在庐山修行，其驻锡的东林寺是净土宗祖庭。诗人走在上山的路上好像行走在庐山之中，好似随东晋高僧惠远交游的感觉。杜甫对庐山情有独钟，在其诗《留别公安太易沙门》中写道“隐居欲就庐山远”。庐山还有一个西林寺，与东林寺同样建于东晋，宋代大文豪苏轼曾在西林寺的墙壁上写下名篇《题西林壁》，留下名句“不识庐山真面目，只缘身在此山中”。

《题玄武禅师屋壁》是杜甫的一篇佳构，首联和颔联勾勒出顾恺之壁画美景，颈联和尾联坦陈观画感想，通过描写适宜隐居的绝佳美景，抒发了希望像古代贤者一样隐逸潇洒地生活，蕴含着杜甫出世归隐的想法。理解这首作品时，需要先明白诗中典故和杜甫的生平经历，然后才可以明白杜甫诗作的深意。当时杜甫因兵乱避居蜀地，生活窘困且前途渺茫，所以意欲归隐山林。事实上杜甫求仁得仁，第一批全国重点文物保护单位“杜甫草堂”就是其在成都的隐居之所。

纵观中国人文历史，儒、释、道各方面思想相互融通、相互影响的心理习性，使得许多中国传统文人适时地寻求物质世界和精神世界的互通，入世为儒，出世为释、道，张弛相济，进退自如。《题玄武禅师屋壁》展现了忧国忧民的杜甫鲜为人知的另一面，“安得广厦千万间，大庇天下寒士俱欢颜”的杜工部也有逍遥出世的状态，这才是完整、全面的诗圣。

后世众多文人学者客观地评析多面化的杜甫，而不是仅限于心系苍生、忧国忧民的一面。梁启超在1922年的一次演讲的题目是《情圣杜甫》，认为作为诗圣杜甫“情感的内容，是极丰富的，极真实的，极深刻的”[1]。胡适在《白话文学史》中认为，杜甫能够“在贫困之中，始终保持一点‘诙谐’的风趣。”闻一多在《唐诗杂论》中认为，杜甫是“四千年文化中最庄严、最瑰丽、最永久的一道光彩。”闻一多更是直接指出杜甫出世的一面，且杜甫与李白出世的不同在于：李白的出世，是属于天性的，出世的根性深藏在他骨子里；杜甫的出世是外部环境造成的念头，是一时的愤慨。

张瑞图与杜甫一样，都是文人海洋中两朵醒目的浪花。在张瑞图二十一年的官宦生涯之中，却多达四次告假返乡，可以说几乎是一种半隐半仕的状态。张瑞图正是亲历晚明朝局的动荡，亲眼所见魏忠贤对东林党人的迫害，经过敏锐的观察和思考，故而力图明哲保身，以致对隐退生活十分向往。杜甫的《题玄武禅师屋壁》，与张瑞图“兴感之由，若合一契”，所以这幅书法作品极佳地展出了这位晚明书家的艺术风貌和气度胸怀。

张瑞图虽然只是出于不得已而“虚倚”魏忠贤，但是崇祯帝还是将他打入魏忠贤一党，落个丢官返乡的下场。张瑞图曾作《明妃怨》七绝：“青冢萧条塞草寒，画工要领死欺瞒。杀人自杀千年恨，应信从来在笔端。”[2]青冢是明妃王昭君的墓，王昭君在汉元帝时期入宫，相传王昭君没有答应画工毛延寿的索贿而被刻意画丑，导致她没有得到汉元帝的临幸，和亲远嫁匈奴。王昭君墓被塞外荒草淹没，非常萧条寂寥。毛延寿因欺瞒汉元帝被处死，又造成了王昭君远嫁的悲剧，可谓“杀人自杀”。张瑞图认为这千年之恨从来就是因笔墨而起，感叹自己为魏忠贤献书艺而获罪的无奈。这首七绝借古喻今，张瑞图痛定思痛后，抒发了自己因善于书而毁于书的悲愤。

张瑞图处在明末皇帝昏聩、内外交困、政党势力相互倾轧的黑暗社会，他选择了虚意逢迎、委曲求全、明哲保身，可以想象他在政治上的恐惧与压抑[3]。或许正是出于这样的恐惧和压抑，张瑞图才特别向往杜甫在《题玄武禅师屋壁》中的逍遥游，故而写下这篇佳作。

注释：

[1] 陈书良编：《梁启超文集》，北京燕山出版社，2009年。

[2] 张瑞图：《白毫庵集·杂篇》，商务印书馆，2019年。

[3] 盛郁龙：《张瑞图书法研究概述》，《书法》2020年第9期。

明万历汪珑青花瓷墓志研究

李瑞刚*

内容提要：常熟博物馆藏明代汪珑青花墓志为研究明代徽州汪氏家族的崛起提供了珍贵资料。经查考，志文所载汪氏家族世系、行迹皆与地方志、相关古籍中所载内容相符。此外，青花墓志历来出土稀少，也为该领域的研究者提供了宝贵的实物资料。

关键词：万历　青花　墓志　史料

常熟博物馆收藏有明万历七年（1579）汪珑暨配闵氏墓志1件，瓷质，长27、宽22、厚1厘米。志文11行，满行23字，全文共200字。正书，以青花钴料书写，笔力遒劲，青花发色呈蓝中偏灰，胎骨坚致。因明代青花墓志传世较少，且该志具有较高的史料研究价值，故特作一介绍。为便于讨论，兹将墓志全文加标点于下：

公讳珑，姓汪氏，歙丛睦坊人。配闵氏，宋敕金紫光禄大夫/叔敖公十四世孙。公生三子：可立、可忠、可孝。立、孝治商。忠/登嘉靖乙卯科，载府志。立子一：济时。忠子五：圣时、尧时/、协时、惟时、遵时。孝子四：建功、元功、允功、有功。公考功文，祖/华先，尊祖荣道，高祖天庆，高高祖玄师。公于万历年同/妣闵氏合葬。此地名社屋山，后又名星田相公桥。山田地税/八亩零，高低毗联，原买程吴汪姓的，隆庆六年收税，载十九/都八啚［图］，本户汪思明军籍户内上纳税粮，子孙世守之业/。

大明万历柒年吉月日时立。孝子汪可立、汪可忠、汪可孝共志/。

一　关于志文中记载的地名及其汪氏先祖和家族世系等

根据墓志所记载的文字内容以及表面有入骨土沁来看，该志应属早年在安徽歙县出土后传世。虽然志文不长，但提供的墓主家族信息极为重要。即墓主人汪珑为安徽歙县丛睦坊人士，系宋敕封金紫光禄大夫汪叔敖十四世孙。世系上溯至汪珑以上五代（高高祖），下溯至其子孙三代。值得重视的是，其长子汪可立，次子汪可忠以及幼子汪可孝之子汪建功、汪元功、汪有功分别是明代晚期江南地区具有一定影响的名宦和文人学士。兹作探讨如下：

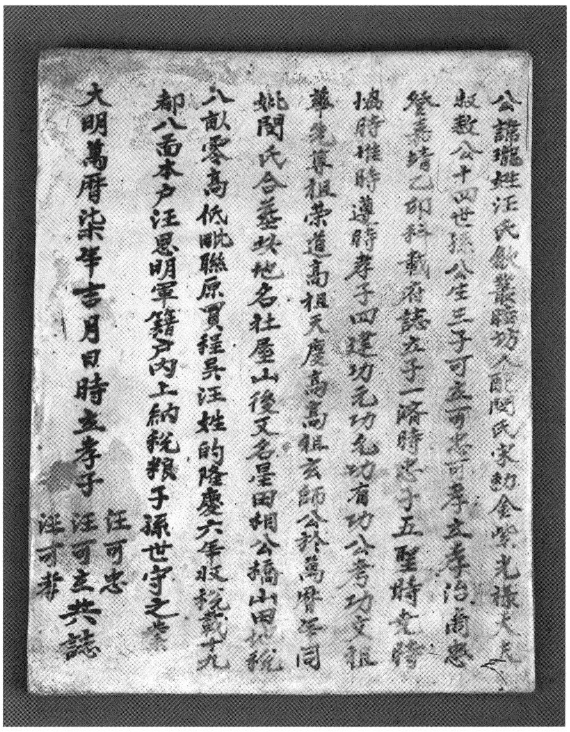

图一　明・汪珑暨配闵氏墓志，常熟博物馆藏

---

*　李瑞刚，常熟博物馆副研究馆员。

经查考明清徽州地方志，汪珑先祖汪叔敖其人及其世系，大都能得到印证。据清康熙抄本《潜川金紫汪氏族谱》等载：汪叔敖，字子游，唐模（歙县唐模村）人，系唐模始祖汪思立十一世子孙，大唐越国公汪华二十二世孙。生于北宋元祐元年（1086）丙寅三月。徽宗政和七年（1117），其自唐模迁居歙县潜口下市，成为潜口下市汪氏始祖。其四个儿子皆科举中第。其中，长子汪若荣和四子汪若思以进士起家。四人分别授枢密院学士、右司谏、宣议郎和秘书省丞，位居朝廷。因“父以子贵”，汪叔敖先后获赠右朝散大夫、金紫光禄大夫等。南宋建炎四年（1130）汪叔敖病殁。隆兴二年（1164），四子汪若思奏请朝廷获准，赐额肇建金紫院一座，内修汪叔敖墓祠，供奉神像，这便是歙县潜口下市汪氏称为“金紫汪氏”的由来。此外，清乾隆《歙县志》“都图表”载丛睦坊在十九图，而所葬处星田相公桥在其图内，亦可与墓志文字相互印证。关于汪珑本人及其父汪功文至高高祖汪玄师共六代人物，在歙县地方史料中未有记载。其名不彰的原因，当与汪珑在明代万历初年卒时，除次子可忠为举人外，其几个孙辈尚年幼，还未取得功名有关。

二　关于汪珑的三个儿子汪可立、汪可忠、汪可孝行迹

据墓志所载，长子汪可立和幼子汪可孝二人“治商”，即从事商业活动。可立的行述在歙县地方志中未有踪迹，但根据明代歙县汪氏一族或以科举入仕，或以儒术经商，或潜心医学研究，或喜好文艺创作分析，推测他应是以从事茶叶贸易一类商业活动为主，并且经商致富，在当地具有一定的社会地位和经济实力。从多方面的史料中可得到旁证，如《明史·艺文志》《千顷堂书目》均收录有汪可立著《九华山志》二卷；现存最早的陆羽《茶经》单行本明嘉靖二十一年（1542）竟陵本（史称柯本），即由汪可立校雠，并撰《茶经后序》，落款为“嘉靖壬寅冬十月朔祁邑芝山汪可立书”。祁邑即徽州祁门，明代时已盛产茶叶，汪可立其时应已从同属徽州的歙县移居祁门经商。而据乾隆《歙县志》“都图表”，歙县境内有大小芝山，故其取字芝山当有渊源。汪可立的身份应可归入儒商之列。

关于汪可忠，墓志载其“登嘉靖乙卯科”，即嘉靖三十四年（1555）考中举人，汪珑一支的功名自此始。清乾隆《歙县志》“科第”载：“嘉靖三十四年乙卯乡试，汪可忠，字荩臣，丛睦人。”《江南通志》所记略同，除此之外，并无多述。其可能中举后曾出任过盐官或从事盐商活动，故又被载入清嘉庆《两淮盐法志》“仕宦表”；冯尔康《明清时期扬州的徽商及其后裔述略》[1]则将汪可忠列为扬州徽商。

关于汪可孝，墓志载其与长兄汪可立一样治商，歙县地方志记载亦阙如。但其生平则在明万历间名宦李维桢应其次子、时任光化知县的汪元功之请所撰《汪母方孺人墓志铭》[2]中有所体现：“孺人父曰洪，素封而贤。举女有奇征，富人子求婚皆不许。一日过汪氏门，见光化父季公爽朗清举，爱而字之。季公少孤，从其兄长公贾。……季公仲兄起家明经，与伯皆富厚。……念季公远在吴会，命叔子往佐筹策，而身督伯、仲、季学。岁甲午，仲、季并举于乡。明年，仲成进士，授光化令。……孺人生嘉靖辛卯九月十有三日，卒万历戊戌四月三日，年六十有八。……孺人举四子一女：伯子建功，邑诸生；……仲子元功，拜兵部郎，选除台省有日，不胜排挤之口，坐左迁。事白，今为南京户部郎；……叔子允功；……季子有功，即同仲举者，成甲辰进士，令蒲圻，亦以考最封父母如仲，今为南京四川道监察御史。”

以此杨维桢撰《汪母方孺人墓志铭》同常熟博物馆藏万历七年汪珑暨配闵氏瓷墓志二者相对照，我们不难发现，虽然中间相隔多年，但二志中的汪氏可立、可忠、可孝兄弟三人和汪可孝一支建功、元功、允功、有功四兄弟的世系、姓名排行及行迹均高度符合。前志所称季公应即汪可孝，亦经商。值得研究的是，作为徽商，他经商的地点当时是在江浙一带（吴会），并由第三子允功（叔子）辅佐。

三　关于汪可孝之子汪建功、汪元功、汪有功行迹

（一）汪建功系汪可孝长子，有关其生平资料难查考

根据汪母方孺人墓志，汪建功系长子、元功之兄，县学生。陈智超先生对美国哈佛大学哈佛燕京图书馆所藏一批明代嘉靖、万历间珍贵手札进行研究整理，其所著《明代徽州方氏亲友手札七百通考释》[3]一书中辑录有4件汪建功致方用彬的信札。根据信札内容，可知其擅书画，能诗词，与同乡文人学士交际甚广。曾屡为方用彬等人画扇及册页，作有《剑术图》《罗浮图》等。

上海图书馆藏有明万历四十三年（1615）署名徽人汪建功彩绘本《画学南宗》一卷，为有关传承南宗山水画法的专谱，列有画树法、布丘壑法、画石法、画泉水法、画水法、画云法、画楼亭阁法、画人物法等图式。该谱历来为研究画史者所重视。从汪建功画技较全面及此谱刻印时间、地望分析，可基本确定亦为其所作。

（二）汪元功系汪可孝仲子，为明代晚期徽州地区名宦

清康熙《徽州府志》卷十四《宦业传》："汪元功，字元倩，歙丛睦人。万历乙未（1595）进士。知光化县，邑剧盗张经横行襄、邓，元功讨平之。历知吉安、顺德二府。后备兵云中，司农仅以五万金应，元功节省皇赏……帝温旨慰劳之。素囊部落与酿家寇杀，元功驰往责谕，解之。晋霸州按察使，与制台龃龉，投檄归。台省交章荐，起为湘西兵备兼摄岭北，灭洞贼。转督漕粮兼督修河工。卒祀名宦。"又《明神宗实录》卷五记"万历四十八年，升浙江右布政程达为贵州左布政，陕西副使孙大壮为苑马寺卿，顺德知府汪元功为山西副使。"汪元功任职山西副使不见于《徽州府志》，或即是府志所载"转督漕粮兼修河工"。

有关汪元功的记录，另见有吴中书画家周天球于万历八年（1580）游历徽州时所作《墨兰》卷后有汪元功等人题跋；万历间，其曾修黄山文殊院前文殊天梯和莲花峰中路径，使登山有路可循；万历《紫阳崇文会录》载其所作序文一篇；《齐云山志》卷五载其所作《天池同鲍司农山甫管明府彦怀游值雨》七律一首；《明代徽州方氏亲友手札七百通考释》收录其致方用彬信札6通等；此外，《汪珑暨配闵氏墓志》称在歙县星田相公桥的八亩山田地，是原向程吴汪姓所购买，自隆庆六年收税，载十九都八图汪思明军籍户内，为子孙世守之业。此中提到的汪思明应即该地最后的原户主汪姓其人。显然，后来汪元功便是以此块祖田的户籍性质军籍参加了科举考试，故《明清进士题名碑录索引》[4]载汪元功为直隶歙县人，军籍，中明万历二十三年3158名进士。

（三）汪有功系汪可孝幼子，汪元功之弟

与元功同为万历二十二年（1594）举人，至三十二年（1604）始登进士第，亦为明代晚期徽州地区名宦。清康熙《徽州府志》卷十三《风节传》载："汪有功，字祖倩，歙丛睦人。万历甲辰进士，知蒲圻县。值水灾，力请折减，为设捐赋法，民便之。擢南京御史，疏十余上……俱切中时弊。梃击案兴，有功言张差肆逆，危及国本，当会审穷治其奸。按下江，捐爰金二万余为诸路积谷。以论张差事，忌者乘其艰归，中察典谪理问。寻擢行人司副，升尚宝司丞。祀蒲圻名宦。"行迹又见《明史纪事本末》卷六十七："（万历）四十三年二月，南京御史汪有功言福府内侍李进忠擅祭告孝陵。不报。"《明熹宗实录》卷十七："天启元年十二月戊辰，起升河南按察司副使刘策尚宝司少卿，行人司副汪有功尚宝司司丞。"另据《明清进士题名碑录索引》载：汪有功，浙江仁和，民籍，明万历三十二年3甲144名进士。其不以歙县而是以浙江仁和（今属杭州）户籍参加会试，此当与其作为幼子随在浙经商的父亲汪可孝居住仁和有关。因为根据明代的科举政策，商人或商人子弟可以寄籍于经营所在地，在所在地参加科举考试。

四　汪珑墓志的价值

该墓志对研究明代中晚期歙县汪珑家族的崛起

具有重要的价值，特别是其子可立、可忠，孙建功、元功、有功等或成为名宦，或在文化艺术上产生一定影响。在清代《徽州府志》《江南通志》《安徽通志》《歙县志》等方志中，仅对汪可忠的中举年份及汪元功、汪有功的宦迹有所记载，却并无他们之间互为伯侄、兄弟的表述；对汪可立、汪可孝以及汪建功的世系、行迹基本阙如。正是该墓志的发现，才把已经断开的脉络线索连接起来，初步还原了一个明代徽州大族汪氏的本来面目。因此，其价值和意义非同一般。

青花瓷墓志的出现，当是景德镇工匠利用本地独有的自然资源、技术优势烧制的一种形制特殊的墓志，但历来出土稀少。从现有考古资料看，元代仅见一件，自明代中期起始有多例，均十分珍贵。据彭明瀚《江西纪年墓出土明代景德镇民窑青花瓷研究》[5]统计，有：景德镇市郊万历四年（1576）和尚墓出土东山寺署印僧德竞青花瓷墓志1方；1973年都昌县万历二十四年（1596）吴昊十墓出土青花瓷墓志1方；1987年，乐平县天启元年（1621）程东泉夫妇合葬墓出土青花瓷墓志2方；婺源县崇祯八年（1635）胡时爱墓出土青花瓷墓志1方，总计5方。王宁《青花墓志铭　瓷苑罕珍品》[6]则对上述除崇祯八年（1635）胡时爱墓志之外的4方青花墓志作了较为详细的阐述。而此方万历七年（1579）汪珑青花瓷墓志，无疑为研究者增添了又一珍贵的实物资料。

注释：

［1］ 冯尔康：《明清时期扬州的徽商及其后裔述略》，《徽学》（2000年卷），安徽大学出版社，2001年，第166–198页。

［2］ 李维桢：《大泌山房集》卷一百，四库全书存目丛书，齐鲁书社，1996年。

［3］ 陈智超：《美国哈佛大学哈佛燕京图书馆藏明代徽州方氏亲友手札七百通考释》，安徽大学出版社，2001年。

［4］ 朱保炯、谢沛霖：《明清进士题名碑录》，上海古籍出版社，1980年。

［5］ 彭明瀚：《江西纪年墓出土明代景德镇民窑青花瓷研究》，《故宫博物院院刊》2007年第1期。

［6］ 王宁：《青花墓志铭　瓷苑罕珍品》，《东南文化》2001年第8期。

士林清格恕先狂　点缀钩描两不妨

——马元驭及其《杂画册》

邹建东*

内容提要：清康熙年间，常熟画坛人才鼎盛，而马元驭不显于时，这是其性格使然，也与世人只重名位有关。马元驭画传家学，后得恽寿平亲传，画艺更为精进，追求一种简朴自然的艺术境界。常熟博物馆藏有其《杂画册》，共十页，或工或写，或设色或墨笔，内容有花卉、器具、蔬果等，钱朝鼎、陆贻典、张远、王武等作诗文题跋。

关键词：清代　马元驭　杂画册　花鸟

清康熙年间，常熟画坛可谓人才鼎盛。王翚、吴历、蒋廷锡、马元驭、杨晋、余省、宋骏业等皆名重于时，大多声名在后，影响后学。而马元驭却淡出人们视野，这是其秉性落拓不群，不肯依附权贵使然，也与世人只重名位有关。马元驭与蒋廷锡（1669—1732）同乡且同庚，而声名迥异，正如嘉庆、道光年间收藏家张大镛所云："今收藏家每重文肃而轻扶羲，岂非名位不同之故欤。"[1]今观马元驭传世作品，可知其是一位笔墨活泼洒脱，气韵超逸的花鸟画家。

马元驭（1669—1722），字扶羲，别字栖霞，号天虞山人、南沙布衣、栖霞散人、栖霞道人、日涉园主人，江苏常熟人。其父马眉，字子白，号雪渔。善写花鸟，尤工芦雁。马元驭"画传家学，而气韵超逸，突过乃父。赋性落拓，纵酒逞笔，乃益豪放，醒则自以为神，略为点染，特开生面。"[2]后得恽寿平亲传，画艺更为精进。《国朝画征录》恽寿平小传中附记马元驭云："弟子马扶羲，得其传授，名于时，逸笔尤佳。"[3]秦祖永《桐阴论画》云："马扶羲元驭，师法南田。逸笔写生，颇称入室。余藏墨菜一帧，系临梅道人者，墨花横溢，逸趣飞翔，深得沙弥神髓，南田翁不是过也。"[4]评价甚高。同邑张大镛收藏马元驭画作甚丰，曾云："扶羲画，余所见大小不下数十幅，超逸古劲，随其笔之所到，各极神妙，洵能入元人之室。若无南田，固当让其独冠一时也。"[5]更是推崇备至。从马元驭传世作品中可见其取法广泛，作品中亦有沈周、陆治、陈淳诸家遗意。画迹有康熙三十二年（1693）作《杏林春燕图》轴、康熙三十九年（1700）作《群仙拱寿图》轴等，著录于《石渠宝笈三编》。《写生蔬果卷》《墨菊卷》《墨梅册》等著录于《自怡悦斋书画录》。传世作品有康熙四十二年（1703）作《桃柳八哥图》轴，现藏上海博物馆；《花溪好鸟图》轴藏中国美术馆；《南溪春晚图》轴、《秋塘清兴图》卷藏南京博物院；《杂画册》藏常熟博物馆。

常熟博物馆藏其《杂画册》，共十页，尺寸不一，除第四页"垂丝海棠"外皆为纸本，或工或写，或设色或墨笔，花卉、器具、蔬果题材各异。此册曾为晚清广东大藏家何瑗玉[6]收藏。

第一页，茶具（纵24.7、横30.2厘米），纸本设色。绘一紫砂壶，一盖碗，哥窑茶杯有二。器具以渴笔淡墨勾写轮廓，以极淡之色略加晕染，洁净素雅。壶与碗前后相置，如友相与，杯则相隔置其右，简单形成布局之疏密关系。画面简洁，雅静可爱。左下角钤印白文"见笑大方"，右下角为何瑗玉的收藏章，朱文"端溪何叔子瑗玉号蘧庵过眼经籍金石书画印记"。

副页为同邑诗人钱朝鼎[7]以行书题诗，诗云：

* 邹建东，常熟博物馆副研究馆员。

蒙顶花开石笋中，累累茶具注清风。
甘侯不耐充奴酪，掷向乌皮占影空。

钤印白文“钱朝鼎印”，朱文“禹□氏一字曰黍谷”（图一）。

第二页，梨花（纵34.5、横24厘米），纸本设色。梨树在我国约有2000余年的栽培历史，品种甚多，自古以来受人喜爱，其素淡的芳姿更是博得丹青妙手、文人骚客的推崇。天虞山人此图以淡墨勾花叶，线条灵动多变。花蕾以白粉层染，洁白如雪；树叶以汁绿染就，以色泽变化分出叶之新老及阴阳向背。用色明快，突显花娇叶嫩。以浓墨勾枝干，用笔苍涩，笔锋顿挫变化莫测，加以淡墨晕染，绘出枝干粗皮纹理、质感。整幅画枝干、花叶聚集于画面左下方，左密右疏，下重上轻，枝叶穿插，偃仰多姿。花则或盛开，或欲放，或含苞，明丽可爱。画面右上方有吴门杨筠题诗云：“不羡秾华素淡妆，幸无蜂蝶远枝狂。尘心洗尽何人识，好伴瑶台明月光。”钤印朱文“杨筠”、白文“美东氏”。同邑诗人钱陆灿题曰：“院落溶溶，移我梦中。”钤印朱文“陆灿”、白文“湘灵”。作者于画左钤印朱文“元驭”。藏印同第一页。

合装副页徐樗存[8]以行书题诗四首：

翠里翻飞二八娘，舞风疑逞少年狂。洛阳记得花时节，倾国携尊为洗妆。

玉比温兮荀比香，丹青传得啻凄凉。吟余阁笔闲凝住，绰约浑疑白海棠。

带月相看韵更添，酒醒亲自卷湘帘。风流千古推梁绪，曾记斜簪压帽檐。

寂寂西园深闭门，伤心生怕雨黄昏。当季凡几题诗客，若个相怜不断魂。

落款云：“己未中秋，题似扶羲道词兄并郢正。樗存□具草。”钤印白文“徐樗存以字行”，起首章白文“文字缘”（图二）。

第三页，陶罐（纵31.5、横21.8厘米），纸本设色。此图写盛酒之陶罐，以淡墨渴笔，中锋勾勒器物之轮廓，以浓墨枯笔侧锋横皴，淡墨湿笔晕染，显出陶罐表面粗糙之肌理和毛涩之质感。罐有四耳，

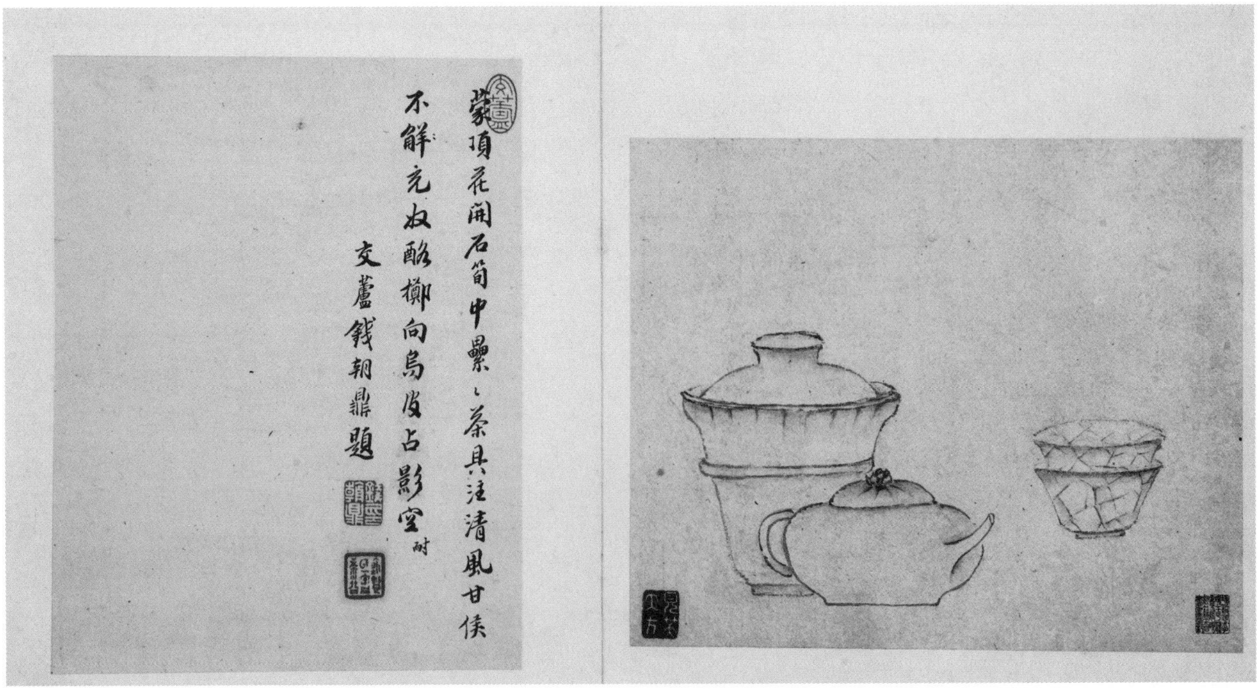

图一　清·马元驭《杂画册》第一页：茶具

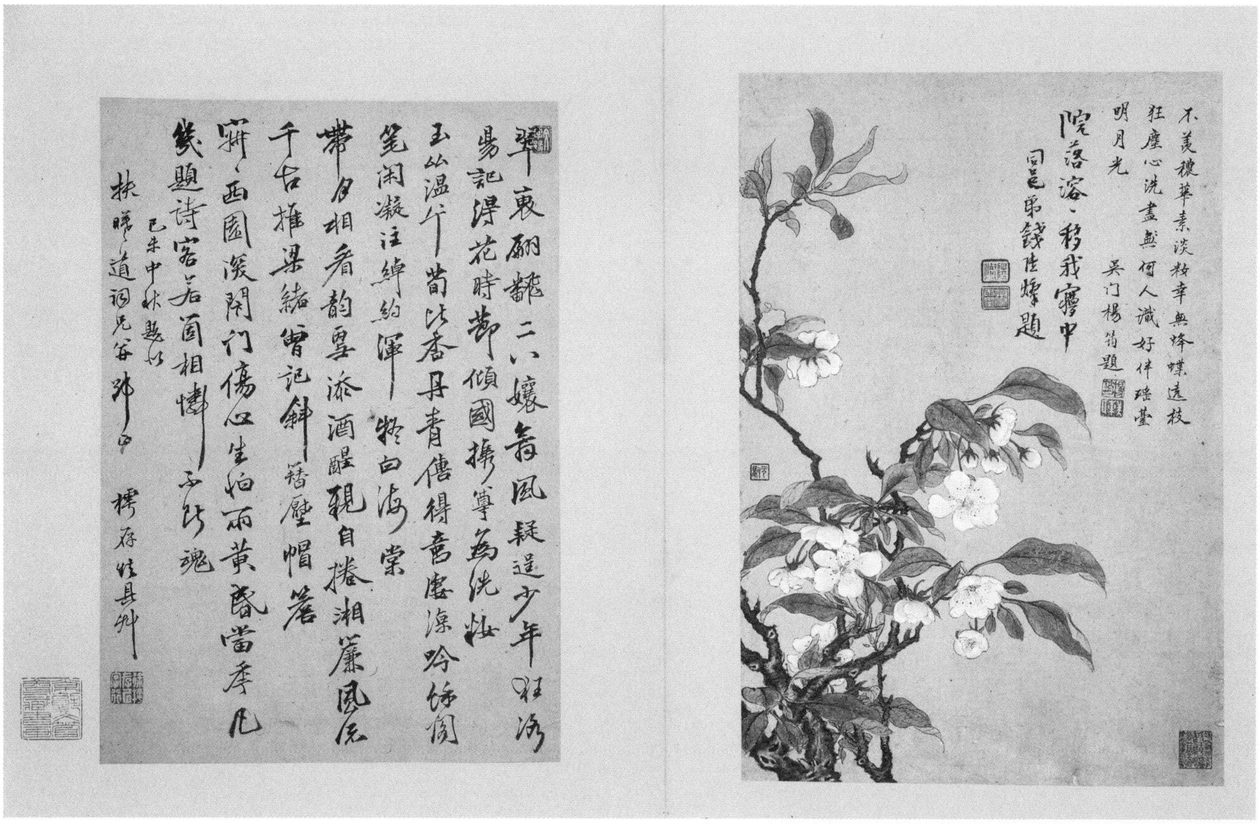

图二 清·马元驭《杂画册》第二页：梨花

画面只现三耳，有绳系其上，以浓墨逸笔写之。整幅画面以淡墨渲染一过，更显陶罐古朴自然。观此图，可想见天虞山人纵酒逞笔之姿。钤印朱文“深心托豪素”。藏章同第一页。

合装副页有钱朝鼎行书题诗一首，诗云：

一瓻书借往来频，饮尽村醪置水滨。
犹胜辘轳绳索断，沉他井底渴生尘。

款落“舟壑朝鼎题”。用印朱文“舟壑”，白文“钱朝鼎印”，起首章朱文“满山楼”（图三）。

第四页，垂丝海棠（纵32.7、横22.7厘米），绢本设色。垂丝海棠是落叶小乔木，虽不如梅花素净，而丰满胜之；虽不如桃花娇艳，然淡雅过之。叶茂花繁，丰盈娇艳，柔蔓迎风，垂英凫凫，如秀发遮面的淑女，脉脉深情，风姿怜人。能发诗人之兴，能成丹青粉本。

此图以工细没骨法画成。五代后蜀黄筌画花勾勒较细，着色后几乎不见笔迹，因有“没骨花枝”之称。北宋徐崇嗣效学黄筌，单以色彩作花卉，名“没骨图”，后人称这种画法为“没骨法”。此画法与工笔双勾法接近，不用勾墨线，照底稿形象直接进行染色，先打底色，然后用分染、罩染法多次着色，使描绘对象更生动自然。此图，数枝海棠自右下伸向画面，花少者挺拔向上，花繁者负重下垂，穿插自然、掩映得当。花，怒放者明媚如霞，含苞者胭脂点点。加之叶茂枝柔，更显花娇叶嫩，清妍艳丽，娇妍动人。此图造物精准，技法娴熟，充分展示了作者的写生能力（图四）。

第五页，竹节海棠（纵35.6、横26.1厘米），纸本设色。竹节海棠为秋海棠科、秋海棠属的多年生草本植物，具分枝，叶肉质厚，斜长圆形至长圆状卵形，顶端尖，边缘浅波状，叶柄肥厚，呈紫红色，圆柱形。花淡红色或白色，聚伞花序，无香味。花

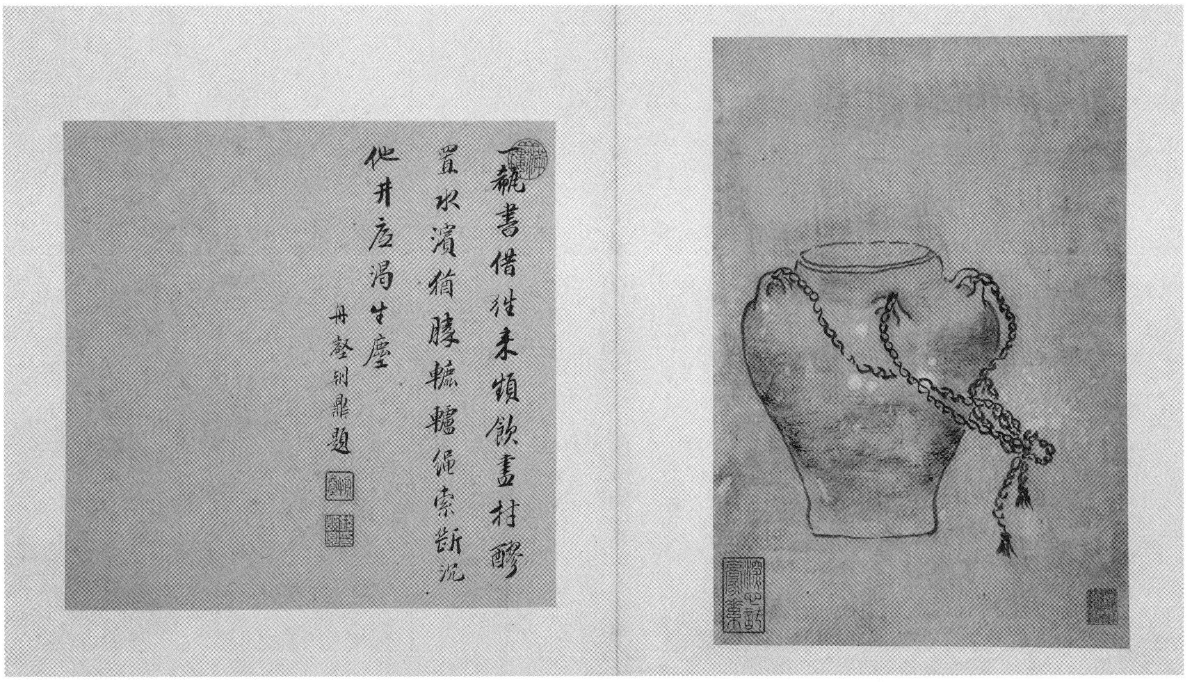

图三　清·马元驭《杂画册》第三页：陶罐

图四　清·马元驭《杂画册》第四页：垂丝海棠

期夏秋间，子房大而有翅。秋海棠又称相思草，中国人予以“相思”“苦恋”之意；又因其名“断肠花”，故又寓意“断肠”。

此图聚焦于山野间一株竹节海棠。画面右侧，一巨石耸立，石下秋草丛生，有山溪涌湍而过，山石、秋草逸笔写成，用笔豪放。一株竹节海棠分两支从画面右下方向左上勃然而出，枝柔而叶大，花娇而色白，皆以淡墨勾写、分染而成，用笔工细。叶色浓重，花色素洁。此图工写结合，张弛有度。画面左下有名曰思复[9]者以娟秀小楷题诗曰：

> 娟娟秋海棠，名园着意作。
> 岁岁此山中，自开还自落。

落款“思复书旧作”。钤印白文“不远”。

此册立柱上有同邑诗人钱陆灿[10]题诗，以行书书就，诗曰：

> 秋草原难春树同，天公着粉与金风。
> 端相醉倒杨妃似，酒醒依然褪尽红。

款题曰："旧题白秋海棠句也。见扶羲图之，因书附正。陆灿。"钤印白文"陆灿之印"。

合装副页署名宛墅[11]者以草书录其诗四首，诗曰：

弱态临风不自持，碧罗衫映玉参差。梦中飞念容清减，疑在昭阳病起时。

低徊镇日自温存，冷翠葭葭逼粉垣。弱女隐阑无语处，露珠滴滴湿啼痕。

可怜腰细倩谁扶，一见魂消我命呼。试问当年黄要叔，曾将铅粉画成无。

终隔廉纱认不真，错疑西子捧心颦。白门才子知多少，魂断风流觅句人。

款署："赋得白秋海棠四首，并似扶羲词道兄笑正。"（图五）

第六页，紫茄（纵28.6、横29厘米），纸本设色。紫茄，茄类的一种，又叫作落苏，俗称矮瓜，果实外表为紫色，形状为椭圆形。叶大，呈卵形。此图写茄树初结果实时之物状。但见茄树长势喜人，茄枝奋力向上生长，老枝负重劲立，茄叶大而舒展；新枝茁壮伸展，枝间或有幼果初长，饱满肥美，或茄花绽放，花色淡紫，亦甚娇然。作者以没骨法写此图，物象凝练概括，显示出其敏锐的观察力及精湛的笔墨塑造能力。画面生机盎然，清新幽远的田园气息迎面而来。画面右上有同邑诗人钱陆灿所题二跋，一曰："山谷老人云：'众人不可有此色，士大夫不可不知此味。'连岁大荒，食殣相望。偶展马子此作，紫翠欲滴，如饱我口，不独饱我眼也。弟陆灿题。"一曰："阅前题误，更好'作诗必此诗，定知非诗人'也。灿。"钤印朱文两枚，一为"湘灵"，另一为"黄山法嗣道灿"。左下有马元驭的

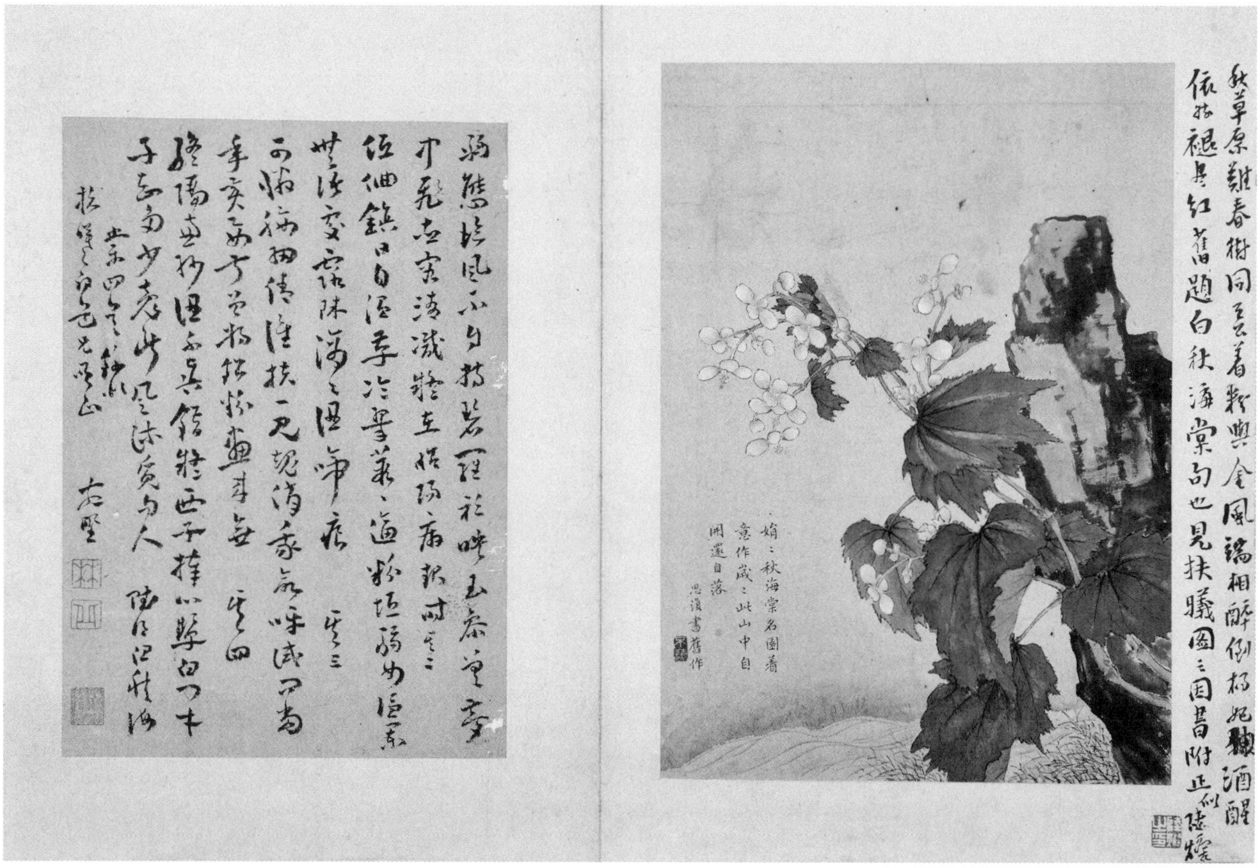

图五 清·马元驭《杂画册》第五页：竹节海棠

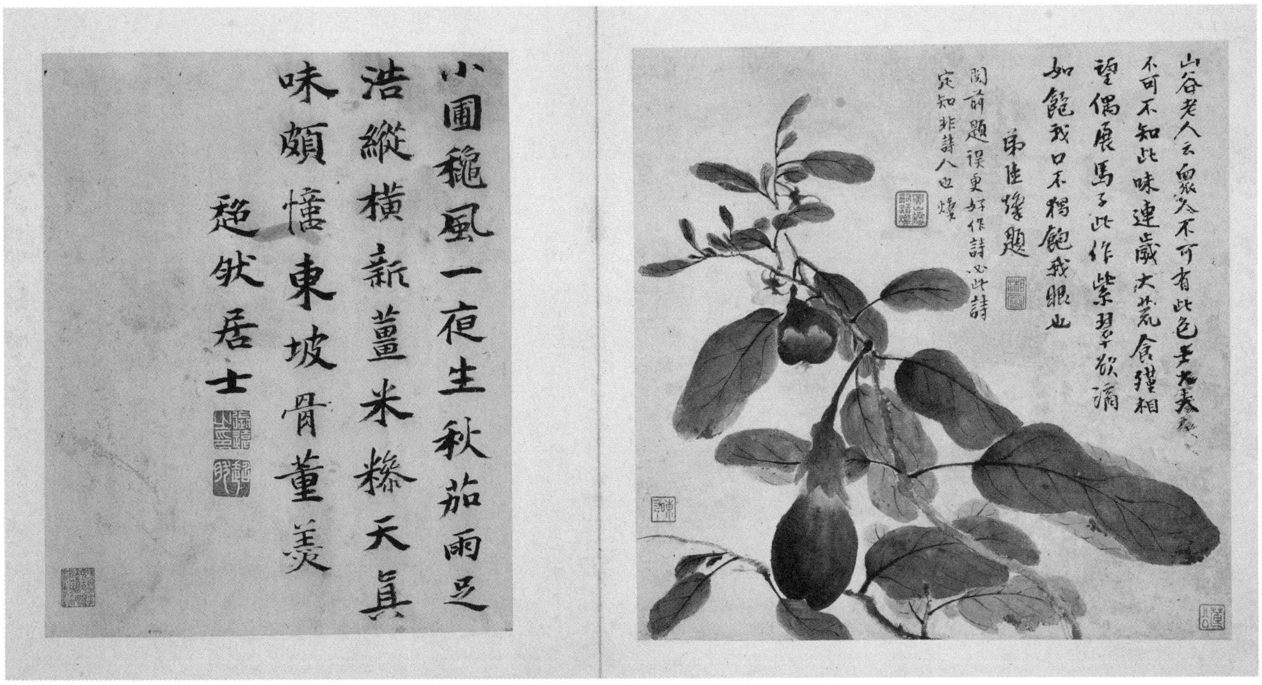

图六 清·马元驭《杂画册》第六页：紫茄

名号章，朱文“东旭”。右下角有何瑗玉藏章，朱文“莲公”。

副页为著名诗人张远[12]楷书题诗，诗云：

小圃秋风一夜生，秋茄雨足浩纵横。
新姜米糁天真味，颇忆东坡骨董羹。

款署“超然居士”。钤白文印两枚“张远之印”“超然”。左下角有何瑗玉藏章，朱文“端溪何叔子瑗玉号蘧庵过眼经籍金石书画印记”（图六）。

第七页，灵芝（纵38.1、横23.8厘米），纸本设色。灵芝古称瑞草、神芝、仙草、瑶草、还阳草等，其外形呈伞状，菌盖肾形、半圆形或近圆形。灵芝有不老延年之瑞意，故为历代画家喜绘之题材。马元驭此图落款云：“仿石田先生五芝图。”钤印白文“元驭之印”，压角章朱文“但见花开落，不闻人是非”。其上为何瑗玉藏章，同上页（图七）。从马元驭绘画题材与笔墨特点来看，马元驭的绘画受沈周的影响极大，在其《墨梅册》十二页题跋中不难看出他对石田翁的崇敬之情：“石田画在包山、白阳

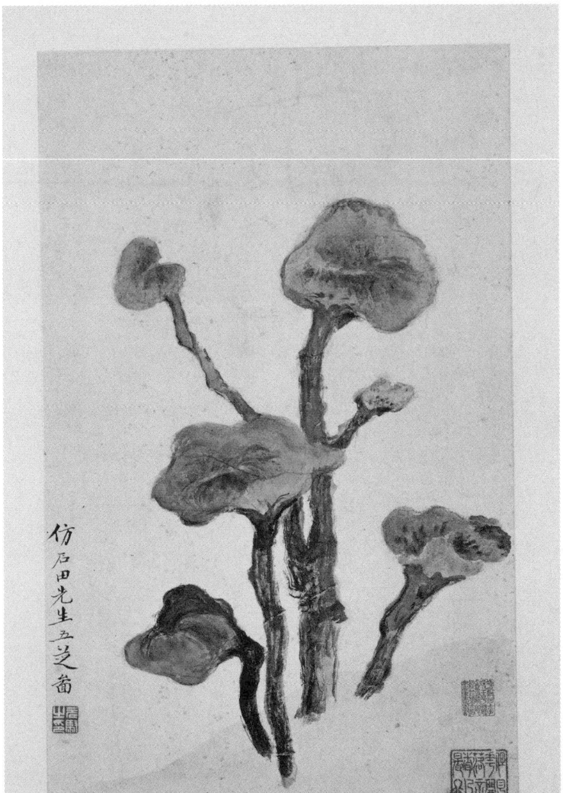

图七 清·马元驭《杂画册》第七页：灵芝

之上。杨子曰：‘大道有规矩准绳’，此言隶楷行草之必本六书也。石田山水学董巨，写生追宋元，故随意点墨皆超迈绝伦，而无牵纽取媚之态，真画圣也。学者不可不知。”[13]杨晋题《马扶羲写生蔬果卷》云：“写生家神韵为上，形似次之，然失其形则亦不必问其神韵矣。余昔在娄东王奉常东园之揖山楼，见石田先生蔬果一册，种种皆有异趣，令人动心骇目。今观扶老所作，形神具妙，与白石翁空水相印，自非斲轮神手讵能臻妙若此？披览之余，倍深叹服。”[14]杨晋的题语也印证了马元驭的取法，并高度评价了其绘画艺术，甚至将其与沈石田相提并论。

沈周把文人气息注入写意花鸟画，且取材广泛，将寻常之物表现在他的画中，以深厚的学养，高蹈的人格修养，朴厚的笔墨趣味，融汇成敦朴雄实、滋厚淡润、笔致沉穆的艺术特点，树立明代文人画美学理念。此图，马元驭以雄劲的笔墨绘出灵芝的菌柄，枯润相合，浓淡相破，加上以赭石颜色的晕染，分出菌柄的阴阳。菌盖则以没骨法表现，墨色相融，以墨与色的积染、皴擦来表现其形状、质感，及其辐射状纹理，确有石田翁雄浑滋厚，笔致敦穆的特点。

第八页，白菜（纵25.8、横30.4厘米），纸本设色。明代李时珍引陆佃[15]《埤雅》说：“菘，凌冬晚凋，四时常见，有松之操，故曰菘，今俗谓之白菜。”[16]白菜古称“菘”，因其四时常见，犹如松之常绿，不畏严寒，有松之节操，故以“菘”名之。此图作者用汁绿以意笔写杂草，用笔细劲，密而不乱。草丛中一棵白菜长于其中，以淡墨写其茎脉，中锋运笔，画法略为疏放，稍带写意；叶用没骨法绘成，以花青色写老叶，以汁绿色写嫩叶，叶分向背，色分浓淡，皆一笔写成。一叶有虫食之痕，生动形象，可见作者观察入微，写生功底精深。此图，作者将白菜置于杂草丛中，或寓意其虽于世俗凡尘间，却能守君子浩然之气。所绘杂草、白菜置于画左，留白于画右，右上有同邑著名诗人钱朝鼎题诗一首：

燕市黄芽忆往年，画图渲染色新鲜。
江南已上苍生面，莫更还登乞守钱。

款题“舟壑朝鼎”。钤印朱文“禹九”，白文“朝鼎之印”。画面左下角钤有作者之印，白文“虞山马驭”，右下角有何瑗玉藏章两枚，文同上。嵌身天头有太仓诗人顾湄[17]题诗一首：

波稜点染得天真，笔底东风已入春。
老我江村无异味，白菘香佐晚餐贫。

款题：“庚申正月晦日，题呈扶羲道兄一笑，弟顾湄。”钤印白文“顾湄之印”、朱文“伊人”，起首章朱文“抱山”。

副页有张远题诗与名画家王武[18]题跋。张远诗云：

霜后芳园正小春，江南白菜烂如银。
平生肺腑君能识，无地容他肉食人。

款落“张远”。钤白文印两枚“天涯”“远”。王武题曰：

马子扶羲得写生家学，本于侯伯阳，而以秀腕出之。故尽扫工习，天然尔雅。己未中秋，忘庵王武偶书。

钤印白文“王武私印”，起首章朱文“吴趋”（图八）。

第九页，双鱼图（纵29.3、横23.7厘米）。纸本设色。所画之鱼似沙塘鳢，常熟方言称为土婆鱼。此图绘鱼两条，以新折柳条自鱼鳃至鱼口穿在一处，鱼鳃撑开，鱼腹相对，上端一鱼只见其背，下方一鱼但见其腹，鱼甚肥美，令人生津。作者以浓墨写柳条，笔墨恣肆，挥洒自如；以墨青、墨绿点染柳叶，皆一笔而成，潇洒飘逸。以淡墨逸笔勾写鱼头、鱼身、鱼眼，鱼身再用淡墨晕染，背浓而腹淡，在墨未干时又

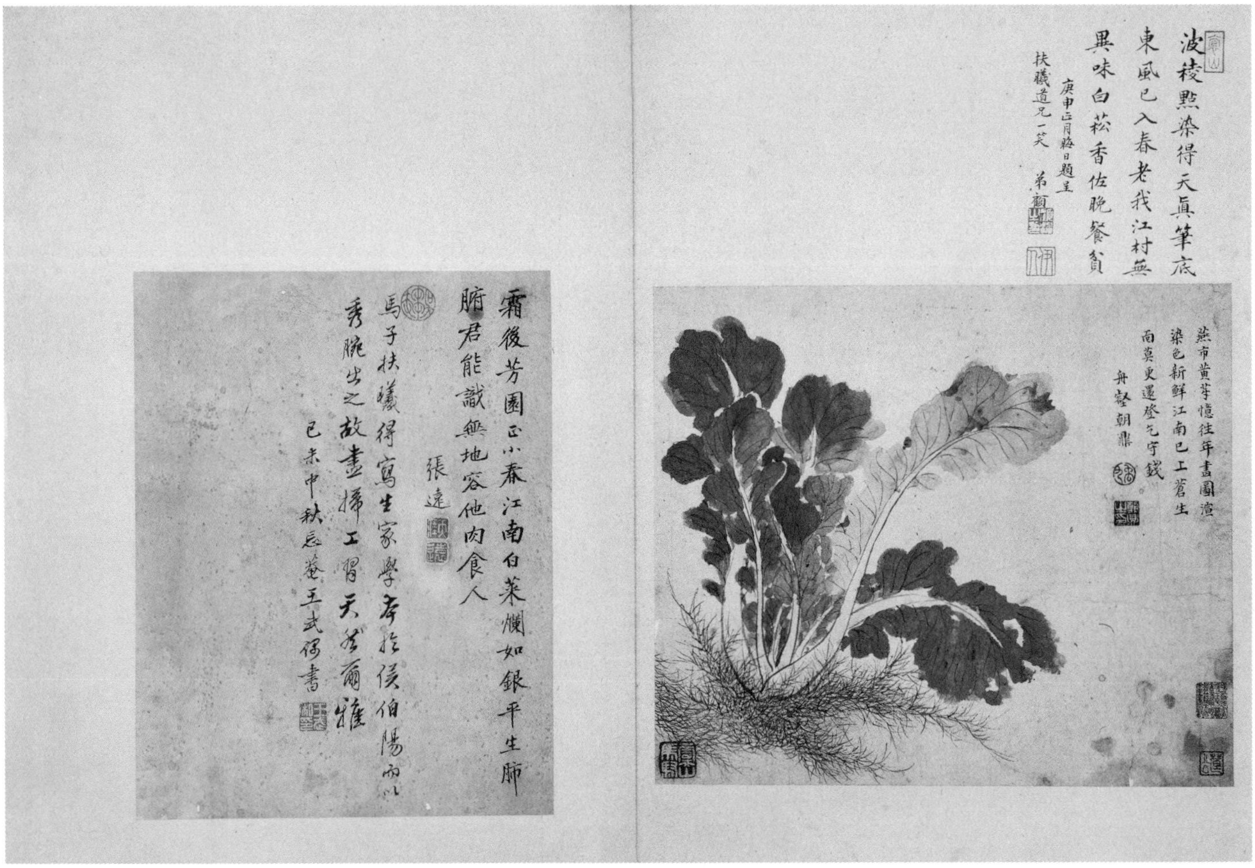

图八　清・马元驭《杂画册》第八页：白菜

以浓墨点染鱼鳞，此为破墨之法。以浓墨写鳍条，点其睛。鱼鳍又以淡墨晕染，亦在墨未干时，鳍尾处以赭红色点染，以色破墨，自然生动。撑开之鳃亦以赭红色浓染，更显鱼儿新鲜。

以柳条穿鱼为旧时农人渔夫常用之法，如此便于人提携。这也定是作者日常所见，能描绘如此生动形象，可见其观察入微，运思精妙，笔墨精湛。

画面未有款题，唯有作者用印及藏家用印各两枚，作者印为白文“元驭之印”，朱文“东旭”。藏印同上。

嵌身天头有同邑诗人钱朝鼎题诗一首：

> 竭泽西风藻影间，江东鲙尽季鹰还。
> 何因更有霜鳞出，鼓鬣双双过碧湾。

款题“舟壑朝鼎题”。朱白文“臣朝鼎”，朱文“禹九”。起首章白文“染皂室”。

副页为同邑诗人陆贻典[19]以隶书题诗二首：

> 浩荡江湖纵所如，桃花误引武陵渔。虽然不设姜侯脍，也向津头泣过鱼。
>
> 箬笠蓑衣兴有余，六鳌连举术应疏。钓璜久断滩头梦，莫是传来尺素书。

款题“觌庵陆贻典”。钤印白文“陆贻典印”，白文“敕先”（图九）。

第十页，犀角杯（纵32.7、横25厘米）。纸本设色。犀角杯材料珍贵，雕刻精美，被誉为古玩杂件中的佳器。犀角杯以雕刻花卉、动物为多，其次为仿古题材，再次是人物风景，最后是天然素身。此图作者所绘为素身犀角杯，旁置一白色小杯。犀角杯杯口内侧以淡墨细线勾出，外沿则用笔粗豪，线条厚重。杯身未加勾勒，为皴染而成，画出犀角原有质感。小杯

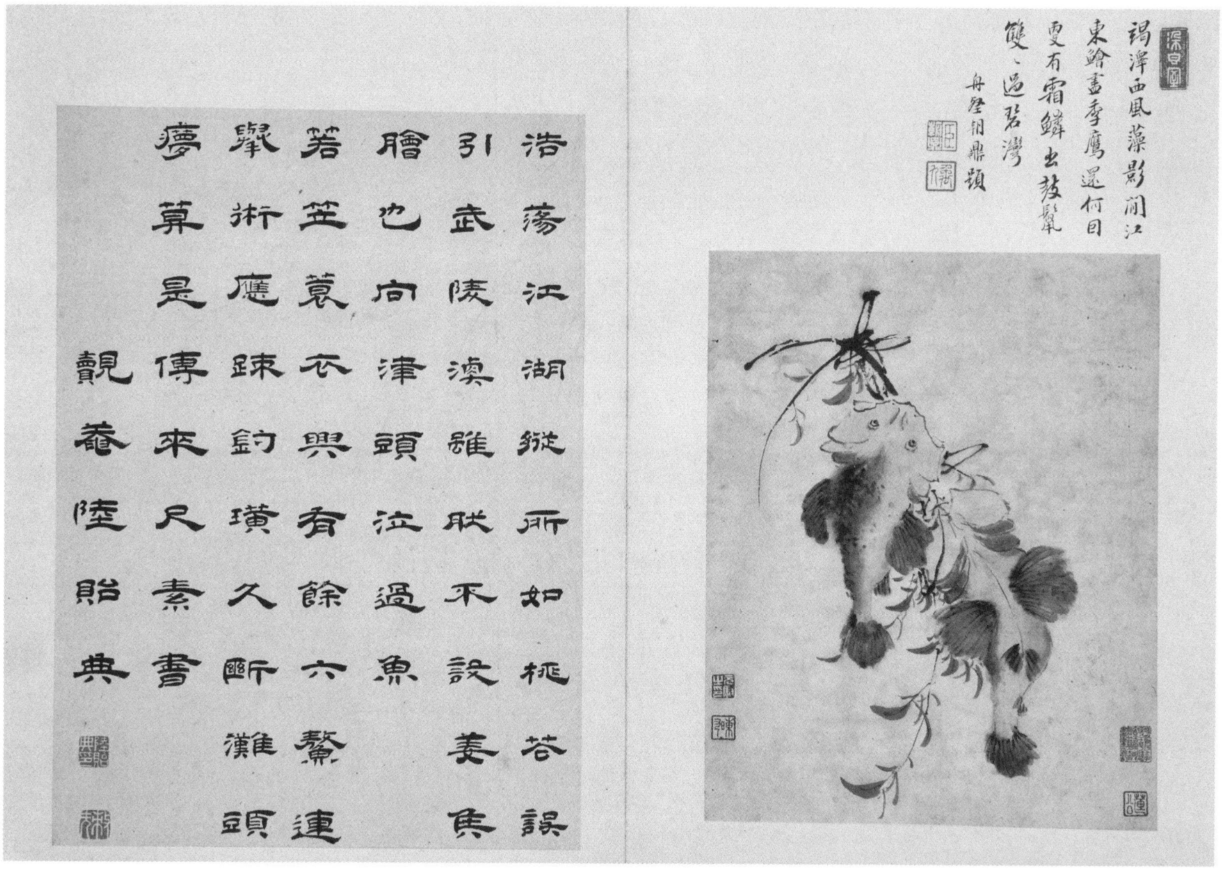

图九　清·马元驭《杂画册》第九页：双鱼图

纯以线勾其形状，杯口勾有圆形纹饰，素雅净洁。二杯置于画之左下，右上则有作者长题，文曰：

> 昔韩昌黎赠张秘书曰："长安众富儿，盘馔罗膻荤。不解文字饮，但能醉红裙。"杜少陵称李太白则云："李白一斗诗百篇。"则知酒不贵俗饮，诗者酒之余也。在达人逸士，酒后耳热，挥毫染素，连成篇什，堪笑驭日夕茗艼，终无片言自犒，不能无愧。偶从疏灯独酌之余，率书败纸，不足存也。元驭。

铃印白文"元驭之印"。右下角有闲章两枚，皆为白文，一为"听松"，一为"酒兴诗怀"。左下角有何瑗玉藏章一枚，同上。此页分心下端有白文"颐情馆藏"之章，可知此册曾为晚清宗源翰[20]收藏（图一〇）。

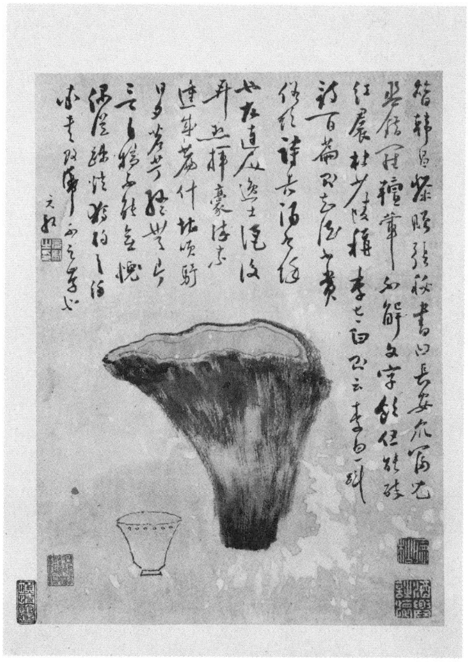

图一〇　清·马元驭《杂画册》第十页：犀角杯

观赏完这本《杂画册》，可知马元驭确是一位工写俱佳并有着继承和创新的花鸟画大家，他追求的是一种简朴自然的艺术境界。马元驭在其《墨梅册》第四页题曰："古人写生，一花一叶，位置不凡，简洁可爱。迩来竞向华密，以朴简取胜者未之见也。偶作数笔，为观者另开生面。"[21]他的艺术风格以简朴取胜而又别开生面。正如王撰题《马扶羲墨梅册》云："余每见启南、东村、白阳诸名家写生之作，随意点染，逸韵天成，迥非凡手可及。不谓天虞山人手笔极人工之异趣，夺造物之巧思，苍秀高逸，超越前人乃尔，但使观者娱目赏心，不能名其妙，可见代有奇士，莫谓今人不如古人也。"[22]"极人工之异趣，夺造物之巧思"目的是"使观者娱目赏心"，此为中国画创作的意义所在。

注释：

［1］〔清〕张大镛：《自怡悦斋书画录》卷十一"题《马扶羲墨菊卷》"，道光壬辰张氏刻本，常熟图书馆藏。张大镛（1770—1838），字声之，号鹿樵。江苏常熟人。乾隆五十九年（1794）举人，官至山西河东道。祖父张仁美、父张敦培均有藏书之习，自幼博览典籍，后亦搜罗古书，藏书万卷而丹黄不辍。鉴别名人书画极有功底，不惜重资购藏典籍、书画。辟藏书楼名为"自怡悦斋""半野新庄"，琳琅缥碧，自称"驾钱氏'绛云'而上之"。

［2］〔清〕鱼翼：《海虞画苑略》，于安澜编著：《画史丛书》，河南大学出版社，2015年。

［3］〔清〕张庚：《国朝画征录》，浙江人民美术出版社，2019年。

［4］〔清〕秦祖永著、黄亚卓校点：《桐阴论画》，上海古籍出版社，2015年。

［5］同［1］。

［6］何瑗玉（约1815—1889），字叔子，号蘧庵，别号莲身居士，室名有元四家画楼，广东高要人。家富收藏，精鉴别。能书，工画，写墨梅，秀逸天成。兼善摹印，拓金石。著有《书画所见录》。

［7］钱朝鼎，字禹九，号黍谷，江苏常熟人。顺治四年（1647）进士，官至太常卿。从孙克弘学画，善画兰竹及折枝花卉。能诗。有《三满楼集》。

［8］徐樗存，生平待考。

［9］思复，生平待考。

［10］钱陆灿（1612—1698），字尔韬，号湘灵，又号圆沙，江苏常熟人。藏书家、校勘家。钱谦益族子。顺治十四年（1657）举人。以奏销案黜革。好藏书，教授常州、扬州、金陵间，从游甚众。有《调运斋诗文随刻》。又从钱谦益《列朝诗集》辑出《小传》别行，并有所是正。

［11］宛墅，生平待考。

［12］张远（1650—1724，一作1648—1717），字超然，号无闷道人，福建侯官（今福州）人。以滨海多难，政苛如虎，流亡道路，后侨寓江苏常熟。康熙三十八年举人，官云南禄丰知县，卒于滇中。诗文均为当时名流所激赏。有《无闷堂诗文集》。

［13］〔清〕张大镛：《自怡悦斋书画录》卷十六"马元驭《墨梅册》"，道光壬辰张氏刻本，常熟图书馆藏。

［14］〔清〕张大镛：《自怡悦斋书画录》卷十一"题《马扶羲写生蔬果卷》"，道光壬辰张氏刻本，常熟图书馆藏。

［15］陆佃（1042—1102），字农师，号陶山，越州山阴（今浙江绍兴）人，陆游祖父。北宋熙宁三年（1070）进士，官至尚书右丞。著有《陶山集》《埤雅》《礼象》等。

［16］〔明〕李时珍：《本草纲目》菜部第二十六卷，人民卫生出版社，2019年。

［17］顾湄，生卒年不详，字伊人，号抱山，江苏太仓人。诸生。陈瑚弟子。工诗古文。顺治末，为奏销案所累，乃不求进取。曾应徐乾学之聘，助之校刊《通志堂经解》。有《水乡集》。

[18] 王武（1632—1690），字勤中，号忘庵，又号雪颠道人、如是翁、不山，吴县（今江苏苏州）人。明代名臣王鏊六世孙，以诸生入太学。生性和乐平易，不屑于科举。精鉴赏，富收藏，擅画花鸟，风格工整秀丽。王武传世作品比较多，代表作有《为紫谷画花卉册》《红杏白鸽图》等。

[19] 陆贻典（1617—1686），一名陆典，早年名陆行，又名陆芳原，字敕先，自号觌庵，江苏常熟人。明诸生。年少时，即笃志于坟典，学问极有根底。弱冠后与里中诗人吟咏结社，刻《虞山诗约》，入钱谦益门下。博学工诗。其论诗谓法与情不可缺一。又工书法，尤长汉隶。精校审、富于藏书，多善本。藏书楼名曰：玄要斋、颐志堂。

[20] 宗源翰（？—1897），字湘文，上元（今江苏南京）人。早年累佐戎幕，荐保知府，历官浙江衢州、严州、嘉兴、湖州、温州等地知府。中法战争时，曾严备海防。光绪二十年（1894），授浙江温处兵备道。卒于任。喜金石书画，收藏甚富，亦工诗文。著有《颐情馆集》《闻过集》《右文掌录》。

[21] 同[13]。

[22] 同[13]。

美人亦如是

——解读清代《柳如是画像》轴

钱　珂

内容提要：明清之际，才女柳如是的传奇经历引发众多画家为其摹绘小像，文人墨客广征题咏成为一时之趣尚。常熟博物馆藏清代《柳如是画像》轴无署款，该画像较真实地还原了一代才女的温婉姿容，本文对其进行考证研究后推断作者为高垲。

关键词：柳如是　画像　钱谦益　高垲

柳如是（1618—1664）是明末清初的传奇女子，本姓杨，名爱，后改姓柳，名隐，又名是，字蘼芜、如是、影怜，号我闻室主，人称河东君。原籍浙江嘉兴，流寓吴江。幼为盛泽徐佛养女，曾入吴江故相周道登家为侍婢，后坠入风尘，为“秦淮八艳”之一。柳工诗善画，以诗词名噪江浙，明末已有诗词集《戊寅草》《湖上草》刊行。崇祯十三年（1640）慕名拜见常熟名士钱谦益，次年与钱结褵，钱谦益造绛云楼，二人以书典相娱，诗词酬唱。明亡时，柳曾劝钱谦益以身殉国，钱未从。后随钱归里，居白茆红豆山庄。从明末到晚清有许多画家、文人均热衷于画柳如是小像并广征题咏，其摹本之多、题咏之甚成为一种文人的趣尚。

常熟博物馆藏有一件清代《柳如是画像》轴（图一），纸本设色，纵96、横30厘米，画幅左下角有边题。该画像未署款，画幅上方为嘉庆庚午（1810年）高垲题写查揆所撰《河东君墓碣》，钤“爽泉”朱文方印、“高垲私印”白文方印。题首碣文通篇如下：

自昔扶风设蕝，不闻窈窕之名；厌次应谐，乃托宛若之迹。靡风环俗，骖服六朝；夸饰畸

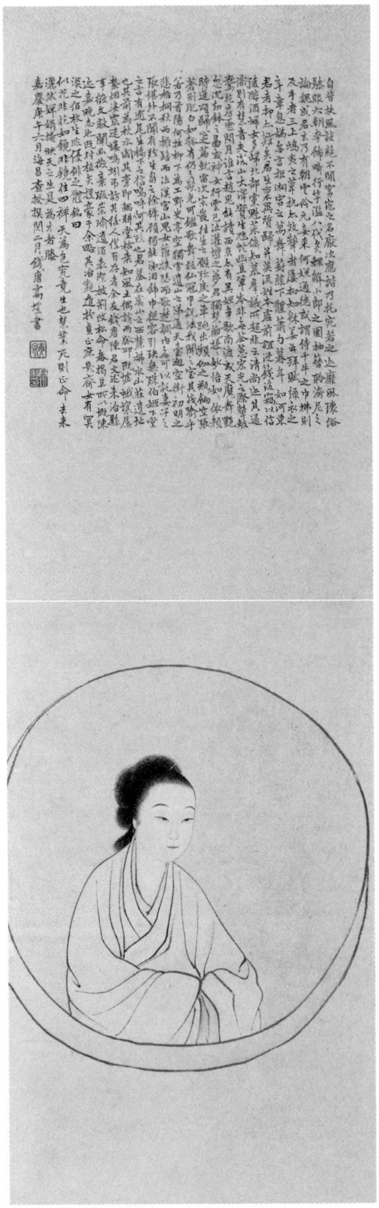

图一　清《柳如是画像》轴，常熟博物馆藏

*　钱珂，常熟博物馆馆员。

行，竽滥八代。炙輠解小郎之围，抽簪聆济尼之论。魏成君去，乃有朝云；伶元妾来，何嫌通德。或谓侍千牛之巾拂，则反手者三；上鸱夷之苇杭，亦效颦者屡。抑知穆姜再拜，赋绿衣之辛章；息妫无言，拒湘官之万舞。葑菲下体，萧勺暮年。如河东君者，抑亦难矣。君生禀异质，归并英流，姓本卢前，谊从笺后。窃以信陵醇酒，妇女多归；北部党魁，莱佣知慕。群议所趋，非云清尚；迹其通识，别有慧音。夫深山大泽，实生虺蛇；幽阜单岑，非无荃蕙。宏光之际，鼙鼓惊花，房奁闭月。谁言赵鬼，能读西京；亦有吴姬，争歌南渡。或天魔舞艳，忽沉劫钵之图；或神女行云，已泣灌坛之梦。君独慧观扰扰，妙悟如如，依颜时进，颂归心之篇；就雷次宗，发往生之愿。弥戾之车跳出，频伽之瓶饷空。张苍则肥白如瓠，有仍之发光可鉴。歌舞疑仙，冠巾说法；我闻之室，其筏喻乎。若乃首阳何拙，柳下为工。野史亭空，独雪遗山之涕；通天台迥，空衔初明之悲。梧桐秋雨，拥髻而泣汉宫；山鬼女萝，挟瑟而歌楚调。内无可以托妻子之张堪，外不闻有致生刍之徐穉。顾独能涕泪饰巾，从容引玦，无殊伯姬下堂之言，有逾尾生桥下之信。呜呼！何其烈也。君墓在虞山之西麓拂水山庄遗址也，其前为秋水阁，其旁即耦耕堂。枯叶知风，土偶诮雨；狐邱既墟，蛾壤屡蛰。烟凄露迷，蝼鸣蚓吊；访其后人，仅有存者。余友钱塘陈君文述来治县事，征文献，阐幽微，弃瑕崇瑜，遗浊表洁，披荆改松，命畚揭阜，所以慨陈迹、嘉晚志也。既封植矣，授豪［毫］于余，略其冶艳，进于贞正。庶几齐女有冥漠之侣，枚生非优俳之体。铭曰：

似花非花，如镜非镜。住四禅天，为色究竟。生也慧业，死则正命。去来洒然，婵娟掩映。天之生是，为才者媵。

嘉庆庚午六月，海昌查揆撰。闰二月，钱塘高垲书。

该画像出自何人之手，至今未考出，仅凭画风可以推断，系清代所作。人物、衣饰均采用写实的白描画法，线条细腻，运笔流畅，勾画出柳如是姿容，神态毕肖。画中柳如是长发重髻，双目明亮，素衣宽袖，笼手端坐，倚靠圆窗，仪容端庄娴静，似在低眉沉思。画幅边有俞鸿筹题记："岁庚寅，柳夫人墓被发。逾数月，鹿门居士西郊祭扫，过而见之，亟为畚筑重封。归即于常卖家得夫人画像，尚像嘉庆时从真容所摹之本也，讵非灵爽所式凭欤？盛题记也。己酉（1969年）孟秋略彴长翁。"钤"虞山俞鸿筹印"白文方印（图二）。俞鸿筹（1908—1972），字运之，号啸琴，江苏常熟人。曾参修《重修常昭合

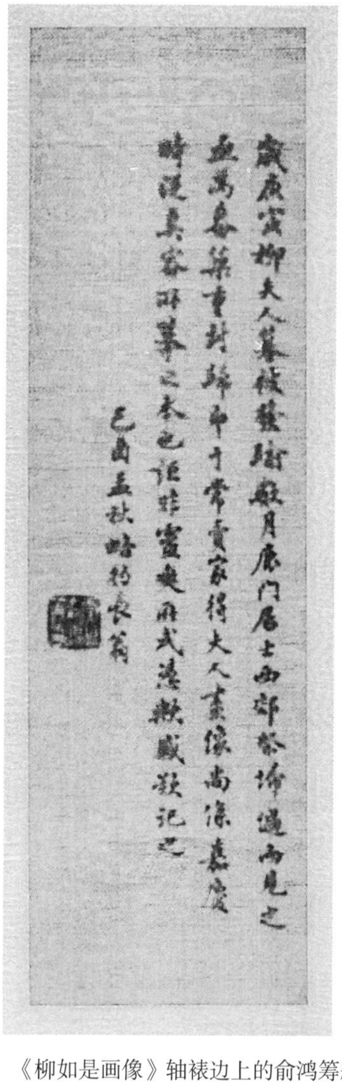

图二 《柳如是画像》轴裱边上的俞鸿筹题记

志》，著有《舍庵诗词残稿》《唐律疏义诠释》，为研究唐律的著名学者。俞鸿筹何以判定该画像为“嘉庆时从真容摹下之本”呢？据《常昭合志》卷十九“职官志”记载，钱塘陈文述于嘉庆十四年（1809）、嘉庆二十三年（1818）两度署任常熟知县[1]。陈文述（1771—1834），初名文杰，字隽甫，号云伯，浙江杭州人。嘉庆五年（1800）举人，曾官安徽全椒、繁昌等知县。工诗，著有《碧城仙馆诗钞》《颐道堂集》《西泠怀古集》等。陈在首任常熟知县期间做了一件雅事——于嘉庆庚午（1810）重新修葺柳如是墓。另据《重修常昭合志》冢墓卷载：“钱烈妇河东君墓……嘉庆间，知县陈文述修，查揆撰碣、孙原湘书墓碑后。”笔者在查阅相关资料时，发现《续修四库全书》中集部1506册收录有陈文述的《颐道堂文钞》（图三），卷四将自撰《重修河东君墓记》、孙原湘撰《书后》、查揆撰《河东君墓碣》完整录入，

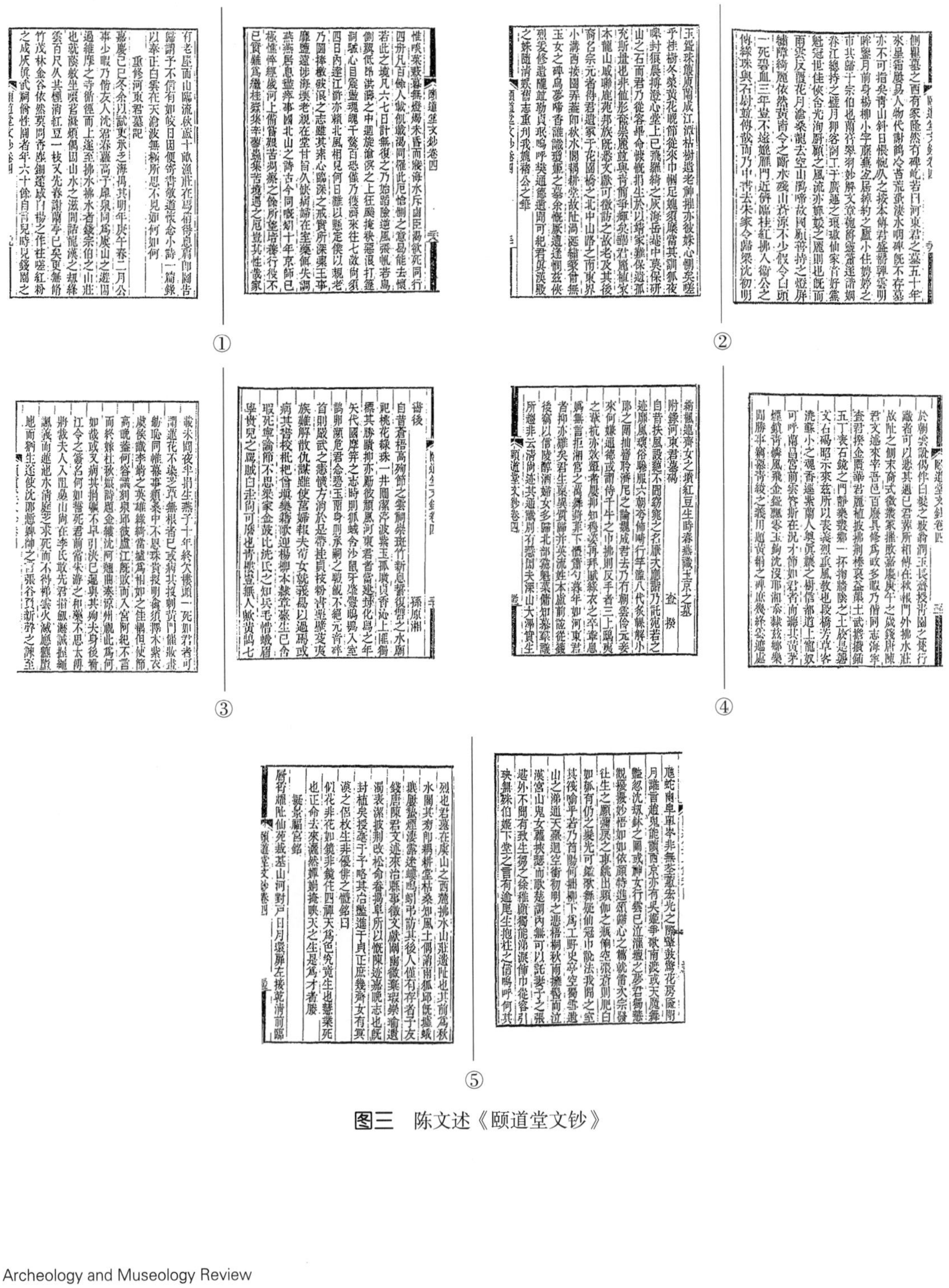

⑤

图三　陈文述《颐道堂文钞》

以上三篇资料均将此次封土立石重修柳墓的缘起、经过、意图一一点明。而据史料记载，当年陈文述在墓前还立有柳如是画像石碑，其内兄龚素山在文述所著《西泠闺咏》中作序“河东君墓湮没久矣。君访得于拂水山庄遗址，为修复立石，梅史（查揆）撰铭，子潇（孙原湘）作记，爽泉（高垲）书丹，吴竹虚为图，曼生题卷首曰‘蘼芜香影’”。而俞鸿筹所谓“系嘉庆时从真容摹下之本”，极可能是指该画像为柳墓前石刻“蘼芜香影”的摹本。细细品读常熟博物馆藏这件河东君画像，确与陈文述《重修河东君墓记》中“君盛鬋弹云，明眸鉴月”感觉颇为相近。但因“蘼芜香影”这块碑石在嘉庆时期即已消失无踪，陈文述曾命其爱妾管筠于道光三年（1823）临摹河东君像并刻石。按：管筠，字静初，一字湘玉，浙江杭州人。陈文述妾。好吟咏，善绘事，性耽禅悦，恒写佛像。吾邑藏书家徐兆玮在1932年12月9日的日记中对柳墓前四块碑石最终流向有明确记载：“《嘉定县续志》附前志补遗《金石志》，有河东君小象，道光癸未三月钱唐女史管筠湘玉氏摹绛云楼本，石在安亭震川书院。《河东君墓碣》，海昌查揆撰，在安亭书院。《重修河东君墓记》，钱唐陈文述撰，在安亭震川书院。《河东君墓碑书后》，海虞孙原湘撰，在安亭震川书院。今移归古物保管会者仅存二石，一全一残，陈云伯修墓记已缺前半，次以查梅史墓碣，亦缺其尾，而孙心青书后一石则已佚去，所惜者管湘玉所摹河东君小象，未知尚有拓本留遗否？”[2] 徐兆玮一生留心地方掌故文献，其日记持续47年，记载有许多地方史料，专搜抄录明末清初乡邦文献，其中有关瞿式耜、钱谦益、柳如是的遗事就多达300余种，结合徐兆玮日记记载与地方史料文献综述，笔者曾推想此幅高垲题写柳如是画像的作者有可能为管筠，但据徐兆玮日记记载管筠所绘画像为摹绛云楼本，当是临写钱谦益学生顾苓所作的《河东君初访半野堂小景》，该像为身着儒服，幅巾束发，宽袖笼手，凝眸沉思，成儒生装扮。而常熟博物馆藏的画像与所传顾苓版本并不相同，所以绝非管筠所绘。

2012年北京嘉德春季拍卖会的“古籍善本”专场中，由南祴居士所辑《柳如是遗集》三卷颇为亮眼，该钞本最终以74万元（估价的4倍多）落槌成交。南祴居士为张继良（1871—？），字南陔、南祴，号兰思，又号双南，翁同龢门生，江苏常熟人。工书法，嗜抄书，所抄书籍均为稀世之作，一生爱书藏书成癖，有南陔草堂藏书。该书辑柳诗文集与相关文献资料，以南祴草堂红格稿纸抄成，起首有乙丑年（1919）藏书大家章钰手书序，张南祴命其子张存摹河东君小影三帧，依次为摹顾苓原本半野堂初访像、摹高垲原绘河东君像、摹改琦原绘河东君像，笔墨楚楚，极为精巧。学者黄裳先生所著《绛云书卷美人图——关于柳如是》一书再版时新增插图均选录《柳如是遗集》8幅图片[3]。《遗集》中手绘柳如是小像之二（图四）与常熟博物馆所藏《柳如是画像轴》基本相同，该图小像附张南祴题：“河东君小景。嘉庆中，陈文述宰吾邑，修河东君墓，查揆为作墓铭，高垲绘河东像，并书查文于耑。

图四 张继良辑《柳如是遗集》小像之二，张存摹

余得之钱氏裔孙家。己未七月，既录墓铭，冠遗集后，命存儿（张存）重抚此像。”结合题记中“高垲绘河东像，并书查文于耑”即可知所指正是常熟博物馆所藏高垲题柳如是画像轴，而张存所摹柳如是小像之二即以该画轴为摹本临写而来，由此推断常熟博物馆馆藏柳如是画像虽未署名，作者即为高垲。高垲（1769—1839），字子才，号爽泉，浙江杭州人。曾为阮元幕客。篆刻宗浙派，秀劲有法。书法秀丽绝俗，颇见功力，又善小楷。精绘事，尤工花鸟、草虫，取法宋、元，勾勒设色，均极精妙。纵然史学大师陈寅恪先生晚年一部封刀之作《柳如是别传》洋洋洒洒八十余万字为我们勾画出柳氏曾经异常生动的传奇一生，今天的我们亦可从此画像的丹青妙笔中领略消逝于历史深处的一代才女温文婉约之神韵。

柳如是红颜薄命，清康熙三年（1664）钱谦益殁后，柳因抗争钱氏族人争产逼索而自缢。柳卒后，由钱谦益门生王梦鼎、陈式、严熊、顾苓等将其营葬于原拂水山庄秋水阁庭中。未曾想身后亦是蹉跎，柳墓由清嘉庆年间常熟知县陈文述重修，另据瞿凤起《记〈河东君柳夫人墓碣〉》一文记述柳墓曾先后于丁丑（1937）、庚寅（1950）被盗掘过两次[4]。柳墓距钱谦益墓约50米，墓前立有石亭一座，亭柱上镌柳如是行书诗句“浅深流水琴中听，远近青山画里看”。青山绿水间，流传着钱柳的一段佳话，才女柳如是的形象显得更为妩媚动人。

注释：

[1]〔清〕《重修常昭合志稿》卷十九“职官志”，光绪甲辰活字本。

[2] 徐兆玮：《徐兆玮日记》第五册，黄山书社，2013年，第3575页。

[3] 黄裳：《绛云书卷美人图——关于柳如是》，中华书局，2014年。

[4] 瞿凤起：《记〈河东君柳夫人墓碣〉》，《中华文史论丛》1982年第1辑（总第21辑），第121页。

仓硕撷珍

——吴昌硕与虞山友人交游诗跋考略

范金燕 *

内容提要： 吴昌硕在苏州为官期间与一批同道好友结交至深。本文根据常熟博物馆馆藏文物中的诗文题跋资料，探讨吴昌硕与虞山友人的往来行迹。吴昌硕居苏州后，与友人频繁的品鉴探讨对他中晚年时期的艺术蜕变具有重要影响。另一方面，吴昌硕的艺术革新理论对清末民初常熟艺坛产生了重要的影响。

关键词： 吴昌硕　金石书画　交游　虞山

近代艺术大家吴昌硕，诗、书、画、印堪称“四绝”，在近代中国艺术史上具有举足轻重的地位。他一生历经清道光至宣统五朝以至民国，因生活、学艺、为官辗转各地。动荡不安的政局让他忧愁不可排解，遂将仕途之向转而倾注刀头笔尖，毕生醉心笔墨丹青，终得佳名永存，留芳艺坛。他才情卓绝、性格开朗，身边聚集了一批志同道合的师友兄弟。在广交诸友、博览群艺的同时，好友间的收藏资源共享，得以使他积累大量创作素材。这些品鉴所得，对他逐步形成中后期独特的艺术面貌和创新理论具有重要意义。纵观先生数十年攀登艺林直至巅峰，不仅是源于自身天赋异禀和后天奋进努力，更是善于取长补短，于文化积淀中汲取艺术滋养的缘故。

一　引言

常熟博物馆藏有《吴昌硕诗笺手札册》，全册共计八开，用纸均为“缶庐”记花笺，署书“戊子（1888）十月八日”“初八日”，尾钤印“缶记”（图一、二）。沙孟海《吴昌硕先生的书法》一文中提到：“据他（吴昌硕）自己说，早年楷法专学钟

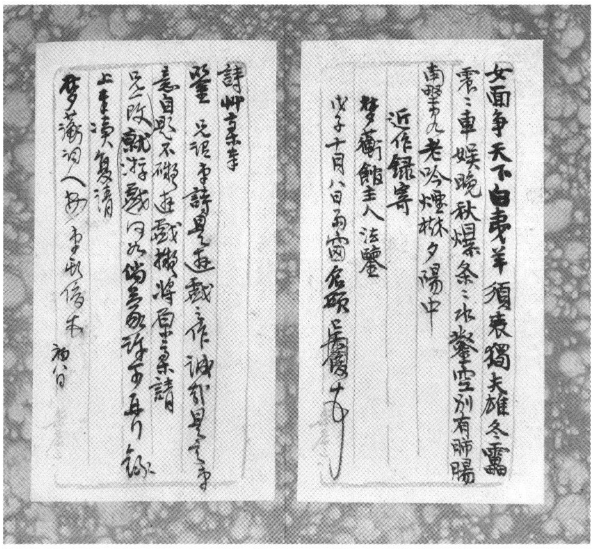

图一　吴昌硕《诗笺手札册》第七、八开，常熟博物馆藏

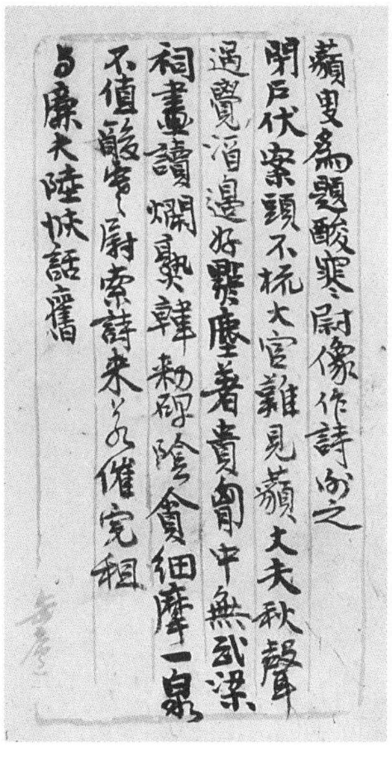

图二　吴昌硕《诗笺手札册》第一开，常熟博物馆藏

*　范金燕，常熟博物馆副研究馆员。

繇……中年以后，少写真书，风格一变，楷法倾向黄山谷。”[1]这册手札以行楷书写，书字结体扁方，结字钟书特征明显，行笔流畅、润燥相融，是其中年书体常见风格。诗笺中与陆廉夫、吴大澂话旧谈碑、临画作诗后所记，足见先生博学广闻、知音遍布。册中一开《藐叟为题酸寒尉像，作诗谢之》，写于清光绪十四年（1888）十月，与浙江省博物馆所藏任伯年画《酸寒尉像》（图三）作于同年，先生时年四十五岁，任伯年画作落款为八月。吴昌硕诗笺中提到因画像向老师杨岘索题的趣事：

闭户伏案头不梳，大官难见藐大夫。
秋声过觉酒边好，点尘著贵胸中无。
武梁祠画读烂熟，韩敕碑阴贪细摩。
一泉不值酸寒尉，索诗来若催完租。

此诗词句意趣诙谐、妙趣横生。诗人戏语自己是“一泉（钱）不值酸寒尉”，潇洒豁达的心境表露无遗。

吴昌硕中年时生活清苦，依靠朋友举荐，在苏州做了个小官。1882至1911年定居苏州，结交不少友人，闲暇时清谈交流、鉴赏古物。《吴昌硕年谱》（以下简称《年谱》）记：“江苏颇有一些懂得金石书画的人，先生每到一处，就多访求这样的人，跟他订交。相互攻错。”[2]他结交大收藏家苏州过云楼顾文彬[3]，与吴榖祥、金心兰、倪墨耕等人并称“怡园七子”，与顾文彬子顾麟士等人结“怡园画社”。几年间，凭借对艺术的独到眼光与精辟见解，跻身名流群体之中。常熟县隶于苏州府，山色绮丽、水木清华，是游玩赏景的好去处，常成为风雅之士聚集场所。在好友引荐下，吴昌硕相继与沈汝瑾、俞钟銮、沈煦孙、沈养孙、翁同龢、赵古泥等虞山文人、藏家结识。由他们之间的书信诗跋，可一窥这位“外来客”与虞山友人的交游行迹。

二 订交石友

《吴昌硕年谱》记：“39岁居苏州……与虞山沈石友订交。”[4]吴昌硕与沈汝瑾（石友）[5]相识于1882年。当时他在艺坛还属默默无闻，寄居苏州吴云（平斋）的两罍轩中[6]，由曾任常熟通判的吴云引荐与沈石友结识，引出一段晚清艺坛脍炙人口的佳话。沈石友家境颇为殷实，一生衷情古砚篆刻，藏砚颇丰多前代稀珍，且工诗书画，尤以诗文格调古朴、气息浑厚，《梦苕盦诗话》记载：“吾虞近百年诗人，沈石友（汝瑾）先生当为第一流”[7]。但其生性孤僻，自述“闭门索居”“不乐人近”。而潘天寿则在《回忆吴昌硕先生》中说：“先生和易近人，喜谐语。”一个才华横溢、不喜与人交往，一个心性外向、为人和善幽默，性格互补或成二人投趣的原因之一。

图三 任颐《酸寒尉像》，浙江省博物馆藏

沈石友年龄较吴昌硕小十余岁，在古砚收藏、金石篆刻及诗文书画上的造诣不凡。吴昌硕品玩金石之物水准极高，每每抚玩沈氏所藏古砚赞不绝口。沈石友《鸣坚白斋砚铭》收录的一方砚铭中，石友谦称："学书老不成，赠砚负吾友。何似在田家，瓮头覆春酒。"似乎对自己的创作成果甚是惭愧。昌硕却盛赞："公周临抚金石文字之砚。邦之砚不可见，温润缜密惟既砚，谁策治安天下晏。"一位藏砚大家，一位艺坛巨匠，两人志趣相投，一唱一和，对彼此的欣赏丝毫不吝溢美之词。

除文人间唱和、品鉴佳物外，沈、吴二人多有对家国现状的悲叹与愤鸣。沈石友在"生圹后志砚"铭自述："武汉发难，身丁国变，性耽诗，有研癖，谓诗可言志，研以比德也。"吴昌硕在《鸣坚白斋诗存》（以下简称《诗存》）序则说："晚遂举其悲愤之心，托于闲适之致，乃至风月之吟弄，樵渔之歌唱，而其中若有甚不得已者。"[8]一人坐榻不出，以诗言志，一人甚不得已，奔走红尘。动静之间，对家国乱世无可奈何的心绪行于字里行间，句句呼应。在《仓公事略》中（图四），沈石友讲述了甲午之后，吴昌硕从军之事，称交情日久，"君智足料敌，惜未见用，仅以笔墨抒郁勃。国事日非，谈辄扼腕，亦可见君志矣。"知好友中年时奔走官场始终不得志，

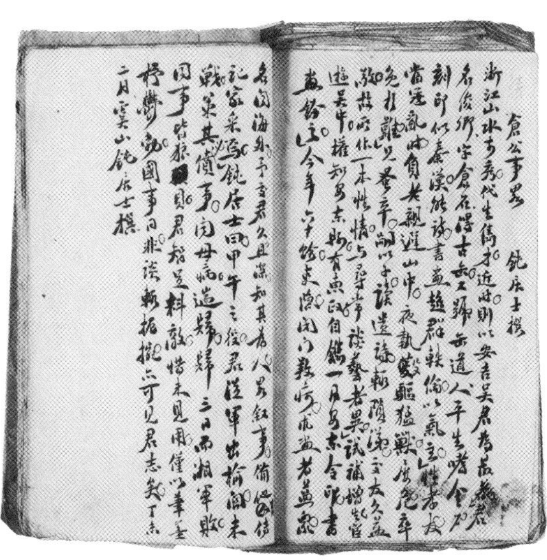

图四 沈石友撰《仓公事略》，浙江省博物馆藏

胸中郁郁，每谈及国事扼腕叹息。二人空有鸿鹄之志不屈之心，无奈时世不济国运不昌，惺惺相惜之情溢于言表。

因金石篆刻结缘的二人，大部分依靠"酬唱简牍往来"，以诗书为系，互发雅思，先生很多题画诗是"请石友代为"[9]。1917年沈石友殁后，吴昌硕痛心至极，为好友刊《诗存》，收录关于两人酬唱互勉的佳作百十来首，在序中谦逊地说道："吾与石友论交，为岁壬午，今三十余年。石友生于戊午，我生甲辰，以齿论，石友固兄事吾，征其学识，吾窃愧之。"文中慨叹至交的博学，虽石友认他作兄长，吴昌硕却自觉学识远不及之。石友对待这位密友，则不因贫寒而疏离，不因富贵而趋附。《诗存》中有一首《冬夜送昌硕返吴门寓舍》：

未尽一樽酒，忽忽上夜航。
仆饥愁道路，裘敝饱风霜。
宦海沉寒士，苏台当故乡。
新年下陈榻，有约踏春阳[10]。

此是吴昌硕在苏州做官期间的一年春节，在常熟沈宅小聚后坐船返回苏州。诗中叹息相聚短暂，期待与好友早日重逢。好友屡遭不顺时，伸出援手不求回报。好友颇负名望时，看透其浮沉宦海的酸楚与无奈，深知这位饱经风霜的金石之交，不过是身着一衣薄裘，且把他乡作故乡，苟于宦海中讨生活的寒士而已。

吴昌硕珍视与沈氏的友情，对其好友也一视同仁。《诗存》序中，吴昌硕提到两人共同好友俞钟銮（养浩）[11]："虞山之麓有俞君养浩，亦吾友也，石友在里中与论诗而行谊相合者。"俞养浩与沈氏为友，沈氏诗稿中赠予吴昌硕的诗占大量篇幅，赠养浩的诗也占极大比例。藏砚中常有养浩所作铭文，还曾赠养浩《沈氏研林》[12]的前身《石友砚谱》。因沈石友的关系，吴昌硕与俞养浩亦十分亲近，并赞赏他的品行，三人感情至深，如沈氏所说："与翁并直谅，斯世三益友。三寿合作朋，道义永相守。

瘿瓢以人重，金石同不朽。”[13]

三　师友情谊

俞钟銮是晚清重臣翁同龢外甥，由此不免提到吴昌硕与翁同龢的一段师友之谊。翁同龢《年谱》和《翁同龢日记》（以下简称《日记》）中，有一些吴昌硕早先与两朝帝师翁同龢交集的记录。光绪甲午年（1894）《日记》称：“江苏试用县吴俊卿送诗并印谱，似不俗”[14]。二月初十，51岁的吴昌硕携诗并印谱送呈京师翁府，未得见。三月初五，吴昌硕又带着沈汝瑾与藏家赵宗建的引荐信上门，称：“吴昌硕大令来，前日送图章及画，今与仲复之子研传同居，研传挈眷来应试也。”[15]至戊戌年（1898），翁同龢因参与戊戌变法被革职永不叙用，回常熟隐居。十一月初七日记：“吴沧石自苏来，未见。沧石者江苏县令，曩于京师识之，近以篆刻图章见贻。送伊肴馔。”[16]登门拜访未得相见，吴昌硕留印章赠予翁相，翁相回赠肴馔，后以诗答谢。翁相托人再赠对联“米老襟怀云山墨，莱公诗句野渡横”（图五）。分析吴昌硕数次上门拜见，前为仰慕翁相才学，尝想得到引荐。后一次，翁于九月间革职回乡，他十一月上门拜谒，丝毫未因翁同龢已被朝廷革职而避嫌。此次拜谒及留赠印作的行为，可视作对老师的顾念，又为获得艺术上的点拨。翁同龢书法有“同光年间第一人”之称，因大半生任职朝廷，伴君王左右，遍览皇家珍藏，对金石书画的艺术鉴赏力非同一般。他的书法中年多习颜体，结体宽博，浑厚苍劲。常熟博物馆的数十件翁同龢书法藏品中，楷书、行书为多，篆、隶书仅个别。其中节临《汉张迁碑》册（图六），尾页款落“戊戌冬至后十五日”，是吴昌硕登门拜访一月后所书。该册书帖一改往日面貌，尝试“以篆籀法为八分”，具有探索新书体的意向。

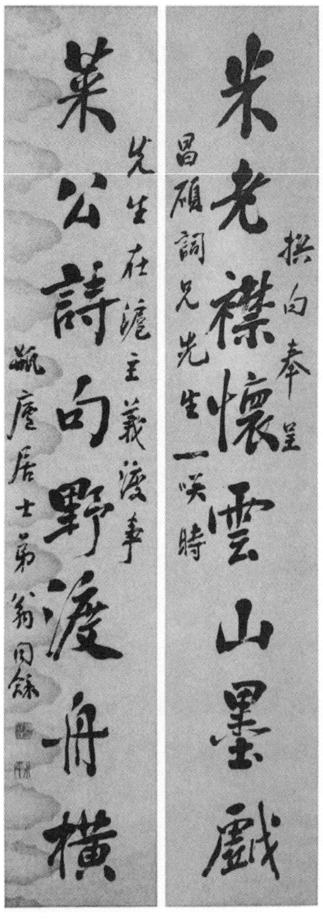

图五　翁同龢七言联，私人藏

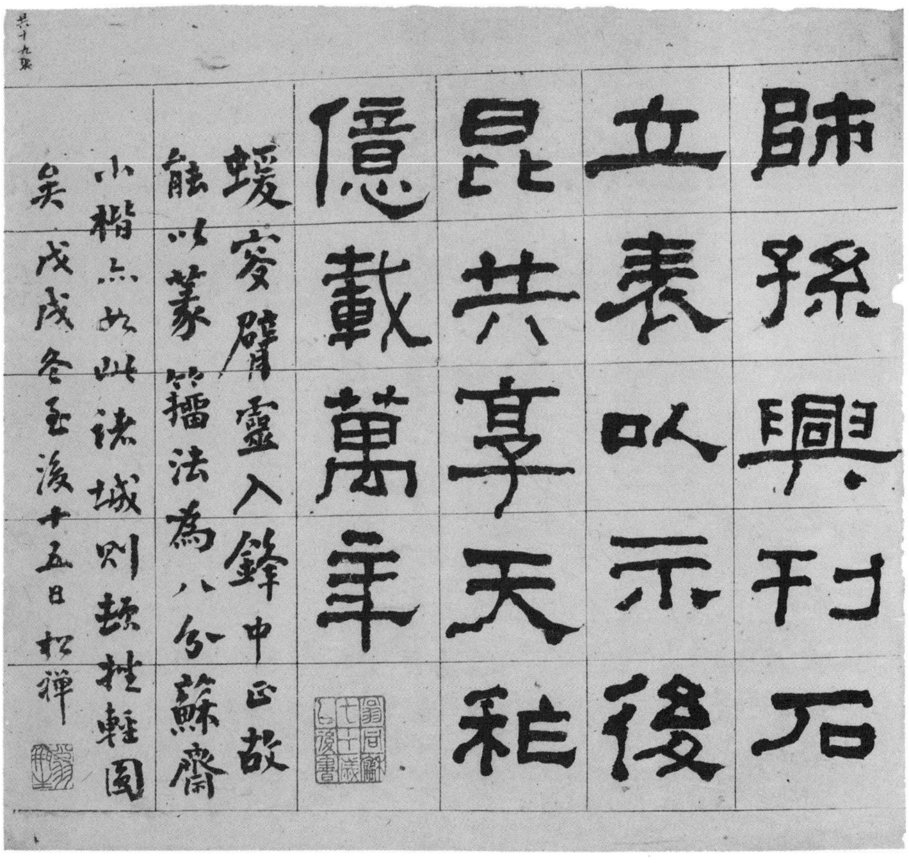

图六　翁同龢《节临汉张迁碑》册(局部)，常熟博物馆藏

图七 翁同龢《斗牛图卷》(局部)，常熟博物馆藏

翁同龢曾作《斗牛图》(图七)，绘二牛田间相斗，笔墨简练却趣味盎然。题“相对长闲是苏子，八风不动有涪翁。长瓶戏作”。翁相平生作画较少，此画意取黄庭坚《题竹石牧牛》诗，意有所指。他借图戏称，空闲时看田间斗牛情绪不为所动，似借喻自己对当前政治形势的观感。图卷后有陆懋宗、沈汝瑾、吴昌硕、俞钟銮等人跋。吴昌硕题曰：

> 相公归田罢童真，不问牛喘写牛斗。庞然大物起竞争，同类相残为刍豆。
>
> 笔端托意抒牢骚，愿人买犊去卖刀。太平万族各安分，高下荒畦皆插苗。

诗借乡野斗牛小景，托喻政坛官员相残的局面，抒发自己憧憬太平盛世的心境，也对翁相的人生境遇有所感悟，署款“丙午”(1906)。卷后相邻题跋为俞钟銮书，落款“用吴君仓石均谨题松禅舅氏真迹”，同为丙午年(图八)。沈石友卷上所题诗意与吴昌硕相仿，落款“戊申”(1908)，该诗收录于《诗存》卷八中。翁同龢逝于1904年，跋文应是众人观图后缅怀师情所题。

吴昌硕还有两位学习治印的常熟学生，李钟[17]与赵石(古泥)[18]，李钟是赵石的同乡兼老师。赵古泥少年时勤奋好学，受李钟器重并荐于先生，拜入门下。除面传心授篆刻技艺外，赵古泥为沈石友其所藏古砚刻铭，吴昌硕也加以指导。沈石友《沈氏砚林》四卷中一百多方砚铭均赵古泥所刻。刻砚之余，赵古泥在沈家博览金石古物、学习书画、诵读诗书，凭借良师益友的帮助与自身努力，技艺大幅精进。吴昌硕满腹才华与融旧创新的勇气，令古泥钦佩至极。赵古泥刻“芳声腾海隅、秀句满江国”对章(图九)，边款为：“铸鉴良工事，不因挥铜切玉，咲言云：‘要知古意兼新法，近有湖州老缶翁’。”章面文字“芳声腾海隅”取自李白诗《春日陪杨江宁及诸官宴北湖感古作》，亦是借诗赞老师高誉响彻东南海隅。落款称近世仅有老师的篆刻才能做到古意与新法兼容，字里行间充满赞赏和敬慕之情。而吴昌硕与这位弟子可谓亦师亦友。赵古泥曾绘《卖药图卷》，乃怀念已故先父赵少游所作，图后有翁同龢、俞钟銮、张鸿、沈石友等虞山乡贤作诗为跋，吴昌硕题诗落款称“石农大兄自写其尊公遗像索题句奉正”(图一〇)，行草书犹如游龙行走，铿锵有力、磅礴大气。落款时间为“乙巳”(1905)，是其居苏州之时。明明二人相差三十足岁，却在跋

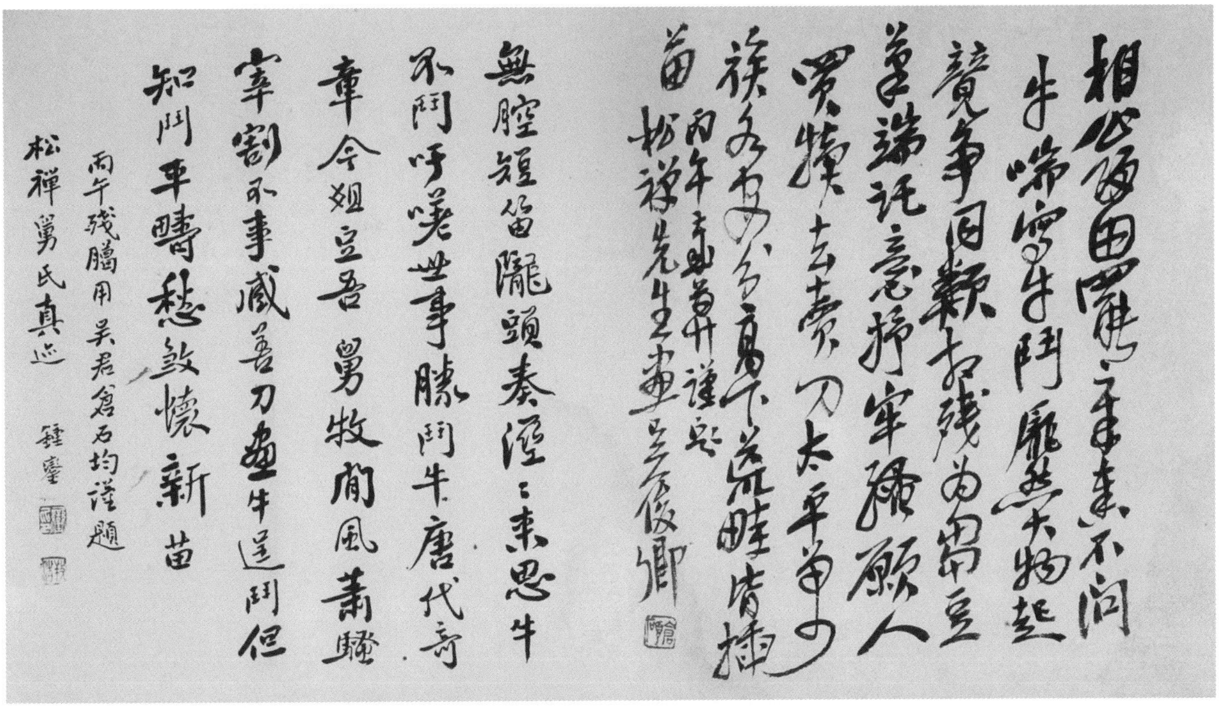

图八　翁同龢《斗牛图卷》（局部），常熟博物馆藏

图九　赵古泥刻“芳声腾海隅、秀句满江国”石章，常熟博物馆藏

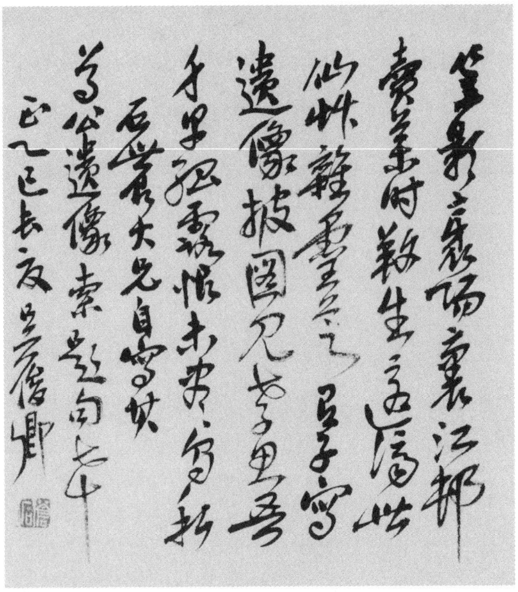

图一〇　赵古泥《卖药图卷》（局部），常熟博物馆藏

中称赵古泥为“大兄”，可见二人亲近熟稔，不拘泥于师徒辈分。

四　结友二沈

与吴昌硕交好的虞山友人还有沈煦孙[19]（成伯）、沈养孙[20]（彦民）兄弟。沈氏家境殷实，古籍善本、金石碑版收藏颇丰。吴昌硕喜好金石古学，于是借鉴赏古物之机彼此多做探讨。沈煦孙辑《师米斋集古印存》[21]，吴昌硕作序盛赞其藏印之丰：“予素喜篆刻……惜所得不多未能成谱，今老不复广求，见成伯所藏累累，不禁见猎心喜也。”认为鉴赏到沈煦孙的收藏，弥补了自己喜金石古印却缺乏收藏的缺憾。因沈成伯推重米芾，吴昌硕为他题“师米斋”匾额（苏州大学博物馆藏该木匾），并在题款中写道：“成伯仁兄好古好洁，有海岳外史之风，属书‘师米’二字颜其斋。他日重游虞山，尚至此斋中品所藏金石，作抵掌谈，不啻与颠翁相对，亦一乐也。”在《虞山沈氏宗谱》“题咏”中，收录吴昌硕为沈成伯辑《芥弥精舍印萃》所题《题成伯农部芥弥精舍印萃诗》七绝四首[22]。吴氏诗风一贯幽默自谦，对沈氏尊彝碑版收藏之富大加赞赏，将沈成伯比作碑版藏界的“侯王”，自己是对篆刻乐此不疲的痴聋“学雕虫”。诗文点论碑版书体之余，对自己旧作工拙则表露不满，亦能感受到他对摈弃古意的新学盛行抱着无法苟同的态度。

乙卯（1915）十月，吴昌硕又为沈彦民藏书楼题“希任斋”（图十一）三字，落款：“昔任彦升积书万卷，多异本，东海王僧孺尝慕之。沈君彦敏好读书，广搜秘籍，以‘希任’二字名其斋，属余书额，是犹僧孺之所慕也。其藏书之富，谁谓古今人不相及哉。”题额赞沈彦民藏书之盛，以南朝藏书大家任昉（彦升）作比。再有常熟博物馆藏《吴昌硕款篆书八言联》（图十二），以石鼓文书字“深渊求鱼大罟所载，平原射虎硕人自鸣”，上款题“砚铭先生属篆，为集北宋本猎碣字”，可看作吴昌硕对沈彦民专于藏书之道的鼓励与嘉勉。对联题跋以行草书写，对比中年时期书风，结体化扁为长，章法上因字取势，一笔贯连多字，笔力雄浑苍劲，一脱中年之前钟书结体、构字清晰的特征，用笔更多篆籀之意。落款“甲寅（1914）元宵”，与“师米斋”题额署款“甲寅元宵前三日”日期相近。

两件题额与一副对联书于1914至1915年间，是先生与二沈真挚情谊的佐证。内容则印证了沈氏兄弟的集藏对吴昌硕晚年自创金石风骨融于草书的独特书风有所助益，而缶老与沈氏的交游，也对后者的收藏偏好有所指导和启发。

五 结语

除本文提及诸人，吴昌硕的虞山好友还有孙雄、杨云史、季今啬、俞钟颖等人。从文中所录藏品、诗文落款时间分析，先生1882年定居苏州后即与沈石友交好，由此逐步与常熟艺术鉴藏领域尤其是金石同道者相熟，直至赴上海定居后往来次数减少。与虞山众友交游的时间范围，主要是自1882年至沈石友故去的1917年间，这也是吴昌硕艺术造诣大幅上升的一个重要时期。

1911年前后的中国，一切都在求新求变，艺术界亦如此。新世界显现出的新气象，对艺术家的价值观形成了巨大冲击。吴昌硕说：“今人但侈摹古昔，古昔以上谁所宗？诗文书画有真意，贵能深造求其通。刻画金石岂小道，谁得鄙薄嗤雕虫。嗟予学术百无就，古人时效他山攻。蚍蜉岂敢撼大树，要知道艺无终穷。”

好古物，宗古法，是吴昌硕毕生穷究的治印之道。晚年更由篆刻至诗文书画，融古意兼新法，开辟出古入新的创作理念。他对于书画艺术的创新求

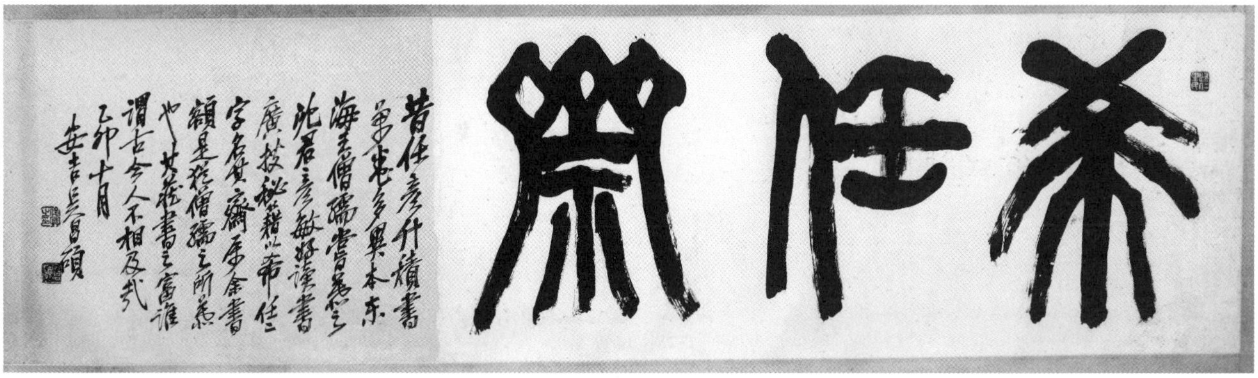

图一一 吴昌硕篆书“希任斋”横幅，常熟博物馆藏

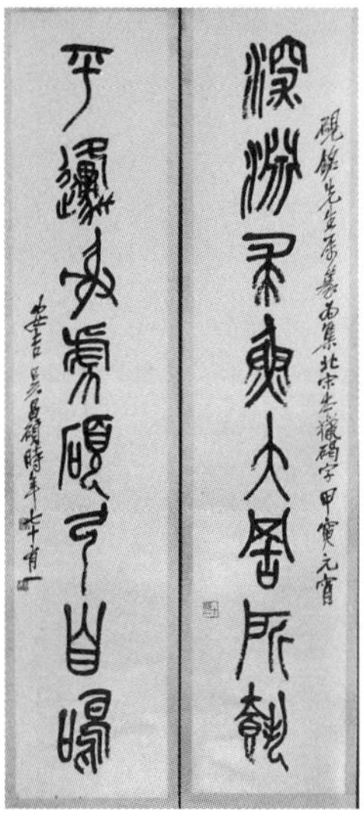

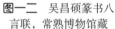

图一二　吴昌硕篆书八言联，常熟博物馆藏

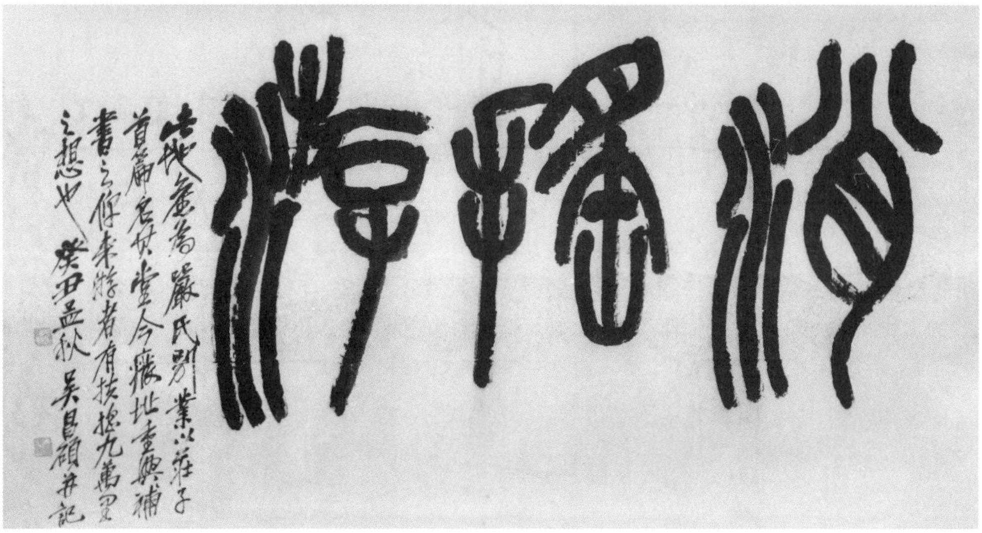

图一三　吴昌硕篆书“逍遥游”横幅，常熟博物馆藏

变意识，基于金石篆刻这项传统艺术的稳固基石。加之长期艺术交流与古物鉴赏的深厚积累，将篆刻之法与书画融会贯通，以金石法入书，创书学新风，以作书之法作画自成一格，引领了晚清标新立异的艺术新浪潮。先生的虞山友人，在收藏鉴赏、诗词书画、金石篆刻等方面可称地方上乃至江南、全国范围内的佼佼者。从文物藏品的题跋数量来看，此时虞山文化圈的往来交流相当频繁。吴昌硕虽是“外来客”，却因观点与众人谋合而快速融入这个文化圈。他摹古、好古又不泥古，在金石中追求古意又能够在书画中研创新法。这种融古出新的独特艺术风格和理论主张，不免深深影响了众友对艺术新法的理解，也对晚清虞山文化圈的创新革变产生了重要作用。

虞山有画派、诗派、琴派、印派的诞生与传承，有绛云楼、汲古阁、铁琴铜剑楼等明清藏书楼的诗书万卷。深厚的文化积淀和良好的人文环境孕育出的虞山文人，骨子里对书画篆刻、收藏鉴赏的“痴”，或许是吴昌硕偏好与虞山友人交游的重要原因。明朝人张岱说：“人无癖不可与交，以其无深情也。”因各自对精神乐园执着的追求，使这群痴于各种艺术收藏“癖”好的友人聚集一处。他们共品佳物、共参艺道，遨游于艺林胜境的至高境界，正如吴昌硕所书“逍遥游”（图十三）字义所表述的，忘却物我，追求精神世界的绝对自由。

本文撰写期间，正值常熟博物馆藏翁同龢《斗牛图》卷、赵古泥《卖药图卷》、沈汝瑾《鸣坚白斋诗存》在浙江省博物馆《吴昌硕与他的“朋友圈”》展览中展示，谨以此文纪念吴昌硕先生与他的虞山友人。

注释：

［1］沙孟海：《吴昌硕先生的书法》，上海人民美术出版社、西泠印社编：《吴昌硕作品集——书法篆刻》，上海人民美术出版社，1984年。

［2］林树中编著：《吴昌硕年谱》，上海人民美术出版社，1994年，第12页。原文为：“先生中年时代鬻艺收入不丰，生活清苦。后来靠着朋友的帮助，捐了个小官叫作‘佐式’，但仍没有固定收入……江苏颇有一些懂得金石书画的人，先生每到一处，就多访求这样的人，跟他订交。相互攻错。”

［3］顾文彬（1810—1889），江苏苏州人，字蔚如，号子山，晚号艮盦，一为艮庵。晚清时期苏州著名的收藏家，家有“过云楼”，收藏之富，甲于吴下。子顾麟士（1865—1930），字西津，一字筠邻，号鹤逸、西津渔父、一峰亭长，因以“鹤庐”名其室，又号鹤庐主人。

［4］王似峰：《吴昌硕年表》，刘正成主编：《中国书法全集：（77）吴昌硕》，荣宝斋出版社，1998年，第317页。

［5］沈汝瑾（1858—1917），字公周，号石友，又号钝居士、听松亭长，室名鸣坚白斋，江苏常熟人。工诗词，善书，藏砚极丰。著有《鸣坚白斋诗存》。

［6］“一八八〇年，光绪六年庚辰，三十七岁的吴昌硕寄寓于苏州吴云（平斋）之两罍轩。”见潘德熙、童衍方：《吴昌硕年表》，《书法》1984年第5期。

［7］钱仲联：《梦苕盦诗话》第四十九。

［8］吴昌硕：《鸣坚白斋诗序》，［清］沈石友著、徐国华点校：《鸣坚白斋诗存》，广西师范大学出版社，2018年，第7页。

［9］郑逸梅：《郑逸梅笔下的书画名家——沈石友与吴昌硕》，上海书画出版社，2002年。

［10］〔清〕沈石友著、徐国华点校：《鸣坚白斋诗存》，广西师范大学出版社，2018年，卷四，第86页。

［11］俞钟銮（1852—1926）字金门、次辂，号养浩、一舟行人，翁同龢外甥，江苏常熟人。好诗文，通医学，擅书画。

［12］沈汝瑾之子沈若怀编《沈氏研林》，收录其父所藏佳砚共计158方，手拓成册，共分四卷，传拓100部。

［13］沈石友：《木瘿歌和缶庐同养浩作》。同［10］，卷十二，第382页。

［14］陈义杰整理：《翁同龢日记》第五册，中华书局，1997年，第2675页。

［15］同［14］，第2681页。

［16］陈义杰整理：《翁同龢日记》第六册，中华书局，1998年，第3178页。

［17］李钟（1864—1937），字虞章，一字古愚，号愚庄、愚公、愚公亭长、东圃老人、印禅等，斋堂旧端居室、长空诗屋，江苏常熟人。清光绪十三年（1887）诸生。吴昌硕弟子，有《旧端居室印存》《海虞李钟印存》等。

［18］赵石（1874—1933），字石农，号古泥、慧僧、泥道人，江苏常熟人。先后拜李钟、吴昌硕为师，“新虞山印派”代表人物。有《泥道人诗草》《拜缶庐印存》等。

［19］沈煦孙（1867—1942），字成伯，号虞山聋隐、师米老人，江苏常熟人。沈养孙兄，建有藏书楼“师米斋”。宣统元年（1909）归乡后，闭户著书，蓄金石、书画、碑帖甚丰，收藏古籍达10万卷有奇。

［20］沈养孙（1869—1932），原名钟英，字彦民，又作研铭、彦敏、彦铭，号隐禅居士，江苏常熟人。光绪三十一年（1905）庠生，嗜书成癖，先后积书2万卷。于常熟水北门外建澄碧山庄，藏书楼名“希任斋”。

［21］沈煦孙辑：《师米斋集古印存》收录所藏秦汉古印、肖形印等达190余枚。

［22］吴昌硕诗原文为“尊彝碑版富收藏，丹篆云霞满锦。千纽芙蓉峰上石，累累亦足傲侯王。/倒韭悬针论点划，凡将急就溯渊源。印人传后添佳话，今日重生周栎园。/新学猖狂日月昏，区区印学更谁论。多君好事勤搜讨，尚有斯冰一脉存。/指僵头白老痴聋，旧作居然入卷中。烂与文何较工拙，铜斑玉血学雕虫。”引自沈鸣：《常熟“师米斋”与“希任斋”藏书事迹补遗》，《新世纪图书馆》2013年第9期。

民国慧能禅师像瓷板考略

陶元骏*

内容提要：常熟博物馆藏有一件民国时期丽泽轩制作的高僧像瓷板，原被定名为“鉴真和尚瓷板”。经查找文献、图像资料，笔者考证出该瓷板所绘图像的底本为广州六榕寺六祖堂供奉的北宋慧能铜坐像，并对瓷板的绘制年代、制作原由等做出较为合理的分析推断。

关键词：慧能　民国　瓷板画　梁兑石

瓷板具有悠久的历史，由最初的瓷质建筑用砖演变而来，后主要用于家具镶嵌和居室装饰。瓷板的制作成型难度较大，由于瓷土在烧结中会有14%左右的收缩率，故烧制时须横放并垫以支烧工具，稍有不慎就会断裂变形。因此平面的瓷板比烧造立体器皿难度要大得多。考古资料表明，隋唐时期的瓷板是以墓志的形式出现的。唐代越窑生产的青釉方形墓志（厚8厘米）初步具备了瓷板的特征，但囿于工艺尚不成熟，墓志尺寸较小。明宣德年间，景德镇御窑厂开始烧制用于建筑装饰的瓷砖，这种瓷砖具有一定的厚度和平整的板面特征，为瓷板的生产奠定了基础。明嘉靖、万历时期，随着制瓷工艺与成型工艺的不断提高，瓷板除了以瓷砖的形式出现外，还在家具和文房用器上开始出现了少量的镶嵌瓷板，但大型瓷板的烧制在明代尚有难度。清代康、雍、乾三朝，彩绘瓷板的烧造蓬勃发展。清道光年间制作的青花御窑厂图瓷板（首都博物馆藏）直径达72.5厘米，构图繁复，以御窑厂为中心铺展开来，山川、街巷、建筑、人物错落有致，写实性强，堪称杰作（图一）。

清末，瓷板画像诞生于景德镇，又称瓷上肖像画、瓷像，是以瓷板作媒介的民间绘画艺术。民国初年，经过绘瓷艺人的发展创新，尤其是“珠山八友”等人的变革，使其更加适应了市民的需求。晚清举人邓碧珊（1874—1930）经过自己的长期摸索，将欧阳询发明的书法九宫格运用于瓷绘，首创以写实肖像为内容的瓷板画，并经王琦（1884—1937）等人进一步丰富，瓷板肖像画艺术渐趋成熟。一般来说，瓷板画的制作有以下几个步骤：（1）向景德镇订烧瓷板白胎，作为绘制瓷版画的材料；（2）勾轮廓：用料半笔和艳黑料笔勾勒出瓷版画的轮廓和线条；（3）彩底子：行话俗称“彩像”，用拓笔上彩匀颜色；（4）修画：进一步修改加工，以求达到传神的艺术之境；（5）烧制加彩：瓷版画修画定稿之后，进红炉烧制，瓷彩在烧制过程中，颜色会发生变化，需烧制后加彩描绘，如此反复烧绘，直至达到最佳效果。

常熟博物馆藏有一件民国时期丽泽轩所制的黑白瓷板画，瓷板呈长方形，纵26.2、横18、厚6厘米，由常熟县文物管理委员会于1964年征集，为国家三级文物。该瓷板曾在2011年10月至12月常熟市

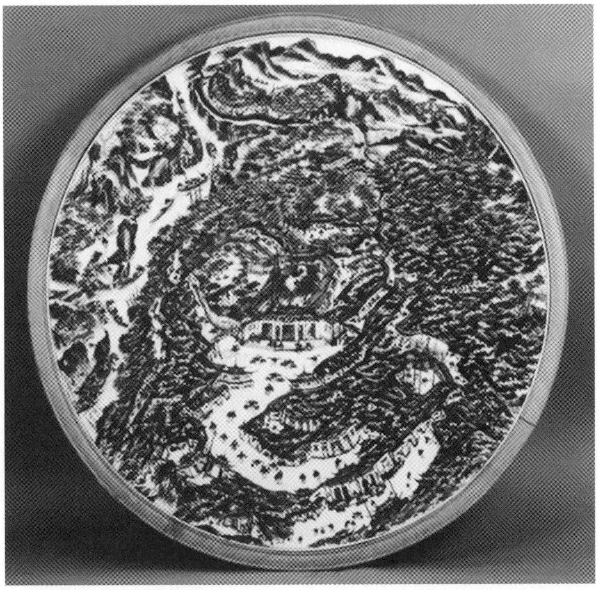

图一　清道光·御窑厂图瓷板，首都博物馆藏

* 陶元骏，常熟博物馆副研究馆员。

佛教协会与常熟博物馆共同主办的“常熟博物馆藏佛教文物展”中展出，照片图版在《常熟博物馆藏佛教文物集萃》一书中刊布发表[1]。瓷板绘画内容为一老者跏趺坐于硬木宝座之上，身形瘦削，弯眉敛目，颧骨凸起，两腮肌肉松弛，上身直立，胸前骨骼突出，身披袈裟，双手叠置膝上，呈禅定姿态，为一老年僧人的形象。人物面容沉静祥和，僧衣华美，衣褶和纹饰刻画精微，颇见功力。图像上方题有两行楷书文字：“正法眼藏第三十三祖/大鉴真空普觉圆明禅师”（图二）。瓷板背面留有四道纵向长条形的垫烧痕迹。

细读标题文字，其中的“正法眼藏”为佛教用语。一般而言，指禅宗所传之心印，亦泛指佛所说的无上正法，即全体佛法（正法）。朗照宇宙谓“眼”，包含万有谓“藏”。南宋悟明辑《联灯会要·卷一》载：“世尊在灵山会上，拈花示众，众皆默然，唯迦叶破颜微笑。世尊道：‘吾有正法眼藏，涅槃妙心，实相无相，微妙法门，不立文字，教外别传，付嘱摩诃迦叶。’”释迦牟尼在灵山法会以正法眼藏付与大弟子迦叶，是为禅宗初祖，为佛教以“心传心”授法的开始。北宋道原纂《景德传灯录·摩诃迦叶》又载：“佛告诸大弟子，迦叶来时，可令宣扬正法眼藏。”

图二 民国·慧能禅师像瓷板，常熟博物馆藏

禅宗为中国佛教的重要宗派之一，传统说法认为它创始于北朝，始祖为菩提达摩。据南唐静、筠二禅僧编《祖堂集》、北宋道原纂《景德传灯录》等佛教文献记载，禅宗自佛祖释迦牟尼首传，摩诃迦叶为第一祖，传至第二十八祖菩提达摩来到中土，弘播禅宗教义，是为中国禅宗之初祖。达摩传衣钵于慧可，慧可传于僧璨，僧璨之后依次传于道信、弘忍、慧能，故慧能被视作禅宗（“正法眼藏”）第三十三祖，即中国禅宗六祖。

慧能（638—713），又作惠能，俗姓卢氏，原籍范阳（今河北涿州），随父流放至岭南新州（今广东新兴县）。三岁丧父，家贫事母，稍长以伐薪卖柴度日。目不识丁，偶闻他人念诵《金刚经》，得知受自黄梅（今湖北黄梅县）弘忍处，于唐咸亨二年（671）北上黄梅谒见弘忍，作行者，在寺院服杂役。后弘忍为选择传法人，命寺僧各作一偈，时上座神秀作偈曰：“身是菩提树，心如明镜台。时时勤拂拭，勿使惹尘埃。”恰巧慧能自舂米的碓房出来，听到神秀的偈后，请人代笔写出一偈：“菩提本无树，明镜亦非台。本来无一物，何处惹尘埃。”[2]其见性较神秀高，弘忍对慧能的偈十分赞许，将袈裟与钵传给他，认为慧能可作为继承人。关于这一传法故事，学术界也有人提出怀疑，谓不可尽信。由于神秀一派势力较大，慧能担心因此受害，遂避居岭南，混迹市坊。唐仪凤元年（676），南海法性寺印宗法师遇慧能，发现他对佛法的理解很深，为他落发，慧能由此正式取得出家人的资格。智光律师为其受满分戒。次年，慧能来到韶州（今广东韶关）曹溪宝林寺，大弘禅宗顿悟之旨，与神秀在北方推行的渐悟一派并行，时称“南能北秀”。武则天与唐中宗均曾召他入京，当时北方神秀势力极大，为避免冲突，慧能均坚辞不赴。圆寂后，唐宪宗追谥其为“大鉴禅师”[3]。王维、柳宗元、刘禹锡均为他撰写碑铭。弟子有神会、怀让、行思等四十余人。弟子法海将慧能的语录汇编成集，名《六祖法宝坛经》，简称《坛经》，为后世禅宗学者必读的经典。

到了宋代，慧能又不断被封赐尊号，宋太宗加谥为“大鉴真空禅师”，仁宗加谥为“大鉴真空普觉禅师”，之后神宗再加谥为“大鉴真空普觉圆明禅师。”故此瓷板谓之：“正法眼藏第三十三祖大鉴真空普觉圆明禅师”，正是出自宋神宗追谥慧能的尊号。作为在历史上有重大影响的思想家之一，慧能思想包含着丰富的哲理和智慧，与代表东方思想的先哲孔子、老子一起被尊为“东方三圣人”。现代学者陈寅恪曾赞六祖：“新禅宗特提出直指人心、见性成佛之旨，一扫僧徒繁琐章句之学，摧陷廓清，发聋振聩，固我国佛教史上一大事也!”[4]

慧能创立的南宗顿悟成佛之旨在中国流传甚广，影响很大，我国众多寺庙都设有六祖殿（或六祖堂），供奉六祖之像，其中尤以广东省韶关市曲江区南华寺六祖殿内的真身像最为著名（图三）。真身像通高80厘米，结跏趺坐，双后叠置腹前作禅定状，面向前方，双目闭合，面形清瘦，嘴唇稍厚，颧骨较高。这位饱经风霜的高僧多思善辩的才智和自悟得道的超然气质被塑造得极为传神。据广东省考古学家徐恒彬等人的考证研究，这尊六祖造像的确是以六祖慧能的肉身为基础，由其弟子方辩用中国独特的造像方法——夹纻法塑造而成[5]。其方法为，在慧能圆寂前，身披袈裟，双腿盘屈，打坐入定，不进饮食，使体内营养和水分逐渐耗尽，最终坐化圆寂。然后将遗体放在两个对盖密封的大缸之中的木座上，座下铺有生石灰和木炭，座上留有漏孔。经过相当时间后，遗体中的有机物质腐烂流滴到生石灰上，不断产生热气，水分被吸干，遂变成坐式肉身干体。然后进行塑造，先“以香泥上之”，然后用漆把麻布贴在肉身外面，待漆干后，反复再涂多次，再“以铁叶、漆布固师颈”。由于方辩是慧能的弟子，不止一次为慧能塑过像，对其音容笑貌、气质神态有较深刻的了解，因此此尊塑像气韵生动，堪称艺术杰作。

广州名刹六榕寺榕荫园内六祖堂亦供奉一尊慧能禅师铜坐像，该像结跏趺坐，闭目坐禅，其容貌和神态与曲江南华寺慧能肉身像相似，雕刻细致入微，工艺精湛（图四）。六榕寺始建于南朝梁武帝大同三年（537），与海幢寺、光孝寺、华林寺并称为广州“四大丛林”。北宋端拱二年（989）重修时，寺内开始供奉禅宗六祖慧能，以修净业，因此改名为净慧寺。铜像通高172厘米，重约1吨，系寺僧以南华禅寺之六祖真身像为样本，以紫铜精铸而成，为北宋铜造像中的佳作。

查阅民国初年六榕寺慧能禅师铜坐像的明信片、旧照片等资料（图五、六），不难发现瓷板所绘高僧像与之高度一致，只是角度稍有差异：明信片为正面像，瓷板画则为45°向右侧身。可以认定，此瓷板画

图三　广东韶关南华寺六祖真身像

图四　广州六榕寺六祖铜像

图六　民国时六榕寺六祖铜坐像明信片

图五　广州六榕寺六祖堂旧照，摄于1920年左右

像参照的底本正是取自六榕寺慧能禅师铜坐像。推测可能是某位佛教信徒提供六榕寺慧能铜像照片，向南昌著名的瓷器店“丽泽轩”定烧成瓷板画，用于长久的保存、供奉。而令人疑惑的是，此瓷板在流传的过程中，某位收藏者误读了瓷像上方的标题文字，以致错将所绘人物认定为唐代高僧鉴真，并在瓷板背面以工整的小楷写下墨书题记，题记云：“鉴真禅师，唐时高僧，江阳淳于氏子，住扬州大云寺，以戒律化诱。开元中，日本国遣使延之，遂东渡。其王子舍宅为招提寺，居之，教法大行，号大和尚，为日本国传戒律之始。卒于日本。”（标点为笔者所加，图七）缘于墨书题记之误导，常熟博物馆的文物登记档案也将此瓷板记录为“民国鉴真和尚瓷板”。

鉴真（688—763），广陵江阳（今扬州）人，为唐代的律学高僧，曾在扬州大明寺讲律传法。在公元八世纪中叶的盛唐时期，应日本留学僧之请，他

图七　慧能禅师像瓷板背面

发愿东渡传戒，不畏路途艰险，克服各种阻力，经历五次渡海失败，即便双目失明依旧矢志不渝，第六次从常熟黄泗浦港出发，终于成功抵达东瀛，将佛法和先进的技术工艺传播到日本（图八）。现藏日本奈良唐招提寺的鉴真像，由其弟子忍基等在鉴真圆寂前用干漆夹纻法制作，是日本珍贵的国宝。干漆夹纻像高80.1厘米，结跏趺坐，双目紧闭，塑像者着意刻画鉴真的精神气质，温和中流露出刚毅，安详中凝聚着严肃，微笑中蕴含着沉思（图九）。

慧能禅师像瓷板左下方落款：“南昌丽泽轩梁兑石监制”，并钤白文印：“兑石”（图一〇）。梁兑石，字祖谙，别号石庐，江西南昌人。谱系维吾尔族，唐太尉梁彦昭的第31代后裔。师承邓碧珊，一说为王琦的弟子，民国初年毕业于江西省立甲种工业学校。1915年，梁兑石瓷板画“富贵寿考”被选送参加巴拿马国际博览会，荣获金奖。1920年梁兑石以两万八千银元买下南昌市中山路府学前熊家祠堂约一亩余地，建成四层的大楼，店名称“丽泽轩”，成为当时世界最大的瓷业商店。丽泽轩不断在国内外扩张，国内有杭州、南京、上海，海外在华盛顿、纽约、芝加哥、东京、曼谷、吉隆坡、新加坡等均开设代销点。1926年梁兑石又在美国费城国际博览会斩获金奖，30年代其事业达到高峰。

丽泽轩由景德镇购进白瓷胎，自设烤花炉，制作釉上彩瓷；另设红炉，烧造粉彩瓷器，聘请高手名家为顾客定制瓷板画，每一幅瓷板肖像作品都要经过其亲自校验并冠上“梁兑石监制”字样。而梁兑石亲绘作品则落款“南昌丽泽轩梁兑石写照”，实物如私人藏江西遂川县罗惠安夫妇肖像瓷板画一组2件，肖像上方还题有诗文赞语[6]。丽泽轩瓷板肖像作品笔调细腻准确、光影层次丰富、人物形神逼真，深受民众喜爱，一时购者如云。丽泽轩画像瓷板按尺寸、绘制难易程度等条件明码标价，采取先润后绘，买卖双方责任明晰：南昌本地定制先付一半作为定金，外埠定制需付全价，绘好后邮寄送达，商家保证寄到，若邮寄破损则免费重绘，但邮费由买家承担。丽泽轩瓷板润例广告粘贴于定制画像瓷板的背面，至今有实物留存（图一一）。具体如下（表一）：

表一　江西丽泽轩瓷板画像价目表

一尺二寸	八元
一尺四寸	十二元
一尺六寸	二十元
一尺八寸	三十元
二　尺	五十元
二尺二寸	八十元
二尺四寸	百廿元
二尺八寸	二百四十元
三尺二寸	三百二十元
一尺　七元	八寸以内　六元

说明：前列系一人半身便服价；半身西服与军服加二五；半身礼服、全身便服加半；全身新式、旧式礼服加倍；凡加配颜色，照原价

图八　黄泗浦遗址东区IT6002—IT6105等8方全景照（北—南）

图九　日本唐招提寺鉴真像

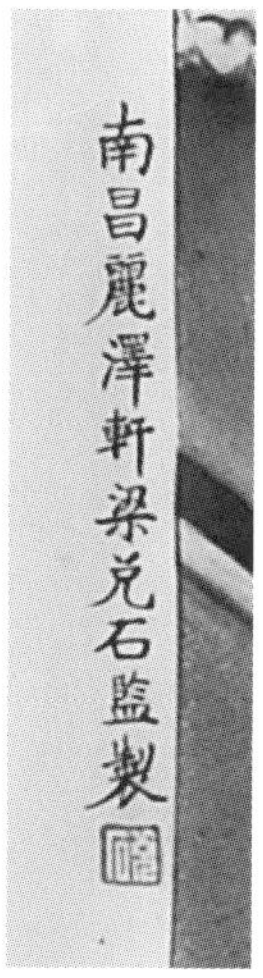

图一〇　慧能禅师像瓷板款识

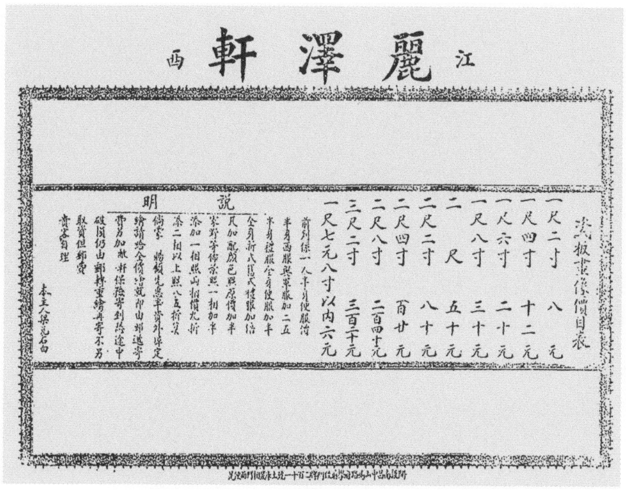

图一一　丽泽轩瓷板润例广告

加半；家、野等布景照一相加半；添加一相，照两相价九折；添二相以上照八五折算。

倘蒙赐顾，先惠半资。外埠定绘，请给全价，绘就即由邮递，寄费另加。敝轩保险寄到，恐途中破损，仍由邮转，重绘再寄，不另取资，但邮费贵客自理。

本主人梁兑石白

润例广告底部注明店铺地址："开设南昌中山马路学府前段门牌二百十一号土库瓷相门面便是"。丽泽轩工于瓷上肖像画的艺人有王大凡、梁燮亭、吴月山等人，后期影响很大的杨厚兴、邹昆仑、杨知行等也曾在丽泽轩学艺。随着中华瓷庄、肖庐瓷像馆、留芳瓷像馆、丽芳瓷像馆、惟妙瓷像馆等瓷像馆在南昌相继开设，南昌的瓷板画产业发展壮大，步入了黄金时代。抗战时期，为躲避战火，丽泽轩瓷庄一度迁驻吉安。梁兑石后在携家逃往四川途中，因日机轰炸而蒙难。丽泽轩最鼎盛的时期是20世纪20年代至30年代，此件慧能禅师像瓷板绘制精细，应是这一时期丽泽轩的代表作品，弥足珍贵。

注释：

［1］常熟博物馆、常熟兴福寺编：《常熟博物馆藏佛教文物集萃》，上海文艺出版社，2013年，第56页。

［2］蒋维乔：《佛教概论》，岳麓书社，2013年，第105页。

［3］中国社会科学院世界宗教研究所佛教研究室编：《佛教文化面面观》，齐鲁书社，1989年，第40页。

［4］陈寅恪：《论韩愈》，《历史研究》1954年第2期。

［5］徐恒彬：《南华寺六祖慧能真身考》，广东省文物考古研究所编：《禅宗六祖慧能胜迹录》（下册），科学出版社，2013年，第402–418页。

［6］曹隽平：《梁兑石绘瓷板肖像画》，《收藏》2016年第7期。

江苏常熟虞山北麓汉墓发掘简报

苏州市考古研究所　常熟博物馆

内容提要：2020年10月，在常熟市虞山北麓的民宅翻新工程过程中发现了3座汉代墓葬，顺次编号为M40、M41和M42，并对其进行了抢救性考古发掘工作。保存较好的M40和M41采用了一椁两棺，凿木成棺的葬俗，为我们认识常熟地区汉代墓葬结构和习俗提供了难得的实物材料。

关键词：常熟　虞山北麓　汉墓

虞山古墓葬群集中发现于江苏省苏州市常熟市虞山南、北两麓中部。自2019年下半年常熟市虞山街道启动民宅翻新工程后，在虞山南、北两麓中部多有古墓葬发现，苏州市考古研究所联合常熟博物馆对在民宅翻建过程中发现的古墓葬进行了及时跟进和抢救性考古发掘工作。虞山古墓葬群的考古发掘工作因受客观因素制约，均以每户宅基地为单位进行考古发掘，其分布呈散点状，大多数古墓葬都有不同程度的扰动或破坏。2020年10月在虞山北麓发掘了3座汉墓，出土文物及标本40件（组）。现将发掘情况简报如下。

一　发掘概况

本次发掘的3座汉墓位于虞山北麓山茶花路26号宅基周围，地处西南高东北低的山脚坡地上，顺次编号为M40、M41和M42（图一）。

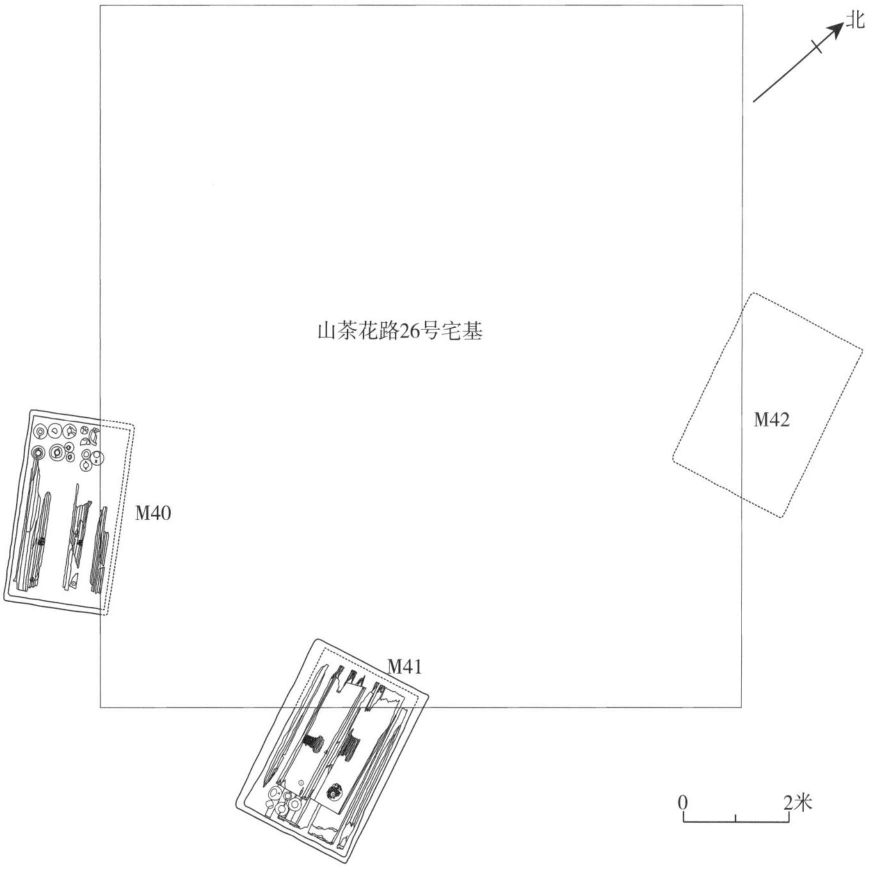

图一　虞山北麓汉墓总平面图

M40位于宅基西南部，大部延伸至宅基西侧外，东北部因开挖宅基取土有所扰乱破坏，棺椁和随葬器物裸露。M41位于宅基南部，大部延伸至宅基南侧外，北部因开挖宅基取土有所破坏，棺椁裸露。M42位于山茶花26号宅基东部，大部在山茶花24号宅基西部，因开挖地基取土而扰乱破坏严重，形制已不可辨，仅在相关区域发现有大面积青膏泥迹象，并采集到部分随葬陶器残片。

二　墓葬及其出土遗物

M40　墓葬开口距地表约50厘米，整体平面近似长方形，南北长350、东西宽202、残深160厘米，方向140°（图二）。

墓葬形制为竖穴土坑墓，一椁双棺。墓室内填黄褐色花土，略泛灰，土质松软，较湿黏，纯净无包含物。墓室底部棺椁周围及其底部填充细腻的青膏泥层，呈青灰色，泥状，现存厚6—12厘米不等。

墓葬结构可辨由外侧土圹、内侧椁室和棺木等组成。墓葬外侧土圹为竖穴土坑结构，直壁，壁面粗糙，底部较平整。椁室位于墓室正中，与墓葬方向一致，大部腐朽较为严重，仅残存零星椁底板，叠压于棺底板之下，可辨为一椁。棺木位于椁室内部正中，方向与椁室及墓葬方向一致，可辨为两副棺，呈南北向东西并列放置，两副棺木均倒塌腐朽严重。西侧棺木残存西侧板及局部底板，现存残长246、残宽49、厚2—4厘米。东侧棺木残长200、残宽64、厚2—4厘米。现存两具棺木剖面均近似“U”字形，未见明显木板拼接痕迹，推测棺木主体应为粗大树干凿制而成。

两副棺木内均未发现墓主骨骼，葬姿葬式等墓主相关信息已不可辨。墓葬出土随葬遗物17件（组）（图三），其中墓室北端棺外椁内发现陶瓿4件、陶罐5件、陶壶4件，东、西两棺木内南端和中部各发现铜镜1枚和“五铢”钱1组。

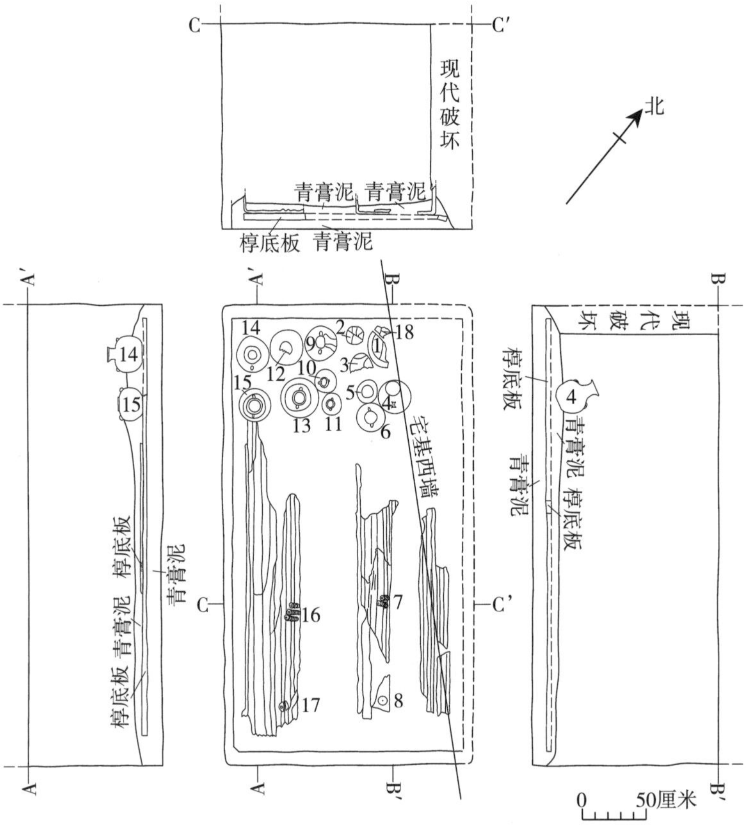

图二　M40平剖视图

1、9、13、15.陶瓿　2、3、5、10、11.陶罐　4、6、12、14.陶壶　7、16.铜钱　8、17.铜镜

陶瓿　4件。均为硬陶质，器形相似。标本M40:9，修复完整。小口微敛，宽平沿，短颈，溜肩，鼓腹，下腹斜收，平底内凹。颈部有两周凸弦纹，肩部有两周凹弦纹，凹弦纹间对称贴饰一对兽面纹桥形耳，耳下腹部亦可见多条凹凸弦纹。器身施青釉，脱釉严重。口径11.5、底径14.4、高23.4厘米（图三：2、图四）。标本M40:15，完整。小口微敛，宽沿，沿面微外斜，尖唇，短小颈，溜肩，鼓腹，下腹斜收，平底内凹。肩部有两组凸弦纹，凸弦纹间对称贴饰一对兽面纹桥形耳，腹部饰一组凸弦纹，下腹可见多条凹凸弦纹。器身施青釉，局部脱釉。口径8.8、底径12.7、高23.7厘米（图三：4、图五）。

陶罐　5件。器形相近，胎质略有不同。标本M40:2，红陶质，修复完整。直口微敛，宽沿，沿面内斜内凹，矮束颈，溜肩，鼓腹，下腹斜收，平底。肩部贴饰一对叶脉纹桥形耳，肩腹部有多条凹凸弦纹。胎体发红，夹碳，胎质软。口径10.2、底径9.4、高16厘米（图三：10、图六）。标本M40:5，红陶质，修复完整。直口微侈，宽平沿，矮束颈，溜肩，鼓腹，下腹斜收，平底。沿部微斜，肩部贴饰一对叶脉纹桥形耳，肩腹部有多条凹凸弦纹。胎体发红，夹砂，胎质略硬。口径8.6、底径7.6、高9.3—9.6厘米（图三：9、图七）。标本M40:10，硬陶质，完整。直口微侈，宽沿，沿面略内凹，矮束颈，溜肩，鼓腹，下腹斜收，平底内凹。肩部贴饰一对叶脉纹桥形耳，肩腹部有多条凹凸弦纹。外表胎色泛青灰，内胎泛红，夹微量细砂，胎质略硬。口径10.2、底径9.4、高13.9厘米（图三：12、图八）。

陶壶　4件。均为硬陶质，器形大小及装饰略有

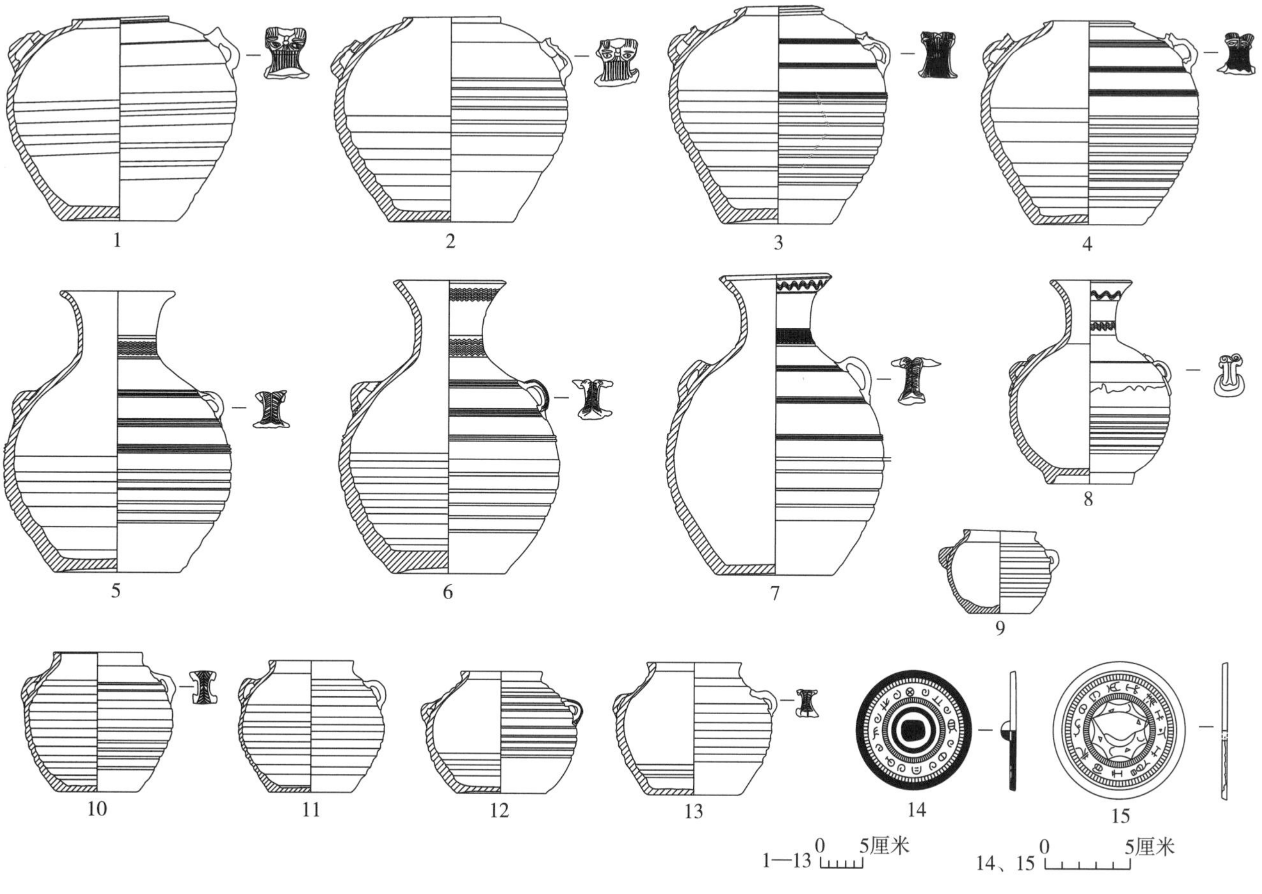

图三　M40出土部分器物

1—4.陶瓿（M40:1、9、13、15）　5—8.陶壶（M40:4、12、14、6）　9—13.陶罐（M40:5、2、3、10、11）　14、15.铜镜（M40:8、17）

不同。标本M40:4，修复完整。喇叭口，圆唇，高束颈，溜肩，鼓腹，下腹斜收，平底内凹。颈下部饰一组水波纹，肩部饰两组凸弦纹，凸弦纹间对称贴塑一对叶脉纹桥形耳，腹部饰一组凸弦纹，下腹可见多条凹凸弦纹。口沿及上腹部施青釉，局部脱釉。胎质较硬。口径12.8—13.0、底径14.4、高32.0厘米（图三：5、图九）。标本M40:6，完整，器形较小。喇叭口，圆唇，高束颈，溜肩，鼓腹，下腹斜收，隐圈足。颈部上下各有一组水波纹，肩部饰两条凹弦纹，凹弦纹间对称贴塑一对叶脉纹桥形耳，耳上部贴饰如意头，下部衔环，下腹可见多条凹凸弦纹。口沿及上腹部施青釉，局部脱釉。胎质较硬。口径9.0—9.8、底径10、高23.2厘米（图三：8、图一〇）。标本M40:14，修复完整。喇叭口，宽沿，沿面略外斜，尖唇，高束颈，溜肩，鼓腹，下腹斜收，平底内凹。颈上下部各饰一组水波纹，肩部饰两组凸弦纹，凸弦纹间对称贴塑一对叶脉纹桥形耳，腹部饰一组凸弦纹，下腹可见多条凹凸弦纹。口沿及上腹部施青釉，脱釉严重。胎质较硬。口径12.1、底径14.1、高34.1厘米（图三：7、图一一）。

铜镜　2件。均为铜质，圆形。标本M40:8，完整。正面微凸，光素。背面中心有一圆纽，圆座，纽内穿孔，纽部向外依次装饰凸弦纹、斜线纹、凸弦纹、铭文、弦纹和斜线纹各一周，边缘凸起，宽平。铭文内容可辨有“见日之光”等，字间夹符号，为日光镜。直径6.8、厚0.3、纽高0.6厘米（图三：14、图一二）。标本M40:17，残缺。正面微凸，光素。背面中心纽部残缺，可辨圆座。纽座向外依次有铭文、内向八连弧纹、斜线纹、凸弦纹、铭文、凸弦纹和斜线纹各一周，边缘凸起，宽平。铭文内容可辨有“内清质以昭明”等，为昭明镜。直径7.8、厚0.2厘米（图三：15、图一三）。

铜钱　2组。均为铜质，大多完整锈蚀。圆形方孔，正面自右向左凸印篆书“五铢”，背面光素。直径2.4、厚0.1厘米。标本M40:16，可辨69±枚（图一四）。

M41　墓葬开口距地表约50厘米，整体平面近似长方形，南北残长340、东西宽234、残深173厘

图四　陶瓿（M40:9）

图五　陶瓿（M40:15）

图六　陶罐（M40:2）

图七　陶罐（M40:5）

图八　陶罐（M40:10）

图九　陶壶（M40:4）

图一〇　陶壶（M40:6）

图一一　陶壶（M40:14）

图一二　铜镜（M40:8）

图一三　铜镜（M40:17）

图一四　铜钱（M40:16）

米，方向157°（图一五）。

墓葬形制为竖穴土坑墓，一椁双棺。墓室内填黄褐色花土，略泛灰，土质松软，较湿黏，纯净无包含物。墓室底部棺椁周围及其底部填充细腻青膏泥层，呈青灰色，现存厚约50厘米。

墓葬结构可辨由外侧土圹、内侧椁室和棺木等组成。墓葬外侧土圹为竖穴土坑结构，直壁，壁面粗糙，底部较平整。椁室位于墓室正中，与墓葬方向一致，椁板上部腐朽残缺，现仅残存椁室侧板底部和椁底板，底板平整厚实，由南北向并列5块板拼合而成，残存最长302、厚17—19厘米，可辨为一椁。棺木位于椁室内部正中，方向与椁室及墓葬方向一致，可辨为两副棺，呈南北向东西并列放置，两副棺木均腐朽严重，仅残存侧板及底板。西侧棺木残长230、残宽64、厚5—8厘米。东侧棺木残长232、残宽64、厚4厘米。现存两具棺木剖面均近似"U"字形，未见明显木板拼接痕迹，推测棺木主体为粗大树干凿制而成。

两副棺木内均未发现墓主骨骼，葬姿葬式等墓主相关信息不可辨。墓葬出土随葬遗物14件（组）（图一六），在墓室南端西棺外侧、椁室内侧发现陶壶3件和陶罐2件，在西侧棺内东南部发现铜矛1件、铜镜1枚，中部发现琉璃串珠2组和铜钱1组，在东侧棺内南部发现铜钱1组和铜镜1枚，中部发现铜钱2组。

铜矛　1件。标本M41:1，铜质，锈蚀，微残。矛锋尖锐，矛头中部两面均有凸起棱形矛脊，矛脊两侧有燕尾状凹槽，矛叶中间厚，边缘薄，两侧刃部扁薄锋利，矛骹呈圆筒形，中空，侧面有贯穿圆孔。矛脊下部与矛骹结合处有铸有铭文，模糊难辨。叶最宽3.1、骹径2.4、通长15.3厘米（图一六：4、图一七）。

铜镜　2件。均为铜质，圆形。标本M41:2，完整。正面微凸，光素。背面中心有一圆纽，圆座，纽内穿孔较大。纽座向外依次有内向八连弧纹一周、斜线纹一周、凸弦纹两周，两周凸弦纹之间有铭

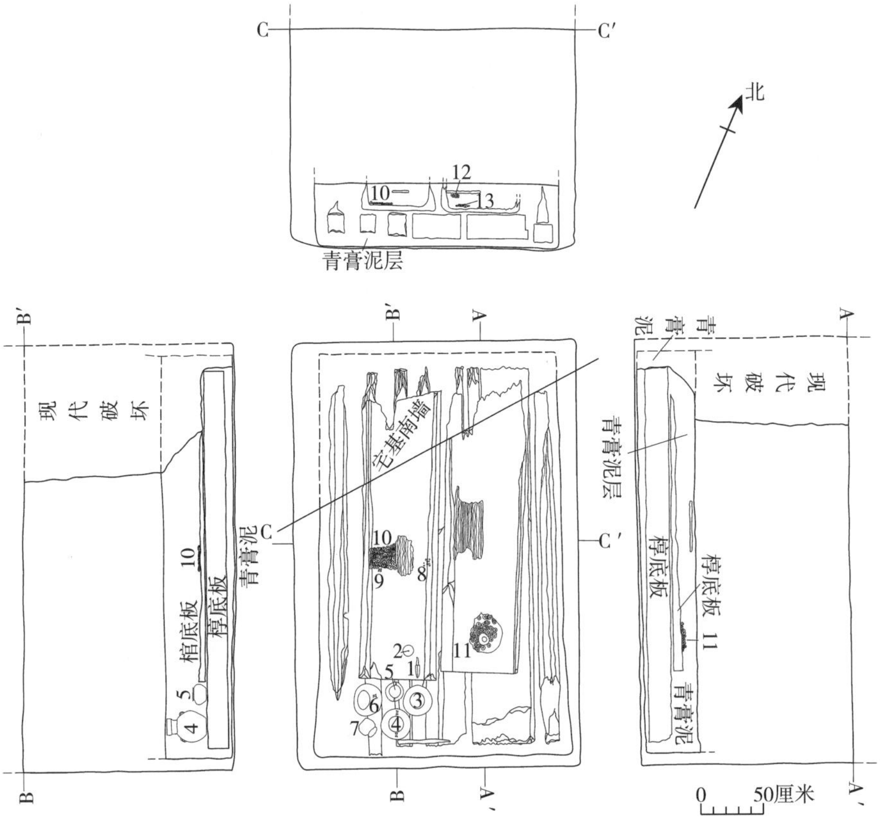

图一五　M41平剖视图

1.铜矛　2.铜镜　3、4、6.陶壶　5、7.陶罐　8、9.串珠　10、11.铜钱

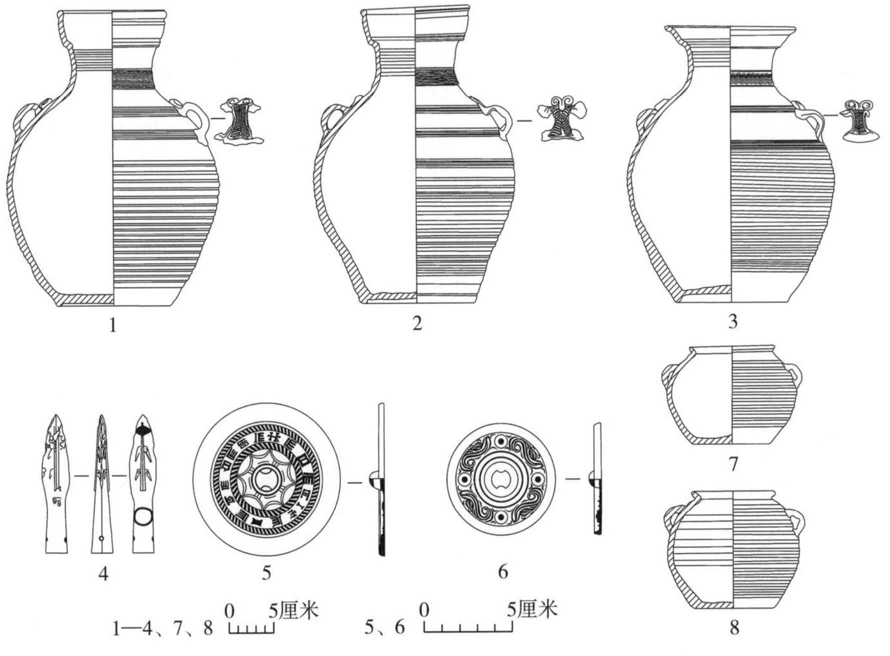

图一六　M41出土部分器物

1—3.陶壶（M41:3、4、6）4.铜矛（M41:1）5、6.铜镜（M41:2、14）7、8.陶罐（M41:5、7）

文，边缘凸起，宽平。铭文内容可辨有“内清以昭明”等，两字之间以“而”字相隔，为昭明镜。直径8.4、厚0.3、纽高0.6厘米（图一六：5、图一八）。标本M41∶14，残缺锈蚀。正面微凸，光素。背面中心有一圆纽，圆座，纽内有对穿孔。纽座外主纹饰为对称的四乳四虺纹，边缘凸起，窄薄，为四乳四虺镜。直径6.3、厚0.2、纽高0.55厘米（图一六：6、图一九）。

陶壶　3件。均为硬陶质，器形装饰特征相似，但口沿特征不同。标本M41∶4，修复完整。深盘口，圆唇，高束颈，溜肩，鼓腹，下腹斜收，隐圈足。盘口外下部有两周凹弦纹，颈下部饰一周凹弦纹和一组水波纹，肩部饰两组凸弦纹，凸弦纹间对称贴塑一对叶脉纹桥形耳，耳上部贴饰如意头纹，腹部有一组凸弦纹，下腹可见多条凹凸弦纹。口沿及上腹部施青釉，脱釉严重。胎质较硬。口径12.6、底径12.8、高32.0厘米（图一六：2、图二〇）。标本M41∶6，修复完整。喇叭口，圆唇，高束颈，溜肩，鼓腹，下腹斜收，隐圈足。内沿处有一周凹弦纹，颈下部饰一周凹弦纹和一组水波纹，肩部饰两组凹凸弦纹，两组弦纹间对称贴塑一对叶脉纹桥形耳，耳上部贴饰如意头纹，下腹可见多条凹凸弦纹。口沿及上腹部施青釉，脱釉严重。胎质较硬。口径14.2—15.8、底径12.6、高30.2厘米（图一六：3、图二一）。

陶罐　2件。均为红陶质，外形特征略有不同。标本M41∶5，修复完整。侈口，尖圆唇，矮束颈，溜肩，鼓腹，下腹斜收，平底。肩部贴饰一对桥形耳，肩腹部有多条凹凸弦纹。胎色发红，夹碳，胎质略软。罐体矮胖，口径9.6、底径9.0、高10.9厘米（图一六：7、图二二）。标本M41∶7，完整。侈口，圆唇，矮束颈，溜肩，鼓腹，下腹斜收，平底。肩部贴饰一对桥形耳，肩腹部有多条凹凸弦纹。胎色发红，夹砂，胎质略硬。罐体瘦高，口径9.6、底径9.0、高13.1厘米（图一六：8、图二三）。

串珠　2组。琉璃质，大多完整。体色深蓝，圆柱形或扁圆形，中有对穿孔。个体大小略有差异，直径0.7、高0.4—0.7厘米。标本M41∶9，可辨9颗（图二四）。

图一七　铜矛（M41∶1）

图一八　铜镜（M41∶2）

图一九　铜镜（M41∶14）

图二〇　陶壶（M41∶4）

图二一　陶壶（M41∶6）

图二二　陶罐（M41∶5）

铜钱　4组。均为铜质，大多完整锈蚀。圆形方孔，正面自右向左凸印篆书“五铢”，背面光素。直径2.5、厚0.15厘米。标本M41:10，可辨163±枚（图二五）。

M42　墓葬结构因开挖地基取土而扰乱破坏严重，形制不可辨，仅在相关区域发现有大面积细腻青膏泥迹象和采集到残存的部分随葬器物残片，梳理后可辨器形有陶壶、陶瓿和陶罐等9件（图二六）。

陶壶　4件。均为硬陶质，1件可修复完整，1件仅残存口腹部，2件残存腹底部，可辨器形特征均相似。标本M42:1，修复完整。喇叭口，平沿，尖圆唇，高束颈，溜肩，鼓腹，下腹斜收，隐圈足。颈

图二三　陶罐（M41:7）

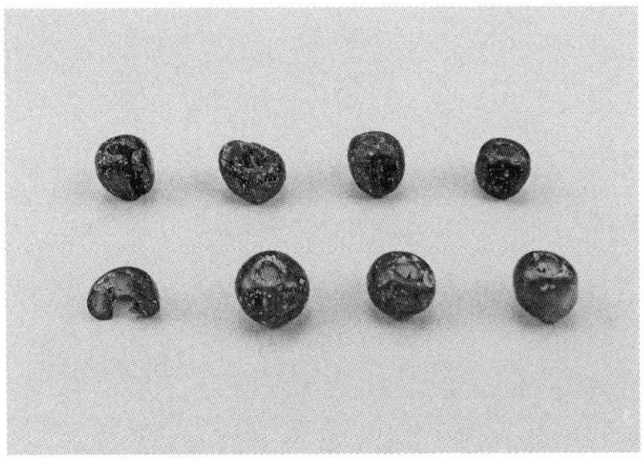

图二四　串珠（M41:9）

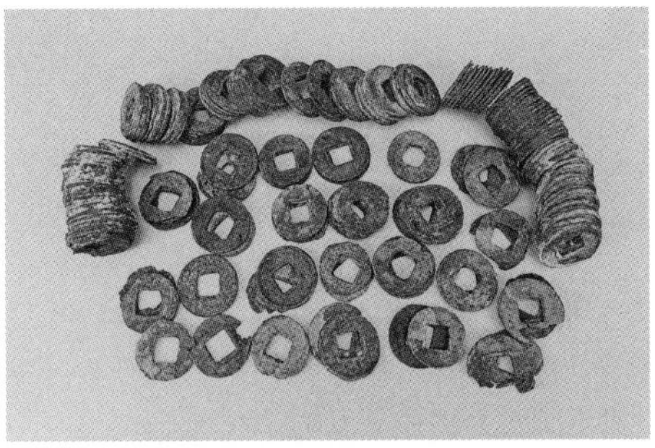

图二五　铜钱（M41:10）

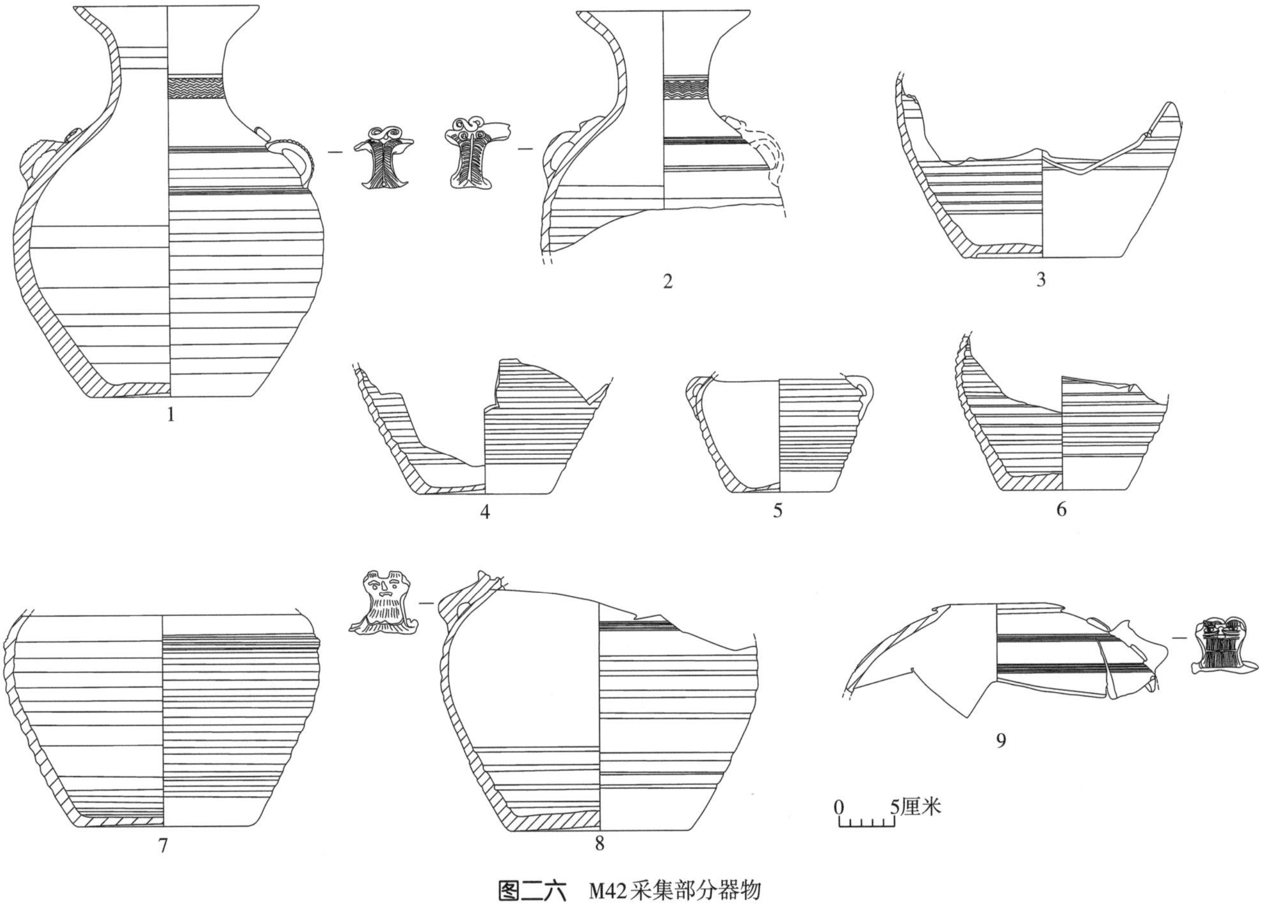

图二六　M42采集部分器物

1—4.陶壶（M41:1、2、3、4）　5、6.陶罐（M41:6、7）　7—9.陶瓿（M41:5、8、9）

下部饰一周凹弦纹和一组水波纹，肩部饰两组凹凸弦纹，两组弦纹间对称贴塑一对叶脉纹桥形耳，耳上部贴饰如意头纹，下腹可见多条凹凸弦纹。口沿及上腹部施青釉，脱釉严重。胎质较硬。口径15.0、底径13.4、高31.3厘米（图二六：1、图二七）。

陶瓿　3件。均为硬陶质，残缺，1件为瓿口腹部，2件为瓿腹底部。标本M42:9，仅存口沿及上腹部。小口微敛，宽沿，微外斜，短颈，溜肩，鼓腹。肩部施两组弦纹，弦纹间贴饰兽面纹桥形耳，耳上部贴饰如意头纹。外腹施青釉，脱釉严重。胎质较硬。复原口径8.0、残高9.0厘米（图二六：9、图二八）。标本M42:8，仅存腹底部。溜肩，鼓腹，下腹斜收，平底，略内凹凸。肩部贴饰兽面纹桥形耳，腹部可见多条凹凸弦纹。外腹上部施青釉，脱釉严重，下腹无釉。胎质较硬。复原底径14.8、残高20.9厘米（图二六：8、图二九）。

陶罐　2件。均为残器，可辨器形相似，质地略有不同。标本M42:6，红陶质，残存腹底部，溜肩，鼓腹，下腹斜收，平底，略内凹。肩部贴饰一桥形耳，肩腹部可见多条凹凸弦纹。外腹无釉。胎色发红，胎体夹碳，胎质略软。复原底径8.4、残高9.2厘米（图二六：5、图三〇）。标本M42:7，残存腹、底部。鼓腹，下腹斜收，平底。腹部可见多条凹凸弦纹。外腹无釉。胎色青灰，胎体夹砂，胎质较硬。复原底径10.2、残高12.3厘米（图二六：6、图三一）。

三　结语

本次发掘的3座汉墓均属小型墓葬，其中有2座保存了基本形制结构，可辨均为竖穴土坑墓，一椁两棺。虽然3座墓葬内均未出土明确的纪年材料，但是出土随葬器物中的陶壶、陶瓿和陶罐等器物组合，以及“五铢”钱等为我们判断墓葬年代提供了直接依据，均具有典型的汉代特征。其中M40出土和M42采集的陶瓿、陶壶与江苏盱眙东阳庙塘乙组墓M7[1]和江苏淮安王庄村汉墓群M35[2]等墓葬出土的同类器特征基本一致，另据胡继根对东南地区汉墓典型器的分期研究[3]，推测M40、M42的年代应在西汉晚期。但M41出土的陶壶中盘口壶明显占

图二七　陶壶（M42:1）

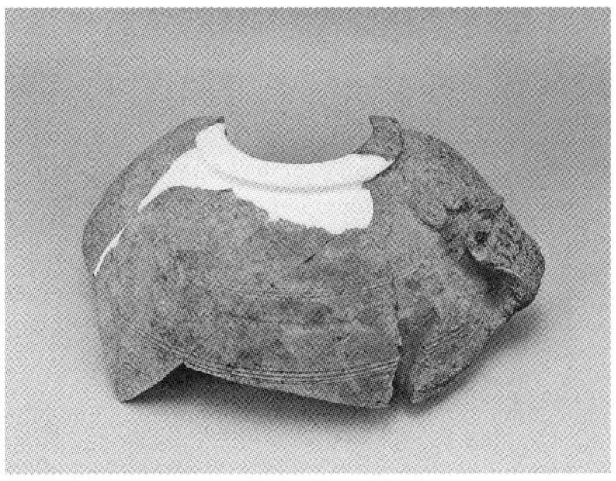

图二八　陶瓿（M42:9）

图二九　陶瓿（M42:8）

图三〇　陶罐（M42:6）

图三一　陶罐（M42:7）

了主流，而且陶瓿在随葬器物组合中消失，与“进入东汉以后，西汉时期曾一度广泛流行的瓿和钫等器类，此时已不再生产，而罐类等日常生活用器的烧造量则在极速增长”[4]的特征相符合，再结合前期研究成果[5]，推测M41的具体时代应为东汉早期。

M40和M41葬具均采用了一椁两棺、凿木成棺的葬俗，但在随葬器物的摆放和组合上既有一定相似性，又呈现了一定的差异性。两墓棺木内中南部都放置铜镜和铜钱等，棺外椁内放置随葬陶器组合。根据棺内铜镜和铜钱的摆放位置，可知两墓墓主头向均朝向南方。M40随葬陶器组合在墓主脚端，椁内北部，而M41随葬陶器组合在墓主头端，椁内西南部。M41不但在各类陶器数量上少于M40，而且陶瓿已经退出陶器组合。由此也在一定程度上体现了M40和M41在时代上延续和葬俗的演变。

虞山北麓汉墓受制于现有地形条件，本次仅抢救性发掘了3座，但发现的墓葬结构和出土的随葬遗物为我们认识常熟地区汉代墓葬结构和葬俗提供了难得的实物材料。另据现场走访调查得知本次发掘汉墓的南侧原地势明显高于周围，但由于近现代生产生活建设，受访者所说之地大部已叠压于现代房基之下，期待今后在相关区域会有更多的发现，进一步补充和研究认识常熟地区汉代墓葬相关信息。

本文为苏州地域文明探源工程课题的阶段性成果之一。

领队：张照根
发掘：张志清　周官清　李前桥　王军　高鑫
摄影：王军　高鑫
绘图：高鑫　袁真真
执笔：张志清　李前桥

注释：

[1] 南京博物院：《江苏盱眙东阳汉墓》，《考古》1979年第5期。

[2] 淮安市博物馆：《江苏淮安王庄村汉墓群发掘简报》，《东南文化》2016第5期。

[3] 中国社会科学院考古研究所编著：《中国考古学·秦汉卷》，中国社会科学出版社，2010年。

[4] 中国硅酸盐学会编：《中国陶瓷史》，文物出版社，2004年，第125页。

[5] 同[3]。

江苏常熟虞山北麓宋墓发掘简报

苏州市考古研究所　常熟博物馆

内容提要：2020年10月，在常熟市虞山北麓鹤顶上6号宅基中部和寺路街39号宅基西部发现了4座宋代墓葬，顺次编号为M68、M69、M70和M73，并对其进行了抢救性考古发掘工作。本次发掘的4座宋墓均为小型墓葬，曾被严重盗扰和破坏，但其现存结构和随葬器物等为我们认识常熟地区北宋墓葬结构和丧葬习俗提供了重要的实物材料。

关键词：常熟　虞山北麓　宋墓

虞山古墓葬群集中发现于江苏省苏州市常熟市虞山南、北两麓中部。自2019年下半年常熟市虞山街道启动民宅翻新工程后，在虞山南、北两麓中部多有古墓葬发现，苏州市考古研究所联合常熟博物馆对民宅翻建过程中发现的古墓葬进行了及时跟进和抢救性考古发掘工作。虞山古墓葬群的考古发掘工作因受客观因素制约，均以每户宅基地为单位进行考古发掘，其分布呈散点状，大多数古墓葬都有不同程度的扰动或破坏。2020年10月在虞山北麓发掘了4座宋墓（图一），出土文物及标本32件（组）。现将发掘情况简报如下。

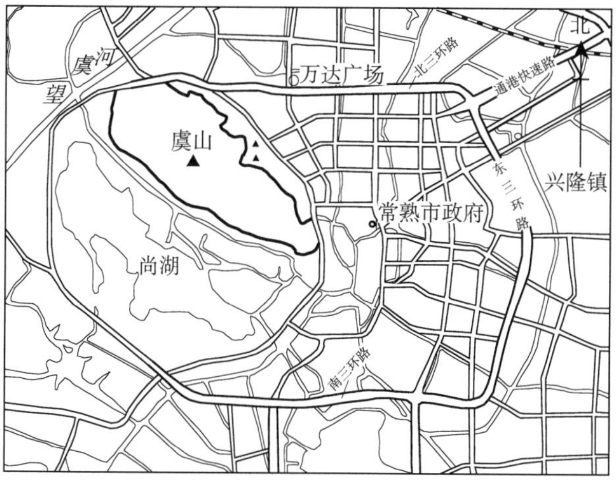

图一　虞山北麓宋墓位置示意图

一　发掘概况

本次发掘的宋墓有3座位于虞山北麓鹤顶上6号宅基中部，顺次编号为M68、M69、M70（图二），1座位于寺路街39号宅基西部，顺次编号为M73（图三）。

鹤顶上6号发现的3座宋墓开口平面距离现今地表约150厘米，从平面上看，墓葬均为竖穴土坑结构，上部均被扰乱无存，墓室内部包含物杂乱，仅残存墓葬底部少许结构。

寺路街39号发现的1座宋墓开口距离现今地表约40厘米，梳理平面后，可见墓室铺地砖裸露，仅残存墓室最底部一层，南半部较为凌乱，有较多碎砖凌乱堆积。

二　墓葬及其出土遗物

M68　墓葬开口平面近似方形，南壁较北壁略宽，南北长251、南壁宽268、北壁宽257、残深10—33厘米，方向155°（图四）。

墓葬形制为竖穴土坑砖室墓，仅残存墓葬底部少许。墓室内填充黄褐色花土，质地较硬，包含大量碎砖块和炭灰颗粒等。可辨墓葬结构由外侧土圹和内侧砖砌墓室构成。外侧土圹为竖穴土坑，北壁较南壁略宽，底部可辨东、西两个土坑，均为直壁，壁面粗糙，底部较平整。砖砌墓室位于土坑之内，亦可分东、西两个墓室，东、西两室之间残存有生土隔墙，宽20—22厘米。东墓室内四周残存有少许四壁砖，由青砖纵向错缝平铺垒砌而成，南部残存3—5层，北部残存1—2层。砖室内长233、内宽96厘米，墓砖长26—27、宽8、厚3.5—4厘米。西墓室残损严重，仅在东南角发现零星砖壁残余，可辨2层砖壁。

两墓室内均未发现棺木遗存和墓主骨骼，葬姿葬式等墓主相关信息已不可辨。墓葬出土随葬遗物13件（组），其中在东侧墓室中部偏西发现石砚和铜镜各1件（图五），串珠2组和铜钱1组，另在东南

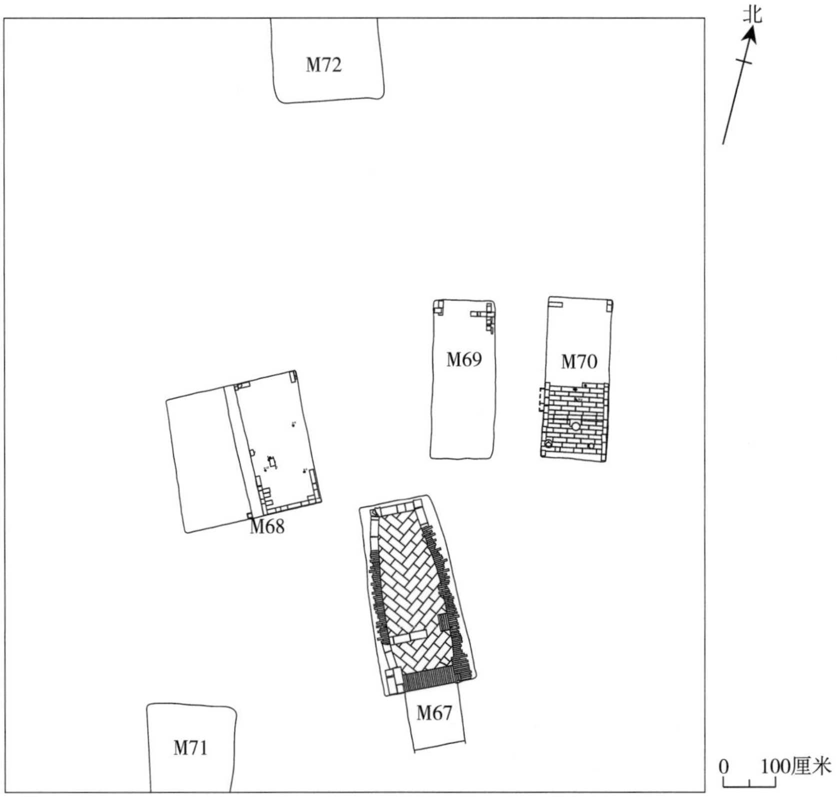

图二 鹤顶上6号总平面图

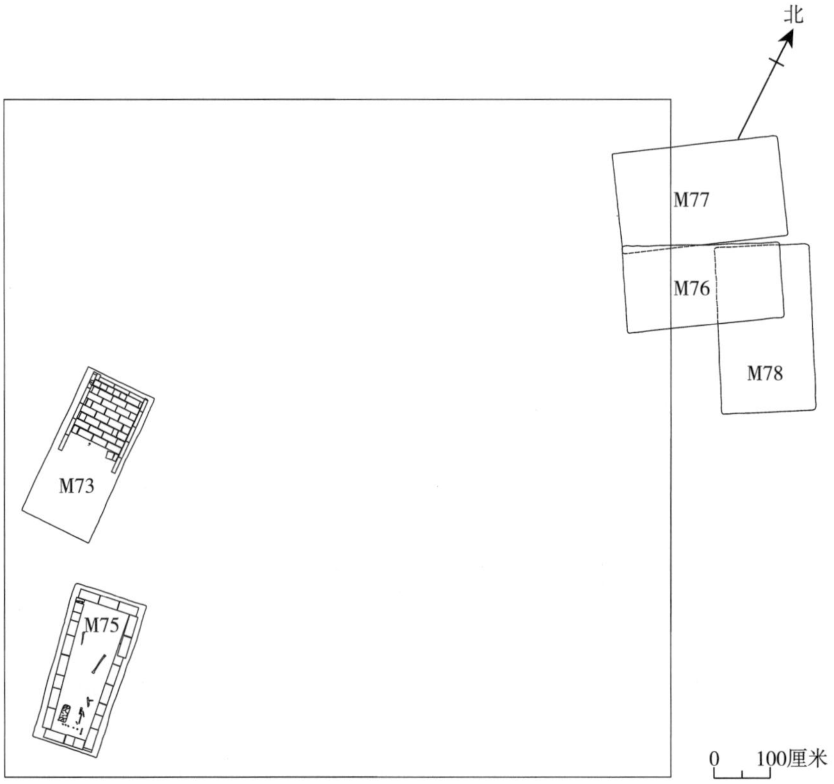

图三 寺路街39号总平面图

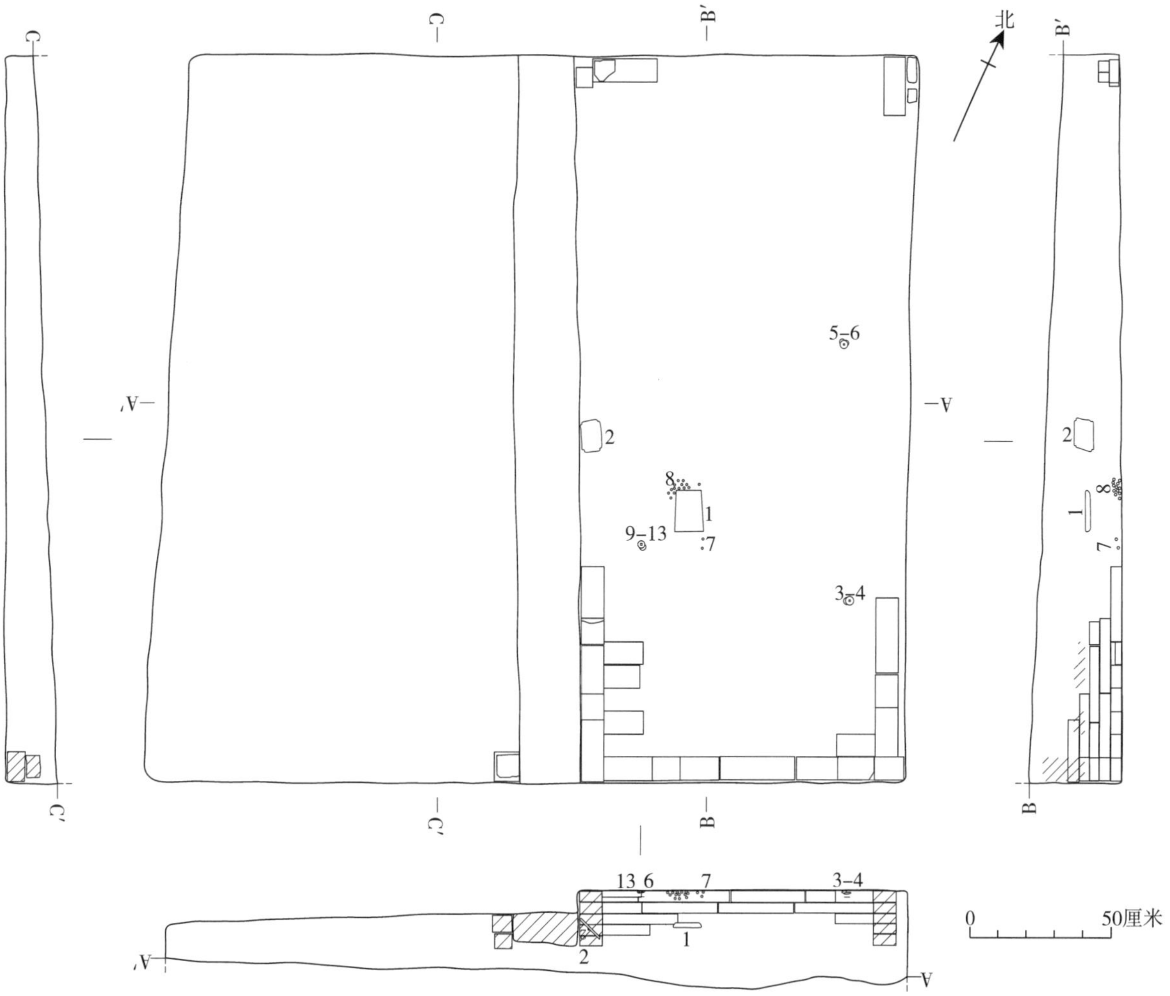

图四 M68平剖视图

1.石砚（M68:1） 2.铜镜（M68:2） 3—6、9—13.铜钱（M68:3—4、9—13） 7、8.串珠（M68:7、8）

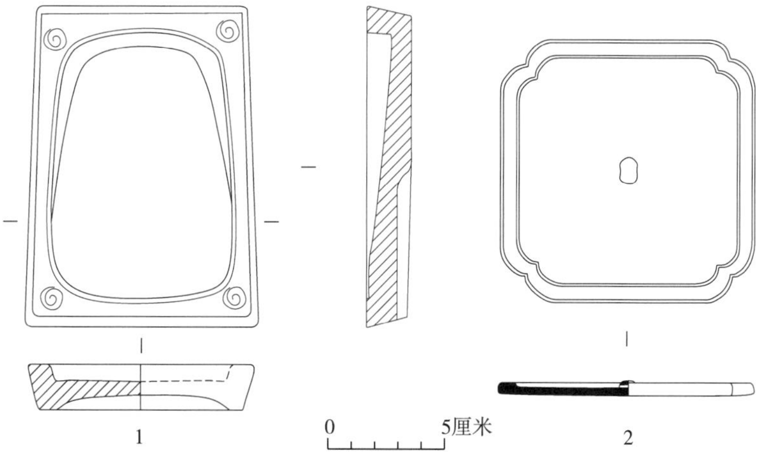

图五 M68出土石砚和铜镜

1.石砚（M68:1） 2.铜镜（M68:2）

部和中部偏东各发现1组铜钱。西侧墓室填土及墓室内未发现随葬遗物。

石砚　1件。标本M68∶1，完整。平面近似长方形，一端较另一端略宽，砚面平整，砚身四侧内斜，上宽下窄。砚堂、墨池斜向相接，呈椭圆形内凹。砚堂整体微凸，墨池较深。砚池四周砚面有阴刻弦纹和四朵卷云纹装饰。砚背由砚堂向墨池方向凿挖较浅，呈抄手状。砚石质有砂砾感。长13.5、宽9—10、厚1.7—1.9厘米（图五：1、图六）。

铜镜　1件。标本M68∶2，铜质，完整，表面锈蚀。镜体近似方形，四方倭角，正面光素，微微弧凸，背面中心处有一穿纽。内区素面，略凹，边缘窄平凸起，略厚。边长11、厚0.3厘米（图五：2、图七）。

串珠　2组。疑似贝质，呈黄白色，大多完整。近似圆球形，中心有对穿孔，大小不一，珠体因侵蚀而粉化，球径0.4—0.6厘米。标本M68∶8，可辨15±颗（图八）。

铜钱　13枚。钱文可辨有“开元通宝”4枚、“景祐元宝”1枚、“皇宋通宝”1枚、“熙宁元宝”4枚、“祥符元宝”1枚和“元丰通宝”1枚，另有1枚

图六　石砚（M68∶1）

图七　铜镜（M68∶2）

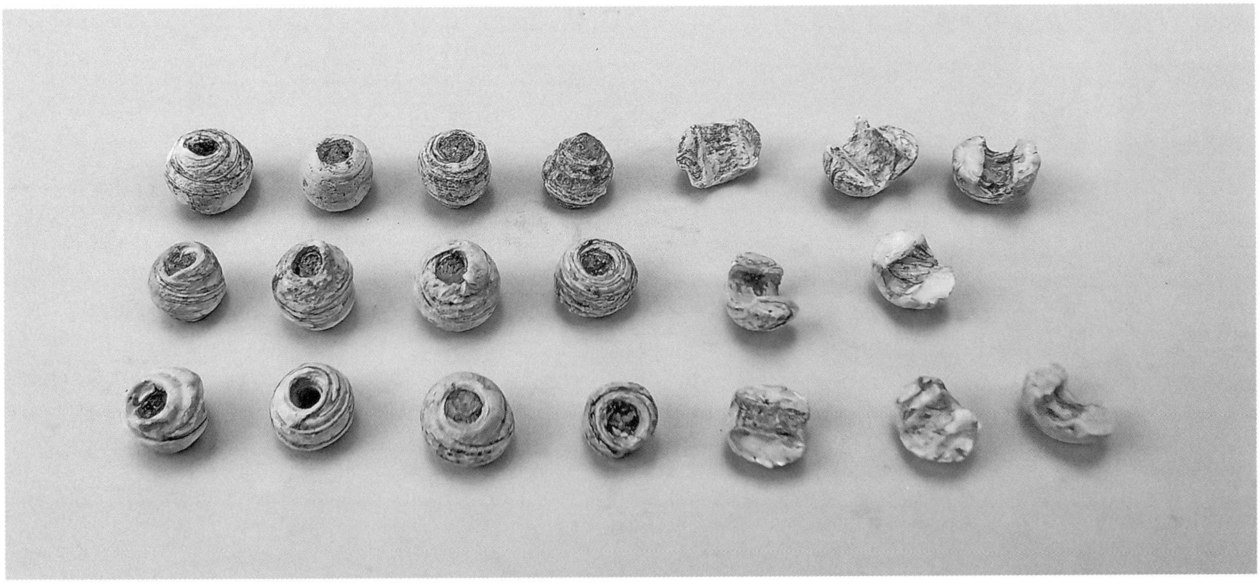

图八　串珠（M68∶8）

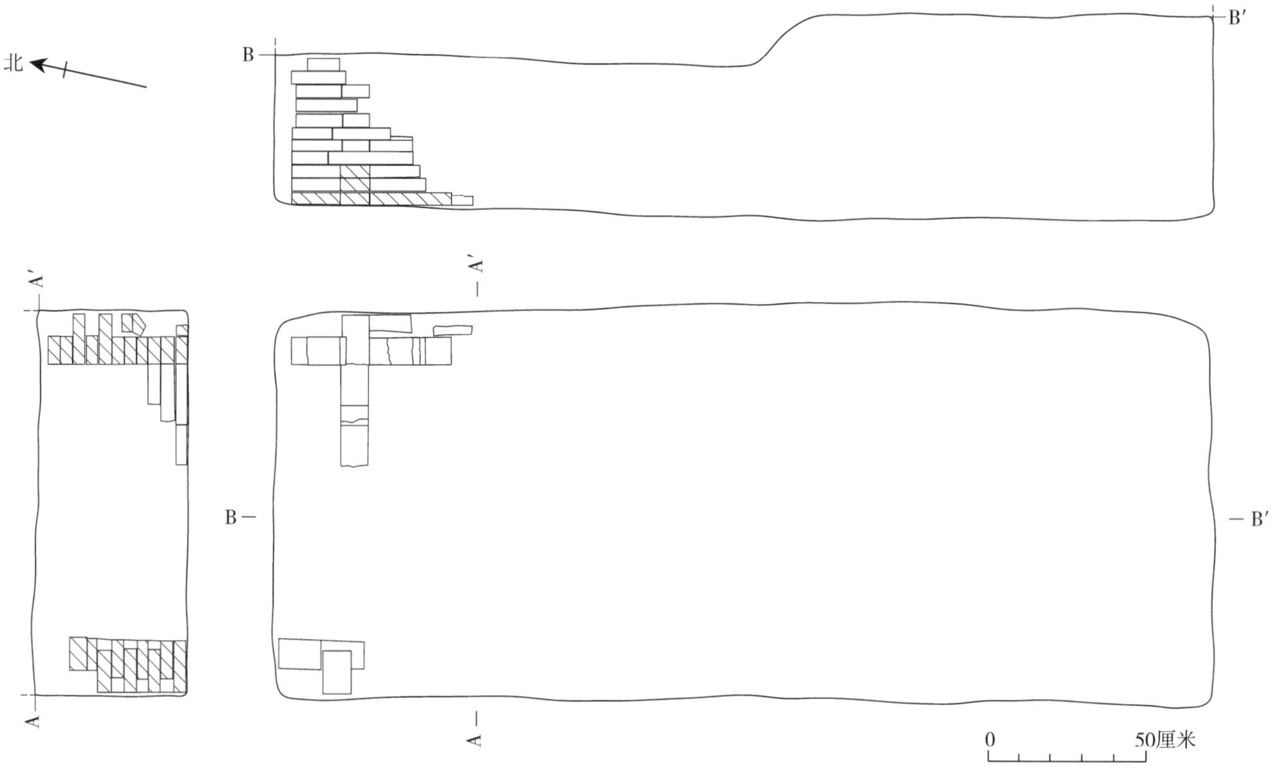

图九 M69平剖视图

因锈蚀而难辨钱文。

M69 墓葬开口平面呈长方形，南北长295、东西宽120、残深63厘米，方向170°（图九）。

墓葬形制为竖穴土坑砖室墓，仅残存墓葬中下部。墓室内填充黄褐色花土，质地较硬，包含大量碎砖块、炭灰颗粒和零星陶瓷片等。可辨墓葬结构由外侧土圹和内侧砖砌墓室构成。外侧土圹为竖穴土坑，直壁，壁面粗糙，底部较平整。砖砌墓室位于土圹之内，残存有少量四壁砖，西北角残存9层，东北角残存11层，均由青砖纵向错缝平铺垒砌而成。砖长27、宽8.5、厚4厘米。

墓室内未发现棺木遗存和墓主骨骼，葬姿葬式等墓主相关信息已不可辨。墓室填土内出土残破陶杯1件。

陶杯 1件。标本M69标：1，泥质灰陶，口腹部残缺。圈足，足墙较薄。胎体夹碳，胎质较软。复原底径8.2、残高3.5厘米（图一〇、图一二：6）。

M70 墓葬开口平面呈长方形，南北长300、东西宽120、残深65—69厘米，方向172°（图一一）。

墓葬形制为竖穴土坑砖室墓，仅残存墓葬底部。墓室内填充黄褐色花土，质地较硬，包含大量碎砖块、炭灰颗粒和零星瓷片，可辨器形有碗、盏等。墓葬结构由外侧土圹和内侧砖砌墓室构成。外侧土圹为竖穴土坑，直壁，壁面粗糙，底部略有凹凸。

图一〇 陶杯（M69标:1）

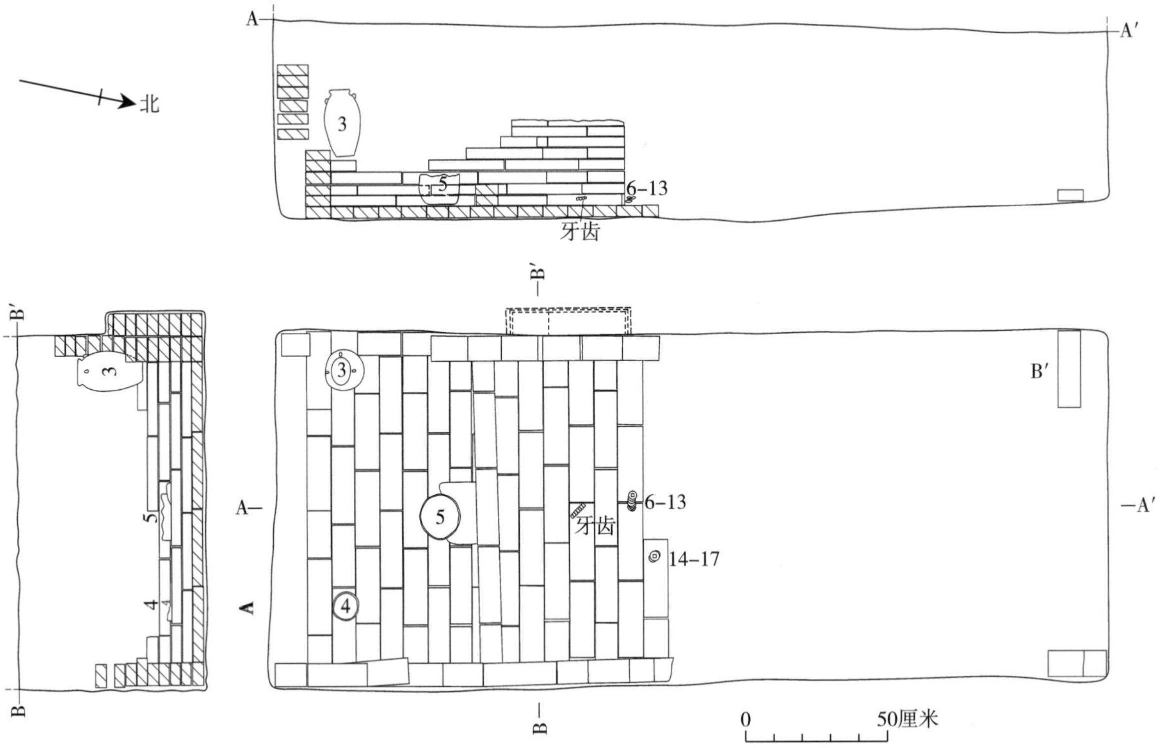

图一一 M70平剖视图

2.四系瓶（M70∶3） 4.陶杯（M70∶4） 5.瓷碗（M70∶5） 6—17.铜钱（M70∶6—17）

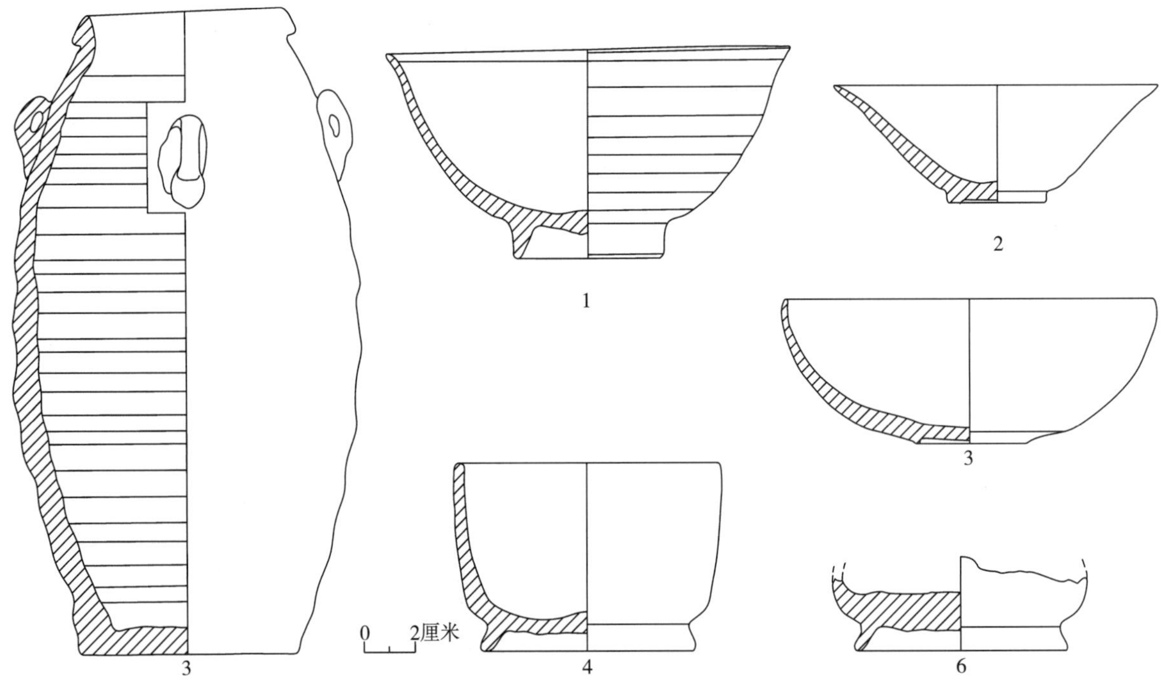

图一二 M69、M70出土部分器物

1、5.瓷碗（M70∶1、5） 2.釉陶盏（M70∶2） 3.四系瓶（M70∶3） 4、6.陶杯（M70∶4、M69标∶1）

砖砌墓室位于土圹之内，墓室内长260、内宽104厘米，南部残存有少量壁砖，由青砖纵向错缝平铺垒砌而成，可辨壁砖3—12层，砖长26.5、宽8.5、厚3.7—4厘米。墓室偏南端中部有一东西走向的砖墙，现存2层，高7.5厘米，横向把墓室隔离为南、北两部分。南部南北向内宽53、东西向内长104厘米。墓室西墙中部向外伸出约一砖厚，青砖错峰平铺垒砌8层，具体功能性质不明。

墓室内未发现棺木遗存，墓主骨骼腐朽，几乎无存，仅在墓室南部发现几颗残存的牙齿，牙齿亦腐朽粉化，葬姿葬式等墓主相关信息已不可辨。墓室内出土遗物7件组（图一二），其中在墓室底部填土内出土青瓷碗和黑釉盏各1件，在墓室西南角发现四系瓶1件，在墓室南端发现黑釉酱彩碗和陶杯各1件，在墓室中部偏南发现2组铜钱。

瓷碗　2件。标本M70:1，瓷质，修复完整。敞口，沿微外撇，圆唇，深弧腹，圈足。素面，外壁隐约可见轮制弦纹，圈足略高，足墙窄薄。通体施灰白釉，外底心无釉。口径15.9、底径6.1、通高7.8厘米（图一二：1、图一三）。标本M70:5，釉陶质，修复完整。敞口微敛，作六瓣花形，斜弧腹，隐圈足。素面，足端窄平，挖足较浅。通体施酱褐釉，近底处及底足无釉。口径14.3、底径4.2、高5.6厘米（图一二：5、图一四）。

釉陶盏　1件。标本M70:2，修复完整。敞口外撇，尖唇，斜腹，小圈足。足墙较矮，挖足较浅，足端略宽，端面微斜。素面，通体施酱黑釉，外底心无釉。胎质夹砂，较硬。口径12.6、底径3.7、高7.4厘米（图一二：2、图一五）。

四系瓶　1件。标本M70:3，釉陶质，修复完整。小口，微侈，窄平唇，下垂沿，垂肩，弧腹，下腹斜收，平底内凹。近口部纵向对称贴塑两对桥形耳，外壁有多道凸弦纹。釉层脱落严重。胎质较硬。口径7.6、底径8.6、高25.0厘米（图一二：3、图一六）。

陶杯　1件。标本M70:4，灰陶质，修复完整。直口，平唇，直腹，圈足。素面，足端外撇。胎体夹碳，胎质较软。口径10.6、底径8.4、高7.2厘米

图一三　瓷碗（M70:1）

图一四　瓷碗（M70:5）

图一五　釉陶盏（M70:2）

图一六　四系瓶（M70:3）

图一七　陶杯（M70:4）

（图一二：4、图一七）。

铜钱　14枚。钱文可辨有“天圣元宝”1枚、“景佑元宝”1枚、“皇宋通宝”1枚、“治平元宝”1枚、“熙宁重宝”3枚、“元丰通宝”3枚、“祥符通宝”1枚、“皇宋通宝”2枚和“元祐通宝”1枚。

M73　墓葬开口距离地表约50厘米，平面呈长方形，南北长258、东西宽134、残深10—12厘米，方向355°（图一八）。

墓葬形制为竖穴土坑砖室墓，墓葬被破坏殆尽，仅残存墓葬底部。墓黄褐色黄土，湿黏，夹杂少量杂乱碎砖块。墓葬结构由外侧土圹和内侧砖砌墓室构成。外侧土圹为竖穴土坑，直壁，壁面粗糙，底部较平整。砖砌墓室位于土坑中间，仅残存墓室北部少许。墓室四壁由青砖单列纵向错缝平铺垒砌而成，可辨1层砖墙，砖长29、宽7、厚5厘米。墓室铺地砖由青砖横向错缝平铺一层，延伸至墓室四壁下，砖长27、宽12.5、厚3厘米。

墓室内未发现棺木遗存和墓主骨骼，葬姿葬式等墓主相关信息已不可辨。墓底中部出土篆书“政和通宝”1枚。

三　结语

从发掘情况来看，本次发掘的4座宋墓均为小型墓葬，曾在历史时期就已经被严重盗扰，墓葬原始结构遭到严重破坏，但残存的竖穴土坑砖室墓的形制结构特征基本一致，墓葬用砖规格和出土遗物也均具有宋代特征。虽然4座墓葬均未发现明确的纪年材料，但能从出土铜钱上辨别相对的参考年代。M68出土纪年最晚的铜钱为“元丰通宝”，M70出土纪年最晚的铜钱为“元祐通宝”，M73出土的唯一一枚铜钱为“政和通宝”，均为北宋晚期流通钱币。M68出土石砚（M68:1）形制与安徽巢湖市原体育场墓地北宋晚期M9[1]所出相似，铜镜（M68:2）形制与江苏扬州市三星村北宋晚期M399[2]和江苏洪泽县长山村北宋晚期壁画墓M1[3]所出一致，M70出土的四系瓶

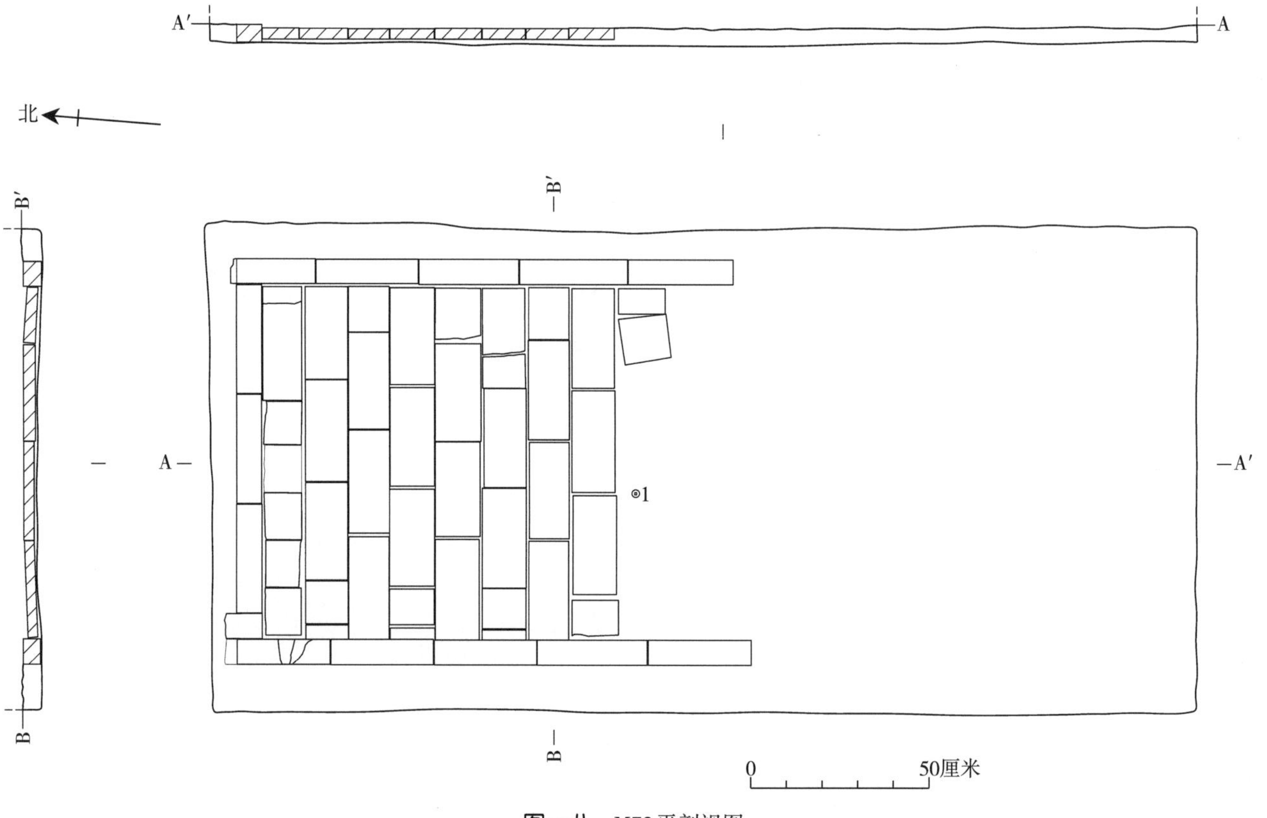

图一八　M73平剖视图

1.铜钱（M73:1）

（M70∶3）与江苏淮安翔宇花园北宋墓M47[4]出土同类器相似，瓷碗（M70∶1）深弧腹和高圈足特征，瓷碗（M70∶5）花口等特征，以及釉陶盏（M70∶2）的斗笠形制等均流行于宋代，M69出土的残陶杯（M69标：1）与M70出土陶杯（M70∶4）形制一致。综上，本次发掘的4座宋墓的具体时代应为北宋晚期。

本次发掘中的M68虽然由于残损扰乱严重，但底部可辨东、西两个独立墓室，中间又有宽约20—30厘米的生土墙隔开，断定其为合葬墓似乎不太合理，参考其东侧临近的M69与M70的组合关系，M68其实应为两个独立墓葬，再结合M73的发掘情况，推测常熟虞山地区的墓葬形制在北宋很可能流行单人葬墓，并遵循夫妻相靠而葬的习俗。

在近两年的虞山古墓葬抢救性考古发掘过程中，仅发现了这4座北宋墓葬。本次发现为我们认识常熟地区北宋墓葬结构和丧葬习俗提供了重要的实物材料。特别是M70出土了多类型、不同窑口的器物，更为我们研究北宋时期陶瓷贸易交流活动等提供了物证。

本文为苏州地域文明探源工程课题的阶段性成果之一。

领队：张照根
发掘：张志清　周官清　李前桥　王军　袁真真
摄影：张志清　王军
绘图：王军　袁真真　董抒涵
执笔：张志清　周官清

注释：

［1］程晓伟、向尚：《安徽巢湖市原体育场墓地宋墓M9发掘收获》，浙江省博物馆编：《东方博物》第72辑，中国书店，2019年。

［2］秦宗林、王小迎、吴一丹：《江苏扬州市三星村宋墓发掘简报》，《北方文物》2022年第1期。

［3］赵李博、胡兵、祁小东：《江苏洪泽长山村宋代壁画墓发掘简报》，《东南文化》2020年第2期。

［4］胡兵、孙玉军、王剑、祁小东：《江苏淮安翔宇花园唐宋墓群发掘简报》，《东南文化》2010年第4期。

江苏常熟梅李天字村古墓葬群发掘简报

苏州市考古研究所　常熟博物馆

内容提要：2020年12月至2021年1月中旬，苏州市考古研究所在常熟市通港快速路北、胡琴路西地块考古发掘了72座古墓葬，出土了陶壶、陶罐、铜簪和铜钱等遗物260余件（组）。可辨墓葬形制以小型竖穴土坑墓为主，鲜有砖室墓和浇浆墓，应为一般平民聚集而葬形成的古墓葬群，本次发掘为研究常熟地区唐至明清时期丧葬形制和葬俗演变等提供了实物材料。

关键词：常熟　天字村　古墓葬群

天字村古墓葬群位于江苏省苏州市常熟市梅李镇民熙常熟现代金融物流园东、通港快速路北、胡琴路西、华联东路南地块内（图一）。

2020年12月至2021年1月中旬，为配合常熟市通港路以北、胡琴路以东、华联东路以南地块上市，苏州市考古研究所组织专业人员对该地块进行了考古调查、勘探工作，并在地块的东北部和西南部探明60余座古墓葬，并进行了相关考古发掘工作，现将发掘情况简报如下。

一　发掘概况

2021年3月底至7月初，为保护地下文物和配合地方基本经济建设，苏州市考古研究所根据《常熟市通港路以北，胡琴路以东，华联东路以南地块考古调查、勘探报告》，对本次发现的古墓葬及其相关区域进行了考古发掘工作（图二、三）。

由于该地块原始地貌受近现代生产生活扰动较大，本次发掘的这批古墓葬大多在距地表10—20厘米内开口。通过本次发掘，在该地块内发现唐至近现代三个历史时期文化堆积层，发现古墓葬72座，灰坑2个。出土陶壶、陶罐、铜簪和铜钱等遗物260余件（组）。

二　地层堆积情况

本次发现的三个文化堆积层在整个发掘区域内普遍分布。现以东北部发掘区T2214西壁（图四）地

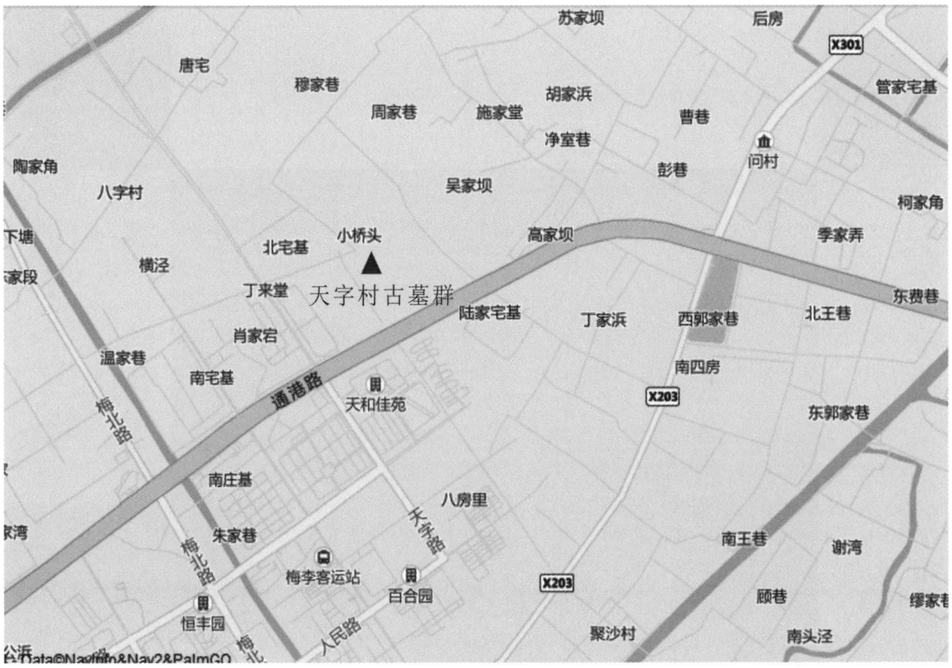

图一　天字村古墓群位置示意图

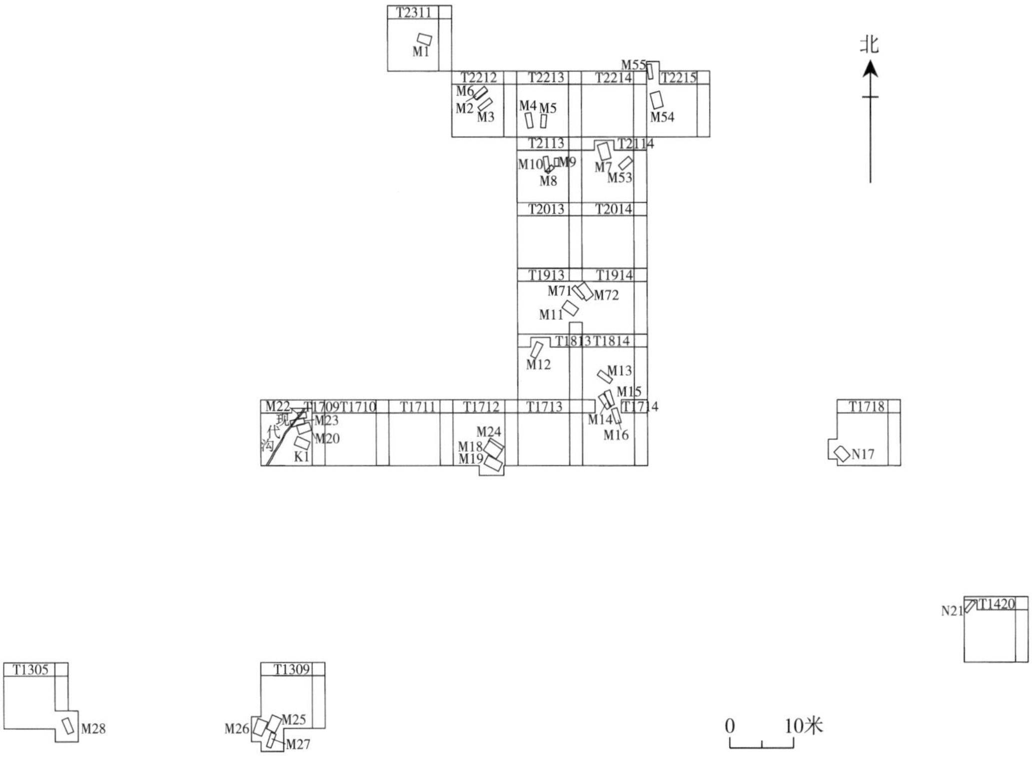

图二 天字村古墓葬群东北部平面图

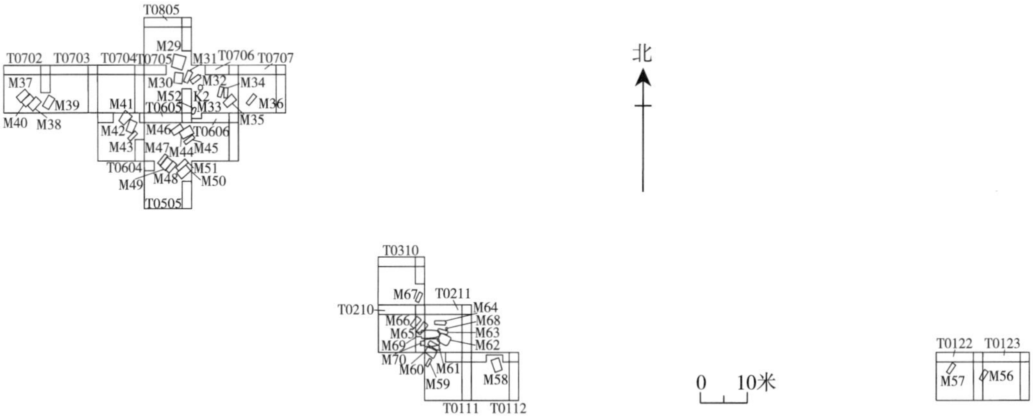

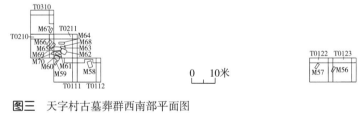

图三 天字村古墓葬群西南部平面图

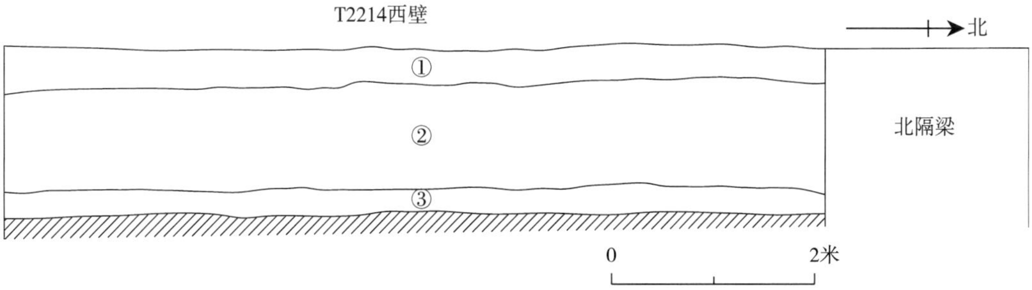

图四 T2214西壁剖面图

层堆积为例介绍如下：

第①层：灰褐色土，土质疏松，包含大量植物根茎，另发现较多现代的塑料袋等杂物。该层呈水平波浪状在全方分布，厚35—50厘米。结合整个发掘区域堆积和包含物情况，推测该层为近现代生产活动扰动及堆积层。

第②层：黄褐色土，土质略硬，沙质，夹杂黑褐色土块颗粒，包含较多炭灰颗粒和树根等。出土有较多釉陶片，少量青花瓷片和夹砂陶片，可辨器形有碗、罐和盆等。该层呈水平状在全方分布，厚100—120厘米。推测该层为明清时期堆积层。

第③层：黑褐色土，土质较硬，紧密，包含大量炭灰颗粒。出土少量陶瓷片，以釉陶片居多，另有青釉瓷和夹砂素陶等，可辨器形有碗、盏、罐、壶和盆等。该层呈水平状在全方分布，厚10—25厘米。推测该层为唐代堆积层。

三　墓葬及其出土遗物举例

本次发掘发现的72座古墓葬，可辨有2座唐代墓葬，2座明代，68座清代墓葬，墓葬形制因时代不同而有所差异，主要以竖穴土坑墓为主，鲜有砖室墓和石灰浇浆墓。

（1）唐代

M69　位于西南部发掘区T0211中部偏西，M70北侧，方向269°。平面近似东西向长方形，残长512、最宽173、残深55厘米（图五）。

竖穴土坑砖室墓，上部及其结构被严重扰乱破坏。墓室填黑褐色花土，土质略紧密，含水量大，湿黏，似胶泥状，包含有少量釉陶片和碎砖块，可辨器形有碗、罐和壶等。墓葬结构由外侧土圹、墓道、墓门和墓室等构成。外侧土圹壁面微内斜，平底。墓道位于墓葬西部，长方形，西高东低，呈斜坡状，残长120、宽93、残深0—55厘米。墓门位于墓道东侧、墓室西端，残损严重。墓室位于墓葬中东部，青砖垒砌而成，平面近似船形，西端略宽，东端略窄，南北两侧长壁微微向外弧凸，中部内宽105厘米。墓室四壁可辨由青砖纵向单列错缝平铺和半截青砖侧立组成的“顺丁式”交错垒砌而成，墓室底部残存有铺地砖，呈“人”字形斜铺至砖砌四壁下。墓葬用砖长27、宽13、厚3.5厘米。墓室内未发现葬具遗存、墓主骨骼和随葬遗物等信息。

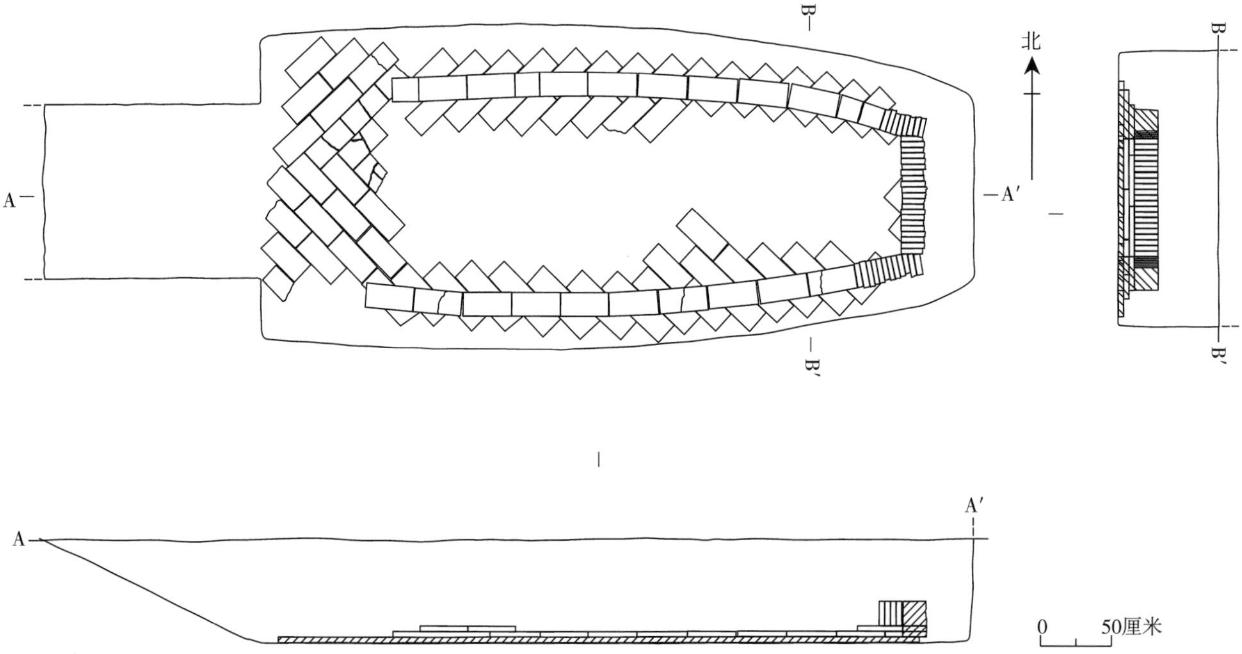

图五　M69平剖图

青瓷碗　1件。标本M69∶1，残缺。敞口，沿微外撇，圆唇，斜腹，平底。内外施青釉，外釉不及底。内底有一圈点状支烧痕，外底四周亦有一圈支烧痕。胎质坚硬，胎色灰白。复原瓷碗底径11、高5.3厘米（图六）。

M70　位于西南部发掘区T0211中部偏西，M69南侧，方向265°。平面近似东西向长方形，残长410、最宽170、残深35厘米（图七）。

竖穴土坑砖室墓，上部及其结构被严重扰乱破坏。墓室填黑褐色花土，土质略紧密，含水量大，湿黏，似胶泥状，包含有少量釉陶片和碎砖块等，可辨器形有碗。墓葬可辨结构由外侧土圹、墓道和墓室等构成。外侧土圹壁面微内斜，平底。墓道位于墓葬西部，长方形，西高东低，呈斜坡状，残长75、宽90、残深0—35厘米。墓室位于墓葬中东部，残损严重，可辨由青砖垒砌而成。墓室底部残存少许铺地面，可辨呈“人”字形斜铺至砖砌四壁下。墓葬用砖长27、宽13、厚3.5厘米。墓室内未发现葬具遗存、墓主骨骼和随葬遗物等信息。

图六　青瓷碗（M69∶1）

青瓷碗　1件。标本M70∶1，残缺。敞口，圆唇，斜腹，平底。内外施青釉。内底分布一圈点状支烧痕，外底四周隐约有一圈支烧痕。胎质坚硬，胎色灰白。复原瓷碗底径9、高6.4厘米（图八）。

（2）明代

M29　位于西南部发掘区T0805东南角，方向15°。平面呈南北向长方形，长300、北宽266、南宽230、残深40—46厘米（图九）。

竖穴土坑砖室墓，墓葬上部及左侧墓室扰乱破坏严重。墓室内填灰褐色花土，土质略硬，包含有少量釉陶片、碎砖块和碗底残片等。墓葬可辨结构

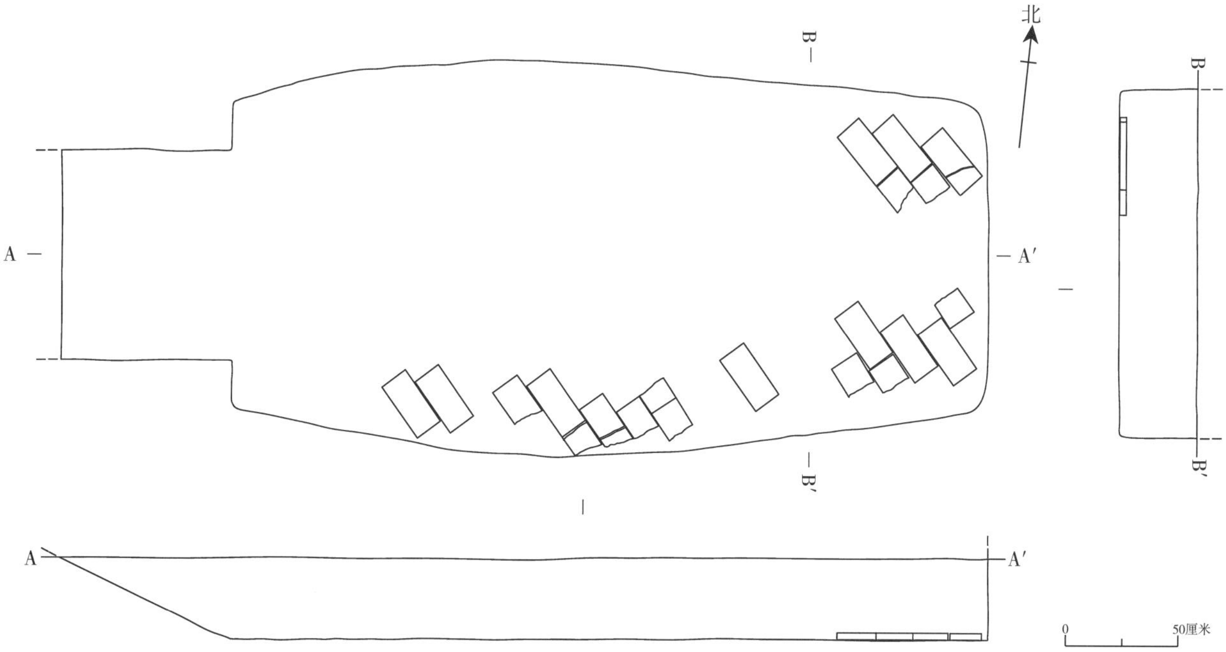

图七　M70平剖图

图八　青瓷碗（M70:1）

图九　M29发掘照

由外侧竖穴土圹、内侧砖砌墓室、浇浆层和棺木等组成。外侧竖穴土圹为直壁，平底。内侧砖砌墓室可辨东、西双室。东侧墓室西壁无存，其余三壁残存7层壁砖，东墓室内长250、北宽95、南宽81厘米。西侧墓室四壁无存，可辨四壁底痕，北壁中部内凹，或有壁龛。东侧墓室内残存有浇浆结构，可辨其为棺木与砖壁之间浇筑结构。墓室底部砖面上亦有一层石灰浇浆面。两墓室内棺木均腐朽扰乱无存，残存有少许棺钉痕迹。东侧墓室底部四角各发现一块垫棺青砖。两墓室内均发现墓主骨骼一具，保存状况一般，两墓主头向墓室北端，仰身直肢。在东侧墓主下颌骨处发现1件琉璃环，左臂处发现1枚铜钱。

琉璃环　1件。标本M29:1，微残。奶白色，器形较小，扁平，圆环形。外直径1.15、内孔径0.3、厚0.25厘米。

铜钱　1枚。可辨钱文为“太平通宝”。

M62　位于西南部发掘区T0211中部偏南，方向125°。平面近似西北—东南向长方形，长250、东宽205、西宽173、残深75厘米（图一〇）。

竖穴土坑石灰浇浆墓，墓葬上部及墓室内部结构被严重扰乱破坏。墓室内填充黄褐色花土，土质较紧密，包含有较多残碎浇浆块和零星碎砖块。根据现存状况，可辨该墓结构由外侧竖穴土圹、内侧浇浆层和两棺木构成。外侧土圹为圆角竖穴，直壁，壁面较粗糙，底部较平整，南壁中部偏西有一壁龛。内侧浇浆层为棺木与外侧土圹之间填充层，破坏扰乱严重。根据墓室底部残存浇浆痕迹可辨两具棺木痕迹，棺木均腐朽无存。在棺痕内四角发现残存青砖，应为垫棺砖。在墓室底部两棺木痕迹内各发现墓主骨骼一具，头向墓室南端，仰身直肢。在壁龛内发现1件釉陶罐。

釉陶罐　1件。标本M62:1，完整。侈口，弧沿，尖唇，束颈，溜肩、鼓腹，下腹斜收，平底微内凹。通体施青釉，脱釉严重。外壁可见轮制弦纹痕迹。胎质坚硬，胎色红褐。外口径8.9—9.2、底径7.4、高16.1厘米（图一一）。

（3）清代

M4　位于东北部发掘区T2213西南部，方向350°。平面近似南北向长方形，长227、北宽92、南宽86、残深23.0厘米（图一二）。

竖穴土坑墓，墓葬上部有所扰乱破坏，仅残存墓葬底部。墓室内填灰褐色花土，土质松软，包含有植物根茎和少量碎砖块。墓葬结构可辨由外侧竖穴土圹和内侧棺木组成。外侧竖穴土圹直壁，平底。内侧棺木腐朽无存，仅残存棺痕和棺钉。棺痕内发现墓主骨架一具，头向墓室北端，仰身直肢。墓主头骨两侧可辨有条状石灰包，棺痕内底部铺有一层石灰，厚1—2厘米。在墓主头部左右侧发现4件翡翠耳饰和1件铜戒指，在墓主腹部及大腿骨附近发现

图一〇　M62发掘照

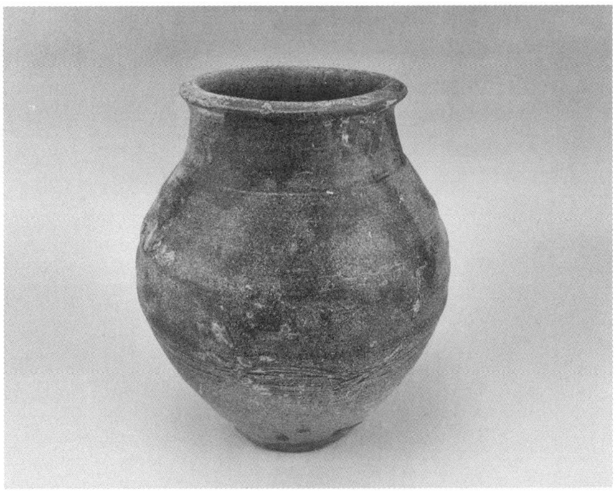

图一一　釉陶罐（M62∶1）

7枚铜钱。

翡翠耳饰　4件。质地相同，器形两两相同，或为两组。标本：M4∶1，完整。薄片状，似叶形，颜色鲜碧。正面光滑，阴刻有蝠纹，背面略显粗糙。器体边缘有两处小穿孔。长2.9、厚0.15厘米（图一三）。标本M4∶3，完整。薄片状，叶形，颜色鲜碧。正反面打磨光滑，阴刻叶脉纹，一端有细小穿孔。长2.8、厚0.15厘米（图一四）。

铜戒指　1件。标本M4∶5，锈蚀残缺。戒体细圆，整体卷曲成环形，戒面似“8”字形环。粗0.15厘米、长直径2.6厘米。

铜钱　7枚。钱文可辨，有“乾隆通宝”3枚、“嘉庆通宝”1枚、“道光通宝”2枚和“宽永通宝”1枚。

M8　位于东北部发掘区T2113东北部，方向45°。平面近似西南—东北向长方形，长130、宽57、残深7厘米（图一五）。

竖穴土坑墓，墓葬上部被严重破坏，仅残存墓葬底部少许。墓室内填灰褐色花土，土质松软，包含有植物根茎。墓葬结构由外侧竖穴土圹和内侧棺木组成。外侧竖穴土圹直壁，平底。内侧棺木腐朽无存，仅残存棺痕。棺痕内发现墓主骨架一具，体格瘦小，头向墓室北端，仰身直肢。在墓主腹部及下肢骨间发现5枚铜钱。

铜钱　5枚。可辨钱文有“乾隆通宝”1枚、“道光通宝”1枚和“光绪通宝”1枚，另有2枚钱文锈蚀，模糊不清。

M11　位于东北部发掘区T1913东部，方向307°。平面近似东南—西北向长方形，长230、宽140、残深18厘米（图一六）。

竖穴土坑墓，墓葬上部被严重破坏，仅残存墓

图一二　M4发掘照

图一三　翡翠耳饰（M4∶1）

图一四　翡翠耳饰（M4∶3）

葬底部少许。墓室内填灰褐色花土，土质松软，纯净。墓葬结构由外侧竖穴土圹和内侧棺木组成。外侧竖穴土圹直壁，平底。内侧棺木腐朽严重，残存棺痕，可辨为两副棺。两棺棺痕内各发现墓主骨架一具，头向墓室北端，仰身直肢。墓主骨架四周可辨有条带形石灰包，棺内底部铺垫一层石灰层。在西侧棺内墓主胸腹部发现3枚铜钱，在东侧棺内墓主胸腹部发现4枚铜钱。

铜钱　7枚。可辨钱文有“康熙通宝”2枚、“乾隆通宝”2枚和“宽永通宝”2枚，另1枚钱文锈蚀模糊不明。

M14　位于东北部发掘区T1814南部偏西，方向

图一五　M8发掘照

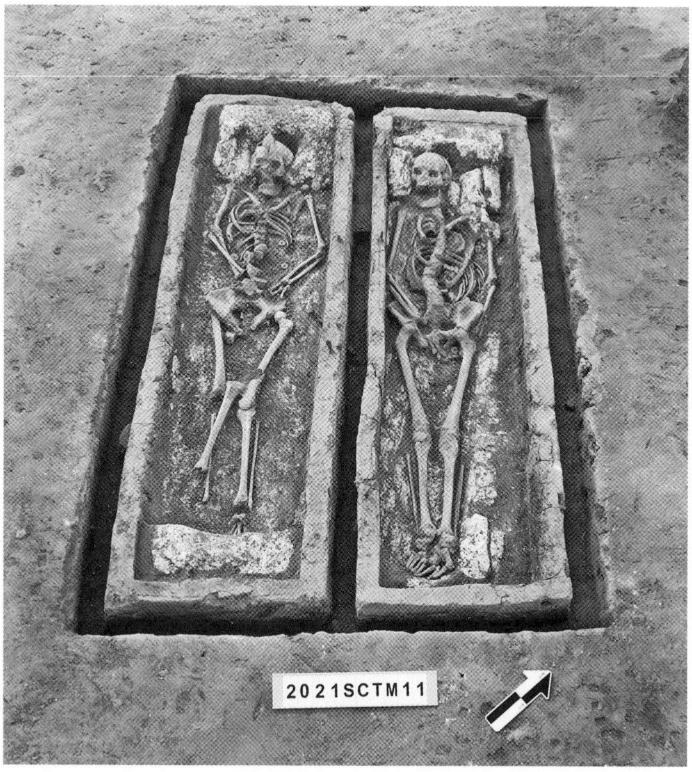

图一六　M11发掘照

330°。现存平面近似东南—西北向长方形，长230、北壁宽90、南壁宽79、残深14厘米（图一七）。

墓葬形制可辨为竖穴土坑墓，单人葬，墓葬上部被严重破坏，仅残存墓葬底部少许。墓室内填灰褐色花土，土质松软，包含有植物根茎。墓葬结构由外侧竖穴土圹和内侧棺木组成。外侧竖穴土圹直壁，平底。内侧棺木腐朽严重，仅残存棺痕、棺钉和零星棺板。棺痕内发现墓主骨架一具，腐朽，轮廓可辨，墓主头向墓室北端，仰身直肢。墓主头骨及脚部两侧发现有长条状石灰包残存。在墓主头骨上方发现2件铜簪，盆骨下方发现1枚铜钱。

铜簪　2件。标本M14∶1，锈蚀微残，簪体鎏金。簪首宽大，呈如意形，壁薄，内中空。簪柄錾刻花草纹，一端宽扁，一端瘦窄，呈尖状。通长6.9、厚0.1厘米（图一八）。标本M14∶2，锈蚀微残。整体似禅杖形，上下做莲花形，中间连接六根弯折两次的铜丝，挂一“8”字坠饰。簪柄为细圆柱形，簪尾圆钝。通长9、径0.1厘米（图一九）。

铜钱　1枚。可辨钱文为“道光通宝”。

M28　位于西南部发掘区T1305东南角，方向340°。现存平面近似东南—西北向长方形，长230、宽96、残深25—31厘米（图二〇）。

墓葬形制可辨为竖穴土坑墓，单人葬，墓葬上部被严重破坏，仅残存墓葬底部。墓室内填灰褐色花土，土质松软，纯净。墓葬结构由外侧竖穴土圹和内侧棺木组成。外侧竖穴土圹直壁，平底。内侧棺木腐朽无存，仅残存棺痕。棺痕内发现墓主骨架一具，腐朽，轮廓可辨，墓主头枕3片板瓦，头向墓室北端，仰身直肢。在墓室北端棺痕外发现1件釉陶罐，在墓主腹部及脚部发现4枚铜钱。

图一七　M14发掘照

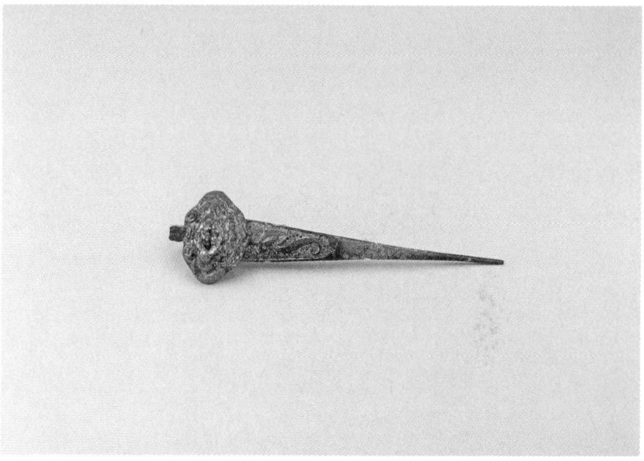

图一八　铜簪（M14∶1）

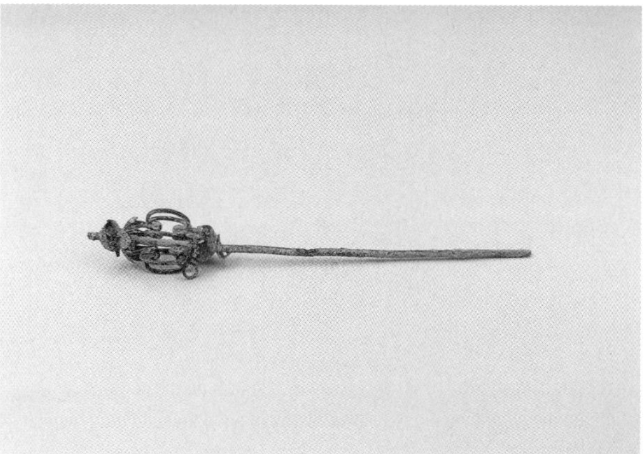

图一九　铜簪（M14∶2）

釉陶罐　1件。标本M28∶1，完整。口微撇，圆唇，矮短束颈，溜肩，圆弧腹，腹下微收至底，底内凹，隐圈足。通体施酱褐色釉，不及底，凸印云龙纹，内壁局部施釉。外口径9.6、底径9、通高9.8厘米（图二一）。

铜钱　4枚。可辨钱文，有“康熙通宝”3枚、“乾隆通宝”1枚。

M30　位于西南部发掘区T0705东北角，方向5°。现存平面近似南北向长方形，长220、北壁宽180、南壁宽148、残深23—55厘米（图二二）。

墓葬形制可辨为竖穴土坑墓，双人葬，墓葬上部被严重破坏，仅残存墓葬底部少许。墓室内填灰褐色花土，土质松软，纯净。墓葬结构由外侧竖穴土圹和内侧棺木组成。外侧竖穴土圹直壁，平底。内侧棺木腐朽严重，残存棺痕和棺钉等，可辨为两副棺。两棺棺痕有高低落差，方向略有不同，应当有先后下葬关系。两棺棺痕内各发现墓主骨架一具，腐朽，轮廓可辨，头向墓室北端，仰身直肢。在东侧棺内墓主盆骨右下方发现100颗串珠。

串珠　100颗。圆球形，中心有对穿孔，直径1—1.1、高0.8—0.9厘米（图二三）。

M41　位于西南部发掘区T0604北部偏东，方向40°。平面近似西南—东北向长方形，长254、北壁宽191、南壁宽164、残深20厘米（图二四）。

竖穴土坑墓，墓葬上部被严重破坏，仅残存墓葬底部少许。墓室内填灰褐色花土，土质松软，纯净。墓葬结构由外侧竖穴土圹和内侧棺木组成。外侧竖穴土圹直壁，平底。内侧棺木腐朽无存，残存棺痕和棺钉等，可辨为两副棺。两棺棺痕内各发现墓主骨架一具，腐朽，头向墓室北端，仰身直肢。

图二〇　M28发掘照

图二一　釉陶罐（M28∶1）

图二二　M30发掘照

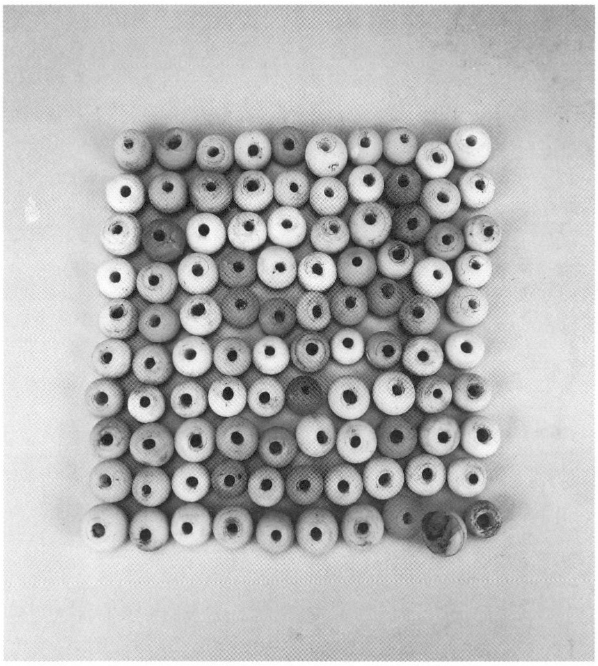

图二三　串珠（M30∶1）

墓主均枕板瓦片，棺痕内底部均有一薄层石灰铺垫。在墓室北端棺痕外发现1件釉陶罐和1件釉陶执壶。

釉陶罐　1件。标本M41∶1，完整。小口微侈，圆唇，短束颈，丰肩，鼓腹，下腹斜收，小底内凹。外壁可见轮制弦纹痕迹。通体施酱褐釉，外底无釉。胎质坚硬，胎色红褐。外口径7.9—8.6、底径7.2、高14.3—14.8厘米（图二五）。

釉陶执壶　1件。标本M41∶2，流残。小口外撇，弧唇，束颈，垂腹，底部内凹。中腹部有一残流。外壁上半部施酱褐色釉，腹部以下无釉。胎体轻薄，紫砂胎。口径5.9—6.4、底径9.5、高21.7厘米（图二六）。

M42　位于西南部发掘区T0604东北部，方向29°。平面近似西南—东北向长方形，长237、北壁宽164、南壁宽142、残深15厘米（图二七）。

竖穴土坑墓，墓葬上部被严重破坏，仅残存墓葬

图二四　M41发掘照

底部少许。墓室内填灰褐色花土，土质松软，纯净。墓葬结构由外侧竖穴土圹和内侧棺木组成。外侧竖穴土圹直壁，平底。内侧棺木腐朽无存，残存棺痕和棺钉等，可辨为两副棺。两棺棺痕内各发现墓主骨架一具，腐朽，头向墓室北端，仰身直肢。东侧棺痕内墓主头枕板瓦片，西侧棺痕内底部有一薄层石灰铺垫。在墓室北端西棺痕外发现1件釉陶罐，东棺痕外发现1件紫砂壶，在墓主头部发现1枚铜钱。

图二五　釉陶壶（M41:1）

图二六　釉陶执壶（M41:2）

图二七　M42发掘照

图二八　釉陶罐（M42-1∶1）

图二九　紫砂壶（M42-2∶1）

釉陶罐　1件。标本M42-1∶1，完整。侈口，圆唇，束颈，鼓腹，下腹斜收，底部内凹。肩部对称贴饰四系。内外施青釉，外壁釉不及底。胎质坚硬，胎色红褐。口径7.7—8.1、底径5.5、高8.3厘米（图二八）。

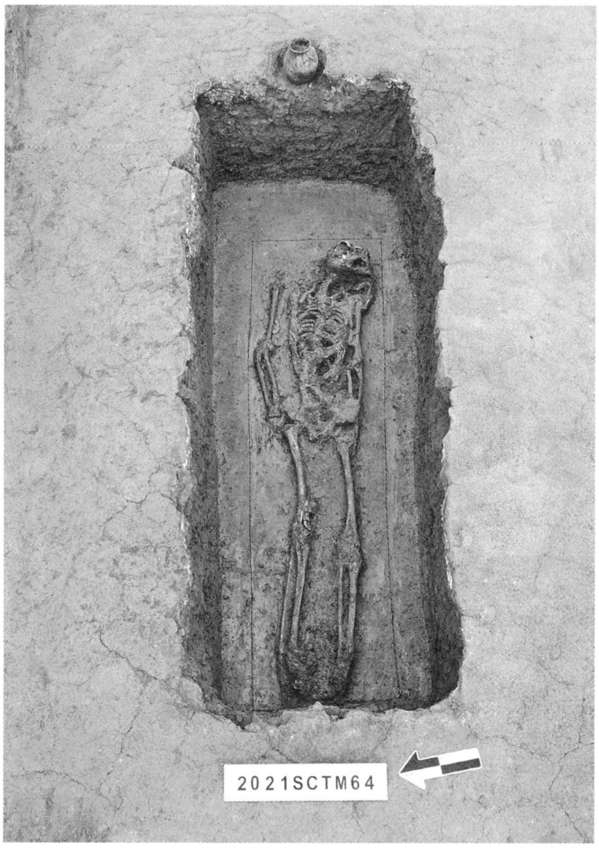

图三〇　M64发掘照

紫砂壶　1件。标本M42-2∶1，修复完整。小直口，直颈，折肩，直筒腹，平底，隐圈足。紫砂胎，胎体轻薄。口径4.7、底径9.9、高11.8厘米（图二九）。

铜钱　1枚。可辨钱文为“太平通宝”。

M64　位于西南部发掘区T0211北部偏西，方向91°。平面近似东西向长方形，长245、宽75—90、残深55厘米（图三〇）。

竖穴土坑墓，墓葬上部被严重破坏，仅残存墓葬底部。墓室内填灰褐色花土，土质松软，纯净。墓葬外侧竖穴土圹直壁，平底，东壁中部有一壁龛。墓室内未见棺木及其腐朽痕迹。墓室底部正中发现墓主骨架一具，腐朽，头向墓室东端，仰身直肢。在壁龛内发现1件釉陶罐。

釉陶罐　1件。标本M64∶1，完整。小侈口，圆唇，束喇叭颈，垂肩，鼓腹，平底微内凹。外壁施酱釉，釉不及底。口径8.2、底径10.7、高14.9厘米（图三一）。

四　结语

本次对勘探中发现的古墓葬及其相关区域进行了全面发掘，并掌握了地块的地层堆积情况。该地块自上而下可区分出近现代、明清和唐代三个历史时期文化层。绝大多数墓葬开口于①层下，M29和M62开口于②层下，M69和M70开口于③层下。本次发掘墓葬虽然均未出土明确的纪年材料，但根据其开口层位和随葬遗物特征，特别是大多数墓葬在棺内底部铺垫石灰层或在墓主周围填充石灰包的形制

图三一　釉陶罐（M64:1）

结构和可辨铜钱特征来看，天宇村古墓葬群的主要时代集中在清代中后期。

本次发掘的墓葬均为小型墓葬，形制和规格均较为普通，墓葬以竖穴土坑墓为主，鲜有砖室墓和浇浆墓。从墓葬布局上看，既有集中性分布，又有零散分布，多为两三座墓聚集一处，墓葬之间还存在一定的叠压打破关系，初步推测应为一般平民聚集而葬形成的古墓葬群，且在时代上有一定的延续。本次发掘为研究常熟地区唐至明清时期丧葬形制和葬俗演变等提供了实物材料。

本次发掘地点距离长江南岸仅4公里，发现的唐代地层堆积较为薄弱，其下即为生土层，或为研究常熟地区唐代以来长江南岸岸线变迁和成陆时间等提供了考古学证据。

本文为苏州地域文明探源工程课题的阶段性成果。

领队：闻惠芬

发掘：张志清　周官清　李前桥　王军　杨耀文　袁真真

拍照：王军　杨耀文

绘图：袁真真　常东雪　董抒涵

执笔：朱威　谢金飞　张志清

江苏常熟经开区玄武浜古墓葬发掘简报

苏州市考古研究所　常熟博物馆

内容提要：2021年10月至11月，苏州市考古研究所在常熟市经济技术开发区玄武新村北玄武浜地块内发掘了24座古墓葬，累计出土银簪、铜簪和铜钱等各类遗物130件（组）。可辨形制结构均为小型竖穴土坑墓，应为以家庭为单位集中埋葬的一般平民墓葬。本次发掘不但有利于我们进一步梳理认识清代中期社会下层平民的墓葬形制结构和丧葬习俗，而且为研究清代中晚期知名银器首饰技艺及其传承提供了实物材料。

关键词：常熟　玄武浜　古墓葬

玄武浜古墓葬位于苏州市常熟市经济技术开发区玄武新村北玄武浜地块内（图一）。

2021年4月至8月，为配合常熟市经济技术开发区东至玄武新村、西至通港路绿化带、南至碧溪中路、北至滨河路的“通港路以东一宗地块”顺利出让，苏州市考古研究所组织专业技术人员对该地块进行了考古调查、勘探，并在这一地块内发现了古代遗迹20余处，初步研判均为古墓葬。

2021年10月至11月，为抢救保护地下文物遗存和配合地方基本经济建设，根据《常熟经济技术开发区通港路以东一宗地块考古调查、勘探报告》，苏州市考古研究所对该地块发现的古墓葬及相关区域进行了考古发掘（图二）。本次考古发现古墓葬24座，累计出土银簪、铜簪和铜钱等各类遗物130件（组），现将发掘情况简报如下。

一　墓葬及其出土遗物举例

本次发现的古墓葬两三座聚集一处，而整体上布局较为分散，可辨形制均为竖穴土坑墓，具体可分双人合葬墓、单人葬墓和二次迁葬墓等。

（一）双人合葬墓

M3　平面近似南北向长方形，方向15°。墓室北壁较南壁略宽，墓室长232、北壁长152、南壁长

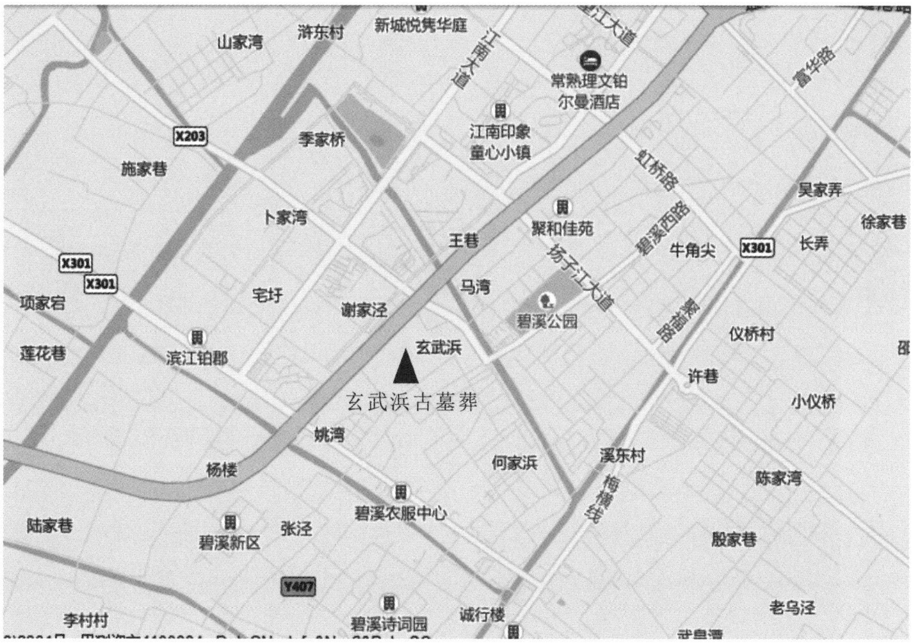

图一　玄武浜古墓葬具体位置示意图

138、残深15厘米（图三）。

墓葬上部被严重扰乱破坏，仅残存底部少许，西北部被现代沟打破。墓室内填土为黄褐色花土，土质较为松软，包含少量石灰浇浆颗粒、植物根茎，零星碎瓷片、碎砖块、贝壳等。墓室外侧为竖穴土圹，直壁，壁面较为规整，平底。墓室内侧发现东西并列双棺残余痕迹，棺木腐朽严重，西侧棺木几乎无存，残存棺内铺垫石灰结构，东侧棺木残存少许侧板和底板。两棺内墓主骨架腐朽扰乱严重，西侧棺内北端仅发现残存头骨，东侧棺内未发现墓主骨骼。在西侧棺内北端发现铜簪1件，铜钱2枚。在东侧墓室及棺内未发现随葬遗物。

铜簪　1件。标本M3∶1，鎏金。簪头变形，残缺。通体扁平，簪柄上窄下宽，簪尾尖锐。簪柄正面印缠枝花纹，可辨有“囍”字。通长9，宽0.8—1.2、厚0.05厘米（图四）。

铜钱　2枚。可辨钱文，有“乾隆通宝”1枚和“光绪通宝”1枚。

M9　平面近似西南—东北向长方形，方向50°。墓室北壁较南壁略宽，墓室长235、北壁长138、南壁长133、残深28—34厘米（图五）。

墓葬上部被严重扰乱破坏，仅残存底部少许。墓室内填土为黄褐色花土，土质较为松软，包含少量石灰浇浆颗粒、植物根茎，零星碎瓷片、碎砖块、贝壳等。墓室外侧为竖穴土圹，直壁，壁面较为规整，平底。墓室内侧发现东西并列双棺痕迹，棺木

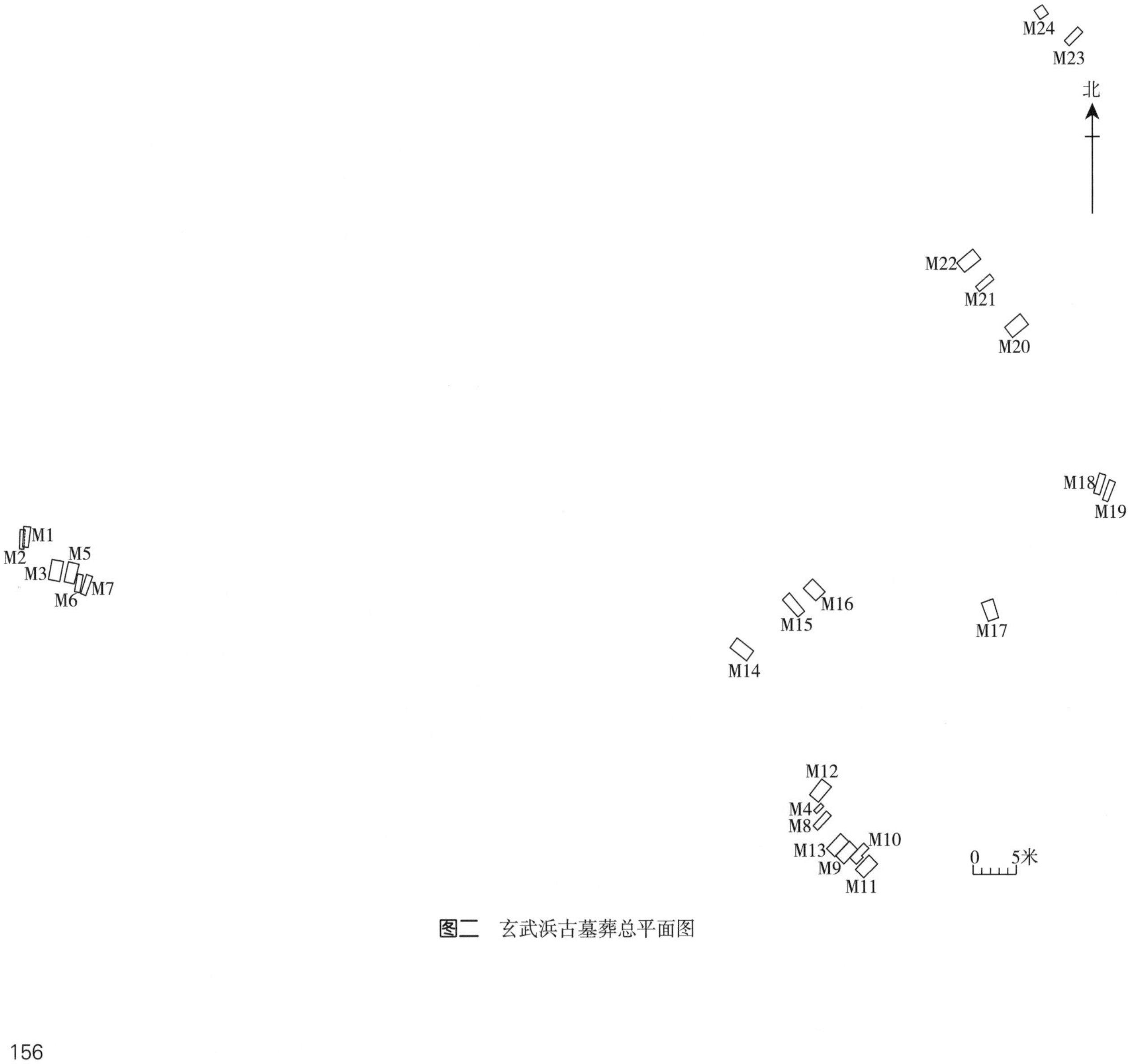

图二　玄武浜古墓葬总平面图

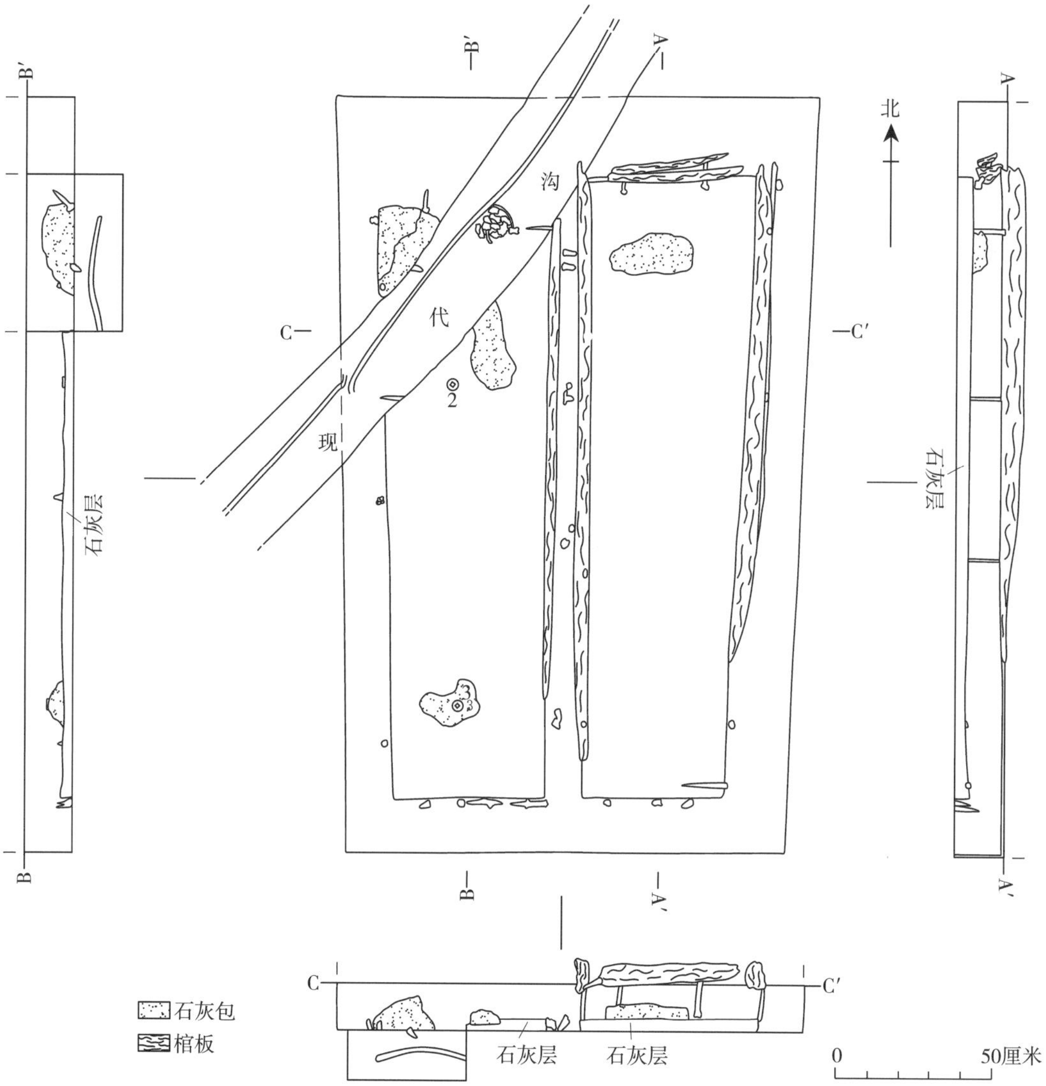

图三 M3平剖图
2—3.铜钱

图四 铜篰（M3:1）

图五 M9发掘照

腐朽无存，可辨棺钉痕迹和残存棺内的铺垫石灰层。两棺痕内各发现墓主骨骼一具，腐朽较严重，可辨葬式均为仰身直肢。在西侧墓主头骨左侧发现铜簪1件，银簪1件和琉璃饰件1件，头骨右侧发现鎏金饰件2件，胸腹部发现铜纽扣4枚和铜钱6枚。在东侧墓主腹部及腿骨内侧发现螺钿扣子1枚和铜钱2枚。

发簪　2件。标本M9-1:1，铜质，簪首残缺。通体扁平。残长10.6、宽0.9—1.1厘米。标本M9-1:3，银质，完整。整体呈勺形，簪首为勺状，正面弧凸，錾刻“喜上眉梢”图，背面内凹，戳印“黄仁泰”款。簪柄呈细针形，簪尾尖锐。通长7.9、最宽1.3厘米（图六）。

饰件　4件。标本M9-1:2，琉璃质，灰白色杂以绿色，完整。椭圆形，扁平，正面弧凸，背面平整，中心有斜穿孔。长1.8、宽1.4厘米（图七）。标本M9-1:5与标本M9-1:6相同，或为一组，均为银质，鎏金，完整。同心结形状，正面弧凸，背面内凹。长3.2、宽3.1厘米（图八）。

纽扣　5枚。其中4枚相同，均为铜质，锈蚀。标本M9-1:8，扣面呈圆饼状，正面印渔樵图，背面中心有一穿纽，四周边缘对称印汉字“兴”“隆”，两字之间分别印“SILVERED”和“TREBLE”。直径1.8厘米（图九）。标本M9-2:1，螺钿质，色白，扁圆形，中部有四个对穿小圆孔（图一〇）。

铜钱　8枚。可辨钱文有“康熙通宝”4枚、“乾隆通宝”1枚、“嘉庆通宝”1枚、“道光通宝”1枚，1枚钱文模糊不明。

M10　平面近似西南—东北向长方形，方向50°，墓室北壁较南壁略宽，墓室长227、北壁长81、南壁长104、残深35厘米（图一一）。

墓葬上部被严重扰乱破坏，仅残存底部。墓室内填土为黄褐色花土，土质较为松软，包含少量石灰浇浆颗粒、植物根茎，零星碎瓷片、碎砖块、贝壳等。墓室外侧为竖穴土圹，直壁，壁面较为规整，平底。墓室西部为长方形结构，墓室东南角凸出一小形长方形土圹。在墓室西部发现一具棺木痕迹，棺木腐朽严重，几乎无存，残存零星棺侧板和棺内底部铺垫的石灰层。墓室西部发现墓主骨骼一具，腐朽粉化严重，可辨葬式为仰身直肢。墓室东南角发现墓主骨骼一具，骨骼整齐叠放一堆，应为二次迁葬所致。在西侧墓主头骨处发现银簪3件，胸部发现铜纽扣2枚，腹部发现铜钱2枚。

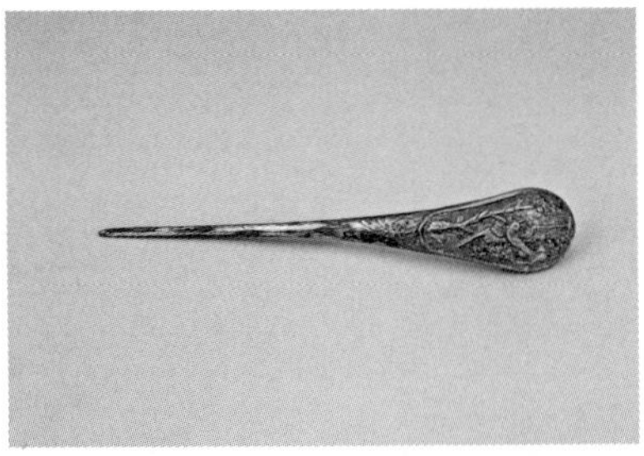

图六　银簪（M9-1:3）

图七　琉璃饰件（M9-1:2）

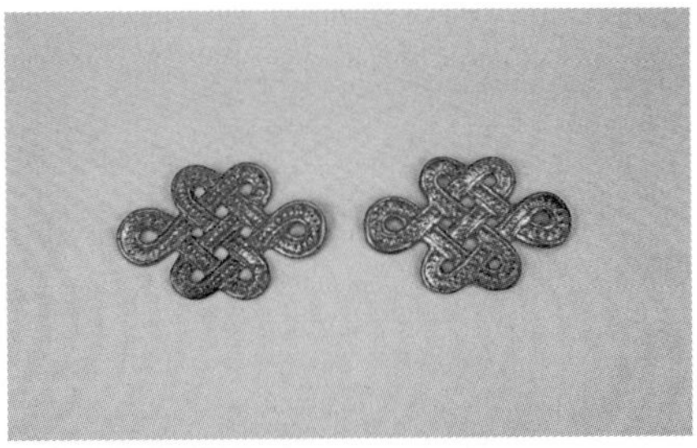

图八　银饰件（M9-1:5、6）

图九　铜纽扣（M9-1:8、7）

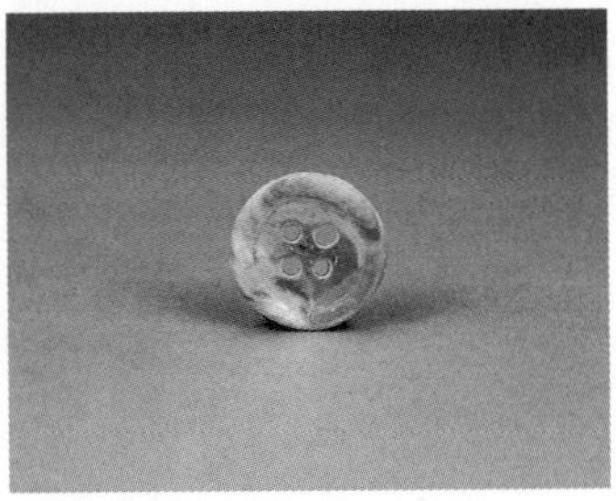

图一〇　螺钿纽扣（M9-2:1）

图一一　M10发掘照

银簪　3件。标本M10∶1，鎏金，完整。整体似勺形，簪首为勺状，正面弧凸，錾刻花卉纹，背面内凹，戳印“義盛”款，另有一款识模糊不清。簪柄呈细针形，簪尾尖锐。通长7.5、最宽0.7厘米（图一二）。标本M10∶2，鎏金，完整。簪首呈如意头形，中空，薄壁，正面饰花卉纹，背面饰钱纹。簪体扁平，中部较两端略窄，簪尾圆尖。簪体正面沿边缘錾刻回纹一周，背面刻“裕顺”款识。通长12.8、簪体宽1.3—2.2厘米（图一三）。标本M10∶3，鎏金，坠饰有所残缺。簪首呈如意头形，中空，薄壁，正面饰花卉纹，簪首下悬挂菱角形吊饰。簪体扁锥形，簪尾圆尖。簪体背面所刻款识模糊不清。通长8.8厘米（图一四）。

铜纽扣　2枚。均呈圆球形，薄壁，中空，上部有一圆环形穿纽。圆球腹部可辨其为上下合铸而成。大小不一，球径0.9—1.2、通高1.2—1.6厘米不等。

铜钱　2枚。可辨钱文为“乾隆通宝”。

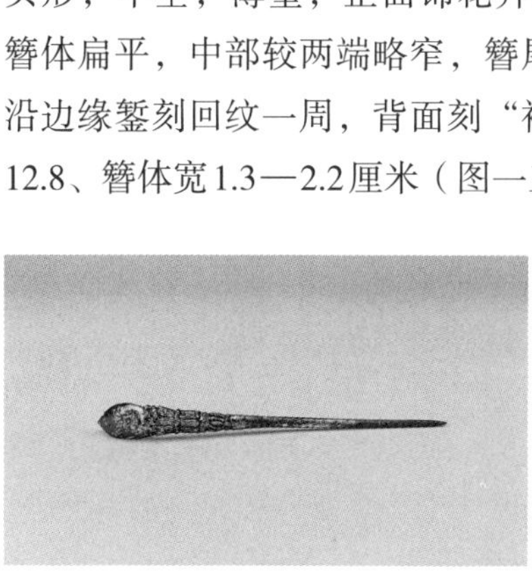

图一二　银簪（M10∶1）

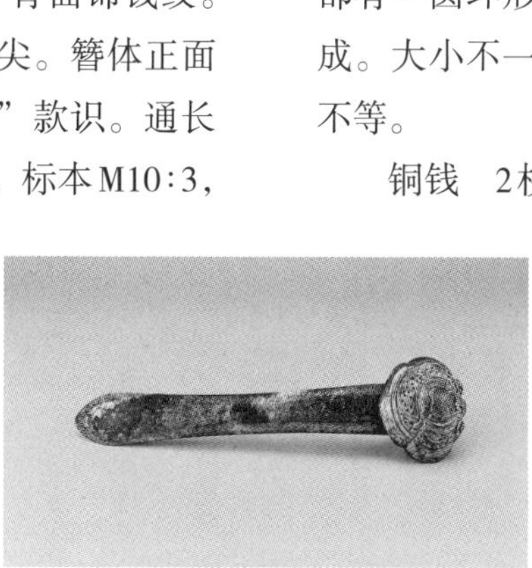

图一三　银簪（M10∶2）

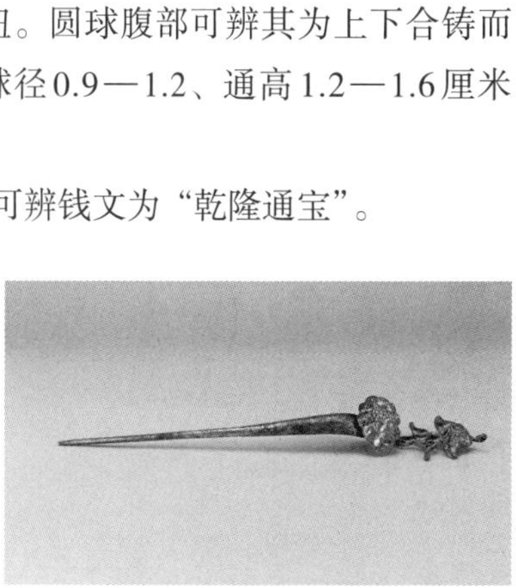

图一四　银簪（M10∶3）

图一五　M11发掘照

M11　平面近似西南—东北向长方形，方向49°。墓室北壁较南壁略窄，墓室长230、北壁长147、南壁长138、残深25厘米（图一五）。

墓葬上部被严重扰乱破坏，仅残存底部。墓室内填土为黄褐色花土，土质较为松软，包含少量石灰浇浆颗粒、植物根茎，零星碎瓷片、碎砖块、贝壳等。墓室外侧为竖穴土圹，直壁，壁面较为规整，平底。墓室内侧发现东西并列双棺痕迹，棺木腐朽无存，残存棺钉和棺内铺垫的石灰层。两棺痕内各发现墓主骨骼一具，西侧墓主骨骼保存较好，东侧墓主骨骼部分缺失，可辨葬式均为仰身直肢。在西侧墓主头部上方发现铜帽饰1件，胸部发现铜纽扣4枚，盆骨及大腿骨内处发现铜钱2枚。在东侧墓主头骨处发现银簪3件，盆骨下方发现铜钱1枚，另在墓室北端发现残破青花瓷碗1件。

铜帽饰　1件。标本M11-1∶1，残。整体似塔形，下大上小，中心有一圆柱，柱面饰螺丝纹。通高3、底径3.2厘米（图一六）。

铜纽扣　4枚。均呈圆球形，薄壁，中空，上部有一圆环形穿纽。圆球腹部可辨其为上下合铸而成。大小不一，球径0.9—1.2、通高1.2—1.6厘米不等。

铜钱　3枚。可辨钱文有“康熙通宝”1枚、“道光通宝”1枚和“咸丰通宝”1枚。

银簪　3件。标本M11-2∶3，鎏金，完整。簪首呈如意头形，中空，正面饰花卉纹，内嵌宝石，簪首下悬挂菱角形、喇叭形和花瓶形吊饰，可辨阴刻有“天赦”等字样。簪体扁锥形，簪尾圆尖。簪体背面刻写“晋裕顺”款识。通长8厘米（图一七）。标本M11-2∶4，鎏金，微残。簪首呈如意头形，中空，薄壁，正面饰花卉纹，背面饰钱纹。簪体扁平，中部较两端略窄，簪尾圆尖。簪体背面刻写“癸冬和风”款识。通长10.9、簪体宽1.2—1.9厘米（图一八）。标本M11-2:5，鎏金，完整。整体似勺形，簪首为勺状，中空，正面弧凸，簪首錾刻童子纹，背面内凹，有穿孔，戳印款识模糊不明。簪柄呈细针形，簪尾尖锐。通长7.6、最宽1.1厘米（图一九）。

瓷碗　1件。标本M11-2:2，残小，敞口，外壁绘青花博古图。高4.2厘米。

M12　平面近似西南—东北向长方形，方向48°。墓室北壁较南壁略宽，墓室长230、北壁长141、南壁长132、残深30厘米（图二〇）。

墓葬上部被严重扰乱破坏，仅残存底部。墓室内填土为黄褐色花土，土质较为松软，包含少量石灰浇浆颗粒、植物根茎，零星碎瓷片、碎砖块、贝壳等。墓室外侧为竖穴土圹，直壁，壁面较为规整，平底。墓室底部发现东西并列双棺痕迹，棺木腐朽无存，残存棺钉和棺内铺垫的石灰层。两棺痕内各发现墓主骨骼一具，腐朽粉化严重，可辨葬式均为仰身直肢。在西侧棺痕北端发现纽扣1枚，在墓主头部东北方发现发簪2件，胸部及腿骨处发现铜钱6枚。在东侧墓主胸部发现铜钱1枚，在墓主胸部发现铜纽扣6枚，在墓主盆骨处发现铜钱3枚。

发簪　2件。M12-1:2，铜质，锈蚀，完整。簪首呈卷云形，簪体扁平，正面阳刻花卉纹，背面光平。通长12.2、宽1.1厘米（图二一）。M12-1:3，骨质，粉化，残。簪首呈如意头形，似心形，簪体细锥形，簪尾残缺。残长5.3厘米（图二二）。

铜钱　10枚。可辨钱文，有“康熙通宝”1枚、“乾隆通宝”8枚、“道光通宝”1枚。

铜纽扣　9个。均呈圆球形，薄壁，中空，上部有一圆环形穿纽。圆球腹部可辨其为上下合铸而成。大小不一，直径1.2—1.4，高1.6—1.8厘米。

M13　平面近似西南—东北向长方形，方向51°。墓室长236、宽135、残深36厘米（图二三）。

墓葬上部被严重扰乱破坏，仅残存底部。墓室内填土为黄褐色花土，土质较为松软，包含少量石灰浇浆颗粒、植物根茎，零星碎砖块、贝壳等。墓

图一六　铜帽饰（M11-1:1）

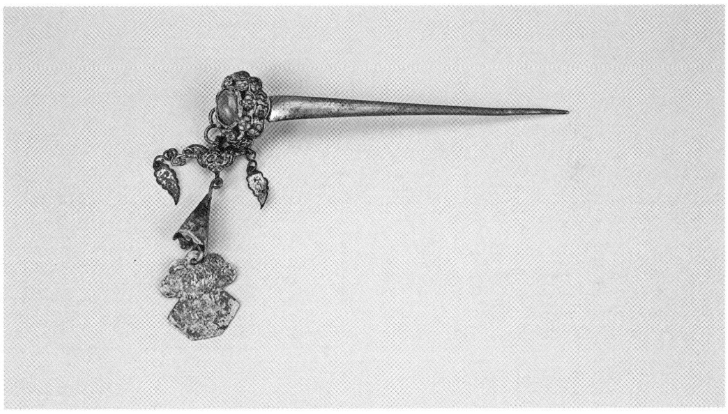

图一七　银簪（M11-2:3）

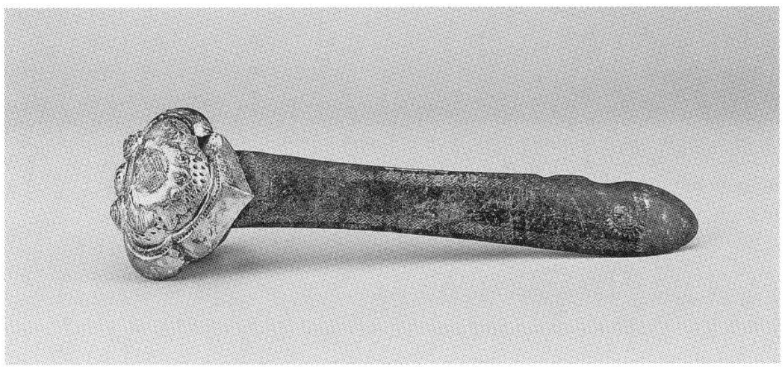

图一八　银簪（M11-2:4）

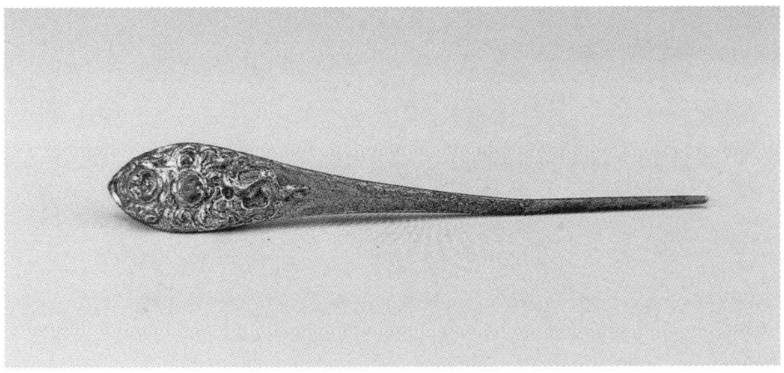

图一九　银簪（M11-2:5）

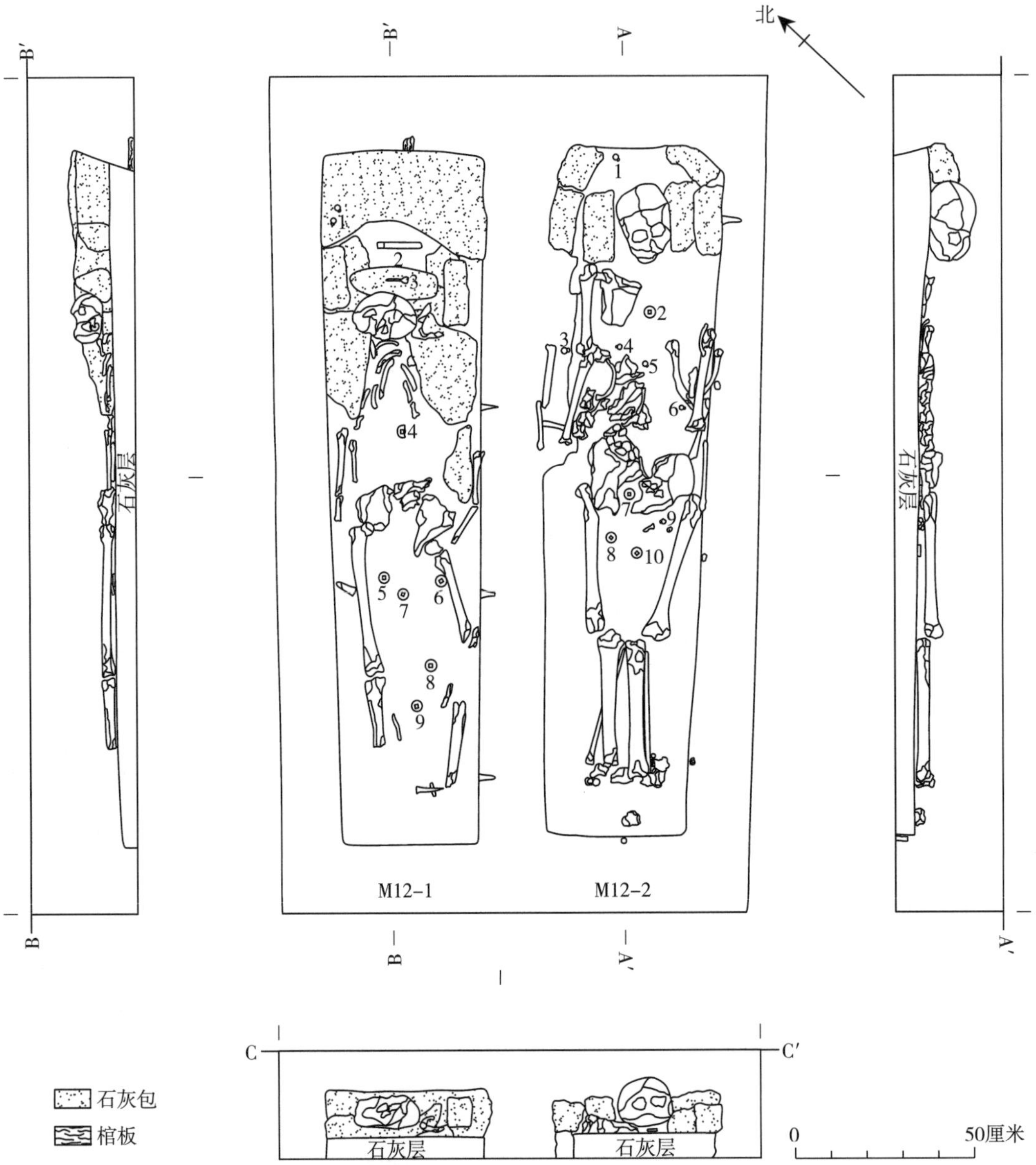

图二〇　M12平剖面图

M12-1（1.铜扣　2.铜簪　3.骨簪　4—9.铜钱）M12-2（1、2—6.铜纽扣　2、7、8.铜钱）

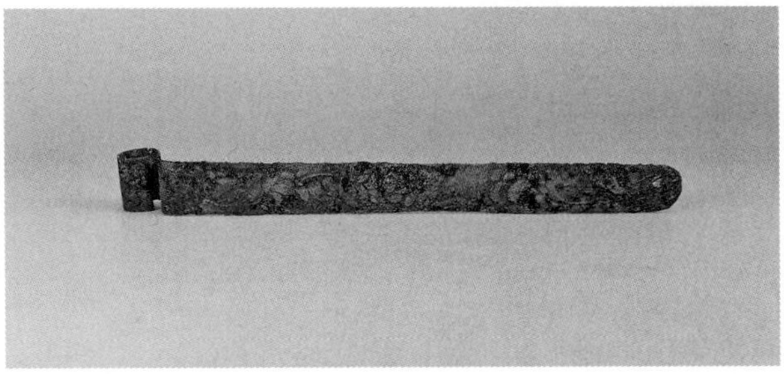

图二一　铜簪（M12-1:2）

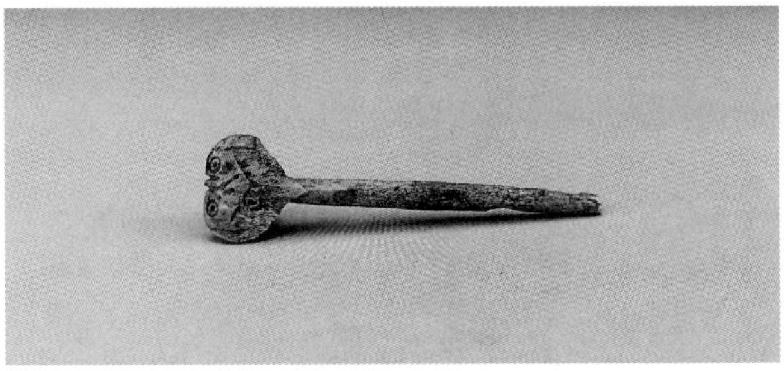

图二二　骨簪（M12-1:3）

图二三　M13发掘照

室外侧为竖穴土圹，直壁，壁面较为规整，平底。墓室底部发现东西并列双棺痕迹，棺木腐朽无存，残存棺钉和棺内铺垫石灰层。两棺痕内各发现一具人骨，腐朽粉化严重，可辨葬式均为仰身直肢。在西侧墓主大腿骨处发现铜钱3枚。在东侧墓主头部发现银簪2件，琉璃纽扣1件，在墓主胸腹部发现铜饰件1件，铜纽扣4件，铜钱8枚。

铜钱　11枚。可辨钱文，有“顺治通宝”1枚、“乾隆通宝”8枚、“嘉庆通宝”1枚和“同治通宝”1枚。

发簪　2件。标本M13-2∶1，鎏金，簪首残缺。簪体扁平，中部较两端略窄，簪尾圆尖。簪体正面沿边缘錾刻回纹一周，背面戳印“晋裕顺”款识。通长10.2、簪体宽1.4—1.8厘米（图二四）。标本M13-2∶2，鎏金，完整。整体似勺形，簪首为勺状，正面弧凸，錾刻团寿、“寿”字和花卉纹，背面内凹，戳印“黄仁泰”款识。簪柄呈细针形，簪尾尖锐。通长7.6、最宽0.9厘米（图二五）。

铜纽扣　4颗。均呈圆球形，薄壁，中空，上部有一圆环形穿纽。圆球腹部可辨其为上下合铸而成。大小相似，直径0.9、高1.3厘米。

琉璃纽扣　1颗。圆形，色绿，正面弧凸，背面平整，中心有斜穿孔。直径1.5、厚0.8厘米（图二六）。

M20　平面近似西南—东北向长方形，方向59°。北壁较南壁略宽，墓室长230、北壁长154、南壁长145、残深26厘米（图二七）。

墓葬上部被严重扰乱破坏，仅残存底部。墓室内填土为黄褐色花土，土质较为松软，包含少量石灰浇浆颗粒、植物根茎，零星碎瓷片、碎砖块、贝壳等。墓室底部发现两具棺木痕迹，棺木腐朽无存，残存棺钉和棺内铺垫的石灰层。两棺痕内各发

图二四 银簪（M13-2:1）

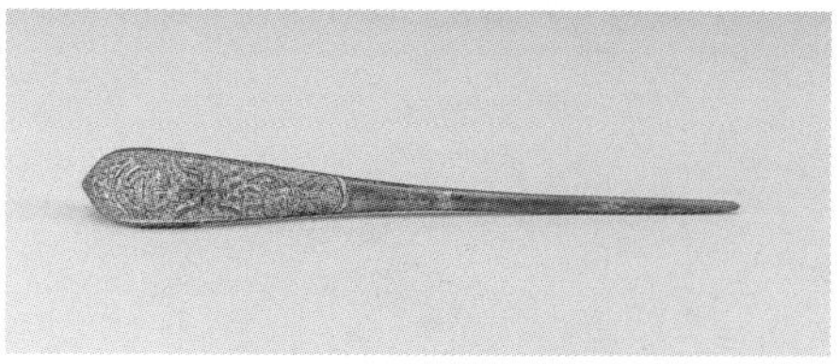
图二五 银簪（M13-2:2）

图二六 琉璃纽扣（M13-2:3）

现墓主骨骼一具，保存较好，可辨葬式为仰身直肢。在西侧墓主头部发现银簪3件。在东侧墓主胸部发现铜纽扣2组，在墓主腹部发现铜纽扣1枚和铜钱4枚。

银簪　3件。标本M20-1:1，完整。整体似勺形，簪首为勺状，正面弧凸，錾刻团寿纹和一圈乳钉纹，背面内凹，戳印“仪新成”款识。簪柄呈细针形，簪尾尖锐。通长8.0、最宽1.2厘米（图二八）。标本M20-1:2，鎏金，残。整体呈鱼形。簪首残缺，簪体扁平，较薄，正面阴刻梅花、竹叶纹，近尾部阴刻“千金”两字，残长7.4厘米（图二九）。标本M20-1:3，鎏金，残。整体呈鱼形。簪尾残缺，簪体扁平，较薄，中部有凸脊，正面阴刻梅花、竹叶纹，近尾部阴刻“如意”两字，残长8.6、最宽1.6厘米（图三〇）。

铜钱　4枚。可辨钱文，有“乾隆通宝”2枚和“道光通宝”2枚。

铜纽扣　5颗。均呈圆球形，薄壁，中空，上部有一圆环形穿纽。圆球腹部可辨其为上下合铸而成。大小相似，直径1.1、高1.6厘米。

图二七 M20发掘照

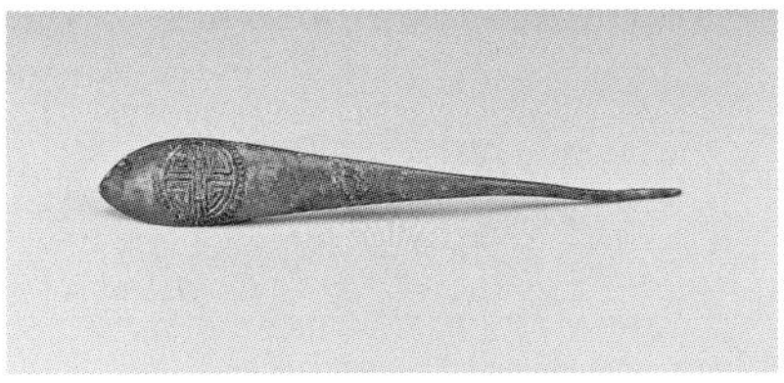

图二八　银簪（M20∶1）

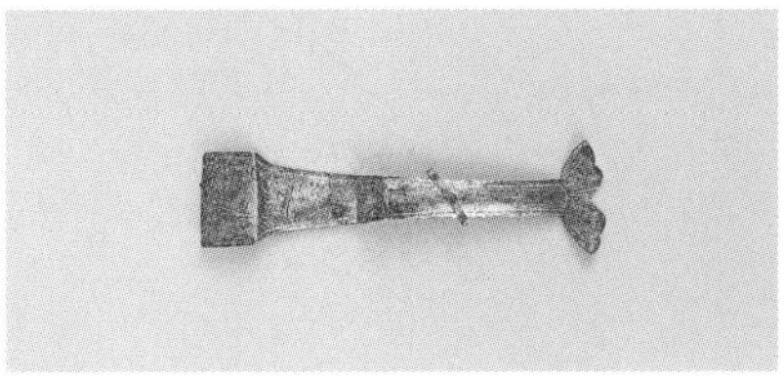

图二九　银簪（M20∶2）

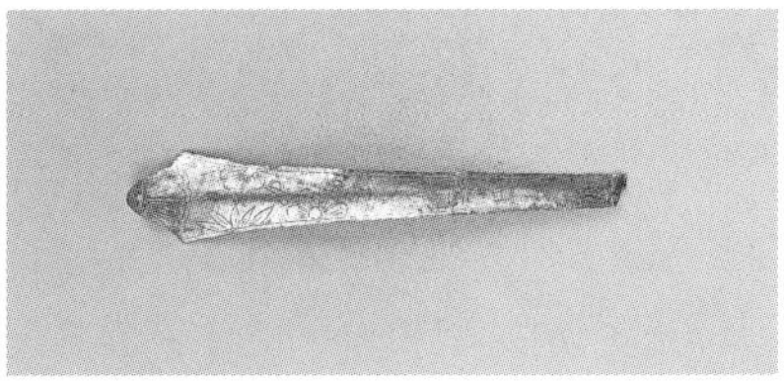

图三〇　银簪（M20∶3）

图三一　M8发掘照

（二）单人葬墓

M8　平面近似西南—东北向长方形，方向53°。墓室北壁较南壁略宽，墓室长222、北壁长74、南壁长68、残深26厘米（图三一）。

墓葬上部被严重扰乱破坏，仅残存底部。墓室内填土为黄褐色花土，土质较为松软，包含少量石灰浇浆颗粒、植物根茎，零星碎瓷片、碎砖块、贝壳等。墓室外侧为竖穴土圹，直壁，壁面较为规整，平底。墓室内侧发现一具棺木痕迹，棺木腐朽无存，残存棺钉和棺内铺垫的石灰层。棺痕内发现墓主骨骼一具，腐朽粉化严重，可辨葬式为仰身直肢。在墓主下颌骨处发现1件铜纽扣，在墓主腹部处发现1件琉璃纽扣，在下腹及腿骨间发现4枚铜钱。

琉璃纽扣　1颗。标本M8∶2，完整，有磨损。主体近似球形，上面有穿环，粉红色。直径1.1、通高1.3厘米（图三二）。

铜纽扣　2颗。均呈圆球形，薄壁，中空，上部有一圆环形穿纽。圆球腹部可辨其为上下合铸而成。大小不一，球径1.1—1.2，通高1.5—1.7厘米。

铜钱　4枚。可辨钱文，有“乾隆通宝”2枚和

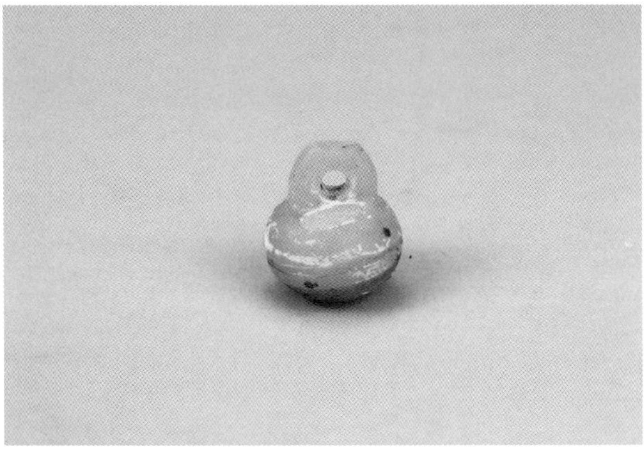

图三二　琉璃纽扣（M8:2）

“嘉庆通宝”2枚。

（三）二次迁葬墓

M24　平面近似东南—西北向长方形，方向329°。墓室长135、宽102、残深26厘米（图三三）。

墓葬上部被严重扰乱破坏，仅残存底部。墓室内填土为黄褐色花土，土质较为松软，包含少量石灰浇浆颗粒、植物根茎，零星碎瓷片、碎砖块、贝壳等。墓室外侧为竖穴土圹，直壁，壁面较为规整，平底。墓室内未发现棺木痕迹，在墓底中部发现三堆人骨，叠放成摞，比较规整，每堆两具。墓室内未发现随葬器物。

二　结语

玄武浜古墓葬所在区域由于近现代的生产建设对原始地貌有较多扰乱，墓葬大多开口于现代扰乱层下，墓葬上部均有不同程度的扰乱破坏，现存部分均为残存底部。

根据以往考古发掘经验，在棺内底部铺垫石灰层或在墓主周围填充石灰包等是苏州地区明清时期墓葬形制结构的典型特征之一。本次墓葬出土的铜钱可辨识其纪年上至顺治，下至光绪年间。出土发簪大多有铭文款识，可辨有“黄仁泰”“義盛”“儀

图三三　M24发掘照

新成”“裕顺”“晋裕顺”“癸冬和风”“千金”“如意”等。“仁泰”直至民国时期在常州地区仍为知名银楼，“義盛黄金银楼”起源于清朝光绪年间，至今仍在运营。综上，推测本次发现的古墓葬具体时代应集中在清代中后期。

本次发掘的墓葬整体上分布散乱，两三座聚集一处，虽然没有明显的统一规划布局，但具有均为小型竖穴土坑墓和朝向一致的特征，综合研判本次发掘古墓葬是以家庭为单位集中埋葬的一般平民墓葬。

本次发掘不但有利于我们进一步梳理认识清代中期社会下层平民的墓葬形制结构和丧葬习俗，而且为研究清代中晚期知名手工作坊的银器首饰技艺及其传承情况提供了实物材料。

本文为苏州地域文明探源工程课题的阶段性成果之一

领队：闻惠芬

发掘：张志清　周官清　李前桥　杨耀文　孙勇祯

绘图：孙勇祯

拍照：杨耀文　张志清

执笔：周官清　张志清

长三角文明三重奏

朱 威 钱公麟*

内容提要：长三角是中华文明起源和发展的重要区域之一。笔者试将长三角地区文明分为三个乐章：（一）古城文明——良渚古城，（二）古都文明——吴国都邑圈，（三）现代文明——长三角一体化。本文结合历年考古发现，分别论述长三角地区文明的发展阶段和特点。

关键词：长三角文明 草鞋山

如果将长三角文明比作一部大型交响乐《文明之魂》，笔者将其分为三个乐章：第一乐章，古城文明——良渚古城；第二乐章，古都文明——吴国都邑圈；第三乐章，现代文明——长三角一体化。

如有序曲，则必定为苏州草鞋山遗址。

第一乐章 古城文明——良渚古城

今以上海为中心的长三角地区，自古以来又被人们视为环太湖流域。1936年在浙江余杭发现良渚遗址，良渚文化因而得名。1959年在浙江嘉兴发现马家浜遗址，20世纪70年代提出了马家浜文化的命名。1962年在上海青浦县崧泽村发现了崧泽遗址，1982年提出了崧泽文化的命名。这三个考古学文化之间的相互关系，是由1956年发现的苏州草鞋山遗址揭示和明确的。根据草鞋山遗址的发掘成果，我们得知太湖流域原始文化的序列是：马家浜文化——崧泽文化——良渚文化。草鞋山遗址1972年9月开始试掘，1972年10月至1973年1月以及1973年4—7月两次正式发掘，发掘面积约500平方米。考古发掘工作完成后，虽然完整的考古报告迟迟未发表，但在《文物资料丛刊》第3辑上发表的简报《江苏吴县草鞋山遗址》也弥足珍贵[1]。草鞋山遗址文化堆积厚达11米，根据土质土色的不同分为十层（图一）。

第一层为春秋时代吴越文化层。

第二、三、四层为良渚文化层。

第五层为黄白色淤土，厚0.25—0.3米，包含少许陶片。

第六层为崧泽文化层。

第七层为马家浜文化到崧泽文化过渡期层。

第八、九、十层为马家浜文化层。

上述文化层清晰地说明了草鞋山遗址是太湖流

图一 草鞋山遗址文化堆积层

* 朱威，苏州市考古研究所副研究馆员。钱公麟，苏州博物馆研究馆员。

域原始文化的标尺。良渚文化层中的198号墓出土的玉琮、玉璧，首次将琮、璧的时代定格为良渚文化时期。作为礼器的琮、璧也为探索中华文明的起源提供了实物佐证。随后张陵山、少卿山、赵陵山、绰墩、罗墩等一系列的高台土墩也发现了与草鞋山遗址良渚大墓相类似的琮、璧、钺。上海青浦福泉山和浙江反山、瑶山都发现了良渚大墓。在发现和认识良渚文化的过程中，浙江的文博同行们走在了前头。1986年以来，他们先后发现了反山遗址、瑶山遗址，还发现了汇观山祭坛、莫角山大型宫殿基址、良渚古城遗址及外围大型水利工程，良渚古城共有拦水坝11座。

江苏相对滞后的研究和宣传值得反思。草鞋山的马家浜文化水稻田（图二）没有得到深入研究和宣传，而浙江浦江县上山遗址发现了万年之久的稻作文化几乎人尽皆知。草鞋山遗址作为太湖流域原始文化的标尺，应该引起领导和业界的足够重视。在追溯文明起源方面，良渚古城的水坝年代为距今5100—4700年，良渚文化的年代为距今5300—4300年。张陵山良渚大墓出土的琮、璧年代最早，说明良渚文明的形成有一个渐进的发展过程，应该源于苏州地区。为什么呢？草鞋山遗址值得我们重视。我们在草鞋山遗址的第六层（崧泽文化层）发现崧泽墓葬89座，分南北两区，随葬品已出现多少不等的现象。如北区M203死者为一成年男性，随葬品25件，其中生产工具有穿孔石斧1件、石锛2件，生活

图二　草鞋山马家浜文化时期的水稻田遗存

用品有豆、罐各6件，杯、钵、盆、盘各1件，还有炊器鼎、甑1套，装饰品有石坠、石饰。而M135死者也为一成年男性，仅随葬石凿1件。在这89座崧泽墓葬中，没有随葬品的有16座，随葬1—5件的有29座，6—10件的有23座，10—15件的有13座，16件以上的有4座，说明这时社会中已出现贫富分化。而最能反映崧泽文化出现贫富分化现象的是张家港东山村遗址高等级大墓，与一般小墓实行分区埋葬。这种分区埋葬现象，目前在长江下游甚至在全国是首次发现。大墓大多随葬品多，9座高等级大墓的随葬品总数为385件，其中M90就有陶器33件、玉器19件、石器13件，总共65件[2]。这充分说明至少在距今5800年前后，社会已有明显的贫富分化，出现了明显的社会分层，为高度发达的良渚文明找到了源头。

草鞋山遗址的第二、三、四层为良渚文化各时期的地层。第四层发现3座类同越城遗址的良渚早期墓；第二层发现良渚文化的贵族墓，出土了玉琮、玉璧，首次证实了玉琮、玉璧为良渚文化墓葬中代表等级身份的随葬品。此墓为男性墓葬，并附葬两位女性，可能为其妻妾，另殉葬一狗，除玉琮、玉璧外，还随葬穿孔石斧（应为钺）和镯、管珠、锥形饰件等玉器，为研究良渚高台土墩的性质开拓了视野。1977年在张陵山发现5座良渚早期大墓[3]。1984年昆山少卿山出土一批精美的良渚玉器，也应为良渚大墓所出。1991—1992年在昆山赵陵山遗址中厚达4米的良渚土筑高台上，M77出土器物达166件，其中玉器就有128件，类型有琮、瑁、瑗等[4]。令人关注的是在土台南部及西北外围发现了一批良渚文化墓葬，以青少年为“杀殉”牺牲及人殉。牺牲中有半数下肢被砍去，有的双脚被砍掉，还有仅见头骨或无头人骨、身首异处等。这些现象在良渚墓葬中出现，充分说明了良渚文化已进入阶级社会，是中华早期文明的真实写照。那么反映良渚文化的城址又在哪儿呢？在张陵山、赵陵山、少卿山这一范围内，一定隐藏着鲜为人知的良渚早期古城的秘密，这是苏州考古人所追求的目标。例如昆山朱墓

村遗址，2012年被发现，2013—2015年连续三年进行了考古发掘，并于2015年3—4月进行全方位的野外勘探工作，确定了朱墓村遗址的范围，面积达14万平方米，共发现8条河道，纵横交错，呈网状分布，该遗址发现的4座高台均用黄色斑土筑成[5]。这4座高台和浙江良渚古城遗址城内、城外发现的高台堆积土质结构相同，高台范围之内也应为人工堆筑形成的活动区域，可惜都遭到了严重破坏。考古人与其失之交臂，痛哉！

良渚古城不仅是良渚文化步入文明时代和早期国家阶段的标志，更实证了中华5000多年的文明史。良渚古城，可以说是开创了长三角地区的古城文明。但总有一些不同声音，从2007年宣布发现良渚古城以来，就存在着争议和异议。在各级领导支持下，在文物考古工作者的不懈努力下，2019年7月6日，良渚古城遗址成功列入《世界遗产名录》，意味着中华五千年文明史在国际上得到了广泛认可。

第二乐章　古都文明——吴国都邑圈

1936年浙江省西湖博物馆职员施昕更在家乡杭县（今杭州市余杭区）良渚镇发现了良渚遗址，同样在1936年，在上海成立了“吴越史地研究会”，由当时文化界领袖蔡元培先生任会长、卫聚贤任总干事，由此开启了吴文化研究的先河。

1954年在江苏省丹徒县烟墩山发现的宜侯夨簋（图三），为吴文化研究增添了神秘色彩。“宜侯夨簋”的出土引起了全国专家的关注，大家纷纷撰文发表看法。1956年4月唐兰先生参观了在故宫博物院展出的烟墩山这批青铜器，撰文提出：“它是吴国最早的铜器……但那个附耳的盘，有蟠虬纹，只能是春秋早期的。”

到了20世纪80年代，吴文化研究的高潮再次掀起，一些学者认为“烟墩山为吴国第一代国君周章墓”，“宁镇地区是吴国的发源地”，此说风靡一时。《安徽屯溪西周墓葬发掘报告》中的一、二号墓被定为西周早期，佐证了宁镇地区为吴文化的发源地[6]。中华书局出版的《中国地域文化通览·江苏卷》说：“烟墩山西周墓，于1954年发现，墓葬位于烟墩山顶部……引人瞩目的是有118字铭文的宜侯夨簋……宜侯即虞侯，夨即吴国第一代国君周章。”[7]似乎已是盖棺定论。难道事实真是这样吗？

我们从最初的考古报告，即1955年第5期《文物参考资料》中江苏省文物管理委员会《江苏丹徒县烟墩山出土的古代青铜器》一文中找到了研究的线索。1954年6月间，丹徒县龙泉乡下聂村农民聂长保的儿子在烟墩山南麓斜坡上翻山芋地“垄沟”时，无意间在地表下30多厘米的土里掘出了一只鼎，他就小心地扩大挖的范围，在60多厘米的深度，共掘得铜器十二件，计鼎1、鬲1、簋2（其中一只是有铭文的夨簋）、大盘1、小盘1、盉1对、牺觥1对、角状器1对。聂长保把这些东西全部交给当地乡区政府，转送丹徒县人民政府送省保管。调查小组于10月17日到下聂村实地勘查，清理了残坑和毗邻住宅的两个小坑。四个月过后的结论是，原坑南北宽1.2米，东西长1.3米，深0.43米。这就是撰稿者认为的“第一代吴国国君周章之墓”吗？明明此处遗存在烟墩山南麓斜坡上翻山芋地“垄沟”时无意发现，《中国地域文化通览·江苏卷》却记为“烟墩山西周墓，于1954年被发现，墓葬位于烟墩山顶部”。马承源《长江下游土墩墓出土的青铜器研究》[8]，钱公麟、许洁《从宜侯夨簋谈起》和《从宜侯夨簋再谈宁镇地区周代青铜遗存》两文[9]，阐明了宜侯夨簋是舶来品，烟墩山南麓两处遗存不是墓葬，而是东周时期的窖藏。2006年出版的《屯

图三　宜侯夨簋，1954年在江苏丹徒县烟墩山出土，中国国家博物馆藏

溪土墩墓发掘报告》纠正了《安徽屯溪西周墓葬发掘报告》中的看法，编者将1959年发掘的M1、M2（也就是《安徽屯溪西周墓葬发掘报告》中的两墓）和1965年、1972年、1975年先后发掘的6座墓归为同一墓地的8座墓葬进行综合研究，认为这8座墓的时代为春秋晚期到战国早期，属于越国或越族文化的范围[10]。所以西周时期宁镇地区是不可能有吴文化的，更谈不上凡在宁镇地区出土的商周青铜器都是吴器，出土青铜器的大墓是吴王墓。

多年来，考古工作者都在寻找吴国都邑的所在。对于木渎古城的调查源于1980年12月苏州古相门水城门的发掘。我们注意到在城门基础大木块下、生土层以上发现的汉代陶片，并在古籍中发现了线索。《吴郡图经续记·城邑》曰："而流俗或传吴之故都馆娃宫侧。"明洪武《苏州府志》卷四"阖闾都"条引《崇德县志》："吴之国都，今平江木渎。"《越绝书·吴地传三》："吴大城，周四十七里。二百一十步二尺。陆门八，其二有楼，水门八。南面十里四十二步五尺，西面七里百一十二步三尺，北面八里二百二十六步三尺，东南十一里七十九步一尺。阖闾所造也。吴郭周六十八里六十步。"诸多文献说到古都在木渎，为考古人员探索吴国古都之谜指明了方向。在1∶50000的军用地图的帮助下，20世纪80年代初文物工作者对苏州西部山区进行了考古调查，调查结束后撰写了《春秋时代吴大城位置新考》一文[11]。2000年，木渎春秋古城终于在苏州西部山区吴文化调查中被发现，并进行了试掘，张照根《苏州春秋大型城址的调查与发掘》一文较详细地介绍了此城的情况[12]。此城位于灵岩山周围，现在还保存一些城墙遗存。在试掘中，从古城墙中出土了春秋晚期的遗物。此城不仅面积大，还存在宫城、郭城三重套城现象。当地邀请以北京大学李伯谦教授为首的全国城市考古专家进行论证，专家们一致肯定此成果，并呼吁保护。从2009年开始，苏州考古工作者和中国社科院考古队联合对西部山区进行调查、发掘。经过一年多的考古工作，2010年苏州木渎古城遗址被评为全国十大考古新发现。

20世纪80年代初对苏州西部山区的考古调查，发现以灵岩山为中心的一个庞大的古都轮廓。我们选择从东南角的吴城开始调查，其对面是越城，两城对垒。在调查中发现有整齐的夯土堆积。1983年4月进行试掘，发现城墙依山而筑，在山凹处堆积更为丰富。从地貌来看，吴城位于磨盘山上，居高临下，从东南方虎视着越城和石湖。其后就是连绵不绝的诸山——上方山、七子山、尧峰山、清明山、香山、穹窿山，滨太湖，扼要冲，形成一处天然屏障，沿山脉、山顶分布着一座座土墩。为了解这些土墩的内涵，我们对上方山六号墩进行了发掘，出土遗物有生产工具红陶纺轮1件，原始青瓷22件、几何印纹硬陶3件、软陶3件，原始青瓷有缶1、罐1、壶2、豆7、簋1、盂5、器盖5。在石室中还发现较多的木炭，最大的长6厘米，直径2.5厘米，主要分布在沿壁四周及红烧土块周围。在石室中部偏后发现了两处较集中的红烧土块，明显呈灶状，为泥条盘筑，高7.5厘米，内有不少炭块屑。周围散落的红烧土块呈条状，有些一面较光滑，呈口沿状。红衣陶器的散片就分布于此，周围还出土较多的器皿，故推断为土灶。在门顶及两壁近门处，发现大面积的烟炱痕迹，地面上有不少被烧红的小石块。另外，在石室中部及门口原始青瓷碎片之处，还发现较多的禽兽骨，出土的木炭经碳十四测定距今2910±75年（树轮校正为距今3045±110年）。综上所述，我们认为石室建筑年代为西周中期。

为什么对上方山六号墩作烦琐的介绍？原因是目前学术界普遍认为江浙一带的石室土墩均为墓葬，而我们认为石室土墩是一种建筑形式，其性质和功能不能一概而论。就苏州地区的土墩石室而论，从吴城向西的一个接一个的土墩石室又高又大（上方山六号墩并不是最大的），如一道天然屏障，"临湖控越，实吴时要地"。在光福弹山土墩间有石墙相连的痕迹，而在东渚小山墓地共有10座土墩墓葬，时代从春秋早期一直延续到春秋晚期，在黄山上也是一座座土墩墓葬，所以不能对土墩一概而论。土墩石室是江南保存最完整、最早的石构建筑群之一，具有建筑方法、造型的一致性，但作为单体建筑应该具有自身的个性，取决于营造者自己的需要，如军事性、生活性、风俗性。

寻找吴王陵是吴中考古重要的任务之一，从山上到山下，从平原到丘陵，多少年来一直在不懈寻找。直到1992年11月25日上午9时，四位农民拿着一件残缺的青铜提梁盉的盖来到苏州博物馆馆长室，提供了重要的考古线索。真山一座竖穴的大墓被炸，部分文物散失。上午11时，往日只有手扶拖拉机往来的真山采石场出现了多辆小汽车和警车。当天下午，大部分散失的文物有了着落，抢救性发掘得到落实，真山大墓由此被发现。经过调查，真山分大小两座山，共分布有57座土墩。被炸的为小真山山顶上一大墓，为D1。发掘工作顺利开展，真山D1、D2、D3出土了大量珍贵文物，它们都是战国晚期墓葬。D1M1出土的文物中有一枚“上相邦鉨”铜印，推测此墓为春申君墓，D2、D3为其家族墓（图四）。

1993年5月，对大真山主峰D9毗邻的D16进行了考古发掘。此墓凿石为穴，文石为椁，出土了一批春秋中晚期的原始瓷器和几何印纹陶器。对大真山D9进行抢救性发掘的申请得到国家文物局的批准，1994年11月14日，由苏州博物馆和吴县文物管理委员会组成的联合考古队进驻真山，发掘工作正式开始。终于发掘到墓室底部，发现在墓的东面顶部有一条长18米、宽3米的盗沟直插棺床，墓主尸体被拖出棺椁，故而在棺椁外、墓室内散落了百余片玉甲片。该墓位于真山顶部，凿山为穴，属浅穴式竖穴岩坑墓，有二层台。墓长13.8米，最宽处8米，东面有斜坡式的墓道长3.6、宽3米。在墓室西部中间的棺床长4.05、宽1.92米，上面覆盖着一层层漆皮。最上面覆盖的四层漆皮，从上而下分别是黑色、红色、黑色、红色，分别是椁的正面反面、正面反面，也就是正面髹黑漆，反面髹红漆。D9M1使用的应该是二重椁。椁以下的漆皮通过科学处理，共揭了七层，每层漆皮绘有兽面纹，应为七重棺。在漆皮下发现大量玉器，整理后发现这批精美的玉器由珠襦、玉甲、玉覆面等组成，属于玉殓葬。奇怪的是盗墓者把墓内的青铜器等物品盗走，却把又小又好携带的精美玉器留在了墓内。3件玉钩的发现说明墓内应该随葬青铜礼乐器，而青铜礼乐器均

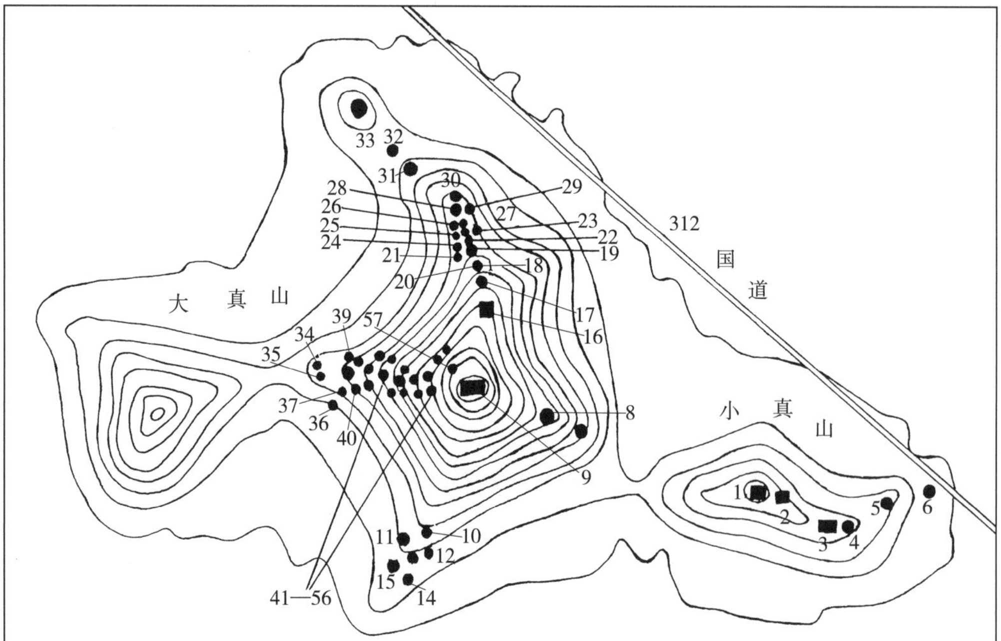

图四 真山墓地土墩分布示意图

被盗。笔者认为，这是政治性盗墓。青铜器是重器，是代表社稷的；而玉器是装饰的，是代表墓主人身份的。这说明真山D9M1的盗墓者是想羞辱墓主，以示后人。

D9位于大真山顶部，封土呈覆斗式，顶部封土台现残存东西长26、南北宽7米，底部长20、宽32米。墓室长13.8、宽8米，有二层台。七棺二椁。玉殓葬，有珠襦、玉甲、玉覆面。随葬青铜器上多兽面纹图案。D9M1是目前苏南发现的春秋时期规格和级别最高的墓葬。根据出土物分析，年代为春秋中晚期，具体应是春秋晚期前期，此墓应该是第一代吴王寿梦之陵。无独有偶，严山窖藏遗存出土了大量的吴国玉器，和文献记载相对应："越王乃葬吴王以礼，于秦余杭山卑犹，越王使军士集于我戎之功，人一隰土以葬之。"严山应为最后一代吴王夫差之陵。

从20世纪80年代初至今，四十年来，经过考古人员的不懈的调查、勘探、发掘和研究，以木渎春秋古城为核心，大量同时代的遗存尤其是真山、树山、严山、阳宝山等一大批墓地被发现和发掘，加之对上方山六号墩及五峰山的石室土墩的发掘，使我们清晰地看到吴都都邑圈的轮廓。从时间和空间上，我们看到吴都都邑圈之雄伟。为什么吴国此时能跻身为春秋五霸之一，这个都邑圈提供了答案。

以山川为要素的防御体系，滨太湖，扼要冲，山环水抱，形成了一处环状的半封闭式的天然屏障，而吴国都邑就坐落于此。上方山六号墩的发掘，反映了吴城和上方山、七子山、尧峰山、清明山、胥山等沿太湖一线山脉上的土墩石室具有军事性的功能。它们是"北筑长城南作墩"的烽火墩，白天冒烟，晚上烧火，作为通讯预警的防御手段。在多座山上还有类似性质的土墩石室组成的吴都预警通讯网。都邑圈的形成是一个承上启下的过程，西周时期的合丰小城是目前苏南地区发现的西周古城中最令人信服的一座，说明这一区域在西周时期已经有相当规模的人群居住，它为大城的出现奠定了深厚的物质和文化基础，为我们探讨早期吴文化提供了新的线索。千年寺小城说明战国时期古城的延续，大量西汉墓的发现反映了古城经数百年的文化积淀，仍然繁荣，直至苏州城出现而逐步衰落。

木渎春秋古城作为这一区域的核心，情况如何呢？自2009年秋至2010年秋的一年中，中国社科院考古研究所和苏州市考古研究所的同志一起对其进行了大规模的考古调查和发掘工作。此区域位于苏州市的西南部，太湖的东北侧，包括吴中区的木渎镇、胥口镇和穹窿山风景区的部分地区，灵岩山、大焦山、天平山、天池山、五峰山、砚石山、穹窿山、香山、胥山、尧峰山、七子山等以及由这些山丘所围成的山间盆地，发现了五峰山村北城墙、城壕遗存，新峰村南水门遗存，东、西城墙遗存（图五）及合丰小城。木渎古城址平面呈不规则状，城墙大致沿着山间盆地的边缘分布，城墙外侧均有护城河。城内尚存土墩遗址235处，密集地分布在五峰、新峰、廖里和合丰村几处，南北两道城墙之间相距约6728米，东西城墙遗存相距约6820米，古城总面积超过24平方公里，可以初步认定木渎古城是一座春秋晚期具有都邑性质的城址。《考古学报》2016年第2期的《苏州木渎古城2011—2014年考古报告》介绍更为详尽：大城坐落于山间盆地，周边群山围绕，北侧为灵岩山、大焦山、狮子山、权枪岭、五峰山、博士岭和王马山等组成的"几"字形山地；西侧为穹窿山和香山；南侧为清明山；东侧为尧峰山、凤凰山、七子山和上方山等。城址四周山势陡峭，构成天然屏障，仅能通过五处山口与外界沟通。多处山口均发现城墙与小型城址等防御设施，如西南侧香山和清明山之间是胥口，胥江由此山口经过，外接太湖并横穿城址。清明山南麓发现的千年寺小城，正扼此要津。城外西北角的善山战国墓，说明古城在战国晚期仍在延续使用。大城内外的大量西汉墓葬更说明西汉时期的鼎盛景象，大城从春秋晚期一直沿袭到西汉晚期。

大城的面积达24平方公里，并有护城河，城内有胥江、木（渎）光（福）河、箭泾河，发达的水系和太湖相通。城外的浒（关）光（福）运河是大城外西北水系，沿河两岸分布着王陵区，运河流经

图五 木渎五峰村北城墙及护城河发掘现场

真山、严山、树山、华山还有阳宝山等。真山大墓、严山窖藏等重要发现反映吴国的王陵区位于木渎春秋古城的西北。此外，还有不少春秋时期的古墓葬被发现，如东渚小山墓地、鸡笼山D1石室土墩墓、东渚馒首山土墩墓、俞墩等。

木渎春秋古城的考古工作还在进行中，新的成果在不断涌现。除城西北的吴国王陵区外，还有一批贵族墓地也是都邑圈的组成部分。

更重要的是，木渎春秋古城不仅从考古上得到证实，而且与文献记载也相一致。《越绝书·吴地传第三》详细记载了吴大城、吴郭等，都得到了考古实例的印证。《越绝书》是东汉人辑录增补战国人的著作，保留了一些接近吴大城原貌的材料，其文献价值是其他任何一部古籍都不能相比的。

木渎春秋古城都邑圈的发现，是苏州考古人几十年来一步一个脚印地做工作，不断探索、调查、发掘、研究努力获得的结果，为吴文化研究开辟了新的路径，使探索吴文化之源有了方向，确立了吴文化在长三角地区的中心地位。“木渎春秋古城”都邑圈是吴文化之魂，是吴文化空间和时间的展示，提升了吴地人民对吴文化的自信。

越灭吴后，除吴大城外，现苏州城的十全街、盘门三景一线以南到长桥这一区域范围内为一大型越国聚落，包括青旸地、大龙港，其中以西塘河遗址最为典型，共发现200多口当时的水井。一大批独木棺的墓葬散布在这一区域，在20世纪六七十年代频频发现。吴中博物馆藏的战国七弦琴就是在长桥战国墓的独木棺之上发现的。

第三乐章　现代文明——长三角一体化

秦汉一统天下，政治中心在中原，长三角地区为东南一隅；汉末北方战乱，三国之吴、东晋、宋齐梁陈建都建康（又称建业、秣陵，今南京）；隋代大运河的开通为长三角地区与中原地区建立了一条重要的水运通道，五代时吴越国在此发展经济，两宋经济中心南移……逐渐地，长三角一带有了“苏湖熟，天下足”的美誉，这一切都和大运河的开通分不开。京杭大运河加强了长江三角洲地区和北方地区的联系，促进了长三角地区沿线城市的发展，对这一地区的社会、经济发展具有巨大的推动作用。大运河两岸是中华民族历史进程中形成的综合发展带，运河沿线城市有23座被列为国家级历史文化名城，其中长三角地区就有11座。

随着唐宋以来“海上丝绸之路”的兴盛，江海航运得到进一步发展，长三角地区与海外的交往更加密切。2007年太仓发现海运仓遗址，之后又发现樊村泾元代瓷器的仓库、码头等。太仓樊村泾元代遗址是近年来新发现的一处以龙泉窑青瓷器为主要遗物的大型遗址。为配合地方经济建设，自2016年1月20日起，苏州市考古研究所联合太仓博物馆，在南京博物院指导下，共抢救性发掘3000平方米，发现遗迹106处，主要有房址、水井、道路、灶台、排水沟渠、灰坑、河道等，出土以元代中晚期龙泉窑青瓷为主的陶瓷器残片约40吨，瓷器标本2万余件，可辨遗物器形有碗、盘、炉、盏、高足杯、碟、洗、壶等近40类。遗址发现有多处仓储基址、居住生活基址、河道等遗迹，出土数以万计的元代中晚期精美龙泉窑、景德镇窑瓷器等文物。从平面布局看，仓储基址体量较大，经过一定的规划，且伴生有大量瓷器堆积，推测遗址为元代官方经营的一处瓷器贸易集散地。樊村泾遗址出土的龙泉窑青瓷器数量惊人，器类众多，纹饰精美，在近年江浙乃至全国范围内都独具特色，极为罕见。遗址发现了大量龙泉窑青瓷标型器，为建立龙泉窑青瓷标本库提供了重要实物资料。出土的龙纹盘、奁式香炉、凤尾尊、荷叶盖罐等器类，其器形、纹样、釉色与韩国新安沉船装运的龙泉窑瓷器高度一致，出土瓷器95%以上未发现使用痕迹，推断遗址出土龙泉窑青瓷主要为贸易商品，且有相当数量为外销瓷。遗址所在位置特别，位于致和塘南岸，西临武陵桥北基之“元之市舶提举司”，东距海门第一桥——周泾桥约200米；而桥南有灵慈宫，桥北则有东岳庙，两处均为奉祀海神的场所。此处集瓷器中转、报关出海、祭祀海神、扬帆出海、远销他国等便利于一身（图六）。樊村泾元代遗址的发现具有极其重要的学术价值，也是长三角参与“海上丝绸之路”的重要历史见证，对开创龙泉青瓷研究新局面、探寻地域历史文脉都有着极为重要的意义。

鸦片战争后，中国沦为半殖民地半封建社会，经历了压迫与屈辱。1949年新中国成立，人民翻身做主人。尤其是改革开放40多年来，在中国共产党的领导下，融入了世界多元化的新发展格局，科技创新层出不穷，现代化道路越走越宽，经济特区、自贸区纷纷建立，中国走向了新时代，现代文明的要素越来越显著，长三角一体化成了中国式现代化的标志之一。伴随着长三角一体化上升为国家战略，大运河这条“流动的文化”纽带将成为华东三省一市文旅产业协同发展的天然大IP，巨大的潜力正在被挖掘。

文明是人类进步的标志。良渚古城是中华文明起源的实例，吴国都邑圈是吴文化之魂，长三角一体化是现代文明之光，长三角古城文明—古国文明—长三角一体化的发展历程值得探讨和深思。

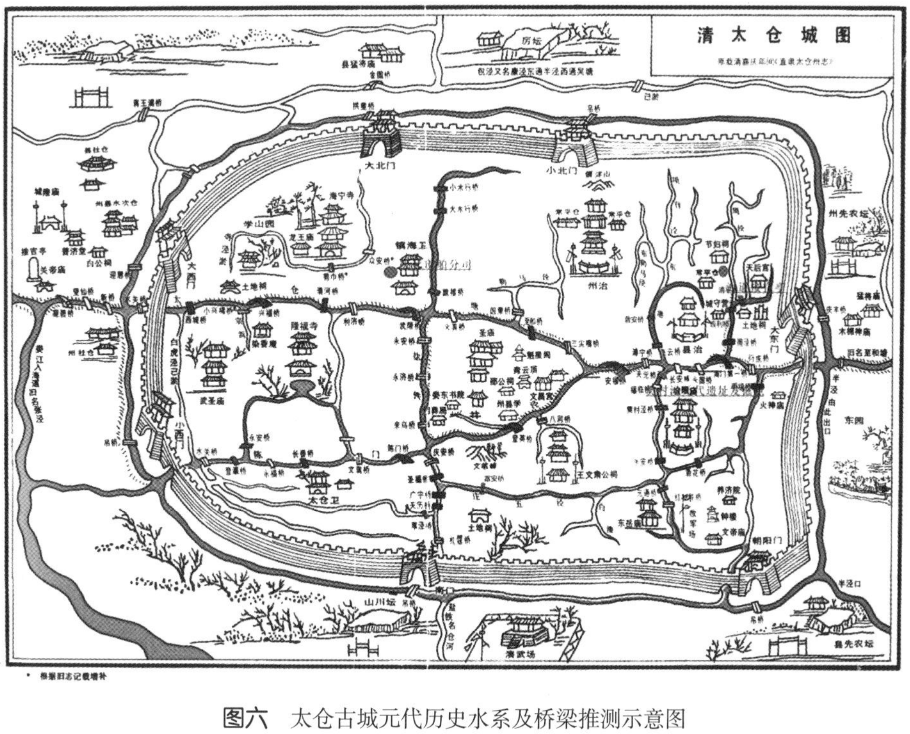

图六　太仓古城元代历史水系及桥梁推测示意图

注释：

［1］南京博物院：《江苏吴县草鞋山遗址》，《文物资料丛刊》第3辑，文物出版社，1980年。

［2］苏州博物馆、张家港市文物管理委员会：《张家港市东山村遗址发掘简报》，《文物》2000年10期；南京博物院、张家港市文管办、张家港博物馆：《东山村新石器时代遗址发掘报告》，文物出版社，2016年。

［3］南京博物院：《江苏吴县张陵山遗址发掘简报》，文物编辑委员会编：《文物资料丛刊》第6期，文物出版社，1982年。

［4］南京博物院：《赵陵山1990—1995年度发掘报告》，文物出版社，2012年。

［5］孙明利：《昆山朱墓村遗址发掘》，《江苏考古（2014—2015）》，南京出版社，2017年。

［6］殷非涤：《安徽屯溪西周墓葬发掘报告》，《考古学报》1959年第4期。

［7］袁行霈、陈进玉主编：《中国地域文化通览·江苏卷》，中华书局，2013年，第56页。

［8］马承源：《长江下游土墩墓出土青铜器的研究》，《上海博物馆集刊》第4期，上海古籍出版社，1987年，第198—232页。

［9］钱公麟、许洁：《从宜侯夨簋谈起》，《中国文物报》2016年10月21日第6版；许洁、钱公麟：《从宜侯夨簋再谈宁镇地区周代青铜遗存》，苏州博物馆编《苏州文博论丛》（总第8辑），文物出版社，2017年。

［10］李国梁主编：《屯溪土墩墓发掘报告》，安徽人民出版社，2006年。

［11］钱公麟：《春秋时代吴大城位置新考》，《东南文化》1989年4、5期合刊。

［12］张照根：《苏州春秋大型城址的调查与发掘》，《苏州科技大学学报》（社会科学版）2002年第4期。

宁波阿育王寺释迦真身舍利塔流传经历考

魏祝挺*

内容提要：至今已有1700多年的释迦真身舍利塔（阿育王塔）是宁波阿育王寺著名的佛教圣物。据文献记载，该塔藏有西晋时期埋藏的释迦真身舍利，自现世以来，经历跌宕起伏，可谓中国佛教舍利中最具传奇色彩的。本文考证了该塔自西晋出现，南朝流传，五代吴越国迎请至杭州，北宋迎请至开封，南宋回归宁波，元代迎请至大都后送归宁波的历史。

关键词：真身舍利　阿育王塔　钱镠　钱俶　杨琏真迦

释迦真身舍利塔，俗称阿育王塔，是宁波阿育王寺名闻华夏的佛教圣物，至今已有1700多年的历史。据记载，该塔藏有西晋时期埋藏的释迦真身舍利。该塔自出现以后，备受尊崇，但又遭遇变故，经历跌宕起伏，可谓中国佛教舍利中最具传奇色彩的一件。

西晋太康二年（281），并州人刘萨诃，法号慧达，访求阿育王古塔。他在会稽郡东三百七十里的鄮县海边，发现一座神奇的小塔及舍利从地中涌出，该塔高一尺四寸，方七寸，五层相轮，材质难辨，内外雕镂，舍利藏于其中，十分奇特（图一）。慧达于是在此建寺供养小塔[1]。这座寺院，即是后世的阿育王寺东塔院，也称古阿育王寺遗址[2]。

东晋义熙元年（405），寺西迁二里，即是后世阿育王寺的位置。同年，晋安帝建塔亭，保护小塔，并度僧守护。宋元嘉年间，文帝增建寺宇，并为小塔建造了一座三层楼阁式木塔保护。梁普通三年（522），武帝正式赐额“阿育王寺”，广建寺宇。梁大同五年（539），武帝命岳阳王萧詧增建大木塔为五层，塔内供养武帝和昭明太子画像，铸铜佛四百尊，写经五百卷，木塔内铸四铁鼎镇护，派兵三千人守护[3]。

唐代时，鄮县阿育王寺和释迦真身舍利塔名闻华夏。不仅有僧人专程赶赴明州阿育王寺巡礼圣物，更有僧人仿制这座小塔的外形，带回长安顶礼观瞻，使得阿育王塔的形制流传开来[4]。

初唐时期的高僧道宣（596—667）描述阿育王塔的形制，“灵塔相状青色似石而非石。高一尺四寸，方七寸，五层露盘。似西域于阗所造。面开窗子，四周天铃，中悬铜磬。每有钟声，疑此磬也。

图一　宁波古阿育王寺遗址的“涌现岩”（吴天跃摄）

* 魏祝挺，浙江省博物馆馆员。

绕塔身上，并是诸佛、菩萨、金刚、圣僧、杂类等像，状极微细。瞬目注睛，乃有百千像现，面目手足，咸具备焉。”[5]

盛唐时期的高僧鉴真（688—763），天宝三年（744）在第二次东渡日本失败后，流落明州阿育王寺，也目睹此塔，记载其为“其塔非金非玉、非石非土、非铜非铁，紫乌色，刻镂非常。一面萨埵王子变，一面舍眼变，一面出脑变，一面救鸽子变，上无露盘，中有悬钟”[6]（图二）。

会昌年间，阿育王寺被废，小塔纳入越州官库。宣宗复法时，小塔被分给了越州开元寺，后由阿育王寺僧人申请要回[7]。

吴越天宝九年（916），钱镠命高僧清外与弟弟钱铧，赴明州阿育王寺，把该寺至宝释迦真身舍利塔请来杭州。天宝十年正月，小塔随船过钱塘江西

图二　清代宁波阿育王寺舍利塔碑拓本（局部），可见“中有悬钟”的样式，引自〔日〕常盘大定、关野贞《中国文化史迹》第四卷，上海辞书出版社2017年版

陵渡口，舍利“放光照江中，其明如画”。钱镠在杭州江边迎接，亲自抬着装载小塔的轿舆，护送入杭州子城之南的罗汉寺。同年，钱镠在罗汉寺旁建巨塔，以供养小塔。巨塔为八角九层楼阁式木塔，高达三百七十尺，约合110米。这座雄伟的木塔，最独特之处在于“中外旋绕皆通”，即拥有内回廊和外回廊两重回廊的双筒结构。这座塔的设计，由钱镠亲自负责。那座神圣的释迦真身舍利小塔，则被安置于一座七宝龛中，放在九层木塔的第三层。相传历年佛教大法会上，该塔常有神光出现[8]。

吴越中期时，高僧道潜到访杭州，专程拜谒城南宝塔中的阿育王小塔。在阿育王塔面前，他顶礼膜拜，泪下如雨。他问掌塔僧：“我没有看见舍利，舍利真的还在吗？”僧人回答：“书上说，舍利藏在小塔的内角，即是悬钟的位置”。但道潜疑虑未结。他在塔中继续跪拜，不起身。突然，舍利发出红光，在悬钟之外缓缓移动。道潜不禁悲喜交集[9]。

城南宝塔建成40年后，吴越显德五年（958），天雷突降，延烧木塔，顷刻间大火熊熊（图三）。眼看木塔难保，寺中有一位勇敢的僧人，冒火冲上第三层，抢出了释迦真身舍利小塔，身上也被烧得不轻。钱俶于是将这件国宝暂且安置于城南的龙华寺中供养。并筹备重建城南宝塔[10]。

乾德二年（964），钱俶重建城南宝塔寺，并铸爷爷钱镠、父亲钱元瓘、哥哥钱弘佐的三代吴越先王铜像，供奉于寺中大殿。乾德四年（966），释迦舍利塔重新安置于新建成的城南宝塔供养。新建的城南宝塔寺，形制与旧塔相当，同为八角九层塔，但装饰更为华丽。尤其是第三层安置释迦真身舍利塔的龛，相比旧塔的七宝龛，新塔之龛用百宝镶嵌，以黄金为基座，悬挂珠璎为庄严。可谓穷极奇珍，华丽无比[11]。

乾德三年（965），城南新塔落成之后，钱俶在城南宝塔寺门前建立两座大石幢，纪念这一雄伟工程的完工（图四）。幢记中提到：“奉空王之大教，尊阿育之灵踪，崇雁塔于九重，卫鸿图于万祀。”[12]钱俶希望通过重建城南宝塔这座吴越国都城中最雄伟的九

图三　杭州城南宝塔旧址，位于杭州六一幼儿园附近

图四　杭州城南宝塔寺双幢现状（图左为南幢，图右为北幢）

层高塔，再次供奉印度阿育王所分的释迦（即空王）舍利，来镇护国家，守卫社稷，延续国祚。

由于历代国王的推崇，释迦真身舍利塔代表的阿育王塔信仰，在吴越后期达到了巅峰。显德二年（乙卯岁，955），钱俶第一次大规模铸造84000件铜阿育王塔，这些小塔，外观形制完全模仿明州阿育王寺的阿育王塔，内藏丙辰岁（956）雕印的84000卷《宝箧印陀罗尼经》（图五）。乾德三年（乙丑岁，965），钱俶第二次大规模铸造84000件铁阿育王塔，内藏乙丑岁（965）雕印的84000卷《宝箧印陀罗尼经》（图六）。此外，高僧延寿还造夹纻阿育王塔10000件，民间造阿育王塔更是不计其数。近20万件各种材质的阿育王塔，遍布吴越境内境外，甚至远播朝鲜半岛和日本，将阿育王塔的信仰推到了最高潮。

太平兴国三年（978），吴越纳土归宋，钱氏举族入京朝觐。宋太宗久闻吴越国镇国至宝明州阿育王寺释迦舍利塔之名，遣供奉官赵镕赴杭州取塔[13]。于是太平兴国三年十月，吴越国僧统赞宁，取出城南

图五 东场中兴寺塔天宫出土“乙卯岁（955）”铭钱俶造八万四千铜阿育王塔，东阳市博物馆藏，引自东阳市博物馆《天心光明》，文物出版社2019年版

图六 绍兴大善寺遗址出土“乙丑岁（965）”铭钱俶造八万四千铁阿育王塔及底座铭文，绍兴博物馆藏，引自《越中佛传》，中国书店2019年版

新宝塔中的释迦舍利塔，送入北宋都城东京[14]。

小塔先供养于皇宫滋福殿，后迎入内道场。太平兴国八年，宋太宗下诏，在东京开宝寺的西北角，为真身舍利兴建一座巨塔。建塔之前，先建设地宫，以深瓮瘗埋释迦真身舍利小塔[15]。瘗葬之日，宋太宗亲自抬着装载小塔的轿舆步行，亲手把小塔安放于地宫之内。太宗以下万人同悲，舍身供养者不计其数，太监数十人出家为僧，入塔院洒扫[16]。

吴越国著名匠师喻浩，亲自设计并建造了这座巨塔。他考虑到汴州多北风，故让塔在北侧稍低，百年后自然吹正，并保证塔有七百年的建筑寿命。其巧夺天工的技艺和深谋远虑的设计，给北宋东京人留下了深刻的印象。

> 初造塔，得浙东匠人喻浩，浩不食荤茹，性绝巧，先作塔式以献。每建一级，外设帷帟，但闻椎凿之声，凡一月而一级成。其有梁柱龃龉未安者，浩周旋视之，持捶撞击数十，即皆牢整。自云此可七百年无倾动。人或问其北面稍高，浩曰：“京城多北风，而此数十步，乃五丈河，润气津浃，经一百年，则北隅微垫，而塔正矣。”塔成，而浩求度为僧，数月死，世颇疑其异[17]。

该塔纯木结构，八角十三层[18]，360尺，高约百米。塔始建于太平兴国七年（982），建成于端拱二年（989），并建有塔院，前后耗时八年，花费亿万。李濂《汴京遗迹志》高度评价“时木工喻皓有巧思，超绝流辈。遂令造塔八角十三层，高三百六十尺，其土木之宏壮，金碧之炳辉，自佛法入中国未之有也。”[19]咸平二年赐塔院名“福圣”。大中祥符六年（1013），塔相轮发出金光，真宗临幸，赐塔名“灵感”。可惜的是，庆历四年（1044）塔毁于雷火，仅存世五十多年[20]。

福圣院灵感塔被烧毁后，地宫中的真身舍利塔被取出。北宋朝廷经过讨论，蔡襄、余靖等均建议不再兴建巨塔[21]。于是真身舍利塔供奉在了福胜禅院罗汉殿中。熙宁五年（1072），日本高僧成寻参拜东京福胜禅院，见到了这座在罗汉殿中的小寝殿内安置的小塔。

> 次到福圣禅院。……罗汉殿中有一间小殿，内纳舍利。本造三百一十尺塔，纳舍利，为天火被烧，今造寝殿宿置也[22]。

北宋末年，徽宗崇道排佛，于是将小塔归还明州阿育王寺[23]。南宋建立后，明州阿育王寺的释迦真身舍利塔，又成了国宝。绍兴三年，高宗皇帝御书赐号“佛顶光明之塔”[24]。淳熙二年，孝宗之子魏王赵恺，在小塔之外建造了一座黄金塔，作为保护。同年十一月，孝宗宣召迎小塔入临安府凤凰山大内皇宫拜观，后送还本寺。孝宗还为阿育王寺舍利殿，亲书“妙胜之殿”四字。宋末，阿育王寺毁于火灾，小塔移至别院安置[25]。

元至元十三年三月，南宋朝廷投降后，元世祖立即命杨琏真迦（又名怜占加）任江南僧录，赴明州迎取南宋国宝真身舍利塔。当年五月小塔送往上都开平府，官员百姓，人人争睹。小塔供养于上都龙光华严寺，共计一个月。之后小塔送往大都燕京的大昊天寺和圣寿万安寺（玉塔寺）相继供养。九月初一日，元世祖命僧尼十万人，在圣寿万安寺、皇宫、万岁山、太子府、镇国寺、太庙、中书省、枢密院及府库等地，建立16座坛场，供养真身舍利塔，备极尊崇。初三日，世祖驾临圣寿万安寺的主坛场，真身舍利塔放光，龙颜大悦。初八日，大赦天下。初九日，才结束这场盛大的法事。之后，世祖命杨琏真迦等护送小塔南返，十二月十九日抵达明州，并重建舍利殿[26]。

杨琏真迦护送释迦真身舍利塔北行南返的事迹，被他视为莫大的荣耀。杭州飞来峰元代造像中有一龛布袋弥勒及十八罗汉龛（飞来峰第68龛），其中有一身罗汉，手捧正在放光的释迦真身舍利小塔，献给弥勒（图七、八）。这一龛应该就是杨琏真迦亲自设计施建的，将自己护送阿育王塔北行南返的事迹，雕于石刻之上，以托塔罗汉自比，表明自己的佛教护法身份。该龛左侧，也开凿有杨琏真迦自己的造像（飞来峰第73龛），说明了这两龛的建造有统一的设计。

图七 杭州飞来峰第68龛元代“大肚弥勒及十八罗汉”

图八 杭州飞来峰第68龛（局部）元代“托塔罗汉”

明代以来，真身舍利塔一直藏于寺中。可能因为年久朽坏，万历五年（1577）时，寺中以木仿制了一座小塔，重新安置舍利。这座木制小塔，即是如今传世的宁波阿育王寺真身舍利塔，安置在舍利殿中[27]（图九）。

释迦真身舍利塔的传奇经历，真实反映了佛教在中国1800年的发展历史。佛法兴，则小塔备受尊崇，作为国宝对待，建巨塔供养；佛法衰，则寺废塔毁，小塔无人问津。这座小塔经历的传奇故事，不仅是佛教史，也是中国历史的珍贵史料。

图九　宁波阿育王寺舍利殿现状

注释：

［1］“越州东三百七十里，鄮县塔者，西晋太康二年沙门慧达感从地出。高一尺四寸，广七寸，露盘五层，色青似石而非，四外雕镂，异相万千。”〔唐〕道宣：《广弘明集》卷十七，载《大正新修大藏经》第52册，第2103号。

［2］“寺有东塔院，相去二里，即刘萨诃所礼舍利塔涌出之处。”〔宋〕张津等纂修：《乾道四明图经》卷二，载中华书局影印本《宋元方志丛刊》第五册，中华书局，1990年。

［3］“义熙元年，安帝始构塔亭覆护，而度二七僧守之。宋元嘉中，文帝增创祠宇，且以封袭夫广，斫木为浮屠三层函之。梁普通三年，武帝又命建殿堂、房屋奉之，赐额为阿育王寺。大同五年，帝令其孙岳阳王萧詧，改浮屠为五层，绘帝暨昭明太子二像藏焉。仍赐黄金五百两，造铜佛四百躯。写经论五百卷。铸四铁鼎，以镇四角。寻蠲，复其赋调给兵三千设营防卫。”〔明〕宋濂：《阿育王山广利禅寺碑铭并序》，载〔明〕郭子章编纂：《明州阿育王山志》卷四，载《中国佛寺志丛刊》第89册，广陵书社，2006年。

［4］“今有僧惟则，以七宝木摹阿育王舍利塔，自明州负来。”〔唐〕段成式：《寺塔记》，载张仲裁译注：《酉阳杂俎》，中华书局，2017年，第999页。

［5］〔唐〕道宣：《集神州三宝感通录》，载《大正新修大藏经》第52册，第2106号。

［6］〔日〕真人元开撰、梁明院校注：《唐大和上东征传校注》，广陵书社，2010年。

［7］“武帝朝，并省海内佛寺。塔归越州官库。宣宗立，像教重兴，又入于开元寺。鄮山僧愬于观察判官蒯希逸，而还之。”〔明〕宋濂：《阿育王山广利禅寺碑铭并序》，载〔明〕郭子章编纂：《明州阿育王山志》卷四，载《中国佛寺志丛刊》第89册，广陵书社，2006年。

［8］〔宋〕钱俨：《吴越备史》卷一，载傅璇琮等主编：《五代史书汇编》第十册，杭州出版社，2004年；〔宋〕志磐撰、释道法校注：《佛祖统记校注》卷四十三，上海古籍出版社，2012年。

［9］“次钱塘慧日永明寺释道潜。俗姓武。蒲津人也。……及诣杭礼阿育王塔。跪而顶戴泪下如雨。问掌塔僧曰。舍利人不目击还实有否。僧曰。按传记云。藏在内角中。望若悬钟焉。潜疑未已。遂苦到跪礼更无间然。俄见舍利红色在悬钟之外矗瞤而行。潜悲喜交集。”〔宋〕赞宁撰、范祥雍点校：《宋高僧传》卷十三，上海古籍出版社，2014年。

［10］〔宋〕黄鉴笔录、宋庠重订：《杨文公谈苑》卷六，载戴建国等主编：《全宋笔记》第八编第九册，大象出版社，2017年，第107页。

［11］〔宋〕钱俨撰：《吴越备史》卷四，载傅璇琮等主编：《五代史书汇编》第十册，杭州出版社，2004年；〔明〕宋濂：《阿育王山广利禅寺碑铭并序》，载〔明〕郭子章编纂：《明州阿育王山志》卷四，载《中国佛寺志丛刊》第89册，广陵书社，2006年。

［12］笔者据浙江省博物馆所藏拓本录文。

［13］“及吴越王钱俶归宋，太宗遣供奉官赵镕取置寺内，度龙地瘗之。”〔明〕李濂：《汴京遗迹志》卷十，清文渊阁四库全书本。

［14］“太平兴国三年十月，赞宁奉阿育王塔舍利，归朝见太宗皇帝。”〔宋〕潜说友编纂：《咸淳临安志》卷七十，载中华书局影印本《宋元方志丛刊》第四册，中华书局，1990年；“敕供奉官赵镕，往吴越迎明州阿育王佛舍利塔。吴越王俶奉版图归朝。令僧统赞宁奉释迦舍利塔入见于滋福殿。上素闻其名，一日七宣，赐号通慧大师。”〔宋〕志磐撰、释道法校注：《佛祖统记校注》卷四十四，上海古籍出版社，2012年。

［15］“我圣上践祚之四载，两浙进阿育王盛释迦佛舍利塔，初于滋福殿供养，后迎入内道场，屡现奇瑞。八年二月望，诏于开宝寺树木浮图。仅登于尺，先藏是塔于深甃中，此日放神光，亘烛天壤，时黑白众中有炼顶指者，有然香炷者。”〔宋〕赞宁撰、范祥雍点校：《宋高僧传》卷二十三，上海古籍出版社，2014年。

［16］“太平兴国初，俶献其地，太宗命取塔禁中，度开宝寺西北阙地，造浮图十一级，下作天宫，以葬舍利。葬日，上肩舁微行，自安置之，有白光由塔一角而出。上雨涕，其外都人万众皆洒泣，燃指焚香于臂掌者无数。内侍数十人，愿出家扫洒塔下，悉度为僧。上谓近臣曰：“我曩世尝亲佛座，但未通宿命，不能了了见之耳。”〔宋〕黄鉴笔录、宋庠重订：《杨文公谈苑》卷六，载戴建国等主编《全宋笔记》第八编第九册，大象出版社，2017年。

［17］〔宋〕黄鉴笔录、宋庠重订：《杨文公谈苑》卷六，载戴建国等主编：《全宋笔记》第八编第九册，大象出版社，2017年。

［18］虽然《杨文公谈苑》记载其为十一层，但沈芳漪引《汴京遗迹志》“八角十三层，高三百六十尺”的记载，认为其是十三层塔。笔者赞同，因为八角十三层塔是北宋造塔的最高规格。

［19］〔明〕李濂：《汴京遗迹志》卷十，清文渊阁四库全书本。

［20］“真宗大中祥符六年，有金光出相轮，车驾临幸，舍利乃见，因赐名灵感塔。仁宗庆历四年，塔毁于火。”〔明〕李濂：《汴京遗迹志》卷10，清文渊阁四库全书本。

［21］〔元〕脱脱等撰：《宋史》列传第七十九，《中华书局》，1985年。

［22］〔日〕成寻著、王丽萍校点：《新校参天台五台山记》卷四，上海古籍出版社，2009年。

［23］“后复奉以归寺。”（宋）张津等纂修：《乾道四明图经》卷二，载中华书局影印本《宋元方志丛刊》第五册，中华书局，1990年。

［24］“绍兴三年，光尧寿圣太上皇帝赐号‘佛顶光明之塔’”出处同上。

［25］“淳熙元年冬，孝宗之嗣魏王恺，出镇其土。二年夏四月，瞻舍利，毫光发现，青红交绚，变幻不一。更用黄金为塔，而藏宝塔于中。冬十有一月，孝宗遣内侍省西头供奉官李裕文取塔入内……御书‘妙胜之殿’四字，俾揭于塔所。……宋季寺又灾，宝塔附安别院。”〔明〕宋濂：《阿育王山广利禅寺碑铭并序》，载〔明〕郭子章编纂：《明州阿育王山志》卷四，《中国佛寺志丛刊》第89册，广陵书社，2006年。

［26］“大元至元十一年，丞相伯颜南征，天下归仁。怜占加僧录，安抚江南僧尼事。明年三月，奉旨迎宝塔。五月，抵开平府。百官四众，争先迎睹，如面觌，紫金光聚。奉安华严寺，大集衲侣，梵呗歌诵，竟七昼夜，尽诚尊奉。留一月，奉旨送大都大昊天寺供养。九月一日，迁至玉塔寺。集诸国僧，凡十万人，于禁庭、万岁山、皇太子府、镇国寺、太庙、中书省、枢密院及府库等处，立十六坛场。有司供具殽膳灯幢，金珠间错，示极尊严，为国祈福。初三日，车驾亲临玉塔寺致敬。是夕，瑞光发现，贯烛宝塔相轮之表，自相轮分色祥光，东射禁庭，晃耀夺目，天人共睹，殊胜之盛，未有若此。明日奏闻，皇情大悦。初八日，大赦天下。初九日，毕会。赐禅讲大德衣银币，各差施牒，广度僧尼。遣怜占加大师、南方大德慈祥、宣使张德庆、忽卢儿等，迎捧南归。敕所过州县，遵引入境，以福黎民。十二月十九日，抵鄞邦。人欢呼歌舞，塞途溢巷，如赤子见父母之归也。……宝殿不日告成。”（元）悟光：《释迦如来真身舍利宝塔传》，载〔明〕郭子章编纂：《明州阿育王山志》卷二，载《中国佛寺志丛刊》第89册，广陵书社，2006年；“元至元十三年春二月，世祖命使者奉塔至开平龙光华严寺，寻迁燕都圣寿万安寺，命僧尼十万于禁庭、太庙、青宫及诸署，建置十六坛场，香灯花幡奉之，备极尊崇。世祖亲幸临之夜，有瑞光从坛发现，烛贯寺塔相轮之表，又自相轮分金色光，东射禁中，晃耀夺目。世祖大悦，命僧录怜占加，送塔南还。更赐名香金缯，诏江浙省臣郡长吏，建治舍利殿宇。”〔明〕宋濂：《阿育王山广利禅寺碑铭并序》，载〔明〕郭子章编纂：《明州阿育王山志》卷四，《中国佛寺志丛刊》第89册，广陵书社，2006年。

［27］“现存鄞县阿育王寺木制释迦舍利塔系后人仿制。50年代初，我在阿育王寺见到的木制金涂塔，有明万历五年造的题记。”王士伦：《寺塔之建倍于九国——兼谈喻浩》，载周峰主编：《吴越首府杭州》，浙江人民出版社，1997年。

明监察御史朱铉家族墓志释读及研究

谢金飞*

内容提要：2019年，江苏常熟虞山南麓宝岩山居湾民房翻建过程中发现古墓葬群，苏州考古研究所和常熟博物馆对此进行了考古发掘，发现此处是明监察御史朱铉家族墓，出土《明故监察御史栗庵朱公贰室叶节妇之墓》墓志《朱良玉室墓志铭》。本文通过对朱铉家族墓出土墓志的释读和研究，探索其考古价值、文物价值和历史研究价值。

关键词：明代　虞山　朱铉　墓志铭　家族

2019年10月，常熟虞山宝岩山居湾民房宅基房屋翻建过程中，发现古墓葬群，苏州考古研究所常熟工作站随后进行了抢救性发掘。根据现场发掘情况，宅基地面积约150平方米，发现残留墓葬共9座，其中6座已基本破坏（为历史性损毁），被损毁的墓葬未发现任何遗物。考古人员对另3座墓葬（M2、M3、M6）进行抢救性发掘（图一至图三）后发现：M2出土铜镜一枚、青瓷罐一个（图四）；被破坏的M3合葬墓一侧壁龛中（另一侧位于公路下，未作发掘）发现5件明中期青花瓷盖罐（图五、六）。后又追回被破坏的M1及M3墓志铭各一盒，计4方，在M3正前方又发掘出土一方墓志铭，但侵蚀较为严重，上刻有“朱良玉室……”等文字。现根据墓志铭及出土文物，对该家族墓葬群进行初步研究。

《明故庠生朱文卿墓志铭》一盒，青石质，志

图一　M2

图二　M3

* 谢金飞，常熟博物馆副研究馆员。

图三　M6

图四　M2出土铜镜

图五　M3一侧

图六　M3出土的青花罐一组

石边长51厘米，厚9厘米。志盖篆题“明故庠生朱文卿之墓”3行9字，志石左侧略有残缺，志文共21行，每行28字，计529字；《明故监察御史朱铉贰室叶节妇墓志铭》一盒，青石质，志石42×43×10厘米。志盖篆题“明故旌表监察御史栗庵朱公贰室叶节妇之墓”4行19字，志文略有残缺，共29行，每行35字，计999字；朱良玉室墓志铭，一方，青石质，志石边长43.5厘米，厚10厘米，志文残存8行、35字。

一　志文释读

（一）明故庠生朱文卿墓志铭（图七）

明故朱文卿墓志铭/

赐进士第翰林院/国史检讨征士郎姻生陈寰撰文并书篆/

庠生朱周文卿，吾妹归之今十余年矣。初，妹尚幼，朱求聘焉。吾先考待御/公与吾母太孺人，议曰：“人为女相攸惟婿，他或论其上世而已。周虽少，未/定，然清颖可爱。且其曾祖克明早世，妣节受/旌；祖良玉为御史直；而父朝

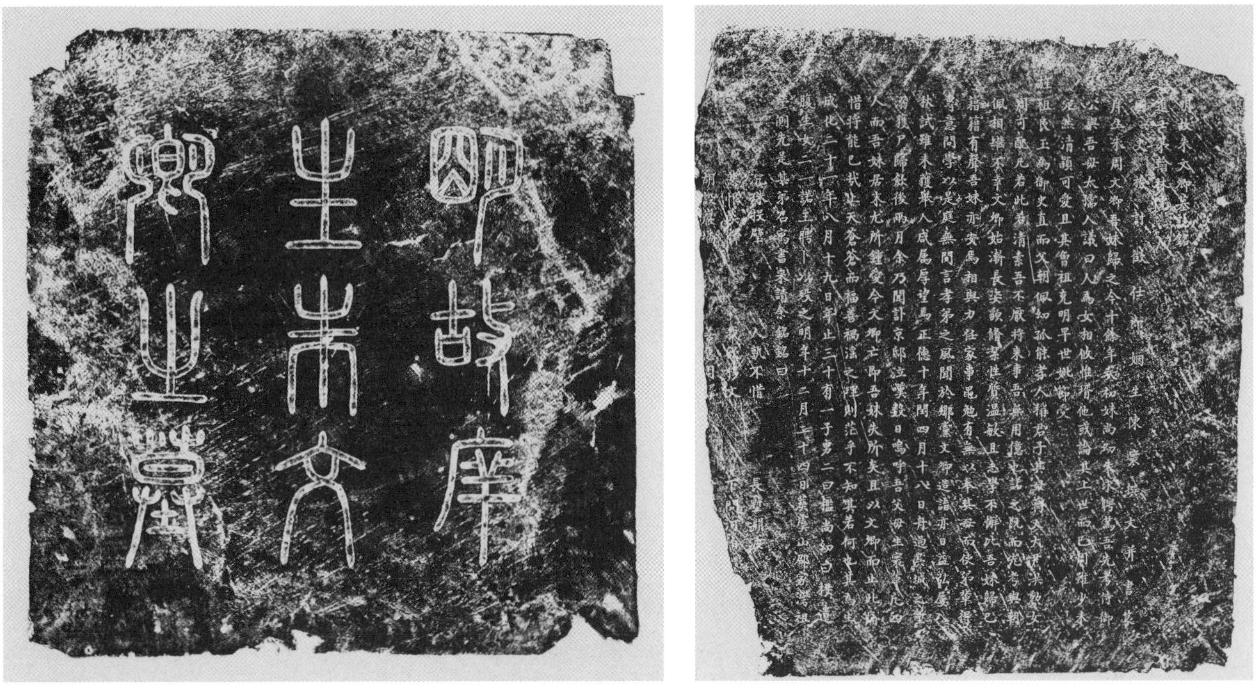

图七 明故庠生朱文卿墓志铭

佩，幼孤，能孝，人称君子；其母蒋，又大尹洪勋女。/周可配凡若此，若清素吾不厌，将来事吾无用亿也，诺之。”既而先考与朝/佩相继不幸。文卿始渐长，姿貌修洁，性质温敏，且志学不懈。比吾妹归，已/籍籍有声。吾妹亦安焉相与，力任家事，奄勉有无，以奉其母，而使弟辈得/专意问学，以是庭无间言，孝弟之风闻于乡党。文卿造诣亦日益弘，屡入/秋试，虽未获举人，咸属厚望焉。正德十年闰四月十八日，舟过吴城之堑，/溺，获尸归殓。后两月，余乃闻讣京邸，泣叹数日。呜呼！吾父母生寰辈凡四/人，而吾妹居末，尤所钟爱，今文卿亡，即吾妹失所矣！且以文卿而止，此痛惜将能已哉！上天苍苍，而福善祸淫之理，则茫乎不知其若何也。其为生/成化二十一年八月十九日，年止三十有一。子男二：曰槛，尚幼；曰栱，遗/腹生。女二,一诺王聘。卜以殁之明年十二月二十四日，葬虞山邵家湾祖/茔侧。先是，其弟召寓书来请余铭。铭曰/:

沉珠投璧，人孰不惜？长堑渊波/，悲恨奚释？我欲移文，下问河伯/。胡设岩墙？善恶罔怿。□□□□/，□□□□。□□□□，□□□□/。

（二）明故监察御史朱公（铉）贰室叶节妇墓志铭（图八）

明故监察御史栗庵朱公贰室叶节妇墓志铭/

赐进士朝列大夫国子祭酒翰林检讨经筵讲官同修国史致仕琴溪陈寰撰文/

赐进士第中宪大夫山东提刑按察司副使姻生王舜渔书丹/

赐进士第观礼部政通家生施雨篆盖/

监察御史栗庵朱公，世居常熟之镆城。宣德初，栗庵之父赠御史，明斋公以材艺起取赴京。/栗庵因举顺天乡荐，文行名一时，超拜御史。娶家宰句曲曹公孙女，年逾四十无嗣，乃谋择/良贰，得龙骧叶千户清之女，即节妇是也。呰明斋久背，其配封太孺人陈氏守节在堂，持礼/严确。而曹孺人尤慎肃明慧，有女丈夫

图八 明故监察御史朱铉贰室叶节妇墓志铭

风。节妇既归，能恭谨承顺。二孺人皆喜，恒相谓曰："朱氏/有后，可必矣。"栗庵以言事调令桐庐，未几，复职，乃偕二孺人洎节妇归乡邑，治第邑城之口（东）河里。/既还京，随奉命往按徽宁，陡卒。节妇甫生子绅，甫晬，讣闻京邸，叶族怜其少，将庀/口（其）南还。节妇抱子哭曰："吾姑以节受旌，夫死王事，吾忍弃此遗孤，辱清门耶？首可断，志不/可夺也。"亟出就舟。既抵家，乃相二孺人营丧葬，尽解簪珥，延师教绅。比长，以笃行为邑庠称/首。已而，二孺人先后谢世，绅亦以哭母构疾陨。节妇悲哀劳瘁，朝夕皇皇，力支家难，笃教诸/孙，每夜爇灯端坐，辟纑伴读。年既向老，乃强半乡居，冒霜露，犯寒暑，躬督家人田作。岁时享/祀，至老尤仆仆跪拜，以故家虽清素，而门祚不衰。诸孙学皆就，家孙周，为庠生，质美有文，不/幸蚤世；次孙召、曾孙孔旸，亦皆庠生。甫例精选诸岁贡者，二人并为台臣奖拔，相继送/朝，试俱入格。卒业太学，进取有期，而召尤有至性，孝友慎饬，声著吴中。先是，慈溪杨公为邑/令，知节妇事，收载县志。自后邑令屡举于朝，至节斋王公复申请。/上嘉之，下礼官，遣部使者覆核已。嘉靖丁亥冬，昭旌其间，赐之粟帛。命下，而节妇乃于明年/正月七日既卒。呜呼，即其平生苦心若此，而恩典乃复不待，事若可哀，然而贞操休扬，传/之后世，荣亦大矣。其生为正统丁卯六月八日，寿八十有二。绅娶开化令蒋公女。女一，适翳/学训科郁寅。周娶予女弟；召娶唐；其次望，娶章。孔旸娶丁；其次孔昭，聘章；孔晖，聘钱；孔彰、/孔惠、孔固俱幼。曾孙女四，适郁近、秦一麟，诺叶国享、王耀；玄孙男二，颜复、颜发。墓在虞山之邵/家湾，以阴阳家乃久权殡，卜至嘉靖乙未三月一日，启栗庵兆，逊曹孺人尺许合窆焉。先期/诸孙皆衰，经造予堂，持其姻乡进士章宗肃所述状，泣拜请铭墓石。予既姻家，且与召为道/义交，谊不可辞，乃按状序而铭之。铭曰：/

之死靡慝，匪石不展易。终鳖勿扈，茹辛以待故。宁嗃不嘻，/安节家乃齐。完璞全璧，百岁归于室。锡命殊旌，厚典昭令名。/九赡式穀，遗教必后禄。迁什固编，信史百代传。/

图九 朱良玉室墓志铭

（三）朱良玉室墓志铭（图九）

□□□□□（明故监察御）史朱良玉室/□□□□□□洪熙乙巳□□□□□□卒于弘治□□□□□□二十日。子□□□□□□，适郁寅，孙□□□□□□，孙女一。

卜□□□□□□月甲申日，启□□□□□□合葬邑虞山邵□□□□□□。

二 史料追踪

朱栗庵是何人？朱栗庵室为何人？朱栗庵贰室叶氏为何人？朱文卿又是何人？他们之间是什么关系？历史记载究竟如何？

查阅《重修常昭合志》，得知“朱铉墓，在山南邵家湾。配曹氏、侧室节妇叶氏合葬。陈寰志。子绅、孙益阳县丞召衲。”[1]这与叶氏墓志铭所述完全吻合。另，“豸史坊，在花园弄，为朱铉建。”[2]

墓主就是朱铉，再查朱铉的记载，情况就一目了然了。

倪谦《记》略曰：江西道监察御史琴川朱公良玉，其先君子克明，宣德初来居京师，以疾卒。遗一子一女，皆在襁褓，子即良玉也。母陈时方盛年，矢死守志，以字其孤。屏膏沐，晨夕杜门，躬纺绩缝纫以自给，艰辛备尝。性严介，言动不苟，虽亲旧亦莫识其面也。良玉既长，遣使就学，鬻簪珥以供书札束修之费。业成，擢秀京闱。天顺改元秋，拜前官，始得禄以为养。有司嘉母守节无玷几四十年，而又教成其子，为国之用，奏闻于朝。去年冬，诏旌其门曰“贞节”，绰楔有耀，荣增闾里。今年，良玉又以莅官三载，忠勤举职，受敕推恩，赠父如其官，封母为太孺人。天语褒嘉，奎章炳焕。良玉以朝廷殊恩盛典萃于母躬，私窃庆幸，乃颜其奉母之堂曰“褒旌”。所以昭上德，侈君恩，而显其亲于无穷也。属谦记之[3]。

由此可知，朱栗庵，即朱铉，字良玉，号栗庵。倪谦（1415—1479），字克让，号静存，南直隶应天府上元（今江苏南京）人，原籍钱塘（今浙江杭州）。明正统四年（1439）进士，授编修，曾出使朝鲜。天顺初，累迁至学士，侍太子于春宫。后主顺天乡试，因黜权贵之子，被构罪戍边。成化初复职，官至南京礼部尚书。

陈寰撰写的朱铉墓志铭，未见实物，推测目前仍埋于公路下。

三 墓志解读

将这三组墓志结合起来，可以判断此处为明代监察御史朱铉家族墓葬群，即在今虞山南路的宝岩山居湾（明代称邵家湾）。现根据铭文，知道志主的关系：一为朱铉的二妾叶氏（1447—1528）；一为朱铉妻曹氏（1425—？）；另一为朱铉之孙朱文卿（1485—1515）。

由于在M3合葬墓前，出土了朱良玉室墓志铭，虽然侵蚀严重，但能辨认出“朱良玉室、适郁寅”等字，与前面墓志记载吻合。由此得知，M3为朱铉本人及其妻曹氏、叶氏合葬墓。叶氏墓一侧（左侧）被破坏，出土明中期青花瓷盖罐5件。但由于主墓葬位于马路下，影响房屋及道路安全，无法施工，遂进行原地保护，朱铉本人及妻曹氏墓葬的石板均未打开。据房屋翻建施工人员交代，追回的朱文卿墓志铭出土于被破坏的M1，M1位于M3的西南方向。

由以上墓志可知，朱铉父亲朱克明（亮）；母亲陈氏，朱铉考中举人后，她也因此被朝廷旌表，被封为太孺人。因这件事，同时代的张弼[4]在其《张东海先生集》中写下了“御史朱良玉母陈孺人以节显，为作《黄鹄篇》”。

朱铉，根据其去世时叶氏20岁，可得知其死于明成化初1466年左右，卒年40多岁，最晚当生于宣德初年。他是顺天榜举人，天顺元年（1457）做官，先在礼部试用，后提拔为御史，选用贡士，授江西道，巡视五城。后又出按宣府，因为替老百姓请定占役法，释放无知百姓，被贬官至桐庐任知县。而后官复原职，出按南畿，发仓赈灾，因病死。朱铉妻曹氏未生男丁，朱再娶千户叶清之女叶氏。在朱铉去世后，叶氏从20岁守节至82岁卒。后其孙益阳县丞朱召上奏朝廷，叶氏也因此与曹氏一起双双被朝廷旌表（嘉靖丁亥，1527），并建双节堂。朱铉母亲陈氏及伯母钱氏双节并称受表，这在全国也算是极其罕见的。(《重修常昭合志》载，朱铉宅，在河东街仓巷。有褒旌堂，铉母陈氏及伯母钱氏双节并称。）朱铉与妻妾曹氏、叶氏合葬，子朱绅、孙朱召墓也在其旁边，家族墓葬呈品字形分布，推测应还有家族成员墓葬在虞山南路的马路下。

这几方墓志及相关出土文物弥足珍贵，具有重要的考古价值、文物价值和研究价值。

（一）与文献记载相印证，具有重要的历史研究价值。

1.文献中关于朱铉父亲朱克明的记载，及其母亲陈氏、朱铉贰室叶氏守节，被封赐贞节牌坊的事，以及朱铉的生平、科举、为官等记载，与墓志记载基本一致。

2.文献中关于朱铉妻曹氏、叶氏，其子朱绅、孙朱召的记载也有了实物印证。

3.文献中关于朱铉家族墓的情况，其本人、妻妾、子、孙均葬于此，与墓志记载相一致。

（二）充分弥补文献记载的不足，具有较高的考古价值、研究价值。

1.补充了朱铉父亲朱亮的身份，宣德时期常熟莫城人，被征召赴京城服徭役，帮助我们了解了其家族的迁徙过程。

2.墓志铭完善了朱铉的个人资料。如其号栗庵，以前未有记载；其妻曹氏是句容人，史书未提；叶氏的生卒年，生平、守节事迹，以前记载也不完整。

3.墓志铭关于朱铉家族的记载甚是完整，是研究其家族的重要史料。如其子朱绅（朝佩），英年早逝；其长孙朱文卿的生卒年及事迹，他娶了陈寰最小的妹妹，以及31岁乘船溺水而亡；朱铉儿子、女儿，孙子、孙女、曾孙、玄孙等人的婚配情况记载都非常完整；朱铉贰室叶氏、孙朱文卿墓志铭均为其姻亲陈寰所书。

4.弄清了朱铉家族墓葬的具体地点和历史变迁。墓志中所载明代的邵家湾，就是今天的山居湾，即其家族墓地。据2020年虞山南麓宝岩地区最新出土的唐代墓志《唐故瞿府君墓志铭》显示，此处在唐代被称作瞿宅村，唐代墓志出土地点就在明朱铉家族墓以北20米左右（图一〇）。

5.出土的文物中，五个青花瓷罐盛放五谷杂粮，摆放于棺木下方的左右两侧，具有典型明中期风格，与常熟博物馆藏明代空白期瓷器类似，这对于研究明代中期青花瓷器工艺及墓葬制度有重要价值。同时，完整家族墓葬的考古价值极其珍贵，是研究明代家族墓葬形制和环虞山一带地下文物埋藏区情况的重要参考。

四　家族研究

根据墓志可得知：朱铉父亲朱克明，世代居于常熟的莫城。宣德初，赴京城服徭役，早早过世，留下一子一女，尚幼。朱铉母亲陈氏，守节在家，教育子孙。而后，朱铉于顺天乡试考取举人，被提拔为御史。朱铉娶句曲（今江苏句容县）曹氏，过

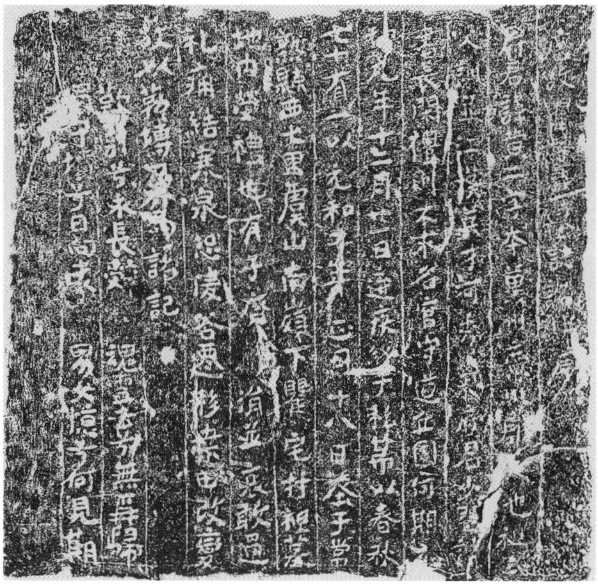

图一〇　唐故瞿府君墓志铭，2020年虞山南麓出土

了四十岁未能生儿子，后娶龙骧叶千户叶清的女儿叶氏。因为直言，朱铉被调任桐庐县令，很快又官复原职，后去徽宁为官，不幸突然去世。叶氏当时刚刚生了儿子朱绅，不忍抛弃儿子，毅然返回朱家，与曹氏一起孝敬婆婆陈氏。而后陈氏、曹氏相继过世，叶氏独自抚养子孙。其子朱绅（朝佩）娶开化令尹蒋洪勋的女儿，生有一女三子：女儿嫁给了郁寅；长子朱周（文卿）娶了国子祭酒陈寰的妹妹陈氏；二子朱召，娶了唐氏，又娶卢氏，贡生，做了益阳县丞；三子朱望，娶了章氏。

朱铉儿子朱绅很早去世，叶氏不辞辛劳，主持家业，伴读孙辈。其长孙朱周（字文卿，1485—1515），庠生，31岁时因乘舟过河，溺水身亡。朱周生有两个儿子，分别是朱槛（尚年幼）、朱棋（遗腹子）；生有两个女儿，一个嫁给了王聘。

朱铉次孙朱召，曾孙有朱孔旸（贡生）、朱孔昭、朱孔晖、朱孔彰、朱孔惠、朱孔固；玄孙朱颜复、朱颜发。

弘治十三年（1500），朱绅曾请倪谦之子倪岳撰写《许浦塘疏浚记》[5]。家族中，除御史朱铉外，比较有名声的为朱召和朱孔旸。据《重修常昭合志》记载，朱召字维翰，号东河。学问宏博，以贡生任漳浦主簿，迁益阳县丞，署漳平县令，修《漳平志》。御史金双渠称其“文学饰吏治，以古道济时宜”，祀漳浦名宦。著有《四书口授》《葩经日记》《东河文集》。朱孔旸字国裳，以贡任都司都事[6]。

五　墓志铭涉及的历史人物

叶氏墓志铭由陈寰撰文、王舜渔书、施雨篆盖；朱文卿墓志铭由陈寰书并篆；曹氏墓志铭文字漫漶，撰书者不详。

陈寰，字原大，号琴溪。陈察之弟，江苏常熟人。正德辛未（1511）进士，官至南京国子监祭酒，参修《明宗实录》。著《琴溪集》。

王舜渔，字于泽，号石溪，江苏常熟人。正德二年（1507）进士，登第时年才十九。授工部主事，榷关浙江。后任刑部员外郎，迁山东佥事，督武定兵备等，官至山东提刑按察司副使。年四十七卒，列祀乡贤。

施雨，字润之，江苏常熟人。本桑姓，为桑玘之曾孙，从其四世外祖显姓，登进士，授刑部主事，升南京刑部主事，晋郎中，迁广东佥事。

附表　明御史朱铉家族一览表

朱亮（字克明），娶陈氏（1447—1528）

|

铉（字良玉、号栗庵），娶曹氏、叶氏（龙骧千户叶清之女）

|

绅（字朝佩），娶蒋氏（开化县尹蒋洪勋之女）

|

周（字文卿，1485—1515），娶陈寰之妹；召（字维翰，号东河），娶唐氏、卢氏；望，娶章氏；女一（嫁郁寅）

|

槛、棋，女二（嫁王聘等）；孔旸（字国裳，娶丁氏）、孔昭（娶章氏）、孔晖（娶钱氏）、孔彰、孔惠、孔固，女四（嫁郁逅、秦一麟、叶国亨、王燿）

|

颜复、颜发

注释：

［1］丁祖荫等编、常熟市地方志编纂委员会办公室标校：《重修常昭合志》，上海社会科学院出版社，2002年，第469页。

［2］同［1］，第86页。

［3］同［1］，第430页。

［4］张弼（1425—1487），字汝弼，号东海，松江府华亭县人，成化二年（1466）进士，官至兵部员外郎。

［5］同［1］，第431页。

［6］同［1］，第1001页。

汉代图像中的斗鸡

徐呈瑞*

内容提要：斗鸡是在世界范围内流行的一种娱乐活动，中国的斗鸡活动也源远流长，从战国到明清留下了丰富的文献记录和图像遗存。本文研究范围集中在两汉这一特定的历史时期内，尝试在对汉代及之前斗鸡相关古代文献和研究文献进行搜集和梳理的基础上，整体观察和分析目前遗存的汉代斗鸡图像，探讨其中的图像细节和背后的文化内涵。

关键词：汉代图像　墓葬　斗鸡

鸡是中国传统的六畜之一，也是人类重要的肉食来源。除了满足食用和一些祭祀的礼仪用途之外，人类还利用公鸡好斗的特性，将一部分挑选出来作为斗鸡，来满足娱乐需求。放眼至世界范围内，斗鸡活动流行的范围很广，留下了很多相关的文献和图像，也吸引着学者从不同角度对这一活动进行研究。美国著名人类学家格尔兹（Cliford Geertz）即以巴厘岛的斗鸡现象为题，从解释人类学与文化人类学的视角写出了《深奥的游戏：关于巴厘斗鸡的记录》（Deep Play: Notes on the Balinese Cockfight）一文[1]，其方法和视角也被很多研究者推崇和借鉴。对于中国斗鸡活动相关文献和图像的研究数量也较为庞大。对于古代部分的研究大多从文献和文学的角度出发，考释斗鸡相关的诗文名物以及传承[2]。另外，以调查为视角对当代国内各地斗鸡风俗和活动的记录文献也层出不穷。本文的关注点主要在于遗存的汉代斗鸡图像。

在中国的历代斗鸡活动中，汉代斗鸡有着独特的地位和语境。一方面，汉代文献中在多处记述了贵族和富庶城市中与斗鸡相关的条目，另一方面，在汉代的主要遗存图像（墓室壁画、画像石和画像砖等）中也保留了为数不少的斗鸡图像，这都是后来历代所不具备的特点，尤其斗鸡较多地出现在跟墓葬相关的图像中，成为墓葬整体语境中一个较为特别的元素。关于斗鸡相关材料的研究目前比较多见，但是专门从图像角度进行的研究并不多[3]。近年来的研究主要以杨孝鸿和金爱秀的三篇文章为主。杨孝鸿在《斗鸡及其内在的文化意义与社会时尚——以南阳英庄汉画像石〈斗鸡图〉为中心》一文中从社会学角度结合文献和图像对斗鸡的文化意义进行了探讨，从文献角度出发联系到斗鸡图像的出现一方面与当时的社会稳定、经济发达等政治环境、经济基础直接相关，另一方面也反映了当时的礼制观念。其中也应用了格尔兹在研究中使用的人类学的研究方法。其后金爱秀撰文《南阳英庄汉画像石墓“斗鸡”图考辨》也针对英庄汉画像石墓斗鸡图像细节的辨识和杨文在研究方法上的套用提出了一些商榷。杨孝鸿、杨赫后又撰文《文化视域下的斗鸡风俗及其墓葬图像》，重申了自己的研究方法和一些新的观察[4]。

近年来，又有李超的文章结合格尔兹的研究方法，以在安徽省宿州市砀山县砀城镇的田野调查为基础，结合历史文献对砀山当地的斗鸡活动进行了“深层游戏”再思考[5]。

以上的这些研究主要结合文献与图像，从图像学、文化学等角度对汉代斗鸡图像进行研究，但是仍然缺乏图像角度的整体观察和细节阅读。本文拟从两个方面对汉代斗鸡图像进行一些探讨，一方面梳理汉代及之前文献中关于斗鸡的记录，另一方面对目前所见汉代图像中的斗鸡场景进行分析。

一　汉代及之前文献中的斗鸡

中国的斗鸡活动出现时间较早，周代应该就已

* 徐呈瑞，西安美术学院博士研究生，北京大学汉画研究所图书馆馆员。

经出现。战国时期开始出现关于斗鸡的文字记录，秦汉至明清民间斗鸡活动都较为兴盛，留下了非常丰富的文献记载。本文所关注的范围是汉代，所以整理的主要为汉代及之前的文献中关于斗鸡的记录。

临淄甚富而实，其民无不吹竽鼓瑟，击筑弹琴，斗鸡走狗，六博蹹鞠者。临淄之途，车毂击，人肩摩，连衽成帷，举袂成幕，挥汗成雨，家敦足，志高而扬。

——《战国策·齐策》

纪渻子为王养斗鸡。十日而问："鸡已乎？"曰："未也，方虚憍而恃气。"十日又问。曰："未也，犹应响景。"十日又问。曰："未也，犹疾视而盛气。"十日又问。曰："几矣，鸡虽有鸣者，已无变矣，望之似木鸡矣，其德全矣，异鸡无敢应者，反走矣。"

——《庄子·达生》

相击于前，上斩颈领，下决肝肺，此庶人之剑，无异于斗鸡。

——《庄子·说剑》

季、郈之鸡斗。季氏介其鸡，郈氏为之金距。平子怒，益宫于郈氏，且让之。故郈昭伯亦怨平子。

——《左传·昭公二十五年》

战国时期的文献生动地记录了当时与斗鸡相关的活动，但是主要还是借助这一活动的特点来表达一些关于政治的征兆和隐喻。当然，其中也提到了一些特殊的斗鸡技术，如季氏和郈氏在斗鸡过程中采用的介其鸡和金距的招数，利用气味或者金属武装斗鸡取胜的方法。

汉代文献中的斗鸡活动：

太上皇徙长安，居深宫，凄怆不乐。高祖窃因左右问其故。以平生所好，皆屠贩少年，沽酒卖饼，斗鸡蹴鞠，以此为欢；今皆无此，故以不乐。高祖乃作新丰，移诸故人实之间，太上皇乃悦，故新丰多无赖，无衣冠子弟故也。

——《西京杂记》

博戏驰逐，斗鸡走狗，作色相矜，必争胜者，重失负也。

——《史记·货殖列传》

盎病免居家，与闾里浮沈，相随行，斗鸡走狗。

——《史记·袁盎晁错列传》

受《诗》于东海澓中翁，高材好学，然亦喜游侠，斗鸡走马，具知闾里奸邪，吏治得失。

——《汉书·宣帝纪》

其先高祖时有功赐爵关内侯，自沛徙长陵，传爵至后父奉光。奉光少时好斗鸡，宣帝在民间数与奉光会，相识。

——《汉书·外戚传上》

郡国狗马蹴鞠剑客辐凑董氏。常从游戏北宫，驰逐平乐，观鸡鞠之会，角狗马之足，上大欢乐之。

——《汉书·东方朔传》

上自处置其里，居冢西斗鸡翁舍南，上少时所尝游处也。

——《汉书·张汤传》

与上卧起，宠爱殊绝，常从为微行出游，北至甘泉，南至长杨、五柞，斗鸡走马长安中，积数年。

——《汉书·张汤传》

眭弘字孟，鲁国蕃人也。少时好侠，斗鸡走马，长乃变节，从嬴公受《春秋》。

——《汉书·眭两夏侯京翼李传》

世家子弟富人或斗鸡走狗马，弋猎博戏，乱齐民。

——《汉书·食货志》

……足以骋骛；临渊钓鱼，放犬走兔，隆豺鼎力，蹋鞠斗鸡；中山素女，抚流徵于堂上，鸣鼓、巴俞，作于堂下；妇女被罗纨，婢妾曳絺纻，子孙连车列骑，田猎出入，毕弋捷健。

——《盐铁论·卷二》

> ……文颖曰："凡斗鸡胜者为株。"传云："阳沟之鸡，三岁为株。"今则斗鸡走马者用之。
>
> ——《史记·平准书》"索隐"
>
> 鲁恭王好斗鸡鸭及鹅雁，养孔雀、䴔䴖，俸谷一年费二千石。
>
> ——《西京杂记》

与战国时期的文献相比，汉代文献中留下斗鸡相关的记录相对更多，虽然记述类似的地方颇多，但是也为我们提供了不少关于斗鸡的相关信息。关于斗鸡活动流行的群体：汉高祖的父亲、汉宣帝、鲁恭王、司马迁、袁盎、张汤等，从帝王到王公贵族以至世家子弟富人都热衷于斗鸡的活动。另外，对于斗鸡的胜者以及斗鸡的产地都有较为明确的记录，甚至还出现了以斗鸡为业的"斗鸡翁"，也可以看出斗鸡活动的专业化，而这也成了一个城市繁荣发达的重要标志。

二　汉代图像中的斗鸡

汉代遗存至今的图像主要是附属于墓葬的相关装饰，包括地上的石阙，地下墓室的壁画、画像石、画像砖以及陪葬器物上的纹饰。斗鸡图像在这几类遗存中都有出现。笔者整理了目前所见到的汉代斗鸡图像19幅（表一）：

表一　汉代斗鸡图像统计表

	名称	时代	所属墓葬	相关位置	保存地
墓室壁画	01	西汉	西安理工大学西汉壁画墓	墓室西壁	原址保存
	02	新莽	山东东平后屯壁画墓	墓室北壁	山东省博物馆
	03	东汉	河南密县后士郭M1	中室北壁中部	原址保存
	04	东汉	辽宁辽阳北园壁画墓	墓室左方突出小室正壁及右壁	不详
画像石	05	西汉	江苏沛县栖山汉墓M1	石椁右侧内壁	徐州汉画像馆
	06	新莽	山东微山县微山岛M20	石椁西侧内壁	微山县文物保护服务中心
	07	东汉元初五年（118年）	河南登封太室阙	东阙东面第四层	原址保存
	08	东汉延光二年（123年）	河南登封启母阙	东阙南面第层	原址保存
	09	东汉（安帝）	河南登封少室阙	东阙北面第六层	原址保存
	10	东汉	山东济宁喻屯画像石墓	位置不详	济宁市博物馆
	11	东汉	山东邹城峄山北龙河宋金墓	再葬墓，位置不详	邹城博物馆
	12	东汉初	河南南阳英庄汉墓	主墓室西门楣	南阳汉画馆
	13	东汉	山东滕县山亭出土画像石	不详	滕州汉画像石馆
画像砖	14	西汉晚期	河南郑州新通桥汉画像空心砖墓	不详	郑州市博物馆
器物装饰	15	王莽	四川成都石羊乡M6	陶罐外壁	不详
	16	东汉	河南荥阳县王河水库M1	陶仓楼背面	河南博物院
附录	除以上的图像案例之外，杨孝鸿、杨赫在《文化视域下的斗鸡风俗及其墓葬图像》一文中还收录了三幅斗鸡图像，这一部分具体的出土信息和原始位置信息未详，仅作为参考。分别编号为（17）河南长葛西汉晚期画像砖、（18）青岛崇汉轩汉画像砖博物馆收藏汉画像石、（19）郑州美术馆藏汉砖。				

除以上图像外，在表现生活场景的画像石中也有几例公鸡相斗的例子，但从整体上看不能判断其是否人为组织，所以未归入此列。

三　汉代斗鸡图像的元素与构图样式

表一列举了汉代斗鸡图像的时代，主要是根据遗存图像所属墓葬的时代加以判断。目前所见到的图像的时代从西汉中期一直延续到东汉末。早期的墓室壁画和石椁类图像中的表达都较为复杂，而到东汉时期，斗鸡图像更加简单，明确的元素更接近符号化。

从图像遗存发现地点的分布来看，从东北到南方整个广阔的汉代疆域范围内基本都有发现，也正说明了斗鸡活动在当时有着较高的普遍性。从遗存图像数量上来看，以徐、青、兖地区为中心的中原地区数量较多，也与今天民间斗鸡活动频繁的地区重合度很高。从图像载体的性质来看，地上的阙和地下墓葬内都有出现，在局部地区也能看到有一定的分布规律，例如在河南登封的三座汉阙上，斗鸡图像都出现在东阙上。

以往对于汉代斗鸡图像的研究主要从部分重要图像的研究出发，并对其背后的文化意义进行探讨，但缺乏对目前所见图像的整体观察，下面本文结合上面的文献梳理，对汉代斗鸡图像的构图与细节进行探讨。

构图的样式和图像元素是了解汉代斗鸡图像内涵的重要途径。在以上的图像案例中，构图的样式主要分为两类。一类是表现整个斗鸡的场景，包含观看斗鸡者以及争斗中的鸡（图一、二、三、五、

图一　西安理工大学西汉壁画墓

一〇、一二、一三、一四、一五）；另一类主要表现二鸡相斗的单独图像（图四、六、七、八、九、一一、一六）。下面对这两类斗鸡图像的构图样式进行具体的分析。

根据元素的复杂程度和组合方式，第一类图像可分四种类型。

第一种刻画了完整的斗鸡的场景（图一、二）。其中尤以西安理工大学壁画墓的场景宏大，图像元素最为完整，整个斗鸡活动的画面占据了墓室西壁中的重要部分。画面共绘有23个人物围成一圈，或安坐交谈观赏，或手部有动作，有侍者站立身后。虽然由于画面漫漶，部分细节残损不清晰，但是仍然能从整个图像的构成上感受到汉代斗鸡活动的热烈以及现场的紧张气氛。另外从构图中人物的位置以及中间人物有侍者的状态也可以大概判断场景中人物的主次关系，正面坐在最中间的两人应该是等级最高的观看者。周围人物多有一些明显的肢体动作，交谈或者伸手，应为斗鸡的操作者或者参与下注的赌客。在场景中的鸡，除了画面中部可见一只以外，左上角有一人怀抱一只，似正准备将其放入参战，另外，人物外围还可见到三四只，似乎是在进行斗鸡前的准备。山东在东平后屯壁画墓的图像中，将斗鸡和走狗的场景表现在画面的第三层，两侧各有一人，似乎是参与活动者正在交谈。此两幅画面时代相对较早，属于对实际生活中斗鸡活动的刻画。

图二　山东东平后屯汉代壁画墓

第二种图像场景以立在中间的伞为画面的中心分割，两侧各安排斗鸡和人物（图五、一二、一七至一九）。从伞的放置来看，似乎暗示了这类斗鸡活动发生的位置是在室外。此类图像中以南阳英庄画像石墓图像（图一二）最为精彩和丰富，图像中以伞为中心，将人物和两侧的斗鸡分开，而在空间中还放置了宴饮场景中常见的食物和酒樽，整体构图均衡，紧张的气氛主要通过两位斗鸡人的姿态体现。细看人物的发饰和服饰，左右应为男女二人斗鸡的场景，其是否为墓主夫妇还需进一步考察整个墓葬中图像的配置。同种类型的构图还见于江苏沛县栖山汉墓石椁（图五）、河南长葛西汉晚期画像砖（图一七）和郑州美术馆藏砖（图一九）。河南长葛西汉晚期画像砖图案较为简洁，由于图像两端残缺，不知完整的图像上是否还有斗鸡相关人物。郑州美术馆藏砖（图一九）则与南阳英庄汉墓构图相类似，但是两侧人物各怀抱一只斗鸡，可能是进行斗鸡活动的侍者。江苏沛县栖山汉墓石椁（图五）整个场景较为复杂，斗鸡图像被安置在画面的右上角。整个画面的性质，从左侧九尾狐、三足乌以及几位鸡首牛首神恭立于楼阁前的场景来看，左侧楼阁内第二层的人物应为西王母。由此可以推断，此处的斗鸡场景也有一定的酬神礼仪性质。

第三种图像表现的人数较少，往往表现两三人观看斗鸡。河南密县后士郭M1（图三）构图较为特别，表现从窗外看到室内的状态，可见一儿童在手舞足蹈地观看斗鸡。山东济宁喻屯画像石墓（图一〇）的图像所处位置也较为特殊，位于墓门持桀

图三　河南密县后士郭M1

戟和持彗门吏的上侧一角，从发型和动作看，应为儿童。山东滕县山亭出土画像石（图一三）则是表现了四人在平行构图下的斗鸡的场景，中间两人从身形姿势上看似为儿童。之所以将此三幅图像归为一类，主要是因为在这三例图像中都出现了童子的形象，而童子与斗鸡活动的具体关联和内涵也是之前研究者所未关注和探讨的。

第四种在场景中并未刻画人物在场（图四、七、八、九、一一、一六）。在此类图像中，将两只斗鸡作为表现的主要对象，着力表现剑拔弩张的身体动态，尤其是头颈和爪子的状态。在汉代文献中，与斗鸡活动一起，走狗、走马、六博、弋射、蹋鞠成为民间娱乐的代表性活动。虽然在第四种场景里，斗鸡图像仅具备简单的元素化，但是将这些元素放置到整个图像配置中来观察，却可以看出与文献中的记录相符合的状况，尤其是在登封的东汉三阙上整体的图像组合关系。再考虑到这三座阙的性质，也让此类图像的内涵更加丰富。

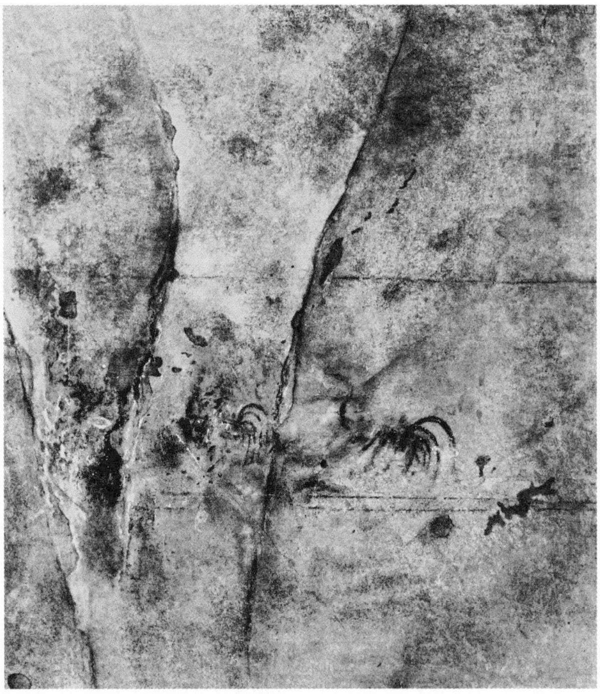

图四　辽宁辽阳北园壁画墓

以上是对图像整体的研究，除此之外也有一些较为有趣的细节值得关注。在西安理工大学西汉壁

图五　江苏沛县栖山汉墓M1

图六　山东微山县微山岛M20

画墓（图一）和河南郑州新通桥汉画像空心砖墓（图一四）中都清晰地出现了这个缠绕的绳索状器物（图二〇）。图一中这一器物被拿在手中，在并非中心位置的人手中两次出现。在图一四中，这个绳状物出现在激烈的斗鸡上方，位于斗鸡两侧的观看者情绪激动，张口呼喊，手部向上扬起。所以这一绳状物应该是刻画与斗鸡直接相关的一种道具。从形状看，有两种可能，一种是直接用于斗鸡的控制或引斗；另外考虑到斗鸡本身也具有一定的赌博性质，活动参与者需要有一定的赌注，所以这个绳索样式的刻画也有另一种可能是代表赌资的钱串。但是在文献中并未提及这种绳索状物，其具体的功用还有待进一步的考证。

四　结语

斗鸡、走狗在汉代都是王公贵族及富庶人家喜爱的豪奢娱乐活动。伴随着墓主人的死亡，将生前享乐的一切一并带入死后世界的丧葬观念，也让这一题材的图像出现在墓葬相关的图像中。以往研究者多从图像学、社会学、民俗学的角度来对汉代斗鸡图像及其背后的文化内涵进行研究。本文则侧重结合汉代及之前的斗鸡相关文献，对遗存图像进行细致的观察。图像相较记述简略抽象的文献而言，更加直观地保存了汉代斗鸡的场景，尤其是图像保留了一些文献中不曾提及的细节。

斗鸡在墓葬图像中作为一个完整场景或者单独的图像元素出现，其所处的位置和语境往往较为复杂。除上文中提及的具体场景和语境之外，笔者在

图七　河南登封太室阙

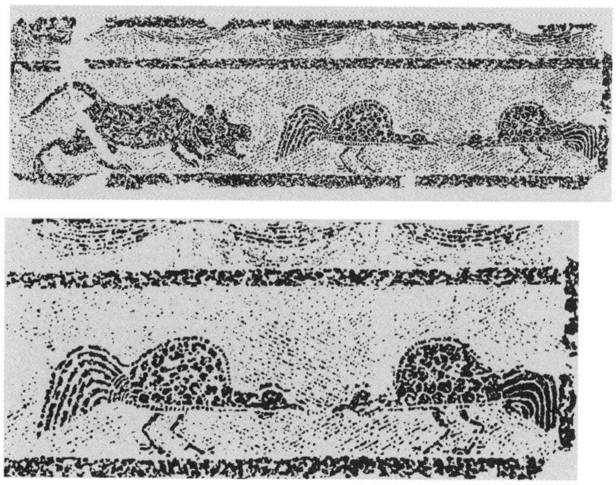

图八　河南登封启母阙

观察汉代墓葬相关的图像时，也注意到很多的古代武士形象以及相关的历史故事题材带入墓葬。这些武士形象大多雄壮异常，衣袖也表现为气势膨胀的状态，除了图像本身的故事性之外，这些勇士在墓葬中也有一定的驱邪意味。相较而言，虽然不排除

墓主人生前对斗鸡活动的喜爱而参与了墓葬整体图像的设计，但斗鸡活动自身的激烈感也带有一定的驱邪意味。童子观斗鸡以及斗鸡在西王母相关图像中的出现，也暗示其带有与信仰相关、脱离现实的含义。从西汉中晚期到东汉的时间序列里，也有很多的变化，再加上不同地域的信仰风俗不同，所以斗鸡图像的解读还有赖于对图像所处语境的进一步细读。

图九 河南登封少室阙

图一〇 山东济宁喻屯画像石墓

图一一 山东邹城峄山北龙河宋金墓

图一二　河南南阳英庄汉墓

图246

图一三　山东滕县山亭出土画像石

图一四　河南郑州新通桥汉画像空心砖墓

1

2

3

图一五　四川成都石羊乡出土陶罐及斗鸡图

1、2. 四川省成都市石羊乡出土的刻有斗鸡图案的汉代陶罐
3. 成都市石羊乡出土的汉代陶罐上的斗鸡图（摹本）

图一六　河南荥阳县王河水库M1出土陶仓楼陶仓楼背面

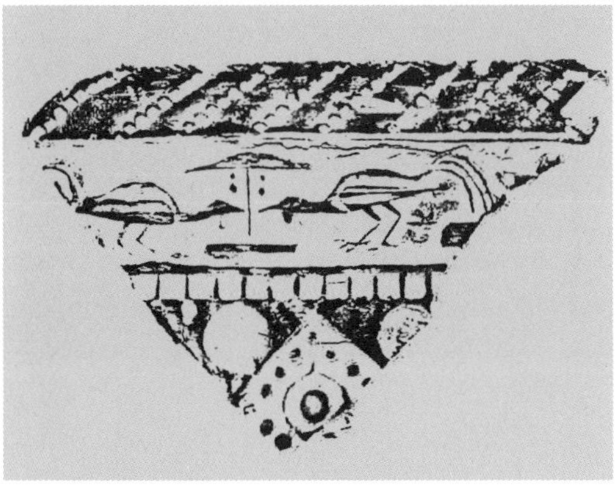

图一七　河南长葛西汉晚期画像砖

图一八　青岛崇汉轩汉画像砖博物馆收藏的汉画像石

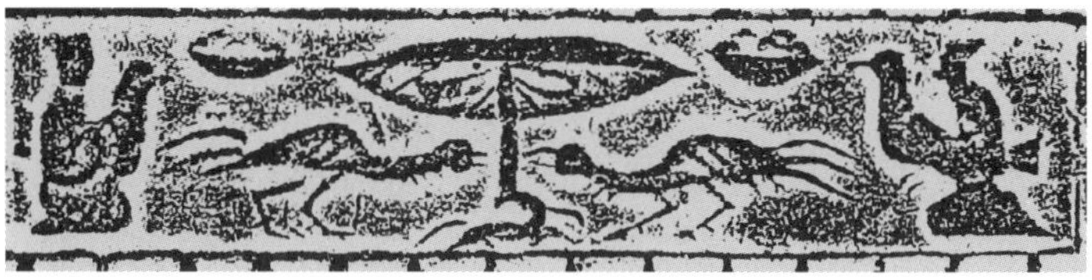

图一九　郑州美术馆藏汉砖

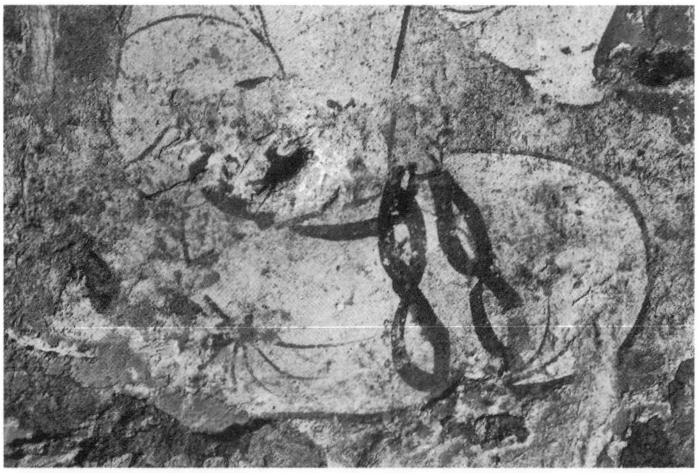

1

2

图二〇　斗鸡图像中出现的绳索状物

1.西安理工大学西汉壁画墓局部　2.河南郑州新通桥汉画像空心砖墓局部

注释：

［1］ Cliford Geertz, Deep Play: Notes on the Balinese Cockfight, The Interpretation of Cultures, 1973.

［2］ 相关论著包括：高德耀：《斗鸡与中国文化》，中华书局，2005年；黄伟：《唐代斗鸡活动及斗鸡文学——浅论唐代斗鸡活动在文学中的表现》，《剑南文学》（经典教苑）2012年第9期；邢金善：《宋代斗鸡游艺的文化传承与发展》，载《体育文化遗产论文集》，2014年，第138—144页；郭慧、王国平：《魏晋南北朝斗鸡诗研究》，《江西社会科学》2016年第6期；王增明、董敏会：《唐代诗歌中的斗鸡活动》，《东方收藏》2017年第3期；侯文华：《狸膏与斗鸡》，《古典文学知识》2017年第5期。

［3］ 李发林：《汉画考释与研究》，中国文联出版社，2000年，斗鸡：第162—163页；鸡：第387—389页。郑彤：《汉代斗鸡趣谈》，《中国文物报》2011年5月27日第7版；牛琳琳：《河南出土的汉代陶仓楼壁画艺术研究——以〈斗鸡图〉为例》，《美与时代》（上）2015年第10期；李冬静：《汉代家鸡饲养与消费的考古学观察》，刘尊志主编：《考古学视角下的秦汉家庭与日常生活学术研讨会论文集》，科学出版社，2019年。

［4］ 杨孝鸿：《斗鸡及其内在的文化意义与社会时尚——以南阳英庄汉画像石〈斗鸡图〉为中心》，《中国汉画学会第十三届年会论文集》，中州古籍出版社，2011年，第181—186页；金爱秀：《南阳英庄汉画像石墓“斗鸡”图考辨》，《农业考古》2012年第6期；杨孝鸿、杨赫：《文化视域下的斗鸡风俗及其墓葬图像》，《艺术探索》2018年第5期。

［5］ 李超：《“深层游戏”再思考：砀山斗鸡研究——以安徽省宿州市砀山县砀城镇田野调查为例》，《民族艺林》2020年第3期。

关于云冈石窟第7、8窟菩萨造像空间意义的讨论

刘明虎*

内容提要：云冈石窟第7、8窟的菩萨造像与其所处空间位置有着密切的对位关系，在塑造窟内整体空间内涵方面发挥了积极作用。通过比较双窟诸菩萨像的身姿、服饰，能够辨识不同壁面空间的布局用意，方便了解当时《法华经》思想主导下的图像构成以及弥勒信仰的流行面貌，还原石窟营建者的复杂设计思路与背景。具体讨论，涉及交脚菩萨的冠饰、胁侍菩萨的布局和相关非对称性图像的解析等，以此丰富对第7、8窟菩萨造像设计意图的认知。

关键词：云冈石窟　第7、8窟　法华经　弥勒信仰　菩萨造像　空间

云冈石窟位于今山西大同市，是北魏皇家赞助的重要佛教石窟寺，主要营造活动自北魏和平初年（460）延续至正光五年（524）。学界普遍将其划为三个时期：第一期即昙曜五窟，编号16—20，以大像窟为主；第二期多为双窟，一般被认作孝文帝时期开凿，包括第7—8窟、9—10窟、11—13窟、1—2窟；第三期建于北魏迁都洛阳后，涉及第20窟西侧及其他部分崖面。关于造像内容，第一期石窟重视主尊巨佛的塑造，并强调与北魏“太祖以下五帝”的对照关系；第二期石窟增加了壁面造像、装饰以及佛转、本生故事图像等，空间布局更为复杂。其中，诸多空间布局特征初见于第7、8窟，并能借助相关菩萨图像的解析窥见其用意。

第7、8窟位处云冈石窟群的中央区域，大小、形制与造像题材相似，均坐北朝南，前、后室结构，平面呈长方形（图一）。由于双窟前室风化严重，本文观察的是后室（主室）菩萨造像及其空间布局特征。

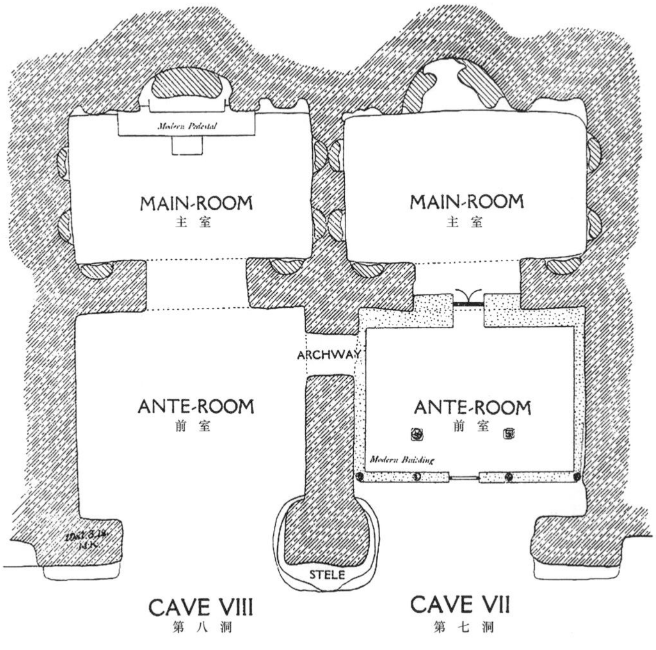

图一　第7、8窟平面图，采自《云冈石窟》第4卷

*　刘明虎，临沂大学美术学院副教授。

一　交脚菩萨像的布局、样式与用意

（一）交脚菩萨像的布局和样式分析

作为一组双窟，第7、8窟的空间布局凸显对称特征。整体而言，窟内图像可归纳为三种平面对称关系，分别以双窟的中轴、单窟的中轴或单龛的中轴为准线，其左右造像内容呈对称布局。双窟交脚菩萨像的空间布局同样展现出对称面貌。

第7、8窟主要交脚弥勒菩萨像共7尊，集中分布于北壁（主壁）上层与南壁5层的6个盝形龛内（图二、三，以符号✕标识）。除第8窟北壁2例为倚

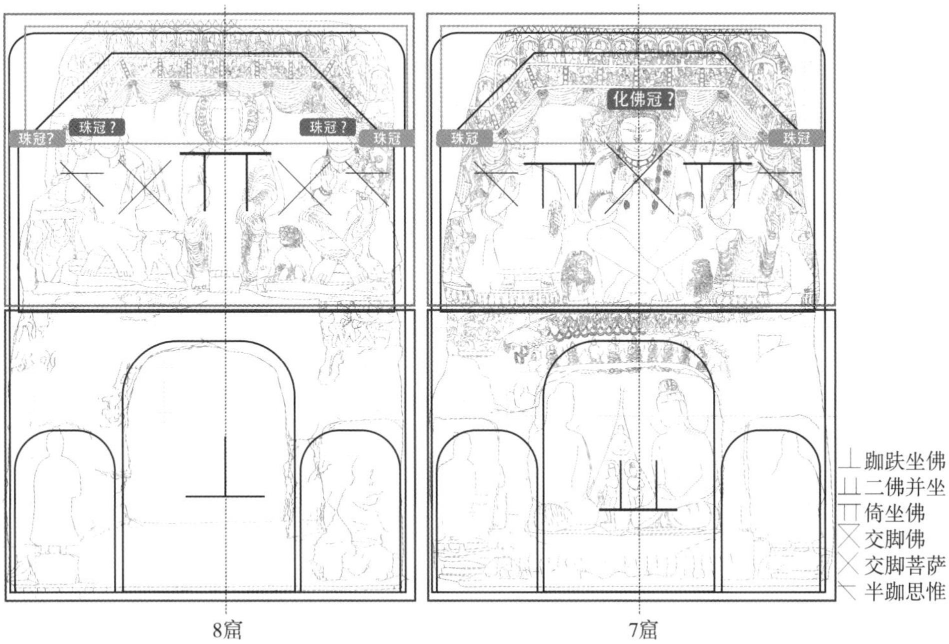

图二　第7、8窟北侧壁面简易布局图，根据《云冈石窟》第4卷PLAN Ⅷ、第5卷PLAN Ⅸ改绘

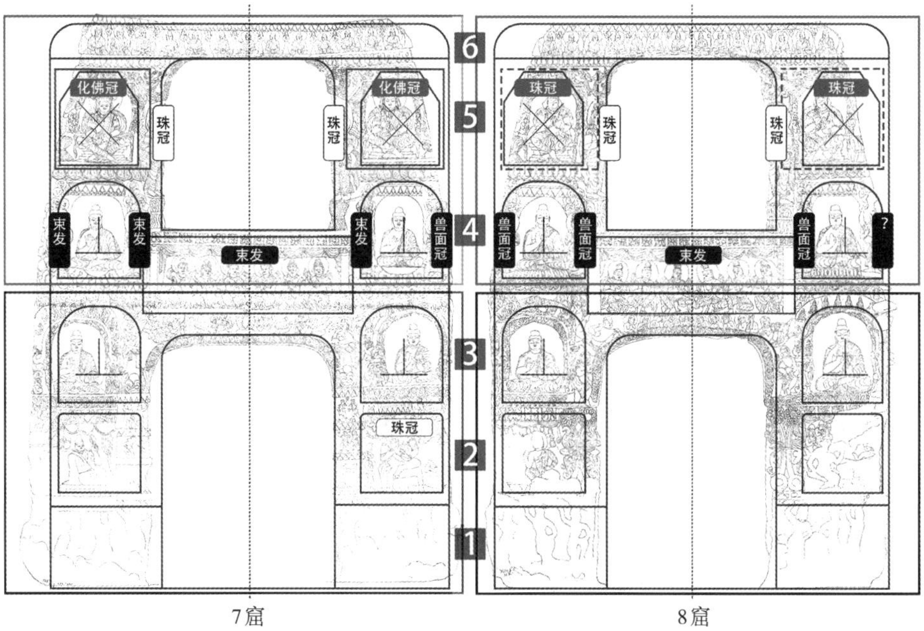

图三　第7、8窟南侧壁面简易布局图，根据《云冈石窟》第4卷PLAN Ⅺ、第5卷PLAN Ⅻ改绘

坐佛的胁侍之外，其余5例均为自龛主尊。依云冈第17窟明窗东侧太和十三年（489）题记，相关交脚菩萨像可推测为弥勒菩萨。据此，目前学界普遍认可云冈石窟的交脚菩萨像是弥勒菩萨的象征，用以描绘兜率天中的弥勒菩萨。

双窟内交脚菩萨像的面容、身姿与服饰特征与云冈第17窟主尊相似，继承了云冈一期的样式风格。以第7窟北壁交脚菩萨像为代表（图四），该像面广颐、短颈、宽肩、厚胸，右手结说法印、左手搭腿，交脚坐于狮子座上。服饰方面，上身袒露、下身着裙，戴宝冠、项圈、短璎珞、双龙胸饰、臂钏等庄严具，复杂与繁丽为双窟之最。但遗憾的是，第17窟主尊与第7、8窟北壁交脚菩萨的冠面现已漫漶不清。仍以第7窟为例，根据其冠基之上残存的珠盘、卷草纹痕迹，仅能大致确认是当时主流的珠冠。反而是其冠基左右末端的缯带纹样，能为我们推测宝

图四 第7窟北壁交脚弥勒菩萨造像，采自《云冈石窟》第4卷图版33

冠的原始样貌提供线索。

具体而言，第7窟北壁交脚菩萨像冠后两侧有细长缯带，向外伸展飘摆于空中。在第8窟北壁2尊交脚菩萨的冠后并未出现缯带。进一步综合南壁4尊交脚菩萨像，第7窟交脚菩萨像的冠后均刻画了相似缯带，第8窟诸例均无缯带。另外，在南壁的案例中，有缯带的宝冠正面有化佛纹样，可称为化佛冠。无缯带者冠正面呈花蕊状，无化佛纹样仅为珠冠。综合以上信息，说明交脚菩萨像的缯带与化佛冠之间存在着固定的搭配关系（图五）。

类似的搭配在云冈石窟绝非个案。第9窟前室窟门两侧的一对弥勒菩萨龛（图六），主尊头冠均为化佛冠且有缯带。虽然在第10窟相同空间位置营建的是一对倚坐佛，但第9窟前室东壁与第10窟前室西壁的交脚菩萨像均不戴化佛冠、无缯带。第9、10窟的许多空间布局与造像题材可追溯到第7、8窟的影响，类似差异现象能够作为缯带与化佛冠存在着固定搭配关系的进一步证据。据此推断，第7窟北壁交脚菩萨像佩戴的是化佛冠；第8窟北壁两尊交脚菩萨像仅佩戴了珠冠。

在以往的观点中，侧重于比较克孜尔石窟、巴米扬石窟、云冈石窟和龙门石窟等菩萨像的缯带，来阐释其象征意义。以巴米扬石窟为例，交脚菩萨冠后舞动于空中的缯带，应缘于游牧民族的世俗冠饰，并可以用来衬托兜率天的圣相。作为比较，巴米扬的“装饰佛陀”冠后也有缯带，但呈自然下垂状，展现出弥勒菩萨缯带与兜率天的关联性。但是，云冈第7、8窟的化佛冠与缯带应被赋予了不同用意。

（二）《法华经》主导下的题材组合与弥勒信仰的表现

为进一步解析交脚菩萨冠饰的差异现象，需要首先观察石窟主壁（北壁）造像题材的特征与用意。第7、8窟北壁均用上、下双龛布局。第7窟北壁上层的盝形龛，主尊为交脚菩萨、左右设二倚坐佛、再外胁侍二半跏思惟菩萨；下层圆拱龛内雕二佛并坐。第8窟北壁上层盝形龛，主尊倚坐佛，左右二交脚菩萨，再外胁侍二思惟菩萨（西侧一例损毁）；下

图五 第7、8窟中交脚菩萨像冠饰比较图，根据《云冈石窟》第4卷PLAN Ⅷ Ⅺ、第5卷PLAN Ⅸ Ⅻ改绘

图六 第9、10窟前室交脚菩萨像的比较，根据《云冈石窟》第6卷PLAN Ⅳ、第7卷PLAN Ⅵ改绘

层圆拱龛内，据推测原设结跏趺坐佛。

北壁四龛的主尊，形成了“二佛并坐+结跏趺坐佛+交脚菩萨+倚坐佛”的造像搭配，是“释迦多宝佛+释迦佛+弥勒（菩萨、佛）”的题材组合。类似组合现象在云冈石窟第9—10窟、第1—2窟、第6窟、第38窟均有出现。

关于云冈石窟中“释迦多宝佛+释迦佛+弥勒（菩萨、佛）”题材组合的分析，可参考近年来李静杰、王友奎等学者的研究成果。李静杰先生依据《法华经·见宝塔品》中“于十方国土有说法华经处，我（多宝）之塔庙，为听是经故，踊现其前为作证明”[1]，指出“多宝佛塔（在美术中通常用释迦多宝佛并坐代替）出现，意味着法华经的存在。”[2]在法华思想的主导下相关图像有两个主要特征：“其一，将法华经教主释迦佛、法华经象征释迦多宝佛（或多宝佛塔）、兜率天净土的代表弥勒菩萨组织在一起。……其二，借用大量原属于小乘佛教美术的本生图、因缘图、佛传图……用于表达法华经所宣扬的，释迦佛以种种因缘譬喻言辞，把小乘信徒引向大乘成佛之路的一乘佛思想。”[3]此外，双窟南壁交脚菩萨造像龛上层的千佛图像，符合了《法华经·普贤菩萨劝发品》的用意。

显然，第7、8窟北壁的造像题材与空间布局体现了《法华经》思想的主导（图七），并结合了弥勒信仰的影响。据《法华经·普贤菩萨劝发品》记载，“若有人受持读诵解其（《法华经》）义趣，是人命终为千佛授手……即往兜率天上弥勒菩萨所”[4]，展现受持读诵《法华经》者死后能往生兜率天的功德。按一般观点，北魏云冈石窟内的交脚菩萨像普遍被认作弥勒菩萨，倚坐佛被视为弥勒佛的象征，分别反映了弥勒上生和弥勒下生思想的影响。交脚菩萨像与倚坐佛的组合，是弥勒上生与下生思想结合的图像内容。《观弥勒上生经》记：“如是等众生若净诸业行六事法，必定无疑当得生于兜率天上，值遇弥勒亦随弥勒下阎浮提”[5]，为类似图像内容提供了教义支撑。综上信息，可推测北壁图像的设计意图，是证明受持读诵《法华经》者能死后往生兜率天净土聆听弥勒说法，并在未来弥勒下生成佛时亦伴降生闻法。

第7窟北壁上层龛以交脚菩萨像为主尊，左右胁侍倚坐佛，侧重于弥勒上生思想的影响，展现弥勒

倚坐佛 弥勒下生思想	**交脚菩萨** 弥勒上生思想
结跏趺坐佛 法华经教主	**二佛并坐** 法华经的存在
第8窟北壁	第7窟北壁

图七　第7、8窟北壁题材示意图

居兜率天宫的菩萨身姿。其冠后飘动的缯带符合兜率天的天宫净土景象，并以化佛冠证明弥勒未来必将成佛的教义。第8窟主尊为倚坐佛，象征着弥勒成佛的身姿，左右胁侍的交脚菩萨戴花形珠冠且无缯带，更接近下生思想的诉求。而交脚菩萨与倚坐佛之间的重复组合特征，能吻合《法华经》常描绘的“彼佛分身诸佛，在于十方世界说法”[6]等宏大时空理念。

需注意的是，弥勒由兜率天下生，在龙华树下思惟开悟成佛。第8窟倚坐佛所表现的是未来成就佛身的弥勒，其所处的盝形龛应该描绘的是未来地上世界的繁荣景象。但是，双窟北壁上层空间的塑造整体均侧重于天上世界的描绘，似乎并未严格遵循弥勒下生的故事文本。双龛中半跏思惟菩萨的设置，展现着上生兜率天思想的影响。

北魏时期半跏思惟像常用来表现释迦太子或龙华树下思惟的弥勒。但是，此处并非以上两种用意，而侧重于营造兜率天的氛围。《观弥勒上生经》记欲生兜率天者应“一一思惟兜率陀天上上妙快乐”[7]，因此“中国的半跏思惟像思惟兜率天之快乐，作为引导人们往生兜率天的菩萨，而被大家所塑造和信仰。”[8]另外，半跏思惟菩萨也可以展现弥勒决疑思想。李裕群先生指出：“北魏时期交脚弥勒颇为流行，所表现的是处兜率天宫敷演众释的形象，即决议之弥勒，这与北魏僧侣提倡自身修养有关。”[9]南北朝僧人奉行弥勒上生经典，部分目的是禅定决疑。《高僧传》记释智严因“常疑不得戒”至天竺，“值罗汉比丘，具以事问。罗汉不敢判决，乃为严入定，往兜率宫咨弥勒，弥勒答云：‘得戒。’严大喜，于是步归。”[10]释智严遇疑入定前往兜率天求教弥勒并在决疑后出定回到人间，类似思想也很可能被赋予到思惟菩萨像中。因此，虽然第8窟北壁上层按文本应该表现未来地上世界的繁华，但是实际上整体氛围仍倾向于兜率天宫的塑造。这一图像与文本的矛盾，恰恰是第9、10窟前室窟门周围图像加以改变的内容。第9窟窟门两侧为交脚菩萨造像龛，上沿为象征天宫的仿木屋檐结构。第10窟窟门两侧为倚坐

佛造像龛，上沿描绘着须弥山盛景。两组图像的组合更为贴合文本，展现了第9、10窟对第7、8窟相关设计的继承与完善。

二　诸空间中的胁侍菩萨与供养菩萨像

（一）位于南侧与东、西侧壁面第4层的胁侍菩萨立像

第7、8窟南侧与东、西侧壁面的菩萨图像（图三、八），多集中在4层12个龛内（第8窟西壁例损毁）。

双窟南壁4层各开设一对华盖龛（图九），位于明窗两侧。各龛内题材均为一佛二菩萨，坐佛偏袒右肩、衣角搭肩；菩萨立姿，或斜披络腋，或袒上身披短璎珞，下身着裙，均延续着云冈一期传统。但是，部分菩萨头饰较为新颖，出现了兽面冠。第8窟除最西例损坏，余三例均戴兽面冠；第7窟仅最西例用兽面冠，其他三例仅束发。有趣的是三例束发菩萨像，胸前均有短璎珞、双龙饰纹样庄严。相比之下戴兽面冠者胸饰纹样趋于简略。这种安排应是为了与明窗下沿供养菩萨像的服饰相区分。

参考韩国李妊恩博士的研究成果，北朝石窟至

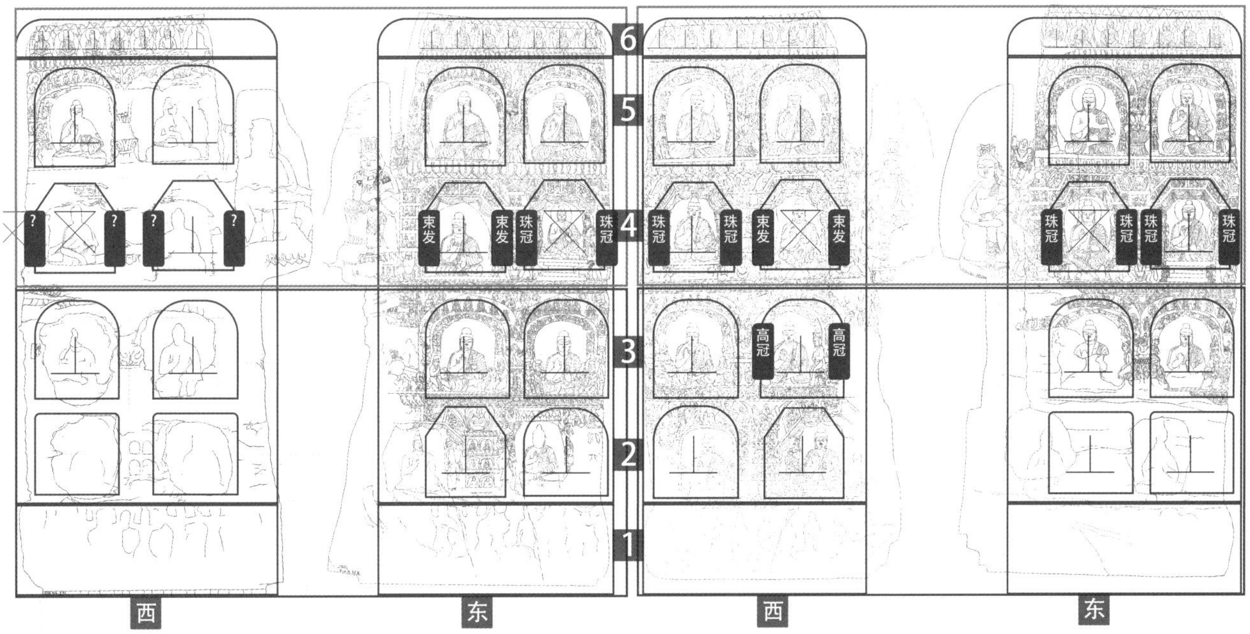

图八　第7、8窟东、西壁面简易布局图，根据《云冈石窟》第4卷PLAN Ⅸ、PLAN Ⅹ，第5卷PLAN Ⅹ、PLAN Ⅺ改绘

图九　第7、8窟南壁胁侍菩萨比较图，采自《云冈石窟》第4卷PLATE 109、120，第5卷PLATE 101、102、113

晚在云冈第7、8窟龛楣处出现了兽面纹[11]，并在云冈第12窟前室西壁上层屋檐龛斗拱、第13窟斗拱、第1窟中心柱东面上层屋檐龛斗拱等处沿用。菩萨庄严兽面冠的情况在北魏云冈石窟、麦积山石窟均有出现。关于北朝石窟龛楣、菩萨像上的兽面纹，学界现有两种观点可资参考。第一种观点，大致将其认作汉魏时期传统兽面图案的继承，代表者有日本的水野清一、长广敏雄[12]、罗叔子[13]和韩国的李姃恩等。第二种观点以王敏庆为代表，她提出北朝石窟中的兽面纹应源自古印度、波斯地区一种名叫Kirttimukha的守护神。Kirttimukha“英文为Glory face或face of glory，汉语直译‘荣誉之面’。……印度教徒看做是荣耀的神圣力量的象征……对于佛教而言，Kirttimukha则是无常的象征及佛法的护持者。”[14]

综合以上观点，云冈第7、8窟的兽面纹极可能继承了Kirttimukha的文化内涵，并受到汉魏时期传统兽面图案的影响，在多元文化碰撞与融合中成型，并作为神圣力量的象征。在双窟内，菩萨兽面冠的意义应与象征光明等神圣力量的珠冠相似，并用以强调与北壁龛楣兽面纹的对照，凸显南、北壁面的联系。

东、西壁面4层为八个盝形龛，诸龛内容均为一佛二菩萨，主尊佛或结跏趺坐，或交脚坐。相关胁侍菩萨立像的头饰有珠冠与束发两类。将其与东、西壁面3层的胁侍像加以比较，能够展现双窟上、下空间截然不同的设计用意。在第7窟西壁3层北侧尖拱龛内一组特殊的胁侍像（图一〇），如不参考题材易被认作特殊服饰的菩萨像。青年像面容、身形与窟内诸菩萨一致，仅身姿与服饰有所区别。关于身姿，青年像倚坐于束帛座上；关于服装，窄袖胡服；关于宝冠，山形高冠。三类特征与窟内菩萨像均不一致。依据水野清一、长广敏雄、因幡聪美先生的观点[15]，推测该龛表现的是夜叉出家图，胁侍描绘的是以世俗青年身姿出家的夜叉形象。

前文对北壁、南壁上层菩萨像的讨论，指出相关图像设计遵循了《法华经》思想的主导，并凸显弥勒在兜率天氛围的塑造。类似意图同样存在于东、西壁面的上层空间。进一步观察各层造像内容，东、西壁面上三层为千佛（东、西壁面第6层的千佛图像，均以7尊像并坐的形式出现，可能受到了七世佛思想的影响，延续了云冈一期的传统。但因南壁第6层相关数量信息不一致，本文暂将其解读为千佛图像）、坐佛、三尊像，题材相对抽象；下三层雕刻了大量故事性图像与供养人，具备更强世俗氛围。因幡聪美先生在讨论第7、8窟东、西壁面造像题材时也指出：“第二层以上（因具体壁层划分标准的不同，因幡聪美先生所指的东、西壁面“第二层以上”为本文惯称的4—6层；其所述“下层”则系本文惯称的1—3层）表示的为天上世界的一部分。两窟的下层（=地上世界）……”[16]显然，在各壁面菩萨题材的布局位置及其身姿、服饰等内容的塑造，均服务于石窟纵向维度上、下空间内涵的区别与分割。

图一〇 第7窟西壁3层北龛胁侍像，采自《云冈石窟》第4卷图版79

此外，在第7窟南壁2层西侧有文殊菩萨造像龛。文殊菩萨像作为文殊问疾故事的相关内容，与同层东侧维摩诘造像搭配出现。其故事发生在毗耶离，可被理解为地上世界的图像，安排在石窟下层空间是合理的。然而，因文殊菩萨身份的明确性，造像采用了窟内菩萨像的流行服饰也并非对整体空间设计意图的破坏。

（二）南壁中轴位置的胁侍菩萨与供养菩萨

自第7、8窟内部向南壁观察，能体验到明窗两侧及其下方诸菩萨像均微笑面朝北壁，呈现供养、礼拜北壁尊像的面貌。

双窟明窗东、西侧四尊胁侍菩萨立像的服饰风格一致。如第7窟明窗东侧一例（图一一），袒右肩，有绳带自右肩垂至左腰，外披络腋，下身着裙，身后有宽大飘带绕双臂垂至腿外，跣足立于束帛座上。其珠冠，正面形似花蕊，较北壁思惟菩萨的细节简化。另外，亦戴耳铛、项圈、臂圈，但胸前无璎珞或双龙饰。

图一一 第7窟明窗东侧菩萨立像，采自《云冈石窟》第4卷图版25

双窟明窗下方各设一帷幕大龛，内分别有6尊供养菩萨（图一二）。菩萨均束发，佩项圈，或半跪或坐。除第7窟西侧第二例佩戴了短璎珞、双龙胸饰之外，其他11例仅斜披络腋或袒露上身，无胸饰。

此处将明窗两侧胁侍菩萨纳入南壁图像体系来讨论存在着危险性，极可能混淆了明窗与南壁各自空间体系的独立性。明窗两侧的胁侍菩萨可能是另一个图像体系识读的起点，自窟内向外引导观众去解读明窗所表达的图案世界。日本学者八木春生先生在研究明窗东、西侧山岳纹样时，指出此处的图案可能与往生兜率天的思想有关[17]。立于一系列图像最前端的菩萨，可能是接引信众死后到达明窗内侧描绘的净土世界之使者。而将帷幕大龛内的供养菩萨纳入南壁体系进行讨论，应无大碍。

（三）诸菩萨像的层级、关联与统一意图

比较以上案例，双窟菩萨造像的身姿（尊格）、服饰与空间有紧密关系。自主要空间向次要空间，菩萨造像的题材由尊趋卑、服饰由繁向简，并大致可归纳为四个层级。第一层级，为北壁上龛、南壁5层的6处7例交脚弥勒菩萨像，占据着龛内主尊或核心位置，戴珠冠、有胸饰且纹样繁丽，其中3例珠冠为化佛冠。第二层级，为北壁上层龛的胁侍半跏思惟菩萨像，戴珠冠、有胸饰，纹样较前例简化，较后例则趋繁。明窗两侧菩萨立像应归入另一独立图像体系。第三层级，为南、东、西壁面4层的诸胁侍菩萨，涉及珠冠、兽面冠、束发等头饰，部分有璎珞或双龙胸饰。第四层级，为南壁明窗下侧的供养菩萨像，普遍束发、不戴胸饰。四个层级的菩萨像集中分布在双窟上层空间，以北壁交脚菩萨像为核心；南壁的交脚菩萨像、兽面冠饰等呼应北壁，通过题材与图像的重复强化核心主题；南侧与东、西侧壁面4层的胁侍菩萨靠近上层空间的下沿，标明上层空间的界限；体系内底层的供养菩萨设置在相对高度最低的明窗之下，礼拜与供养核心位置的相关造像。

图一二 第7窟明窗下侧供养菩萨组像龛，采自《云冈石窟》第4卷图版94

以此为基础再次综合具体案例，能察觉菩萨服饰还被巧妙设计用来强化不同层级间的关联。具体表现为每一上级均有个例的服饰元素会与下级主流样式重复。例如，在第一层级中，第8窟4例戴珠冠，是第二、三层级的主流。第三层级涉及7例束发，是第四层级的主流。第四层级中，第7窟西侧第二例供养菩萨胸前有双龙胸饰，反向呼应上级的特征。

诸菩萨造像服饰层级分明又相互关联，进一步说明所在空间的统一意图，强化双窟上、下空间意义的差异。交脚菩萨像、半跏思惟像与相邻空间造像的组合，标志着兜率天净土的存在。胁侍菩萨立像集中分布在上层空间的下沿，承担着供养、礼拜与听闻佛法（教化）的使命，也是接引信徒往生兜率天的使者。后一种意义显然与北壁半跏思惟像、明窗两侧胁侍菩萨像是一致的。南壁供养菩萨造像龛的相对高度位于东、西与南侧壁面的第3、4层之间，实际上贯穿了双窟上、下空间的分界线。除了供养菩萨的身份符合类似布局规律外，还能打破上、下空间的隔阂，说明天上世界与地上世界之间存在联系的可能，服务于上生与下生思想的诉求。

三　双窟第3、4层空间中的逆时针走势

在阐明菩萨造像的布局如何服务于双窟上层空间的整体意义建构之后，还需关注其横向的布局特征与意图。前文提及第7、8窟在横向上凸显对称布局特征，但是观察东、西、南侧壁面第4层空间的菩萨头饰，珠冠、兽面冠与束发的组合方式并不遵循对称布局。另外，此空间内诸龛主尊的题材设置同样无法借助对称布局予以归纳。显然，双窟对称性观点会遮蔽某些现象的原初信息。为准确辨别菩萨

图像的横向布局特征与意图，需先分析相关佛龛内主尊的布局特征。

观察东、西壁面4层的造像题材，如果将结跏趺坐的主尊理解为现世佛释迦，将交脚坐的主尊理解为未来佛弥勒，两者时间逻辑上的先后关系能在空间上转化为前后指向，即在第7窟自南向北、第8窟由北向南的指向。以相似思路分析北壁上层，第7窟题材展现了弥勒上生思想，第8窟为弥勒下生思想，同样存在时间的先后逻辑，并可转化为自东向西的空间走势。将以上两种走势转化为图一三中的箭头，可见其中隐藏着逆时针走势。

逆时针走势同样能从东、西壁面第3层的造像题材方面窥见。因幡聪美先生指出："第7窟东壁、西壁或第7窟与第8窟共同的壁面等处均是'商主奉食图'与'某个佛传图'的组合形式"，并引用（日）冈村秀典与（日）稻本泰生先生的观点说明，类似图像之所以强调商主奉食可能与昙靖编纂的《提谓波利经》有关。昙靖为昙曜的属下，根据商主奉食的故事编撰《提谓波利经》，涉及佛祖对二位商人的五戒十善等内容，旨在教化广大民众[18]。如将这种题材组合特征转化为一种空间关系（图一四），同样可见逆时针的走势。另外，双窟窟顶藻井内飞天飞翔的朝向，除8窟东侧、东北角的3格之外，其他9格亦为逆时针走势。

第4层的现象建立在现世佛、未来佛的时间关系上，可能是对昙曜五窟中三世佛传统的继承。第3层的现象建立在"商主奉食图+某个佛传图"组合基础上，凸显供养与皈依两个主题，应是依《提谓波利经》教化民众方式的体现。两个局部横向空间内的清晰意图，服从了《法华经》思想的指导。

"现世佛+未来佛"或"商主奉食图+某个佛传图"的组合在东、西壁4、3层是重复出现的，具体组合之间图像又有细微差异，且重复的组合依靠逆时针走势方能统一，这种现象恰恰彰显了《法华经》"开权显实、会三归一"的要义。"'权'即所谓'方便''权宜'之法，系指因为众生具有不同的根机，对于法义的堪受也存在差异，因而佛陀以种种权宜之法，如譬喻、语言等种种不同方式，引导初机众生，令其入于佛法之门，而走上修行解脱的道路。"[19]图像的重复象征佛陀在十方世界以种种权宜之法引导众生得解脱之道。逆时针走势能暗含开除执着之意，督促观者不执着于某一具体图像。逆时针自身的统一性，符合《法华经·方便品》所述的"如来但以一佛乘故，为众生说法，无有余乘，若二若三"[20]的一佛乘思想，以成"显实"之意。

另外，依《法华经·见宝塔品》所记多宝佛大愿："若我宝塔为听法华经故出于诸佛前时，其有欲以我身示四众者，彼佛分身诸佛，在于十方世界说法，尽还集一处，然后我身乃出现耳。"[21]象征多宝佛的二佛并坐造像位于第7窟北壁，为逆时针起始

	←					
北	弥勒下生			弥勒上生		
西东	现世佛	↓	现世佛	未来佛	↑	未来佛
	未来佛		未来佛	现世佛		现世佛

图一三 第7、8窟东、西4层壁面造像题材逆时针趋势示意图

	←					
北	释迦佛			释迦、多宝二佛并坐		
西东	损毁	↓	商主奉食	夜叉出家	↑	迦叶调服
	损毁		四天王奉钵	商主奉食		商主奉食

图一四 第7、8窟东、西3层壁面造像题材逆时针趋势示意图

的主壁，证明多宝佛身已现。在此语境中，东、西壁面重复出现的造像组合能理解为“彼佛分身诸佛，在于十方世界说法”，逆时针走势可理解为“尽还集一处”，以符得见多宝佛的因缘。

诸菩萨像的服饰布局同样吻合了相关意图（图一五）。东、西壁面4层多数胁侍菩萨戴珠冠，仅在双窟相邻壁面北侧一对佛龛内出现了束发。南壁4层的8尊胁侍菩萨，除最西例损毁，临西4例为兽面冠，靠东3尊为束发。相关束发、兽面冠的布局能够顺应逆时针走势，进一步加强双窟的联系。束发作为临近北侧壁面的案例，承担北端自第7窟向第8窟走势的连贯。兽面冠作为南壁上的案例，承担南端自第8窟向第7窟的逆时针走势。此外，第7窟南壁4层最西侧的胁侍菩萨（图九，框内），是唯一一尊戴兽面冠且广严短璎珞、双龙胸饰的造像，此特征明显融合了自身东、西侧的图像元素，进一步说明逆时针设计意图的合理性。当然，如以肉眼观览窟内图像，类似的逆时针特征可以影响反向的观读路径，并因墙体对视觉的遮盖形成更为复杂的图像组合面貌。

结　语

云冈石窟第7、8窟的双窟形制与大量对称布局现象，会让人联想到北魏孝文帝与冯太后二圣临朝的特殊历史背景。考虑到云冈石窟与皇室的密切关联，强调二圣的影响显然是归纳双窟空间内涵的重要方向。但是，尽量回归到营建行为本身，其具体设计、实施并非皇室的亲力亲为，而是需要通过熟悉营造业务的代理人来完成具体工作。类似于昙曜、钳耳庆等善于组织营建的高僧、宠臣的想法，便会影响石窟的最终面貌。当然更不能忽视工匠群体的影响，他们作为实际雕凿者会更直接涉及缯带、双龙胸饰、兽面、仰月等图像如何使用的问题。此外，平城作为这一时期北魏的政治、经济、文化、军事中心，强大的凝聚力使不同地缘背景的图像能在此集聚，成为佛教美术发展的基础。以上背景说明第7、8窟的设计者，可能会综合考虑皇家、高僧、工匠乃至不断集聚至平城的信徒等群体的想法，以自身的宗教思想将复杂意图凝为一体，在双窟空间内构建起复杂的图像世界。

聚焦双窟菩萨图像，由于身姿、服饰元素的丰富性让其成为了解双窟空间复杂内涵的窗口。整体而言，双窟菩萨造像的空间布局服务于往生兜率天思想的需要。位于北壁上层的交脚菩萨标志着兜率天的存在，并在南壁两侧多次设置重复图像元素强化这一主旨。在此基础上，胁侍菩萨像集中布置在石窟上层空间的下沿，在礼拜、供养、听闻佛法的同时，方便接引信徒往生兜率天。另外，北壁“二佛并坐＋结跏趺坐佛＋交脚菩萨＋倚坐佛”的造像组合，以及在窟内上、下空间结合处存在的逆时针布局特征，都反映着《法华经》思想的主导作用。双窟内菩萨图像及其空间布局，是力图证明信奉《法华经》者将死后往生兜率天聆听弥勒说法，并在未来弥勒下生成佛时伴其降生人间的因缘。

本文为2019年教育部人文社会科学研究青年基金项目《南北朝菩萨造像的象征意义及其本土化研究》（项目编号：19YJC760062）的研究成果。

	←					
北	倚坐佛佛髻（下生成佛）			交脚菩萨化佛冠（未来成佛）		
西东	损毁/损毁	↓	**束发/束发**	**束发/束发**	↑	珠冠/珠冠
	损毁/损毁		珠冠/珠冠	珠冠/珠冠		珠冠/珠冠
南	损毁/兽面	——	兽面/**兽面**	**兽面**/束发	——	束发/束发

图一五　第7、8窟东、西、南4层壁面菩萨头饰的逆时针布局示意图

注释：

[1]〔后秦〕鸠摩罗什译：《妙法莲华经》，引自《大正藏》（第9册），日本大正十三年（1924）至昭和九年（1934），第32页。

[2] 李静杰：《北朝隋代佛教图像反映的经典思想》，《民族艺术》2008年第2期。

[3] 同［2］。

[4] 同［1］，第61页。

[5]〔南朝宋〕沮渠京声译：《观弥勒菩萨上生兜率天经》，引自《大正藏》（第14册），日本大正十三年（1924）至昭和九年（1934），第420页。

[6] 同［1］，第32页。

[7] 同［5］，第419页。

[8] Eileen Hsian-Ling Hsu.Visualization Meditation and the Siwei Icon in Chinese Buddhist Sculp.转引自〔日〕宫治昭著、贺小萍译：《弥勒菩萨与观音菩萨》，《敦煌研究》2014年第3期。

[9] 李裕群：《北朝晚期石窟寺研究》，文物出版社，2003年，第235页。

[10]（南朝梁）释慧皎撰、汤用彤校注：《高僧传》，中华书局，1992年，第100页。

[11]〔韩〕李姃恩：《北朝装饰纹样研究——5、6世纪中原北方地区石窟装饰纹样的考古学研究》，中国社会科学院研究生院博士学位论文，2013年，第72页。

[12]〔日〕水野清一、〔日〕长广敏雄：《雲岡石窟装飾の意義》，《雲岡石窟》第4卷“序章”，1953年。

[13] 罗叔子：《北朝石窟研究》，上海出版公司，1955年，第75页。

[14] 王敏庆：《北周佛教美术研究——以长安造像为中心》，社会科学文献出版社，2013年，第214页。

[15]〔日〕因幡聪美：《关于云冈石窟第7、8窟中设计性的考察》，《石窟寺研究》（第9辑），科学出版社，2019年，第81、78、83页。

[16] 同［15］，第78页。

[17]〔日〕八木春生：《雲岡石窟における山岳文様について》，《雲岡石窟文様論》，法藏馆，2000年。

[18] 同［15］，第83页。

[19] 王彬译注：《法华经》，中华书局，2010年，第3页。

[20] 同［1］，第7页。

[21] 同［1］，第32页。

白乌二年狩猎纹金方奇的图像研究

高海蛟 *

内容提要：宁夏盐池县出土的白乌二年狩猎纹金方奇，学界对其制作年代有两种意见：其一认为金方奇属于隋末农民起义领袖向海明政权遗物，其二认为金方奇属于十六国晚期内迁少数民族政权的遗物。本文从图像分析的角度对白乌二年金方奇的鉴定研究略作补证。

关键词：盐池县　白乌二年　方奇　图像

一　金方奇的概况

2006年，宁夏回族自治区盐池县的一处高速公路施工中，在青山乡古峰庄村一个山峁出土了三块金方奇，其中一块正面铸有狩猎武士和飞禽走兽，背面刻有铭文（图一），形制奇特，纹饰繁复，前所未见。金方奇长18、宽14、厚1厘米，重842.1克，整体为长方形，分内外两区。外区为一框，框内缘环列两排乳钉，外缘环列一排乳钉，乳钉之间的框面为浮雕龙纹。内区装饰丰富，大体分为上下两部分。上部居中为一骑马张弓的武士，头戴高冠，身披铠甲，足蹬短靴，下部左右各有一个屈膝呈半蹲姿的射手，装扮与骑马武士相同，亦张弓搭箭。

金方奇背面阴刻铭文82字。位于边框的左右两侧和底侧，以中线为界，分为左、右两区，基本按照从上到下、从右到左的顺序排列：“金鎠灵质，盛衰不移，良工刻构，造兹方奇。明明彀骋，百兽飞驰，猿猴腾踯，狡兔奋髭，九龙衔穗，韩卢昑陂。洸洸巨例，御世庄丽，保国宜民，千载不亏。白乌二年，岁在戊午，三月丙申朔九日甲辰，中御府造，用黄金四斤。”

二　研究现状

围绕这件金方奇的年代，学者们展开了广泛的探讨，虽然铭文中有明确的纪年信息“白乌二年”，

1　　2

图一　白乌二年狩猎纹金方奇

1.正面　2.背面

* 高海蛟，华东师范大学美术学院硕士研究生。

学界仍有两种不同意见。第一种意见占多数，认为金方奇属于隋末农民起义领袖向海明政权遗物，主要依据为向海明称帝时曾建元“白乌”。第二种意见认为金方奇属于十六国晚期少数政权的遗物，主要依据是金方奇上的干支纪年“岁在戊午”。

白述礼进行了初步研究，根据金方奇上“白乌二年”推断，这三件金方奇属于隋末向海明起义军的遗物[1]。马强则持有不同意见，他从“岁在戊午”入手，检索《二十史朔闰表》，再根据排除法，得出金方奇的年代应为公元418年，进而推测其应为文献漏载的十六国晚期某个内迁的南匈奴政权遗物[2]。倪玉湛、王文广认可马强的观点，从铭文风格等方面的证据支持金方奇“十六国晚期说”，在对比了战国至汉代的金牌饰后，推测金方奇使用方式可能与之相同，认可此为十六国晚期内迁匈奴政权的遗物[3]。

学者们对此金方奇的研究已有颇多，认为其年代范围在十六国晚期或隋，研究角度多从方奇的文字、文本信息进行推论，但较少从图像组合、装饰风格等信息入手，进行图像比对研究。

三　鉴定要点

在前人研究的基础上，本文尝试从图像与装饰风格的角度出发，对此白乌二年金方奇进行年代判定进行探讨。

（一）形制

金方奇形制特殊，为迄今所仅见，很难找到与之相同或相近的器物。但从宁夏盐池县一同出土的另外两件金方奇上可以看到我国北方草原民族的镂空金牌饰的一些形制特点。如辽宁西丰县西岔沟出土的双牛纹青铜牌饰（汉代至魏晋时期的匈奴遗物，长7、宽14.8厘米）[4]，1960年辽宁义县保安寺石椁墓出土的三鹿纹金牌饰[5]（战国至汉代的鲜卑遗物，长8.5、宽7厘米，图二）。比照这两件金属牌饰，狩猎纹金方奇不论是长度还是宽度都大上许多，可能具体的用途在发展中发生了改变，可以推论的是三者的边框形式或有承传关系。即是装饰一圈乳钉，并有穿孔，出于实用角度考虑，穿孔可用于系绳、固定或连接。从外观看，狩猎纹金方奇没有穿孔，由于金方奇图案上已有很多镂孔，似没有必要再另做穿孔。与之相似的有，1974年西安北郊龙首村出土的透雕双驼纹金牌饰[6]，牌饰四周有一圈凸起的边框，因是透雕，也没有再另做穿孔（图三）。

可见，受到北方游牧民族的文化影响，金方奇与北方民族常见的金牌饰物在形制上有传承关系。相对于出土的匈奴、鲜卑镂空金属牌饰，金方奇的尺寸更大，形制更为复杂且装饰较多，可以推论，金方奇形制源于北方草原民族的镂空金属牌饰，但使用场景和具体功能已经发生了改变。从形制看来，此金方奇的年代不会早于镂空金牌饰形制出现的汉魏时期。

（二）人物骑射纹

金方奇的图案中骑射纹多在萨珊波斯的艺术中见到（图四）。萨珊波斯的金银器在唐代以前就已经

图二　三鹿纹金牌饰，1960年辽宁义县保安寺石椁墓出土，现藏辽宁省博物馆

图三　双驼纹金牌饰，西安北郊龙首村出土，陕西历史博物馆藏

传入中原，山西大同小站村花屹塔台北魏封和突墓出土的萨珊鎏金银盘上有狩猎图。粟特、吐蕃等西域文化中也常见到骑射纹。

粟特、吐蕃在文化方面深受波斯的影响，狩猎图案比较流行。粟特聚落首领安伽墓围屏石榻的“萨保骑马猎狮图”浮雕也是典型的人物骑射形象[7]，吐蕃的人物骑射题材也可能是受到萨珊波斯的影响。金方奇的骑射纹风格从图像发展角度看来，应属于萨珊波斯风格与吐蕃风格的过渡时期。

除此之外，粟特文化中的对鸟纹与盐池县古峰庄村一同出土的凤鸟纹金方奇图案十分相似，方奇中心第一重有长尾鸟一对，相对而立，翅膀与尾部分别向上、向下伸展，第二重、第三重为四周环绕式连续的龙纹图案（图五）。纹样虽然有相似之处，但差别较大。吐蕃王朝时期动物纹样常常使用单个动物纹且更加写实，此方奇纹样更加抽象化，金方奇的时间应早于吐蕃王朝。

可见，金方奇的人物骑射纹、对鸟纹明显受到萨珊、粟特文化影响，金方奇骑射图像源于萨珊，其制作时间应在萨珊风格传入晚期。值得一提的是，此狩猎纹金方奇风格也可能与后来的吐蕃骑射图像有承传关系，可以成为吐蕃的人物骑射题材受到萨珊波斯影响的又一佐证。

（三）飞鸟图样与“三足乌”

狩猎纹金方奇图案战马前蹄间夹一飞鸟，骑射武士左上方也有一只飞鸟图像。其中金方奇左上方飞鸟图像正符合“三足乌”形象的图案特征（图六），“三足乌”又源于“白乌”。

《尔雅翼·释鸟》曰：“乌本黑之称，故《瑞应图》以白乌为太阳之精，至孝之应。”[8]白乌作为古代的一种瑞物，在史书中被屡屡提及。汉代以前的史书文献没有明确提及“三足乌”，直到汉代以后的文献记载中才出现有关“三足乌”的言论[9]。可见，“三足乌”起源于汉代，在考古发掘出土的汉代画像砖中发现了大量的“三足乌”形象，如河南南阳唐河针织厂汉墓画像石中三足乌图像（图七），陕西省药王山博物馆所藏的北朝锜双胡道教造像碑刻有分别象征月亮和太阳的蟾蜍与三足乌图像。而汉代以后，三足乌的形象较少单独出现，只在部分文物的图案组合中有零星表现。

关于“白乌见”或“献白乌”的记载，西汉至南北朝时期较多，隋代以后逐渐减少。此金方奇中飞鸟形象应为“三足乌”，结合金方奇背后所刻铭文，我们可以推论此金方奇正是因为白乌现世，被认为天降祥瑞，遂改元“白乌”，金方奇的制作本出于纪事的意义。且该图像流行于西汉至南北朝时期，

图四　萨珊人物猎狮纹鎏金银盘，伊朗巴斯坦博物馆藏

图五　凤鸟纹金方奇，宁夏盐池县出土

图六 金方奇中的三足乌图像

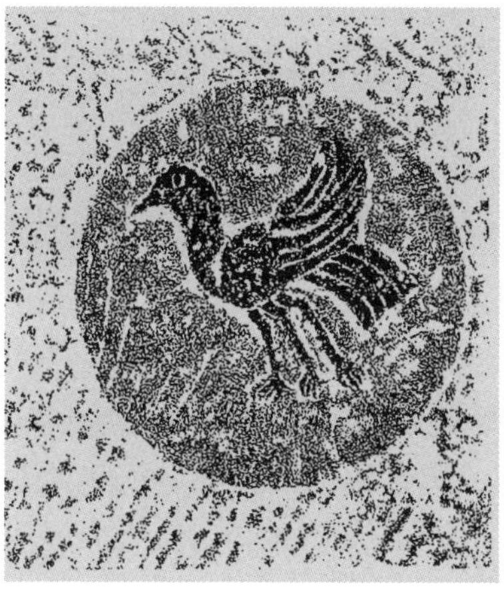

图七 河南南阳唐河针织厂汉墓画像石的三足乌形象

可以推测此金方奇制作年代在此区间之内。

（四）龙纹

狩猎纹金方奇四周装饰的龙纹对应所刻铭文中的“九龙衔穗”，且方牌龙纹图案独特，为特征鲜明的“龙首草身”样式，整体具有抽象化倾向（图八）。在龙纹旁边勾勒出云气纹或芝草纹，这种装饰题材是魏晋南北朝时期龙纹具有的艺术特征。魏晋南北朝时期北方少数民族政权诸多贵族墓葬出土了类似带有龙纹的装饰物，如前燕奉车都尉墓[10]（图九）、三国孙吴薛秋墓[11]（图一〇）等出土的带具上的龙纹可以看出这一装饰偏好。

此外，针对金方奇是隋末向海明起义军的遗物这一说法，我们可以考察隋代龙纹的图像特征。隋代立国仅37年，遗留龙的形象较少，河北赵县赵州桥栏板上的石刻龙纹可以看作隋代龙纹的代表（图一一）。隋代龙纹更为写实，与金方奇呈现的龙纹在风格上相去甚远。狩猎纹金方奇上的龙纹图案龙首较写实，身体与四肢的表现较为抽象，仅具大致形态，更接近魏晋南北朝时期龙身细长、抽象化的特点，且有云气化的艺术倾向。

（五）乳钉纹

一同出土的三件金方奇都有出现乳钉纹边框装饰。狩猎纹金方奇主体图像周边以双排乳钉纹做边框，边框与外层乳钉纹之间为一圈龙纹。对鸟纹金方奇和另一枚金方奇外围以三排乳钉纹做边框。乳钉纹装饰也出现在北方草原民族的镂孔金属牌饰之上，由此可以推论乳钉纹的装饰偏好也是受北方游牧民族的镂孔金属牌饰影响。在“形制”这一部分已经做过论述，此处不再赘述。

（六）铭文字体

金方奇背面阴刻铭文82字，位于边框的左右两侧和底侧。倪玉湛与王文广的《白乌二年金方奇年代补证》[12]一文中将金方奇背面铭文与北魏太延五年（439）前后《中岳嵩高灵庙碑》对比，认为金方奇铭文风格与之接近，用笔方峻凌厉，拙穆张延，笔画均匀齐整、挑脚利落，结体略为粗陋松散，形制介于隶、楷之间，具有魏碑体初期的特征，与隋代书风明显不同。

（七）马镫

关于马镫这一细节，马强在《白乌二年金方奇及

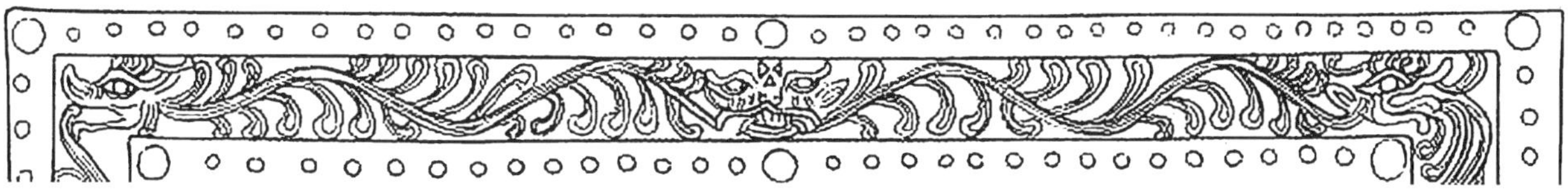

图八 狩猎纹金方奇龙纹图案

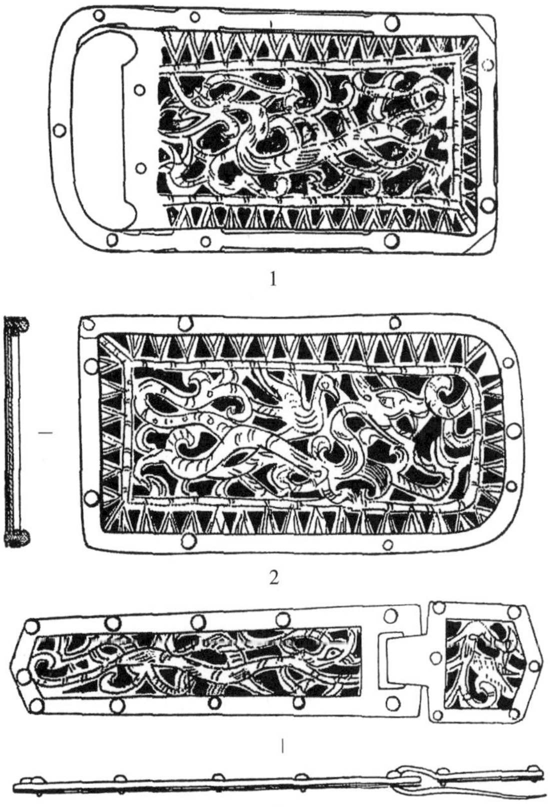

图九　辽宁朝阳前燕奉车都尉墓出土铜鎏金镂孔龙纹带具

图一〇　南京大光路孙吴薛秋墓出土银带具

图一一　赵州桥隋代龙纹石栏板，中国国家博物馆藏

相关问题》[13]中就已论及。从考古发现看，最早的马镫发现于3～4世纪中国东北鲜卑人活动区域[14]，北魏以后马镫开始在中国北方地区普遍使用。而金方奇中武士坐骑不见马镫图像，可排除其为北魏以后遗物的可能。

四　结语

通过对狩猎纹金方奇形制、图像组成、装饰风格等信息进行分析，可以得知此金方奇形制源于战国至魏晋时期北方草原民族的金属牌饰。加之对人物狩猎纹、龙纹、"三足乌"等图像及铭文风格的分析对比，可以认为金方奇是北方草原民族与中原汉文化交融的产物，且人物骑射纹、对鸟纹明显受到波斯、粟特文化影响。

通过图像的综合分析，可以将金方奇制作时间锁定在汉代末期到北魏之间。结合学者马强、倪玉湛、王文广等人的考证，基本认可宁夏盐池县出土的"白乌二年"铭金方奇，不属于隋代，而属于五胡十六国时期。进而大胆推测，公元417年，内迁南匈奴的某一支建立政权、建元白乌，并于白乌二年（418）铸造了这件狩猎纹金方奇。但金方奇具体属于哪一个内迁民族，还需要对服饰特点等细节进行进一步研究。但可以肯定的是金方奇是丝绸之路上文化交流的又一例证，兼具北方草原民族文化、汉文化、波斯文化的图像元素，为研究五胡十六国时期胡人内迁的历史提供了实物资料。

注释：

[1] 白述礼：《试论宁夏盐池新发现的黄金方奇》，《宁夏大学学报》2007年第4期。

[2] 马强：《白乌二年金方奇及相关问题》，《文物》2015年第4期。

[3] 倪玉湛、王文广：《白乌二年金方奇年代补证》，《装饰》2016年第11期。

[4] 谭前学：《陕西历史博物馆收藏的金牌饰》，《文博》1997年第4期。

[5] 刘谦：《辽宁义县保安寺发现的古代墓葬》，《考古》1963年第1期。

[6] 谭学前：《陕西历史博物馆收藏的金牌饰》，《文博》1997年第4期。

[7] 荣新江：《四海为家——粟特首领墓葬所见粟特人的多元文化》，《上海文博论丛》2004年第4期。

[8]〔宋〕罗愿撰、石云孙点校：《尔雅翼》，黄山书社，1991年。

[9] 周俊超：《释"白乌"》，《现代语文》（语言研究版）2014年第7期。

[10] 田立坤：《朝阳前燕奉车都尉墓》，《文物》1994年第11期。

[11] 周保华、王志高等：《南京大光路孙吴薛秋墓发掘简报》，《文物》2008年第3期。

[12] 同[3]。

[13] 马强：《白乌二年金方奇及相关问题》，《文物》2015年第4期。

[14] 王铁英：《马镫的起源》，《欧亚学刊》第3辑，中华书局，2002年。

关于中小博物馆“研学旅行”开展的思考

——以如皋博物馆为例

王小洁*

内容提要：“研学旅行”（研学游）日益成为博物馆的热点话题。教育发展、文旅融合、博物馆青少年教育活动深化等诸多元素催生、促进“研学旅行”在博物馆领域的蓬勃发展。本文通过对研学旅行源起、发展以及与传统馆校对接之间的异同探讨，以如皋博物馆为例，对中小型博物馆如何开展研学旅行进行了思考。

关键词：研学旅行　中小博物馆　思考

当前，“研学旅行”（研学游）日益成为博物馆的热点话题，这是素质教育的要求，是博物馆“活化”利用的要求，是文旅深度融合的要求。教育发展、文旅融合、博物馆青少年教育活动深化等诸多元素催生并促进了“研学旅行”在博物馆界的蓬勃发展。

一　渐行渐近的研学旅行与博物馆青少年活动

（一）研学旅行的源起与设计中的角色分配

1.研学旅行的源起与发展

研学旅行是由学校根据区域特色、学生年龄特点和各学科教学内容需要，组织学生通过集体旅行、集中食宿的方式走出校园，在与平常不同的生活中拓展视野、丰富知识，加深与自然和文化的亲近感，增加对集体生活方式和社会公共道德的体验。这一形式随着素质教育呼声的高涨而快速发展。

2012年，教育部启动中小学研学旅行工作研究项目，开展研学旅行试点工作，确定全国中小学生研学旅行实验区。

2013年，国务院办公厅发布《国民旅游休闲纲要（2013—2020）》，提出“逐步推行中小学生研学旅行”。

2014年，国务院出台《关于促进旅游业改革发展的若干意见》明确了“研学旅行”要纳入中小学生日常教育范畴。

2016年，教育部等11个部门出台《关于推进中小学生研学旅行的意见》，将研学旅行纳入中小学教育教学计划。

2017年，教育部颁布《中小学综合实践活动课程指导纲要》，明确规定了综合实践活动的课程目标，研学旅行是综合实践活动的重要组成部分[1]。

一系列政策措施的出台推动了研学旅行向深、向广发展。

2.研学旅行中的角色分配

从原国家旅游局2017年颁布的《研学旅行服务规范》（以下简称《规范》）可见，研学旅行这项“依托旅游吸引物等社会资源，进行体验式教育和研究性学习的一种教育旅游活动”的主办方和承办方分别是教育部门和旅行社，而博物馆只是研学旅游产品的提供方之一，《规范》将研学旅行产品按照资源类型分为知识科普型、自然观赏型、体验考察型、励志拓展型、文化康乐型，在知识科普型中主要包括各种类型的博物馆、科技馆、主题展览、动物园、植物园、历史文化遗产、工业项目、科研场所等资源。2017、2018年，教育部推出了两批“全国中小学生研学实践教育基地”，第一批204家单位中，博物馆、纪念馆有67家，占比32.8%；第二批377家单位中，博物馆、纪念馆有144家，占比30.2%[2]，而从占比三分之一的产品供应方到目前几乎每家博物馆关注、开展研学旅行，博物馆自身发展发挥着重要作用。

---

* 王小洁，如皋市博物馆副研究馆员。

（二）博物馆青少年教育活动发展的梳理

1.教育是博物馆的重要职能。青少年教育则是当前博物馆发挥社会功能、完善公共文化服务的重要任务，特别是近年来，从国家到省市，各项政策、评选激励着博物馆的青少年活动从内容到形式日新月异。

2014年，国家文物局印发《关于开展“完善博物馆青少年教育功能试点”申报工作的通知》，建立馆校合作机制，切实将博物馆青少年教育纳入中小学日常教学体系。

2015年，国家文物局、教育部印发《关于加强文教结合、完善博物馆青少年教育功能的指导意见》。

2018年，中共中央办公厅、国务院办公厅印发《关于加强文物保护利用改革的若干意见》，明确规定：将文物保护利用常识纳入中小学教育体系和干部教育体系，完善中小学生利用博物馆学习长效机制[3]。

2.博物馆青少年活动从“浅表”到“设计”的发展。在明确了博物馆应担负起青少年社会教育的基础上，传统的博物馆教育方式是相对单一和粗放的，体现为博物馆教育与学校的教育结合不紧密、与博物馆藏品联系不大，教育实现方式也基本以宣教历史文化为主的参观，未有教育项目设计、人员培训、结果评价等环节把控。换言之，早期的博物馆青少年教育相对被动、单一、浅表。但随着各项工作的发展，“设计”的元素开始出现在博物馆活动中。2014年，中国博物馆协会出版了《首届“中国博物馆教育项目示范案例”评选优秀案例》，随后，江苏省文物局、省博物馆学会出版了《江苏省博物馆青少年教育项目库》（录入82个优秀案例）、《江苏省博物馆青少年教育优秀项目案例》（2016）、《2017江苏省博物馆青少年教育示范项目集锦》等。这些举措都将博物馆青少年活动推向了新的高度，也为“研学旅行”时代的到来提供了可能（图一）。

（三）博物馆中的研学旅行

通过上述资料的分析可见，教育系统的“研学旅行”活动与文博系统的“青少年教育”活动在各自的发展中从开始的“花开两枝”到“渐行渐近”，加之全国各级文旅机构的合并，更促进了博物馆在“研学旅行”中角色的转变与占比的加重。2020年9月，教育部、国家文物局联合印发了《关于利用博物馆资源开展中小学教育教学的意见》，这对博物馆与中小学教育事业发展而言，都属于里程碑式的顶层设计[4]。这一“渐行渐近”的变化，在近几年江苏省文物局开展的“青少年教育示范项目”评选中也清晰可见，此项评选中，2017、2018年的入选项目以“课程”为主要形式，仅苏州博物馆项目出现“研学”字样；2019、2020年的入选项目，25例中有5例出现了“研学”字样；而2021年“关于开展博物馆教育优秀案例评选推介活动通知”，则明确把申报案例分为两大类：一是馆校合作示范项目，二是博物馆研学游示范项目。至此，“研学游”与相对传统的“馆校合作”在博物馆青少年教育中平分秋色，

图一 《江苏省博物馆青少年教育优秀项目案例》（2016年）

各占半壁江山，宣告着博物馆广泛开展“研学旅行”时代的到来。

二　从如皋市博物馆的青少年教育活动实践探析中小博物馆的“研学旅行”

博物馆广泛开展“研学旅行”的时代已到来，那么各博物馆特别是人力、馆藏、专业水平相对较弱的中小博物馆准备好了吗？在此以苏中地区的县级博物馆、国家三级博物馆——如皋市博物馆为例，进行探析。

（一）如皋市博物馆青少年教育活动概述

如皋市博物馆（以下简称“如博”）创建于1988年，2008年对外免费开放，2011年新馆建成，并在全市开展馆校衔接活动，覆盖率达95%，每年开展青少年主题活动50余次。

自2011年起，如博的青少年活动形式经历了参观、活动、课程、研学游这几个阶段。

2012年起：参观。经如皋市委宣传部牵头，如博与全市中小学校签订“馆校对接”协议，每年接待青少年参观6万人次以上，但仅以参观历史文化展、地方名人展、地方自然展为主，形式单一，效果较弱，除传播零星的历史、文化知识外，少有参与、体验内容。讲解内容也无年龄划分，缺乏针对性。

2013年起：活动。以寒暑假和传统节假日为节点，每年开展以历史文化为主题的故事会、大讲堂、知识竞赛等形式的活动50次以上，基本周周有活动，活动有一定的参与性、体验性，其中“文博之旅行”是比较受青少年喜欢的项目，此项目以参观文保单位、各类文博场馆为主，走出了如博自身场地范围，具有旅行元素。但其他大多数活动形式较为传统，与馆藏文物结合不紧密，无较深层次的筹划与设计。

2017年起：课程。2017年，如博设计策划了“生于雉皋——走近如皋历史文化”课程，突出如皋成陆早、建县早、区域文化悠久的特点，结合如博馆藏文物，针对不同年龄层次，通过场馆活动、现场教学、知识传播、手工制作、历史剧编演等形式，分“知人”“知地”“知史”三部分，分别让青少年在活动中体验学习如皋的名人、自然和历史，强化了青少年对生于斯长于斯的土地的了解与热爱。活动的一些内容取得良好效果，“知史”部分的历史剧《贾大夫射雉》除在本馆上演一个暑假外，被当地小学编入开学典礼演出剧目，还在当地文学刊物发表。

2021年：研学。今年，南通市教育系统对整个南通地区博物馆的研学情况进行了专题调研，又由如皋市教育系统为相关博物馆筹划了相关研学主题，为如博筹划的主题是：“皋地名人秀”“长寿秘诀库”“印章故事间”“纸鸢制作坊”，此项工作正在进行中（图二）。

（二）对如博即将开展的“研学旅行”的几点思考

经过多年的发展，如博在组织青少年教育活动方面具备了一定的基础和经验，也取得了一定成绩，加之大形势向好，“研学旅行”如在弦之箭，蓄势待发，但能否一箭中的，精彩有效，还需付出更多的思考与努力。

1.关于角色

如上文所言，在原国家旅游局2017年颁布的《研学旅行服务规范》中，教育部门是主办方，旅行社是承办方，博物馆是产品提供方，那么产品如何提供？是博物馆根据自身的场馆、展品、认知和一定的学校教育调查先行策划出几个“研学旅行”菜单，还是由主办方点单，博物馆根据点单策划项目？

图二　2021年5月18日，“研学”让博物馆走上活化之路——博物馆研讨会

事实上，两种方式都可能导致过程的失控或目标的不能实现。先说说由博物馆先行设计的情况，结果往往只能实现局部目标，例如如博在《生于雉皋》这一项目中，理想很美好，从人到地到史都有所涉及，从场馆到文物到室外都有所兼顾，从知识到能力到情感都有所考虑，而事实上，半数以上的课程不能落地，胎死腹中，只有反映当地历史的、由青少年饰演的小剧目《贾大夫射雉》深获好评。那么由主办方点单定制呢？事实上，由如皋教育部门给如皋博物馆安排的“皋地名人秀”“长寿秘诀库”“印章故事间”“纸鸢制作坊”4个课题中，“印章故事间”“纸鸢制作坊”能结合馆藏文物，可以实现浸润性体验，而“皋地名人秀”“长寿秘诀库”两个课题则难以落地，无对应的文物、无相关性元素、无贴切的参与和体验项目，更像是在博物馆对着展板上了一堂乏味的历史课。因此，在博物馆的“研学旅行”中，博物馆不能仅仅是产品的提供者，他必须“与文教政策制定者同桌而坐，明确表达博物馆在学生核心素养及21世纪技能培养中的独特位置，而非站在一边等待认可”[5]。所以，博物馆在“研学旅行”中应当与教育方共同成为主办方。对于中小博物馆而言，这是一道难却必解的命题。

2.关于基地

《研学旅行服务规范》按照资源类型把研学旅行产品分为知识科普型、自然观赏型、体验考察型、励志拓展型、文化康乐型。博物馆属于其中的知识科普型，相对于其他类型而言，博物馆（景区博物馆除外）的旅游元素不够丰富，而“研学旅游”中，游是其重要的核心要素，缺少了“游”的元素，就缺少了趣味性，缺少了吸引力，就场馆而言只是把原来的馆校合作强贴了“研学旅行”的标签。“馆校合作”与“研学旅行”不同之处在于：馆校合作项目要求既有博物馆特色又能适应学校学科教学需求，研学旅行则更强调凸现馆藏特色、整合历史文化资源。馆校合作注重合作常态化的单个主题的完整活动，研学旅行则注重活动的特殊性、系统性、丰富性。立足于研学旅行的特殊性，才能建设好更受青少年喜欢的基地，仍以如博为例，如将“长寿秘诀库”改成“探寻古运盐河”，把目前正在考古勘探的如皋古运盐河工地建设成“研学旅行”基地，势必更有针对性和趣味性，所以，博物馆在研学基地建设中应该跳出馆舍的局限，寻求更大的可能，确保研学旅游中“游”的实现。

3.关于人员

博物馆研学旅行工作是一盘大棋，博物馆与学校的跨界合作、研学项目的策划、项目的落地执行，无不需要具备博物馆学、教育学、心理学等综合素质的人才，而这恰恰是中小博物馆的短板，从事宣教工作的人员文博专业知识缺乏，“对学生提出的问题无法回答或解答有误；有的让学生自己在博物馆寻找答案，缺乏知识的准确性和组织的规范性。”[6]从事活动设计的人员对“研学旅行”的解读不透，将这一新生事物简化成传统的馆校对接，穿新鞋走老路；从事外联的人员沟通不畅，不能建立起“研学旅行”项目合作的最佳模式，导致馆校间虽客情客交却不能达成共识。所以，宣教、策划、合作三个层面的人才培养是博物馆开展研学旅行活动的当务之急，以确保研学旅行中“研”的实现。

4.关于评估

评估是研学旅行的闭环部分，一个项目开展得好不好，在于前期准备、在于过程把控，也在于实现闭环。仍以如博为例，以往活动基本遵循“适者生存”的原则，受欢迎的活动，如“文博之旅”就坚持办下去；受众少的，就自生自灭，没有建立评估机制。评估，是为了更好地把活动办下去，实现科学性、持续性的目标。对于研学旅行而言，评估更为重要，对已建项目的反思、对将建项目的探寻，都有赖于一套好的评估机制。所以，评估是博物馆研学旅行不可缺少的环节。

博物馆研学旅行的开展，是一个多学科融合的教学模式，是学生行走的课堂，这项工作越办越好还是流于形式甚至昙花一现，取决于全体博物馆人的共同努力，特别期待其中占比较高的中小博物馆工作者交出精彩的答卷。

注释：

［1］贺华：《基于研学语境下的博物馆教育课程探析》，《中国博物馆》2020年第4期。

［2］同［1］。

［3］中共中央办公厅、国务院办公厅印发《关于加强文物保护利用改革的若干意见》，http：//www.gov.cn/zhengce/2018-10/08/content_5328558.htm。

［4］郑奕：《应用“相关性”原则改革博物馆对中小学的教育供给》，《中国博物馆》2020年第4期。

［5］同［4］。

［6］同［1］。

博物馆教育课程开发与实施

吴学婷*

内容提要： 博物馆教育课程开发与实施是探索馆校合作的重要课题。目前，国内众多博物馆与中小学校在馆校合作有机融合方面有着诸多探索，其通过科普文章、学习手册以及教学手册等形式来串联中华文明历史足迹，生动展示中华文明演进历程，进而开启博物馆深度研学崭新路径。本文结合中学生博物馆教育课程开发与实施的实际案例，从教育哲学、教育心理学视角来具体分析馆校合作中应如何策划研学课程，如何编写科普文章、学习手册以及教学手册，如何以教育哲学原理明确教学目的，如何以教育心理学原理指导教学实践，以期启发未来馆校合作更好地运用教育哲学以及教育心理学原理指导课程开发与实施。

关键词： 博物馆　教育　研学　课程　开发

中国博物馆创建之初衷在教育，“设苑为教育也”是中国第一座公共博物馆南通博物苑的建馆初衷。就选址而言，南通博物苑毗邻南通师范学校，其作为学校教育延伸的意义不言而喻。一百多年来，博物馆教育在其发展过程中，自然而然与学校教育渐趋融合，甚至有向学校教育重要组成部分逐步发展的趋势。《中学生博物之旅》研学丛书是博物馆教育与学校教育有机融合的优秀案例，值得深入解析其中包含的知识基础与价值基础，探究其在知识输出方式以及价值输出技巧方面的合理性与有效性。本文结合《中学生博物之旅》研学课程实际案例，从教育哲学、教育心理学视角来具体分析馆校合作中应如何策划研学课程，如何编写科普文章、学习手册以及教学手册，如何以教育哲学原理明确教学目的，如何以教育心理学原理指导教学实践，以期启发未来馆校合作更好地运用教育哲学以及教育心理学原理指导课程开发与实施。

一　教育哲学视角下的《中学生博物之旅》研学课程开发与实施研究

20世纪30年代，教育哲学领域重要学者吴俊升在《教育哲学大纲》一书中指出：“教育哲学，乃是应用哲学之一种，把哲学的基本原则应用到教育的理论和实施方面，便是教育哲学。教育哲学当和政治哲学、法律哲学、宗教哲学、历史哲学一样，同是应用哲学，不过应用的境地各不相同罢了。”[1]此后，诸多学者在教育哲学领域深耕，然则此实乃一新知识领域，学者间见地差异迥然。有的学者把教育哲学置放于哲学框架之下，将其看作哲学的“应用学科”，有的学者则直接把教育哲学置身于教育学科之中，认为其乃教育学科内一门分支学科。学者黄济是新中国成立后教育哲学领域的奠基人之一，其在《教育哲学》《教育哲学通论》等著作中，明确提到“教育哲学是整个教育科学中一个重要的分支学科，又是教育科学中一门具有方法论性质的学科。”[2]教育哲学“应当是用哲学的观点和方法来分析和研究教育中的根本理论问题。”[3]无论是归属“哲学的附庸”抑或是“教育学的分支”范畴，目前都有学者支持相应观点。然而，一些教育工作者对教育哲学实用价值却颇有疑虑，质疑教育哲学存在必要性，不了解教育哲学究竟能给教育实践带来何种实际意义。在他们看来，自身拥有丰富教学实践经验，不需要教育哲学这类抽象得不能再抽象的学问来指导具体教育活动。对于此类经验丰富的教育工作者而言，在实践中持续丰富教育活动深刻内涵，调整教育活动具体内容，完善教育活动各个环节，增强教育活动知识性与趣味性至关重要，那些空洞而又缥缈的教育哲学在实践面前总是显得无力而又虚空。总而言之，他们认为教育是实践的教育，是

* 吴学婷，中国国家博物馆社会教育部馆员。

经验的积累，而不是在教育活动中强行植入某种所谓的哲学。对此，西方学者奈勒（Kneller G.F.）曾提出过这样一种观点："那些不能用哲学去思考问题的教育工作者必然是肤浅的。一个肤浅的教育工作者，可能是好的教育工作者，也可能是坏教育工作者——但是好也好的有限，而坏则每况愈下。"[4]笔者对此深表赞同，教育工作者应该具备一定的哲学素养，认同教育哲学对于教育实践的价值，基于此，方可成为一个有深度的教育工作者，亦可开发出真正有价值、有内涵的教育课程。

教育工作者应该深谙教育哲学，博物馆教育工作者更是应该如此。提及当代博物馆教育事业蓬勃发展现状，就不得不联系博物馆教育观念更新以及教育活动创新。而不论是教育观念更新，抑或是教育活动创新，作为执行者的博物馆教育工作者是无论如何都无法绕过的。"博物馆教育工作者"这一称谓最早见于美国学者于1927年发表的《小型博物馆手册》，在此之前，人们更习惯于称呼从事这一职业的博物馆从业人员为讲解员。讲解员是博物馆教育部门主要负责讲解工作的专项业务人员，其以展览为基础，运用科学的语言和其他辅助表达方式，有针对性地引导公众解读文物、解析展览，向公众提供语言导览服务。就讲解工作而言，从世界范围来讲，早在19世纪末就已经开始施行博物馆讲解。1906年美国的博物馆开始设讲解员，称为讲师。他们讲述陈列品的名称、性质、时代等有关资料，使参观者从耳闻目睹中，直接获得鲜明而确实的知识[5]。中国博物馆事业肇始于南通博物苑，讲解工作亦始于博物苑创建之初，起先可能由知识渊博者兼职完成展览解说工作，之后，基于公众的讲解需求广而泛，开始出现专门从事该类工作的博物馆从业者，讲解员从而作为一种专门职业身份得以逐渐确立起来。直到今日，几乎所有博物馆皆特设教育部门专事此项工作内容，虽然称呼各异，诸如社会教育部、宣传教育部、群众工作部等，究其内里，实则均为专门负责博物馆教育工作的部门。今时今日，随着博物馆教育事业发展，博物馆教育部门工作内容日益细分，相应地，亦有学者将博物馆教育工作者细分为讲解员与教育员，二者工作内容各有侧重，其中，讲解员主要负责展览讲解，教育员专事教育活动。

讲解工作的性质决定了讲解员必须具有相当的专业知识，良好的沟通能力，在此基础上经年积累，但凡有心向学者大多博学而多识。博物馆教育活动大多需要依托展览开展，教育员对于文物和展览的通晓程度直接影响教育活动质量高低，因此，很多博物馆除了专门的教育员，由讲解员兼职教育员的情况也非常普遍。讲解员兼职教育员极为常见，然而，真正实现角色转变却并非易事。对此，讲解员除了要在身份上实现自我认知转变，更应该认识到教育员与讲解员具备的基本能力与业务素质亦有诸多差异。教育员不仅要掌握丰富的与文物相关学科知识，更需要掌握教学方法，通过教学法实现知识高质量输出，不同于往常讲解中常见灌输式输出方式，正因如此，这就对讲解员提出了更高地要求。此次，《中学生博物之旅》研学丛书博物馆方教师团队，就是由经验丰富的讲解员组成，自2014年开始频繁参与针对中小学生教学实践活动以来，积累了一定的博物馆教学经验，同时，其又极为熟悉博物馆基础展陈与文物，擅长多种形式的文化知识传播，具有利用博物馆资源撰稿和博物馆展厅教学的独特优势。

《中学生博物之旅》研学丛书之《中学生博物之旅·古代中国》《中学生博物之旅·古代中国学习手册》（以下简称学习手册）在知识点输出方式上迥异于展览讲词灌输式输出方式（图一）。来自中国国家博物馆的教师团队，在科普文撰写过程中，力图做到知识性、趣味性和价值观引导的有机结合，将历史故事娓娓道来，力求以史育人、以文化人。课程开发团队的教师具有丰富的讲解、教学经验，教材选用的文物经反复推敲屡屡论证，终而编写成书。整个过程，实乃教育哲学的生动践行。教育哲学本身具备实践哲学的属性，这种属性使其不能一味片面地从知识角度去学习，或从价值角度去研究，而是应该在实践中对其进行深入思考，进而引导教师必须以教育活动为本原去反思活动的知识基础和价

图一 《中学生博物之旅：古代中国》封面

值基础。就此研学丛书来讲，就是中国国家博物馆和北京市第四中学教师团队从以往的工作经验和教育经历着手，深入挖掘文物之中最有价值的信息，并且把诸多有效信息构造成内在逻辑严谨、环环相扣又成体系的经验系统，最终对其进行深入理解、研究并转化成教育课程。在书稿最终成型之前，教师团队还曾借鉴以往课程中的成功经验，并不厌其烦地探讨修订，诸如选择经典教学案例分析其合理性和效用性，益处颇多的设计环节甚至作为重点研究对象，深入解析其中包含的知识基础和价值基础，习得其中知识输出方式以及价值输出技巧。诚然如此，教育哲学贯穿着《中学生博物之旅》研学丛书的始终。教育哲学是从哲学的角度对教育问题进行研究，之于具体教学实践，其价值更是不言而喻。

《中学生博物之旅》研学丛书教学目标涉及知识学习、能力培养以及价值观引导等多个层次[6]，为了在科普文章、学习手册以及教学手册中实现教学目标，教师团队进行了艰难探索，甚至不惜推翻重写样稿（图二）。其中，第一层级为知识学习，这个层次

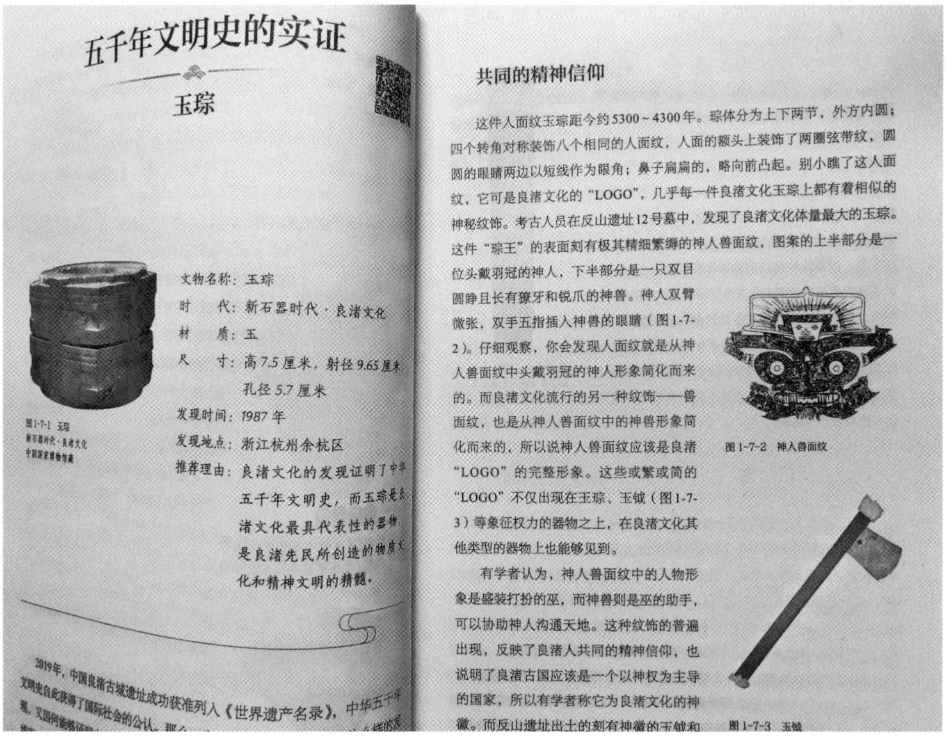
五千年文明史的实证

玉琮

文物名称：玉琮
时　　代：新石器时代·良渚文化
材　　质：玉
尺　　寸：高7.5厘米，射径9.65厘米，孔径5.7厘米
发现时间：1987年
发现地点：浙江杭州余杭区
推荐理由：良渚文化的发现证明了中华五千年文明史，而玉琮是良渚文化最具代表性的器物，是良渚先民所创造的物质文化和精神文明的精髓。

图1-7-1 玉琮
新石器时代·良渚文化
中国国家博物馆藏

2019年，中国良渚古城遗址成功获准列入《世界遗产名录》，中华五千年文明史自此获得了国际社会的公认。

共同的精神信仰

这件人面纹玉琮距今约5300～4300年。琮体分为上下两节，外方内圆；四个转角对称装饰八个相同的人面纹，人面的额头上装饰了两圈弦带纹，圆圆的眼睛两边以短线作为眼角；鼻子扁扁的，略向前凸起。别小瞧了这人面纹，它可是良渚文化的“LOGO”，几乎每一件良渚文化玉琮上都有着相似的神秘纹饰。考古人员在反山遗址12号墓中，发现了良渚文化体量最大的玉琮。这件“琮王”的表面刻有极其精细繁缛的神人兽面纹，图案的上半部分是一位头戴羽冠的神人，下半部分是一只双目圆睁且长有獠牙和锐爪的神兽。神人双臂微张，双手五指插入神兽的眼睛（图1-7-2）。仔细观察，你会发现人面纹就是从神人兽面纹中头戴羽冠的神人形象简化而来的。而良渚文化流行的另一种纹饰——兽面纹，也是从神人兽面纹中的神兽形象简化而来的，所以说神人兽面纹应该是良渚“LOGO”的完整形象。这些或繁或简的“LOGO”不仅出现在玉琮、玉钺（图1-7-3）等象征权力的器物之上，在良渚文化其他类型的器物上也能够见到。

图1-7-2 神人兽面纹

有学者认为，神人兽面纹中的人物形象是盛装打扮的巫，而神兽则是巫的助手，可以协助神人沟通天地。这种纹饰的普遍出现，反映了良渚人共同的精神信仰，也说明了良渚古国应该是一个以神权为主导的国家，所以有学者称它为良渚文化的神徽。

图1-7-3 玉钺

图二 《中学生博物之旅：古代中国》书影

的学习效果最为显而易见。荀子早在两千多年前就曾有过“凡以知，人之性也；可以知，物之理也”的言论，明确将“求知”作为人区别于动物的本性之一，千百年来，人们孜孜于求索“知识”并乐此不疲。什么是“知识”？对于此问题，《辞海》明确定义如下：知识是“人类认识的成果或结晶。包括经验知识和理论知识。”[7]长久以来，教育的目的之一即为知识的学习，博物馆教育作为文化教育亦是如此，帮助学生获取并掌握知识是教育工作者职责所在。然而，知识是无限的，时间和空间是有限的，在博物馆有限的时间和空间内以何种标准选取哪些知识来传授给学生，是博物馆教育工作者需要解决的紧要问题之一。对此，德里克·郎特里《英汉双解教育词典》中提到：“教育机构在确定与承认什么是有价值的知识上极有权威”[8]，确实，在最初课程设计环节，教育工作者们会根据自己的经验来选择有价值的知识，之后将其以一定逻辑组织成课程，在具体知识点选取上，他们具有绝对话语权。以《中学生博物之旅》研学课程为例，其中64件核心文物就是由中国国家博物馆和北京市第四中学教师团队反复斟酌后最终选定。来自中国国家博物馆的教育团队极为熟悉馆藏文物，来自北京市第四中学的教师团队覆盖语文、数学、英语、历史、地理、政治、化学、生物、美术、通用技术等多个学科，对学生各科知识掌握情况极为熟悉，双方教师团队在选择传播哪些方面的知识上具有绝对话语权，因此，馆校合作共同商讨最终选定的文物算是非常具有权威性的。科普文章、学习手册和教学手册都是辅助教学的关键性材料，是关系整个教育课程和教学活动成功与否的关键，因此，其中选取的64件文物关系到课程具体走向，极为关键，教师团队更是慎之又慎。对此，笔者也是梳理了整套丛书64件文物，具体如下：

远古时期	夏商西周时期	春秋战国时期	秦汉时期	三国两晋南北朝时期	隋唐五代时期	辽宋夏金元时期	明清时期
骨笛	青铜爵	“王子午”青铜鼎	陶俑	陶院落	嵌珍珠宝石金项链	“济南刘家功夫针铺”广告青铜版	“大明通行宝钞”壹贯钞
炭化稻谷	“后母戊”青铜方鼎	“吴王夫差”青铜剑	琅琊刻石	骑马陶俑	玄奘题名石佛像	针灸铜人	青花海水云龙纹扁瓶
鹰形陶鼎	“有出虹自北饮于河”刻辞卜骨	“鄂君启”错金青铜节	乘云绣	元羽墓志	三彩釉陶骆驼载乐俑	“丁都赛”戏曲雕砖	郑和铸铜钟
鹳鱼石斧图彩绘陶缸	四羊青铜方尊	“子禾子”青铜釜	“滇王之印”金印	《齐民要术》明刊本	饺子、点心及食具	汝窑洗	“万历十年登州戚氏”军刀
玉龙	青铜面具	《论语》明刊本	青铜染器	青瓷莲花尊	彩绘陶打马球女俑	《女真进士题名碑》拓片	《南都繁会图》卷
舞蹈纹彩陶盆	“利”青铜簋	信阳长台关青铜编钟	错金银云纹青铜犀尊	网纹玻璃杯	鎏金银香囊	《洗冤集录》	《巡视台阳图》卷
玉琮	“盂”青铜鼎	青铜冰鉴	“熹平石经”残石	邓县画像砖	彩绘浮雕武士石刻	“南海I号”出水瓷器	霁青釉金彩海晏河清尊
陶排水管	“虢季子白”青铜盘	朱绘黑漆凭几	旱滩坡带字纸	《职贡图》卷北宋摹本	白瓷茶具及陆羽像	《水竹居图》轴	《香港开埠图》

《中学生博物之旅·古代中国》学习手册以及教学手册是《中学生博物之旅》研学课程日常使用教学参考书。教学参考书直接关联教学内容，其内容选择、难度确定、结构组织既要适合学生现有发展水平，又要有效促进学生现有水平发展，同时，还要适于学生学习过程及特点并兼顾教学目的性，对此，《中学生博物之旅》研学丛书均做了良好示范。第二层级为能力培养，教学手册在具体设计时会涉及培养学生搜集与整理资料能力、团队合作意识与协作能力、沟通交流与表达能力、创新精神与创造能力等诸多方面，这一层级的诸多能力主要通过教师在教学环节实现，之后章节会着重介绍。第三层级为价值观引领，教师可以通过在教学环节引导学生进行过程性反思，致使其实现情感心理状态变化并最终达成价值观引领之目的。在笔者看来，价值观引领是教育课程设计中比较难以落地的教学目标，对课程开发人员要求也最高。《中学生博物之旅》研学丛书在价值观引领方面有诸多新尝试新探索，颇有借鉴意义。

从教育哲学视角来研读《中学生博物之旅》研学丛书之学生读本，循序讲述中华文明史，正如序言所言："引导青少年观众认识中华文明起源和发展的历史脉络，认识中华文明取得的灿烂成就和对人类文明的重大贡献的重要使命；努力用正确的历史观、民族观、国家观和文化观引领青少年观众，用实实在在的文物展现真实的国家命运和民族记忆，让青少年观众从展览叙事中切实感受到国家命运与个人命运紧密相连，树立正确的国家观、民族观、历史观、文化观。"[9]除了引导学生树立正确的世界观、人生观和价值观，丛书对于启发学生提升人生境界方面亦有诸多裨益。学校教育更多关注于知识学习，博物馆教育作为学校教育拓展延伸，可以关注学校教育很难实现的价值观引领类综合实践课程。对此，《中学生博物之旅》研学课程就做了有益的尝试。以《"意笔"写"逸气"——〈水竹居图〉轴》一文为例，文中阐释主题文物为元代文人画家倪瓒创作的《水竹居图》，画中描绘文人居水竹之畔，与琴诗相伴的理想生活，表达了画家对闲适淡雅隐居生活的向往之情（图三）。全文通过展开元、明、清三代文人隐士寄情山水、诗书相伴的生活画卷并辅以题诗，呈现文人豁然超脱的人生观，亦向学生读者展示古代文人上下求索的非凡人生境界。东西方先贤均把人生境界划分多个由低到高的层次。笔者认为，引导学生追求更为高尚的人生境界，可以作为博物馆教育区别于学校教育的主攻方向之一，亦可以成为未来博物馆教育的教学目标之一。当今，社会功利化亦对教育产生不良影响，造成教育趋向

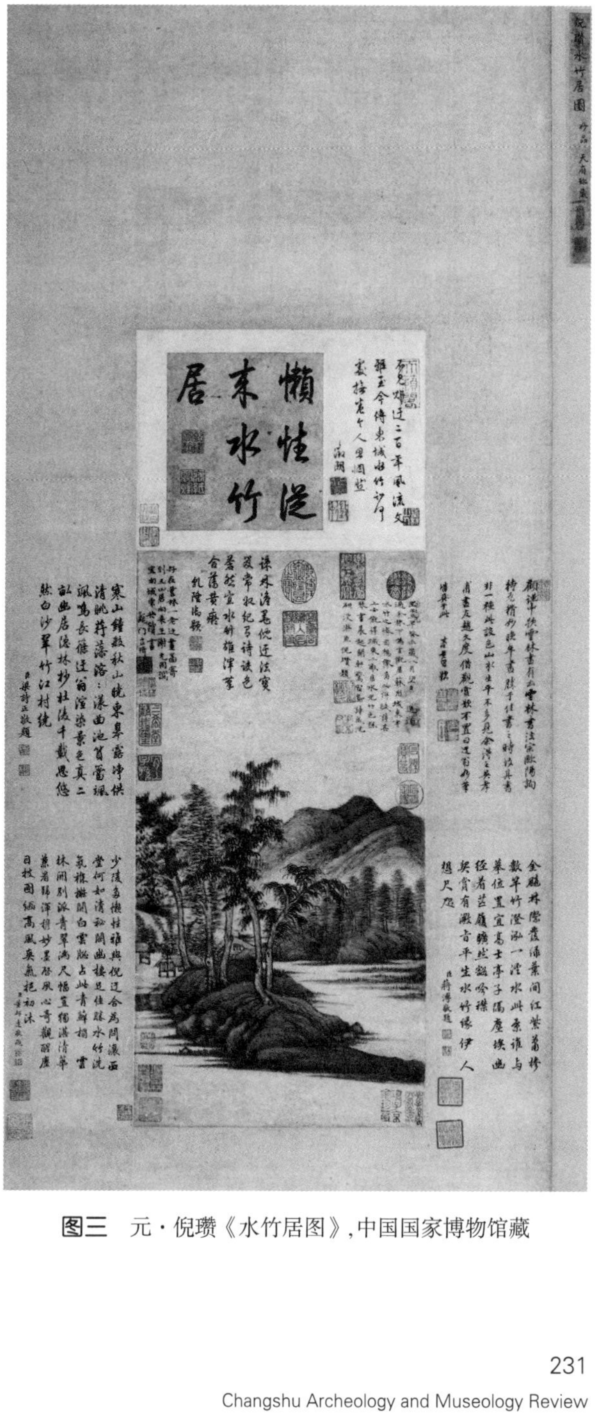

图三　元·倪瓒《水竹居图》，中国国家博物馆藏

功利化。因此，教育工作者需要引导学生对人生价值与意义进行深入思考，更多关注世界观、人生观以及价值观问题，而非只专注于知识学习与能力培养。博物馆教育课程对于解决此类问题大有可为。未来，博物馆教育工作者在设计价值观引导类课程时，可以将个人与社会建立起某种积极串联，使得教育真正成为价值观引领乃至促进社会发展和文明进步的重要手段。

二　教育心理学视角下的《中学生博物之旅》研学课程开发与实施研究

教育心理学是研究学与教的基本心理规律的科学，属于应用心理学范畴，亦是心理学与教育学的交叉学科[10]。其具体研究内容包括学习的基本理论、学习的心理规律、学生心理、教师心理、学习心理以及教学心理等。教育心理学在教育理论和实践中扮演重要角色，教与学间的动态作用是其研究基本着眼点[11]。之于具体教学实践而言，教育心理学可为教学活动各个环节的合理性提供理论支撑，助力教师分析、预测和干预学生行为并最终指导课堂实践。

建构主义是在教育研究领域产生深远影响的认识论和学习理论。相较于客观主义知识论，建构主义更强调人在学习过程中的关键作用，即个体知识应该由人建构起来而非由客观事物决定，强调人基于已有知识与经验来建构对现实世界的认知。在知识观上，建构主义强调知识的动态性。知识本身具备持续更新的特性，人又总是试图对世界做出更准确、更深刻的理解，这是一种自然规律。而博物馆教育课程与此种规律高度契合，会随着最新考古发现更新旧有观点，博物馆教育员在教学环节可以坦然陈述其中缘由，实乃建构主义知识观有力践行。对于初中、高中阶段的学生来讲，很难从学校教育中领略此种知识观，因此，需要学校教师基于迥异于学校教育的课程来循序引导。《中学生博物之旅》研学课程就是北京市第四中学教育团队的成功尝试，课程涉及诸多最新考古发现成果以及学界前沿学术成果，无论是学生手册、教学手册、学生读本，抑或是具体教学环节，均有诸多相关论述，知识观可在教学中实现自然渗透。比如《稻花香里说丰年——炭化稻谷》一文，重点论述南方稻作农业和北方粟作农业（图四）。过去，但凡论及稻作农业，学者大都会提到距今约7000年的浙江余姚河姆渡遗址的水稻遗存。然而，随着2000年浙江金华浦江上山遗址出土炭化稻谷，栽培稻历史提前至距今10000年左右。上山文化出土稻谷遗存的栽培特征清楚，野生特征并存，是稻作文化的初始状态，学者还对栽培稻完整证据链有详细论证。来自中国国家博物馆的教师团队在《学生读本》中对出自上山文化、河姆渡文化炭化稻谷均有介绍，并逐一详述，随着最新考古资料更新的学术观点在研学课程中有所体现。北京市第四中学教育团队在这一课中，设计了探究活动“如何判断河姆渡遗址出土的水稻是驯化过的？”引导学生理解稻作农业起源问题。具体教学环节，教师可以根据学界最新研究成果，给出最新结论，建构主义强调知识动态性的观点在教学之中实现自然渗透。

《教育心理学》一书中提到：知识观具体是指怎样理解知识，对知识抱有什么样的态度[12]。学习知识是学生的主责主业，亦是学校以及博物馆教育课程的目的之一，在教学中注重引导学生树立正确的知识观非常必要。学生的知识观随着年龄的增长发生着发展性变化，舒梅尔等人的研究发现，学生的知识观表现出明显的差异，随着年龄的增长，他们不再把知识看得那样简单和确定，同时也越来越重视坚持和努力在学习中的作用[13]。任何知识都可以通过学习途径来获得，无论是主动学习抑或是被动学习，树立正确的知识观极其重要。非同于学校教育，博物馆教育更多地需要学生自主学习来探究问题本真，这就要求树立正确的知识观并以此自我指导学习实践。随着年龄增长，学生会认识到有的知识并非确定唯一，对此，学校教育用到的教材更新有限，而博物馆教育基于每年都有新的考古发现和研究成果，这些最新学术成果可能是对以往认识的增补，亦可能直接推翻旧有观点，非同于学校教育中的教材相对确定，这一特点其实对学生认识知识的非确定性极为有益，因而博物馆教育在树立知识观方面更具得天独厚的优势。

树立正确的知识观，而后经由教师引导学生基于已有知识和经验来建构新的经验，是教育课程的目的之一。建构主义强调由学习共同体合作完成学习任务从而建构新的经验，而非将知识和经验从外部强行灌入学生头脑之中。学习共同体由助学者和学员构成。助学者可以是教师、辅导员或专家。非同于教师在学习过程中常规主导性控制，学习共同体更强调学员在学习过程中的自我管理，助学者只是作为组织者或促进者存在。学员分享学习资源，在沟通交流、协作克难中形成相互影响、相互促进的人际联系，进而内化相关知识、经验以及能力。之于初中、高中阶段的学生来讲，能力培养可以关注诸如学习能力、处理信息能力、团队合作能力、沟通表达能力、解决问题能力、知识创新能力等。中国国家博物馆和北京市第四中学教育团队在探讨学习手册、教学手册以及教学环节时，充分考虑如上所述诸多能力的培养应贯穿课程教学之始终，并考量是否符合教育心理学的科学发展规律。以《"利"青铜簋：武王伐纣的物证》一课为例，课程设计探究活动"为什么今天很多学者认为'利'青铜簋刻下了商周的界碑"（图五）？为了引导学生研究性学习，教学手册拆分出三个小任务，分别是：1.了解武王克商之年是商、周的分界；2.观阅利簋铭文图片，观其形而辨其意；3.阅读材料，习得学者如何利用利簋铭文，并结合天象记载进而推求克商之年。学生要完成此项探究活动，需要充分的沟通交流、团队合作，再通过清晰流畅、逻辑缜密的观点陈述分享学习所得，最终方可圆满完成任务。具体来讲，教学手册首先介绍两千多年来商、周分界存在的44种结论，指出学界在利簋出现之前对此问题未有定论。而利簋重要价值在于记载武王克商之年，确立这一重要的时间节点，就可以判定西周元年，并由此上推商代和夏代。这一环节需要学生们共同合作搜集整理相关文献资料及44种结论，该教学设计可以锻炼学生的合作能力、沟通能力以及表达能力。第二个任务是识读铭文，在若干金文中找到"岁""鼎"二字，进而找出对确定商、周分界最有价值的铭文信息"武征商，惟甲子朝，岁鼎"。学生群体大都对青铜器铭文不甚了解，这一环节需要他们查找资料、辨识金文，获取有效信息，从而真正理解何为"吉金铸史"。第三个任务就需要在熟悉科技、天文知识并具备一定科研能力、创造能力

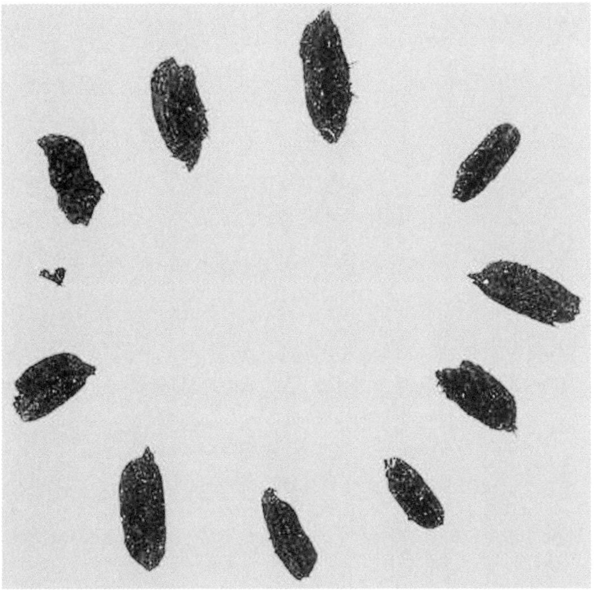

图四　河姆渡文化炭化稻谷，中国国家博物馆藏

图五　西周利簋，中国国家博物馆藏

的学生引领下，通过小组协作，共同推求出周克商的具体年份。完成这一探究任务，学生势必会对科研精神、创新精神有一定领悟。建构主义强调学习共同体内部成员具有多元化的知识技能优势，强调成员的学习资源与知识技能实现共享进而推动集体性知识的持续发展。学习共同体内部成员阅历有所差别，对同一事物可能会有不同理解，成员均可对团体目标做出价值贡献并得到认可。《中学生博物之旅》研学课程开发与实施路径符合建构主义建构新知识与新经验的过程。

1958年，英国科学家、哲学家波兰尼提出了“显性知识”和“隐性知识”的知识形态。波兰尼认为，显性知识是指用书面文字、图表和数学表述的知识，通常是用言语等方式，通过表述来实现的，所以又称为“言明的知识”，即明确知识。隐性知识是指尚未被言语或其他形式表述的知识，是“尚未言明的”“难以言传的”知识，即缄默知识[14]。显性和隐性知识在博物馆互融共生，直观可视的“显性知识”大多一望而知，隐含其中的“隐性知识”需要观者主动探究，方可获取。鉴于初中、高中阶段学生对于博物馆知识不甚了解，《中学生博物之旅》研学课程开发团队专门设计学习手册，襄助学生展开深度研学。学习手册分为八个单元，首页概述历史阶段特征和三个值得深思问题。每一单元精选八件重点文物并设置“初识文物”“深入探究”“文化参与”三个板块。“初识文物”引导学生关注文物亮点及最需要把握特点；“深入探究”引入重点文物的关联文物，用文物串联起可进行探究活动的线索，进而引出探究主题及探究活动；“文化参与”启发学生阅古识今，做跨越古今又兼具知识性和趣味性的文化对话。每个单元末了总结八件核心文物重要意义，引导学生通过提出关键词或绘制思维导图方式做出学习总结，期望参与研学课程的学生以“文化使者”身份分享所得或启迪自我进行深刻思考。学生手册“初识文物”板块多为“显性知识”，较为浅显易懂，“深入探究”“文化参与”更多涉及文物内在蕴含“隐性知识”，高深难懂，需要花费一番工夫。《中学生博物之旅》研学丛书一共64课，是教育团队在课程开发过程中融合如何教、如何学以及教和学之间如何自由切换，将教育心理学相关原理付诸具体教学实践，也为博物馆综合实践课程开发与实施提供了参考和借鉴。

三　结语

一个博物馆就是一所大学。《中学生博物之旅》研学丛书是中国国家博物馆与北京市第四中学历时五年倾力之作，值得学界同仁参考借鉴。最后，借用北京市第四中学教育团队在丛书后记所言：“博物馆是个好地方。好在哪里？好在它打通古今，仿佛时光穿梭；好在它跨越地域，仿佛万花筒汇聚；好在它微妙玄达，仿佛古今中外的聪明人一股脑儿向你展示他们的平生绝学。博物馆像多宝塔，像藏经洞，像聚宝盆，是世界上最美好的地方之一。文物—故事—人性—科学，是我们的路线；认识自我、认识社会是我们的坐标。”期待未来馆校合作开发出更多的优秀博物馆教育课程，让青少年学子埋头苦学之余在博物馆领略“诗与远方”。

注释：

[1] 吴俊升：《教育哲学大纲》，商务印书馆，1934年，第34—35页。

[2] 黄济：《教育哲学》，北京师范大学出版社，1985年，第1页。

[3] 黄济：《教育哲学通论》，山西教育出版社，1998年，第318页。

[4] 陈友松主编：《当代西方教育哲学》，教育科学出版社，1982年，第135页。

[5] 王宏钧：《中国博物馆学基础》，上海古籍出版社，2006年，第345页。

[6]《中学生博物之旅教学手册·古代中国》本书使用建议，商务印书馆国际有限公司，2021年，第7页。

[7]《辞海》，上海辞书出版社，1990年，第1952页。
[8]［英］德里克·郎特里著、赵宝恒等译：《英汉双解教育辞典》，教育科学出版社，1992年，第239页。
[9] 中国国家博物馆编：《中学生博物之旅·古代中国》，商务印书馆国际有限公司，第1页。
[10]陈琦、刘儒德：《教育心理学》，高等教育出版社，2021年，第3页。
[11]同[10]，第9页。
[12]同[10]，第184页。
[13]同[10]，第184页。
[14]同[10]，第186页。

文博图书交换工作机制研究

——兼论博物馆图书功能发展趋势

胡音尧　朱春阳*

内容提要：随着博物馆的规模扩大、功能拓展及研究深入，文博图书数量与日俱增，种类逐渐丰富，图书交换亦日益频繁。然而当前交换活动多属博物馆间个体行为，形式较为松散，且带有随意性，中小型及非国有博物馆参与度极低，不利于文博事业整体水平的提升。顺应时代潮流，文博行业组织应适时整合社会资源，并以龙头博物馆为平台建立完善的图书交换机制，在各类、各级博物馆间搭建通畅的图书交换渠道，完善博物馆的公共文化服务功能。

关键词：文博　图书　交换　机制

图书交换是资源共享、节约成本的一种重要方式，也是节约型社会建设的必然趋势。博物馆热背景下文博类图书所占比例日渐提高，与之呼应，文博图书的交换亦逐渐受到重视。吴贵飙、季涛在《打造民族图书文博事业交流合作互鉴的平台》[1]介绍中国图书馆学会学术研究委员会少数民族图书馆专业委员会和中国博物馆协会民族博物馆专业委员会共同担负着联系全国民族图书馆和民族博物馆开展学术交流、促进事业发展的使命。不仅如此，各类文博图书交换都有着巨大的社会需求，交换活动的开展也是博物馆精神文化空间构建及书香城市建设的重要途径。事实上，文博图书交换由来已久，且趋于频繁，然而相关学术探讨较为薄弱。苏州地区文博图书交流尤其活跃，是考察图书交换机制的理想范本，本文以此为切入点探究文博图书交换机制的建立，并结合国内外博物馆发展趋势进行思考，以期达到抛砖引玉的效果。

一　文博图书交换工作机制建立研究的背景

近年来博物馆迎来了快速发展，文博出版物数量呈井喷式增长，图书交换有着巨大社会需求，且已在博物馆间频繁开展。

（一）文博图书数量日益激增

1949年后，我国博物馆迎来第一波建设高潮，早期文博图书数量较少，种类单一。以苏州博物馆为例，20世纪80年代创办学术期刊《苏州文博》，在建馆40周年之际出版纪念论文集等，出版物较为零散。进入21世纪，文博图书数量大幅提升，主要表现为四大类：一是文博类学术研究刊物层出不穷，学术研究是文博事业核心竞争力，各地综合性国有博物馆普遍创办学术性期刊并以文博命名，如《北京文博》《上海文博》《苏州文博》等，甚至区县级博物馆亦办有学术期刊，如《常熟文博》《江阴文博》等。此外，亦有其他形式的命名，如辑刊、院刊、馆刊、论坛，亦有《东南文化》《东方博物》等各种学术期刊，显示出文博图书种类的丰富。二是配合展览各文博单位出版相关图录，仅以2020年苏州博物馆出版物为例，全年配合“苏艺天工大师系列——宋卫东红木家具艺术展”“苏艺天工大师系列——邹英姿刺绣艺术展”“苏艺天工大师系列——程磊玉雕艺术展”“黄金为尚：历史·交流·工艺”等展览出版图录4本，各单位历年出版的展陈图录更是数不胜数。三是馆藏文物图录的出版，各博物馆大多出版有馆藏精品的图录，以达到宣传、推广博物馆文化的效果，甚至非国有博物馆亦有大量相关出版物。四是各类工作动态信

* 胡音尧，太仓市博物馆馆员。朱春阳，苏州博物馆副研究馆员。

息的内部交流刊物，如工作通讯、年度报告等。文博图书市场日具规模。如，由北京市委宣传部和文博会组委会办公室主办、北京发行集团承办的第五届“中国北京国际文化创意产业博览会”台湖国际图书分会场于2010年11月18日至21日，在北京出版发行物流中心亮相。围绕“交流交易发展共赢”的主题，分会场精心准备了国内560余家出版社、300家民营书商、900余家音像公司以及国外48家出版集团的图书、音像制品近60万种供客户现采订货[2]，可见文博图书市场繁荣程度。然而与之伴随，图书积压闲置现象在各单位不同程度存在，且逐渐加剧。

（二）文博图书交换的巨大社会需求

与库存图书积压造成的资源浪费形成鲜明对比，博物馆往往不能顺利获取所需的专业性书籍。一方面，博物馆图书采购经费不稳定。受传统观念影响，目前各大博物馆运行经费侧重于文物保管、展陈及宣教等主体业务工作。这就使得图书采购经费占比极小，且每年不固定。一旦经费压缩，图书购置经费更是微乎其微，尤其中小型博物馆，仅仅依靠图书采购经费无法满足读者或员工海量阅读需求。另一方面，文博图书获取途径受限。不同于大众读物，文博图书专业性极强，且不少图书未在图书市场发行，出版信息发布不畅，造成文博类出版物“买难”与“卖难”的现象，尤其旧版图书获取更为困难，图书交换活动的开展具有重要的现实意义。

（三）图书交换活动的现状

从发展的眼光看，图书交换逐渐成为博物馆间一项重要的业务、学术交流活动，具体表现在：

1.图书交换由来已久，逐渐成为传统。自博物馆及第一本出版物出现，图书交换就已经零星出现。此后，图书交换一直伴随着博物馆成长，渐而成为约定成俗的行业习惯，趋于固定。

2.交换动机趋于多元，涉及图书种类丰富。早期博物馆出版图书多为学术类，与之对应，学术交流成为单位之间图书交换的主要动机。近年来，出版物由展陈图录逐渐延伸至工作动态，所交换的图书门类丰富，图书交换成为日常工作交流的常态。

3.图书交换参与主体多元，关系日益复杂。从图书版权上来看，博物馆出版物分个人和单位两种类型，由此衍生的图书交换更加复杂。早期交换以单位行为居多，此后个人交换日渐活跃，文博单位交流日益紧密。

（四）文博图书交换存在的问题

目前交换活动大体以民间行为为主，存在的问题不容忽视。

1.没有相对统一规制，具有较大的随意性。博物馆建成初期，在很长一段时间各文博单位馆藏图书资料数量有限，与之伴随图书交换现象零星发生。近年来，随着文博图书出版大量涌现，图书交换的重要性逐渐被认识，博物馆通过各种途径打开图书交换的局面，但交换活动仍较为松散。

2.交换覆盖面相对狭小，文博行业不能全方位互动。目前，文博图书交换主要依靠博物馆自身影响力推动，虽然涉及交换单位的总数较多，但真正有效开展图书交换的文博单位数量占比极小，且多为大型博物馆。中小型及非国有博物馆虽有图书交换需求，但很难实现。

3.未能与全国图书交换中心有机融合，功能没有充分发挥。博物馆、图书馆是城市主要公共文化服务机构，由于博物馆图书功能相对偏弱，故而在图书交换活动上缺乏对等地位的交流互动。

二　文博图书交换机制的建立

文博图书交换渠道的不畅，某种程度上不利于博物馆间业务学术交流，同时也影响了博物馆功能的提升。为了更好地促进博物馆行业发展，提高博物馆服务公众水平，建立图书交换机制已势在必行。

（一）图书交换工作机制建立的基础

进入21世纪以来，博物馆网络格局基本形成，为文博图书交换机制的建立提供了可能。根据国家文物局数据显示，“十三五”时期我国博物馆的备案数量由4692家增长至5788家，几乎每两天就有一家博物馆诞生。不仅如此，未来博物馆将向纵深发展，不同地域、层级、属性、类型等均建有博物馆。相对于20世纪，当前博物馆已经形成庞大的社会网络，图书信息的沟通是未来博物馆业蓬勃发展的必然需求。

图书交换需要依靠便捷的交流媒介，近年来多媒体及信息技术的飞速发展为相关的机制建立提供保障。第一，电子数据库建设。20世纪以来，不少图书、档案机构为了减少纸质书籍损坏，提高服务效率，启动纸质文献扫描工程。电子图书的出现，为便捷交换提供基础。第二，QQ、微信、电子邮箱等现代媒介出现提高了沟通效率，馆际交流更加便捷。比如各地图书出版信息或库存情况可以通过微信群、朋友圈等快速发布，并第一时间得到反馈。第三，大数据时代推动了共享数据中心的建设，目前不少大型数据交换平台已成功研发并投入使用，为文博图书交换提供了广阔的空间。

（二）图书交换工作机制建立的路径

1.知名博物馆为龙头，构建交换平台雏形。当前，国内外知名博物馆不同程度地已开展图书交换，并初步建立了固定合作的交流机制。图书交换机制的建立以现有活动为基础，进一步明确相关工作开展的原则、指导思想等。

2.充分整合社会资源，自上而下推动整个文博行业图书交换。未来，图书交换有必要在此基础上纳入行业协会范畴并不断完善，且依靠行业协会影响带动不同层级、不同类型博物馆开展相关工作。

3.跨专业融合，全面推动图书交换工作。虽然图书交换在文博行业尚处于初级阶段，但是国内外图书界早已开展，且有着丰富的研究成果。文博图书交换机制的建立不妨结合自身个性特征，有针对性地进行吸收。

（三）图书交换工作远景即中国特色文博图书交换中心的建立

文博事业的发展促使博物馆学孕育而生，文博图书交换机制的建立将构建起大型专业性文博数据库，既推动学术研究深入，也更好地服务社会公众。文博图书交换中心的建设需遵循平等、互需等理念，从而实现社会资源全方位整合：

1.通过等量或等价交换的原则，实现博物馆间长期动态平衡。等价或等量是交换基本原则，是持久开展图书交换的根本保障，各取所需是交换的原动力。

2.根据博物馆错位发展战略布局，互换各自所需要的图书资料。各博物馆处理复本和不符合馆藏的书，同时结合自身优势充实相关图书，实现互惠互利，互通有无。

3.以实现价值的最大化作为成本管理目标，构建全国文博图书交换中心。流通、交换最终目的在于形成庞大的社会网络，构建节约型社会，在节约文博图书采购经费的前提下实现博物馆功能突破。

三　文博图书工作机制建立的相关思考

文博图书交换机制的建立既拓展了行业协会的职能，同时也将博物馆真正打造成人类精神世界的空间，从而丰富了博物馆学理论。

（一）未来博物馆定位：人类精神的家园

时代进程中，博物馆功能不断延伸，如在2019年日本京都召开的国际博协第二十五届大会讨论议题之一即“博物馆定义和系统”，博物馆和博物馆专业人员应该如何定位？应该制定怎样的政策和制度来应对他们的日常挑战？不同的机构、不同的人站在不同的角度，对博物馆的定义差异性巨大，如学理方面、管理层面、行业机构、行业组织等角度不一，各持己见。博物馆专业性更强，如在创新观念驱使下博物馆图书资料功能不断强化。新中国成立后，中国各地博物馆在创办初期即已设立图书资料部门，然而在很长一段时间内不被重视。进入21世纪，随着公共服务功能的增强，图书资料部门地位不断提高。如苏州博物馆在2018年6月专门开辟单独场馆设立古籍图书馆，建筑面积994平方米。顺应时代发展，苏博的图书资料部门功能发生较大变化，即由服务员工学术研究为主转向对社会公众免费开放，年接待读者近5万人次，成为文博知识传播的重要场所（图一、二）。专业性图书阅读服务是未来博物馆功能变化的趋势所在，而未来图书交换制度化正是博物馆功能延伸的必要举措。

不可否认，未来博物馆一定在城市文化建设中日益占据重要地位，形成与城市融合发展的新格局。世界上许多具有深厚文化底蕴的历史名城，均因博物馆数量众多、种类丰富、影响显著而被世人誉为博物馆之城。伦敦作为欧洲文化的核心城市，拥有总数超过

图一　苏州博物馆古籍图书馆外景

图二　苏州博物馆古籍图书馆阅览区

300家的博物馆群体，被称为世界博物馆之城，既有大英博物馆和维多利亚与阿尔伯特博物馆这样著名的综合性博物馆，也有自然博物馆、军事博物馆、国家人物肖像画馆、电影博物馆和交通博物馆等专题博物馆。仍以苏州为例，至2020年正式建成博物馆之城，拥有各类博物馆约108家。与此同时，世界各地的城市极为重视阅读文化，建设成书香城市，以图书交换为基础的博物馆馆藏特色图书恰好可以成为书香城市建设有机组成部分之一，营造浓厚的阅读氛围。

（二）文博行业协会建设：行业服务功能不断强化

以图书交换为例，博物馆协会应与时俱进，充分发挥社会影响，推动图书交换工作，加强信息共享。2021年，为表达对新疆阿勒泰地区博物馆新馆建设的支持，中国博物馆协会文创产品专业委员会就曾发起赠书活动的倡议，得到各大博物馆的积极响应（图三）。以苏州地区为例，为充分展示地方文博单位整体学术研究成果，搭建全市文博机构学习交流平台，苏州市博物馆协会充分发挥行业协会功能，与苏州博物馆联合在苏州博物馆古籍图书馆开展设立全市文博图书馆专柜试点工作，整体收储展示全市各文博单位特色书籍，征集文博图书百余册。行业协会服务功能的延伸正是顺应博物馆图书功能强化的发展趋势。

作为专业性社会服务团体，行业协会内部需根据社会发展及时增设相关专业性机构。以图书交换为例，为加强和促进地方博物馆协会之间的交流合作，开展地方博物馆及相关行业、团体之间图书交换，加强优势互补，推动文博事业全面兴盛，国家或省级博物馆协会可设立图书交换专业委员会，由涉及图书交换需求的博物馆和社会组织自愿组成公益性群众团体。图书交换专业委员会的宗旨可定位为加强与业内单位图书资料交换的合作，建立长效的馆际图书资料互赠和交换机制，使图书交换成为有条理的日常工作，进而实现文博类图书资料的资源共享，提升博物馆科研能力和水平，推动博物馆高质量发展。其目的在于灵活调配各类博物馆馆藏、研究等图书，构建起门类齐全的图书交换中心。同时，专委会借助于其品牌影响加深与国内外各协会、博物馆等之间自由交流和合作，促进文化友谊和相互支持，从而提升博物馆群体凝聚力和服务影响力。

中国博物馆协会文创产品专业委员会

关于组织开展赠书活动的倡议书

专委会各成员单位：

阿勒泰位于新疆北部，是个多民族聚居的地区。阿勒泰地区博物馆新馆建设得到吉林省博物院的大力支持，即将建成开放，目前正在进行陈列布展、消防验收、配齐软件设施等工作，预计2021年4月试运行，5月正式开馆。

为表达对阿勒泰地区博物馆新馆建设的支持，促进边疆博物馆与内地博物馆的业务交流，加强博物馆之间的沟通与联系，现向专委会各成员单位发出倡议，友情赠送各馆出版的图书，以充实阿勒泰地区博物馆的文博类藏书，给工作人员创造更好的学习、研究环境。

此次活动作为专委会年度“文创中国行”活动内容之一，希望各成员单位鼎力支持，共同为支援新疆发展、为阿勒泰地区博物馆建设贡献一份我们自己的力量。

图三 中国博物馆协会文创专委会发起赠书活动的倡议书

综上所述，自博物馆诞生起，文博图书交换就日益频繁，形式多样，然而相关问题亦普遍存在。追其根源，目前文博图书缺乏长效管理机制，制约了博物馆间业务交流及功能发挥。随着博物馆规模效应的形成及多媒体信息技术发展，为图书交换机制构建奠定基础。文博行业协会应顺应博物馆图书功能发展趋势，及时调整自身功能及内部结构，组建图书交换专业性指导机构以加强长效机制的管理，推动文博图书交换工作深入、有序地开展。

注释：

［1］吴贵飙、季涛：《打造民族图书文博事业交流合作互鉴的平台》，《中国民族》2019年第12期。

［2］《出版参考》2010年第34期。

新博物馆学理论视角下的社区博物馆保护与更新

——以川沙中市街历史文化风貌区为例

吴东珩*

内容提要：全球新冠疫情背景下，博物馆必须以更开阔的视野、更包容的形式海纳百川，兼容并蓄，以更开放的姿态，更广博的胸怀形成更平等的博物馆业态。而社区博物馆这一新博物馆形式正慢慢进入公众视线，其侧重于人文关怀和社群参与的理念，与平等、包容、多元的现代博物馆发展趋势不谋而合。通过剖析上海浦东的川沙中市街历史文化风貌区建立社区博物馆的可行性和必要性，探讨新冠疫情背景下城市历史街区更新活化的意义作用。通过社区博物馆提高社区居民参与意识和文化自觉，倡导平等环境下包容、多元、开放的社区博物馆氛围。

关键词：疫情　社区博物馆　川沙　保护　更新

2020年以来，博物馆发展迎来更多机遇和挑战。正如2020年国际博物馆日的主题“致力于平等的博物馆：多元与包容”和2021年的国际博物馆日主题“博物馆的未来：恢复与重塑”，在新冠肺炎疫情席卷全球的背景下，博物馆面临着前所未有的危机，同时也迎来了史无前例的契机。新冠疫情促使博物馆的社会黏合度得到了极大强化[1]。传统观念下的博物馆业态已无法完全满足这一情状。

传统意义上的博物馆是“文物和标本的主要收藏机构、宣传教育机构和科学研究机构”[2]以藏品整理、保护、研究、陈列为要义和最初的使命。但博物馆也是对实体艺术、多元文化和自然生态的实景展示与体验场所[3]。博物馆除了收藏历史、还原历史、昭示未来，还要见证现在、参与现在，准确把握自身认知的主观性与博物馆职能的客观性，发挥自身功能、体现独特价值[4]。社区博物馆的理念正是多元与包容的博物馆发展的有机体现。

社区博物馆的重心在于关怀社群和社区的需求，其模式正契合了新博物馆学城乡规划与人文关怀相融合的理念，更具体地强调社区这一概念与博物馆的融合度和黏合度，提倡空间的利用整合与当地文化的传承相结合。它是博物馆功能与社区需求的成功对接，是博物馆文化的种子在社区土壤上的落地和生成，它立足于社区，为了社区，以社区内的自然与人文遗产为主要资源，在社区居民主导下开展遗产保存、整理、研究、展示，对内对外开展社教服务与交流的文化机构[5]。

通过对相关理论的陈述和延伸，结合工作实际，以浦东川沙中市街历史文化风貌区为切入的案例，呈现该历史文化风貌区的系统性，而不是单一割裂开来的一栋建筑或一个展馆，如何与当地居民、当地文化有机结合，破除如今古镇古街千“人”一面的同质化现象，如何让历史文化风貌区通过合理的保护与更新、本土活化，成为展现当地独特文化特色的社区博物馆，在后疫情时代让博物馆延展出更为宽阔的生命力和可持续性。

一　社区博物馆相关理论

（一）新博物馆学相关理论

在论述社区博物馆理论之前，有必要提一下“新博物馆学”，这是博物馆学中的一个派系，强调博物馆应具备回归自然、保护环境、服务社会、关注人文等新功能，是与传统博物馆学相对而言的，其重点不仅包括博物馆的物质基础，更囊括社会上的人。新博物馆学保留传统博物馆学的精粹，同时

* 吴东珩，上海市浦东新区文物保护管理所馆员。

要求多学科交叉运用及重视对公众参与的关注。

新博物馆学理论侧重于博物馆建筑的周边环境和所处的社会人文环境，其合理地拓展了博物馆的保护范围，将具有地方特色的区域和历史街区均纳入范畴，并对非物质层面内容的保护也予以了关注。“当我们包存过去文明的遗存以及保护今日之渴望与科技的成就时，新博物馆学（包括生态博物馆学、社区博物馆学以及其他形式活动的博物馆学），主要关注于社区发展，反映社会进步的旺盛力量，并且将其与未来计划相连接。”[6]

新博物馆学提倡对文化遗产的整体性保护，不仅是遗产本身，也包括与遗产有关的自然和文化环境，着力建立大众化的博物馆。

（二）社区博物馆相关理论

在新博物馆学这一思潮的推动下，值得注意的是社区博物馆这个概念。社区博物馆顾名思义，其核心是“社区”。德国著名的社会学家费迪南·滕尼斯早在1881年的《社区与社会》一书中就指出，社区是由同质人口组成的具有价值观念一致、关系密切、出入相友、守望相助的富有人情味的社会群体。社区博物馆是承载着同一地域、同质价值取向的社会共同体的所在。而社区居民群体是博物馆的决策者、行动者、工作者和增值者。

社区博物馆是由社区居民自主参与、自下而上的博物馆，社区居民参与包括博物馆的筹划、建设、运营等所有流程，通过保护和利用承载地域记忆与地域情感的可移动与不可移动文物、物质与非物质遗产，来提升社区居民参与的积极性，以此加强文化自觉和对本地的共同记忆，引起情感的共鸣。

这一理论强调从博物馆冻结式保存转变为城市历史环境的整体性保护，更加注重城市环境空间的合理利用，强调城市空间中的社区生活和文化传承[7]。

图一 川沙古城墙

没有物理围墙的“活体博物馆”，强调保护、保存、展示自然和文化遗产的真实性、完整性和原生性，以及人与遗产的活态关系。

可以说，社区博物馆是一种融入环境空间、人文历史、居民生活于一体的，具有体验性、互动性的新型博物馆形态，不仅仅是单一建筑、单一文化地标的展示，更多的是当地民俗文化、生活体验的呈现。参观者需要的是沉浸式的体验，而不是走马观花的一轮游。

（三）社区博物馆与历史文化风貌区的保护更新

社区博物馆与历史文化风貌区隶属于不同的学科范畴，但其秉承的核心宗旨不谋而合：典藏文明、关怀社群、以人为本。这是历史文化风貌区建设成为社区博物馆的基础和前提，也是历史文化风貌区有必要成为社区博物馆的原因。

历史建筑集中成片，建筑样式、空间格局和街区景观较完整地体现上海某一历史时期地域文化特色的地区，可以确定为历史文化风貌区[8]。在上海，多年的尝试和打造，现有的历史文化风貌区的保护与更新初见规模和成效引入社区博物馆理念，能更好地解决区域文化遗产保护利用所面临的问题，也是提供新思路的方式。

社区博物馆的重点在于环境空间、人文历史、社区居民三者的有机结合，这与历史文化风貌区的文化现象、生活场景的保护和利用的理念异曲同工。在这个博物馆里，藏品不再是展柜里的摆设，而是动态的生活、人情和故事。博物馆建筑也不再是新建的空间，而是就地取材保留原有的民宅、民用设施等。博物馆的讲解员也无需另聘，当地的居民志愿者即可胜任。通过居民自治、自下而上的社区博物馆体系，最大程度保留了历史文化风貌区的原真性和在地性。

新冠疫情背景下的博物馆，在社区博物馆理论的视角下，融合、多元地扩大博物馆的场域，延伸到露天街区、社区生活圈，而受众也不局限在拥有专业背景的人群，应拓展到社区居民、游客等，平等地享有是未来发展的方向。

二　川沙中市街历史文化风貌区

如上所述，从新博物馆学的角度出发，历史文化风貌区是不可多得的社区博物馆的典范，通过一系列的打造和磨合，度身定制，实现完美匹配。而位于上海浦东的川沙新镇中市街历史文化风貌区历经发展变迁，又毗邻迪士尼国际旅游度假区，可以想见，这一历史文化风貌在后疫情时代将充满了新机遇和新挑战，以更开放包容的姿态展示自己的历史故事和人文情怀。

（一）历史沿革

《川沙县志》中有明确记载：“川沙东濒大海，西控申江，北接宝山，南连南汇，障以内外护塘，墩汛联属，居民稠密，为海防要地。”[9]“地形高仰，宜谷宜棉……形势联络，蕞尔之区，实屹然为沿海重镇。”[10]该风貌区所在的川沙新镇历史悠久，文化繁盛。

长久以来，川沙是浦东乃至上海的重镇，是江南经济文化发展的脉络中重要的组成部分。川沙——因盐而生、因城而聚、因商而兴、因学而盛，既是工商重镇，亦是文化繁盛所在。浦东地方志中有载：“纵横约二千余平方公里，右濒东海之滨，左倚黄歇之浦，邑涉六县一市，史经千有余年。古则荣为孔门传圣学之方，文风奕盛；近且惨被倭寇袭港汊之险，形势要冲。昔归松江府之辖治，今翊上海市为毗郊。渔盐棉米，物产丰饶，玉食云衣，艺工巧擅。”[11]

2014年，川沙新镇成为第六批中国历史文化名镇。2018年，川沙中市街历史文化风貌区入选上海历史文化风貌区（图一）。

（二）人文环境

该风貌区所在的川沙新镇是中国历史文化名镇，拥有15处文物保护单位、83幢历史建筑、11项非物质文化遗产，依托悠久的历史文化及近年来良好的保护和利用，这批优秀的历史文化遗产得以保存流传。

以内史第（黄炎培故居）为中心，辐射周边的川沙新镇中市街历史街区就是川沙新镇文脉留存的亮点所在。中市街因“市”得名，明代中后期开始成为商品交易的聚集地，延续至今，是川沙历史文化风貌区的核心所在，可以说是早期川沙的商业中心。而如今的中市街也是保存较好、商业业态突出的街道，有的建筑兼具中西风格，反映了川沙城市的历史发展变迁。在街区的阡陌街巷里，依然居住着八方汇聚的“生意人”和那些祖祖辈辈见证街区变迁的原住居民们。

内史第（黄炎培故居）又名沈家大院，由清代著名金石学家、书画鉴赏家沈树镛（1832—1873）祖上于清道光年间建造，是一座三进两院两厢式砖木结构的两层民宅，富有浓郁的清代江南城镇民居特色，距今已经有170多年的历史。“内史第”之所以蜚声海内外，也因为这里诞生了多位近代名人。宋氏三姐妹和宋子文就出生在“内史第”，除此之外，“新文化旗手”胡适也曾和母亲在“内史第”居住过一年多的时间。著名的爱国民主人士、政治活动家、职业教育的先驱黄炎培先生诞生在内史第第三进院落，现为上海市级文物保护单位黄炎培故居（图二、三）。著名音乐家黄自、民主人士黄竞武、水利专家黄万里等黄氏子弟都诞生于此。

内史第曾经以藏有汉碑、六朝造像、唐石、宋石等众多文物精品著名，被清代国学大师俞樾赞为“文物古迹，富甲东南”。沈树镛之子沈毓庆也在这里开启了中国毛巾业发展的先河，是川沙毛巾业的鼻祖。黄炎培先生就曾评价说：“浦东文化在川沙，川沙文化在内史第。”

厚重的历史人文底蕴造就了川沙中市街历史街区独特的社区样貌和人文环境，使其拥有成为社区博物馆的精神聚集载体和物质汇聚空间。

三　新博物馆理论下的社区博物馆可行性发展

“人们之所以痴迷于博物馆，不是因为崇拜或为

图二　黄炎培故居外景

了占有那些异质性的物，而是因为那些物的异质性能够给予人们一些新的体验，它们描述了与现实存在间距的某个世界。”[12]人们参观博物馆的目的渐渐变成了体验的积累，而不再是知识的积累。这也正是社区博物馆的主旨所在。

借用2021年新知青年大会上的一句话：“社区也会形成独特的文化……一个互联网社区是否形成了独特文化，有三个核心标志。第一，形成了一批有辨识度的专属词汇。第二，形成了基于价值认同的公序良俗和自治公约。第三，具有高度的包容性和坚定的排异性。”[13]这一概念同样适用于历史文化风貌区的社区博物馆建设。历史文化风貌区也是一个具备历史文化辨识度，同时兼具社会生活空间，拥有长期固定居住的社区居民，承载着共同记忆、价值观的社群社区。而社区博物馆努力将历史文化和社会地理有机结合，在历史文化风貌区的保护上起到了重要的作用。“社区博物馆对集体记忆的传承、物质与非物质文化的保存与保护，文化的多样性的关注具有现实意义。”[14]

“博物馆最容易成为连接居民与社区之间重建社会联系的空间……在博物馆获得优质的精神文化服务，也是最能体现文化平权和社会关爱的渠道之一。记忆是博物馆的重要功能”[15]川沙中市街历史文化风貌区具备社区博物馆形成的基础条件，通过凝心聚力，协同发展，是否可以打造出独特文化背景、可持续发展的中市街社区博物馆呢，可以从如下几个方面着手推进。

在文化遗产与商业发展相融合下，人文地产景五大元素碰撞共存。

第一，“人”的内涵在于“以人为本”，强调社区居民间的日常沟通交流、人际关系的经营、生活福祉的创造以及共同诉求得到满足。川沙镇域有非遗项目共计11项，包括川沙沪剧、江南丝竹、浦东说书等。如何让这些历史文化走近现代百姓生活？在川沙中市街的一侧，有一栋老建筑如今被改造成川沙戏曲馆，相邻的一座老建筑则辟为川沙营造馆，通过将老建筑活化利用的方式把川沙的非遗传承下去。

第二，“文”旨在经营社区艺文活动，延续共同的历史文化。古朴的中市街上，川沙营造馆、宋庆龄纪念馆及戏曲馆都毗邻而建，利用不可移动文保点的建筑修缮后，引入川沙当地人文历史，设立相关文博场馆。

第三，“地”强调“在地性”这一特质，以及对社区所在地的特色的维护与发扬。近几年，上海大力打造“建筑可阅读”的文化品牌，以黄炎培故居为代表的中市街历史文化风貌区就是“建筑可阅读”的优秀代表，不仅建筑本身充满故事，建筑背后的历史文化、建筑里展陈展示的物件、建筑周边可品、可赏的日常吃穿行都一览无余。

第四，“产”指的是研发并宣传具有当地特色的产品，以及在地经济活动的集体推展等。中市街上商铺以出售当地美食、手工艺为主，比如浦东塌饼、圆子、菜肉大馄饨等。其周边的环境也得到了良好的改善，东城壕路一带的财神庙等不可移动文保点也得到了修复，焕然一新。而西面的以道堂、以德堂则以“以园”命名，改成了时下流行的民宿，成为央视纪录片《乡愁》的取景点。

第五，“景”则提倡因地制宜地打造当地独特的景观结构，对人居生活环境的永续经营，以及居民自力投入社区景观的营造等。从历史文化风貌区的“优秀历史建筑”保护到“历史风貌”保护。体现上海城市风貌特色的要素纳入法定保护对象体系，通过保护对象内涵拓展，从过去保护单体向区域保护、历史性城市景观的整体保护逐步转化[16]。

通过川沙中市街历史文化风貌区这一案例的保护与活化实践，能够深刻认识到，对历史文化风貌区而言，保护是其目标，活化是保证其得到持续保护与生长衍化的有效方式，而创意则是实现保护与活化的必要手段。社区博物馆的建立，是历史文化风貌区的活化更新，是承载当地文化的所在，是物质、精神的双重凝聚地，是居民心灵寄托的归宿和港湾。

四 思考与结论

全球博物馆的共同宗旨和终极使命，是保护和传承人类社会的多元文化及多彩环境[17]。社区博物馆越来越多的为人所熟知，植入民众生活的公共服务空间，不再是简单的参观和浏览，而是通过当地居民自主参与、民间力量共同推动，从而形成人、文、地、产、景和谐发展的社区活态博物馆体系。

而历史文化风貌区的保护和发展也在不断推进。努力打造探索“格局保护”，营造“承载记忆、有温度”的场所，同时，历史风貌保护和上海作为全球城市的文化竞争力休戚相关，能否在未来的地方立法中提出，在严格保护的前提下，尝试更多的整体格局的保护，营造出传承历史空间特色、饱含地区温度和情感的城市空间。

文旅融合后的博物馆发展也会注入更多新的活力，提倡体验、互动和融合的新兴旅游市场也应让博物馆加入，历史文化风貌区不仅是历史文化的象征，也应该是当下人们学习、体验的沉浸式空间。

引用故宫博物院原院长单霁翔先生的观点：“当今时代博物馆的功能与职能，将再次从‘保护文物藏品’延伸到‘保护文化遗产’……使博物馆工作者打开视野，面对多样化的文化资源，进入无限的发展空间。”[18]博物馆文化的展示空间从馆舍到社区、从城市到乡村、从地上到地下、从国外到国内，将文化遗产与自然遗产置于博物馆的广义范畴来认识，体现出外向的、多维的、以促进社会发展为己任、以满足民众需求为核心的发展思路和时代精神[19]。从文化遗产到自然遗产，从历史遗产到当代遗产，从物质遗产到非物质遗产，随着文化遗产保护的视野不断拓展，博物馆的保护、研究、展示空间，也必然从传统博物馆的“馆舍天地”，走向丰富多彩的“大千世界”。

图三 黄炎培故居内景

在后疫情时代，通过社区博物馆的模式，发挥博物馆的社会职能，来一次文化“疗伤”的积极探索。“在日趋极端化的环境下，博物馆的社会性愈发凸显，公众对博物馆服务社会的要求日益增长，多元、包容和平等都已经成为博物馆建设的发展趋势和必然选择，必须以包容的心态、多元的方式，在文化平等的基础上建立跨文化交流对话合作机制。”[20]社区博物馆融入历史文化风貌区的建设，不仅有助于历史文化风貌区的更新保护和长效发展，同样也推升博物馆与旅游、文化遗产保护的有机统一，是未来文旅融合大背景下文旅产业发展的趋势和方向。

注释：

[1] 安来顺：《恢复和重塑博物馆的文化驱动力——2021年国际博物馆日主题讨论之一》，《中国博物馆》2021年第2期。

[2] 王宏钧：《中国博物馆学基础》，上海古籍出版社，2006年，第40页。

[3]〔加〕沈辰：《新冠疫情下的博物馆：困境与对策》，《东南文化》2021年第2期。

[4] 段勇：《再谈博物馆的多元与包容特质》，《中国博物馆》2020年第2期。

[5] 曹兵武：《重构大变动时代的物人关系与社群认同——谈社区博物馆与新型城镇化及城市社区文化建设》，《中国博物馆》2014年第2期。

[6] 田燕、穆瑶：《新博物馆理论视角下的历史街区保护与更新——以淡水古迹园区社区博物馆为例》，《城市建筑》2017年第6期。

[7] 何睿、孙源铎：《“活态博物馆”理念下历史风貌区规划的探讨——以上海老城厢文庙露香园地块为例》，《建筑与文化》2018年第1期。

[8]《上海市历史文化风貌区和优秀历史建筑保护条例》（2019年修正）第二章第九条，《上海市人民代表大会常务委员会公报》2019年第5期。

[9] 上海市地方志办公室、上海市浦东新区地方志办公室编：《川沙县志》，上海古籍出版社，2011年，第14页。

[10] 同[9]，第176页。

[11] 同[9]，第1399页。

[12] 王思怡：《博物馆的未来，重塑“具身博物馆”的新形态——从2021年世界博物馆日主题说起》，《博物院》2021年第2期。

[13] 2021新知青年大会知乎创始人&CEO周源十周年主题演讲。

[14] 边娜：《社区博物馆与遗产保护——对于安庆倒扒狮历史文化街区保护的思考》，《博物馆研究》2018年第2期。

[15] 同[1]。

[16] 陈鹏：《新时期上海历史风貌保护地方立法初探——上海市历史文化风貌区和优秀历史建筑保护条例修订导向研究》，《上海城市规划》2018年第3期。

[17] 同[4]。

[18] 单霁翔：《从“馆舍天地”走向“大千世界”：关于广义博物馆的思考》，《国际博物馆》（全球中文版）2010年第3期。

[19] 同[18]。

[20] 宗苏琴：《后疫情时代博物馆的多元、包容与平等建设——从扬州博物馆谈起》，《东南文化》2021年第2期。

赓续红色基因的“传家宝”
——常熟革命文物工作述略与思考

沈秋农*

内容提要：革命文物承载党和人民英勇奋斗的光荣历史，记载中国革命的伟大历程和感人事迹，是党和国家的宝贵财富，也是常熟作为革命老区的生动见证。本文回顾了新中国成立后70多年来常熟在征集、利用和研究革命文物方面开展的大量工作，对如何进一步推进相关工作作了一些思考。

关键词：革命文物　常熟　征集　利用　传承

文物的定义告诉我们，文物是人类在社会活动中遗留下来的，具有历史、艺术、科学价值的遗物、遗址，是人类宝贵的历史文化遗产。它有两大特征：第一必须是人类创造的，或者是与人类活动有关的；第二必须是已经成为历史的过去，是不可再生的文化资源。革命文物，又称红色文物，它与中国近现代史，尤其是中国共产党的百年历史密切相关。常熟既是国家历史文化名城，又是革命老区，为中国近现代历史的发展、为中国共产党在常熟大地上的立足生根、创业发展做出了积极贡献，在此过程中涌现出许多推动历史进程的英雄人物，留下了许多可歌可泣的斗争故事，也产生了许多见证赤子初心的革命文物，所有这些都是常熟人民的宝贵历史文化遗产和开展党史学习教育、革命传统教育与爱国主义教育的红色资源。

习近平总书记指出，革命文物承载党和人民英勇奋斗的光荣历史，记载中国革命的伟大历程和感人事迹，是党和国家的宝贵财富，是弘扬革命传统和革命文化、加强社会主义精神文明建设、激发爱国热情、振奋民族精神的生动教材。回望历史，可清晰看到党和国家对革命文物的征集、保护、利用工作的重视，早在20世纪50年代就明确提出革命文物是党和国家的重要财富，可为研究和编写党的历史、总结党的工作经验，发扬革命优良传统，更好地建设社会主义发挥重要作用。

一　坚持做好革命文物征集工作，就是为了保护红色资源、铭记革命历史、不忘建党初心

早在1950年6月16日，中央人民政府政务院就发布征集革命文物令，规定“革命文物之征集，以五四以来新民主主义革命为中心，远溯鸦片战争、太平天国、辛亥革命及同时期的其他革命运动史料。”同时指出：“在革命战争中所缴获的反革命文献和实物等，均在征集之列。”[1]这是中央人民政府政务院第一次明确提出“革命文物”这个概念，具有重要价值和意义。自20世纪50年代以来，常熟有关部门一直坚持对革命文物的征集、利用，除作为常规工作进行外，其中有三个重点时段可作回眸追溯。

1957年7月至12月为第一个重点时段。1957年6月17日，常熟县委办公室在《常熟县报》刊发征集革命历史档案的通知，通知指出：“党的历史档案是总结党的工作经验和编写党史不可缺少的材料，是党和国家的重要财富之一。希望保存有上述材料的机关、团体及个人能主动写信告诉县委办公室；并希望全县各机关、团体、学校等单位的负责同志以及广大的干部、群众积极帮助县委办公室进行收集。”[2]为了将这项工作做实做好，县人委专门成立了常熟县革命历史档案征集委员会，在指导征集工

* 沈秋农，常熟市委党史工作办公室原主任。

作的有关文章中进一步指出，将革命历史档案“收集起来，可以帮助我们研究历史，得出历史发展的正确结论，指导我国革命循着正确方向发展；可以引导我们怀念先烈，发扬革命优良传统，锻炼革命意志，更好地建设社会主义；可以为我们编写党史提供真实的宝贵的资料。因此有必要在最近期间广泛的加以征集。凡是保管有革命历史材料的机关和个人（包括党员、干部、群众）希望迅速清理，自觉主动地上交给组织或当地政府。如果资料有重要价值，还将给予精神的或物质奖励……全县广大干部和群众们，希望积极行动起来，在最短时期内帮助党完成这项具有重大的政治意义，也是富有历史和现实意义的任务。”[3]同年11月4日，《常熟市报》报道：“本县革命历史档案征集委员会自九月底在全县广大干部群众中深入开展征集工作以来，由于广大干部群众的积极帮助，目前，征集委员会已经收集到的革命历史档案和革命文物（包括以前收集的在内）约有两百件左右……如沙洲区锦丰乡胜利农业社的黄振才，最近将过去自己保存下来的抗战时期共产党地下组织——‘沙洲县干西区署’以及其所属的牛市乡等四个钤记（印章）主动的送到了县里（图一）。他们说：‘这些东西交给党和政府去保

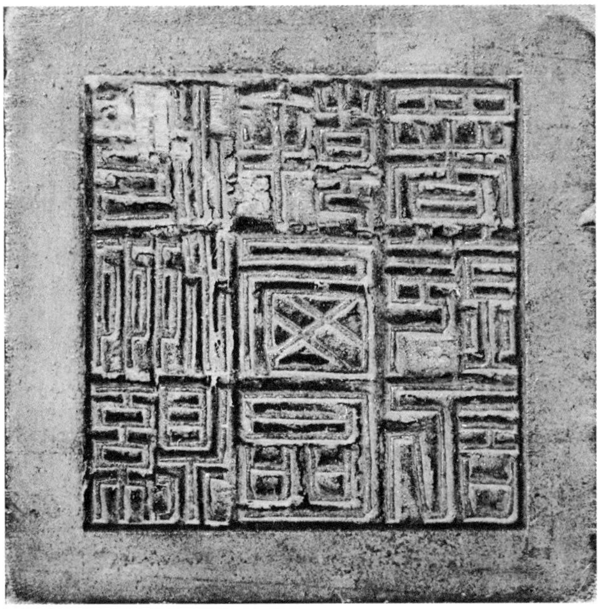

图一 “沙洲县干西区署钤记”木印，常熟博物馆藏

管，比我们自己保管更有意义、更有价值！’”[4]这是新中国成立后，第一次在全县范围内开展革命文物征集工作，由于征集及时，力度大、行动快，效果显著，广大干部群众对革命文物的意义、价值、用途的认识得到了提升。

1979年10月至1982年底为第二个重点时段。党的十一届三中全会后，为了清除“文革”祸害，拨乱反正，正本清源，用党的正确历史教育全党和全国人民，恢复和弘扬党的优良传统，加强精神文明建设，根据党中央的重要决策和部署将党史资料征集研究放上重要位置。在中共常熟县委领导下，常熟于1979年10月在全省各县率先成立“中共常熟县委征集革命文史办公室”，并于1979年12月5日发出关于革命文史文物征集工作的意见[5]，要求“一，各公社、场、镇党委要指定一名委员（宣传委员或组织委员）负责这一工作，要由民政委员、人武部同志、文化站长和对当地革命斗争历史比较了解的老党员、老同志、老教师一起组成一个小组，具体抓好工作。二，要通过各种宣传渠道，充分利用广播、幻灯、黑板报等宣传工具，大力开展革命传统教育，广泛宣传征集革命文史、文物的重要意义。”该文件对征集范围和要求作了具体指导，指出，“大革命时期、抗日战争时期、自卫解放战争时期的革命文史和革命文物均在征集之列。”“对本地区范围内重要的革命遗址、遗迹进行调查、登记、上报，并做好群众性的保护工作。按照国家征集文物的有关政策，大力征集革命文物，并妥善保管或向我办选送……对于征集到的革命文物，经鉴定留用的，按政策分别给予奖励、表扬、折价收买，按质以物换取和暂时借用。”经两年努力，征集到革命历史文献、资料和老同志回忆文章共1847件（篇），文物、纪念品155件；其中较为重要的文献、资料有26件，尤为珍贵的是党内著名理论家萧楚女在1924年写给陈景福（字震寰）的明信片（图二）。

1981年9月，撤销征集革命文史办公室，建立常熟县编史修志委员会，主要职能是广泛征集史料，编著《常熟人民革命斗争史》和《常熟县志》。次年

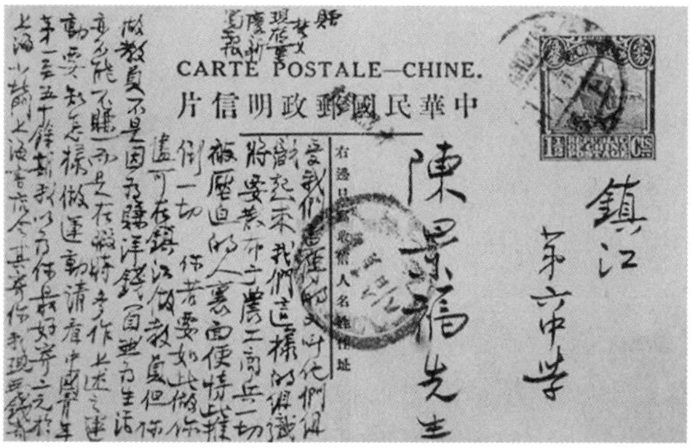

图二 1924年萧楚女致陈景福（震寰）的明信片，常熟市档案馆藏

1月，县编史修志委员会专门印发《关于征集〈常熟人民革命斗争史〉及〈常熟县志〉资料的通告》[6]，其中“征集范围”第一条就是“一切同民主革命历史有关的资料，特别是中国共产党的组织和各种革命组织的文告、文件、文稿、记录，出版的报刊、图书，印发的标语、传单，老一辈无产阶级革命家和革命烈士的日记、笔记、诗文、书信、遗嘱、遗物、图像、照片，以及其它革命文物。”可见，革命文物的征集工作在延续，革命文物所具有的意义、价值、功能也被社会各界人士所认识和关注。

2018年至2019年底为第三个重点时段。为建设常熟党史馆和做好沙家浜革命历史纪念馆的改陈布展工作，常熟市委党史办于2018年1月28日在《常熟日报》等媒体发布《征集常熟党史资料启事》，征集时间至当年12月。自1949至2018年，共和国走过了70年发展历程，新民主主义革命的亲历者也日渐凋零，加上经过20世纪50年代、80年代两次对革命文物的广泛征集，因此此次征集启事发布后，向社会传递建立常熟党史馆的信息引发的关注度远大于对党史资料的征集效果。而沙家浜革命历史纪念馆向社会公开征集文物的消息自2019年4月一发布，就得到了全国各地新四军老战士及其亲属的积极响应，其因有二，一是这是一个展示常熟抗日斗争史料为主的专题馆，在常熟参加抗日斗争的新四军指战员和民运工作干部人数众多，二是沙家浜革命历史纪念馆自1971年初创至2019年已将近半个世纪，而20世纪60年代以来京剧《沙家浜》的广泛演出，使沙家浜的抗战故事广为流传，许多新四军老战士由此倍感荣耀，所以沙家浜革命历史纪念馆一经成立，就受到新四军老战士的热烈关注和支持，影响面不断扩大。经数十年精心建设，如今的沙家浜革命历史纪念馆已成为全国爱国主义教育示范基地、国家国防教育示范基地和全国红色旅游经典景区，近十年来每年接待游客达200万之多，可谓声名远播。故此次征集文物的消息发布后，在一年时间里就征获各类文物资料700余件，改造后的纪念馆于2021年6月24日重新对外开放，展陈的革命文物由原先的112件增加到247件，展示效果显著提升。尽管受疫情影响，改陈后的纪念馆在半年时间里还是接待了来自全国各地的参观者达17万之众，取得了积极效果（图三）。

二 高度重视革命文物展陈工作，就是为了讲好党史故事、弘扬不朽精神、传承红色基因

革命文物是中国共产党光辉历史的见证，孕育了宝贵的红色文化，为后人开展红色教育、传承红色基因留下了宝贵的生动教材。许多年来，常熟有关方面一直十分重视对革命文物的宣传利用，主要形式是举办展览和讲座。尽管每次展览的内容侧重各有不同，但都是围绕“红色”主题展开，宣传红色历史、弘扬红色精神、传承红色基因成为办展主旨。20世纪80年代初，县委党史工作部门和市民政局曾连续几年于清明节期间在工人文化宫的走廊墙上集中展示20多幅著名烈士的照片，每幅照片放大至16寸，并配上镜框和对烈士的生平介绍。当时的工人文化宫地处市中心，活动频繁，人流量大，展览期间每天都会有中小学生和广大市民前往观览，接受爱国主义教育。党史、民政部门也通过举办展览向社会宣传了自己的工作职能，引起社会各界的关注，尤其是成立未几的党史部门，通过办展为开展党史资料和革命文物征集提供了宣传平台，扩大了社会影响。

常熟博物馆启用于1997年9月28日，从此常熟文博工作有了全新的工作平台，也为开展爱国主义教育提供了重要的宣传窗口和基地。次年3月31日至4月25日，由常熟市委宣传部、党史办、市文化

图三　改造提升后的沙家浜革命历史纪念馆

局、文联联合举办的常熟籍无产阶级革命家《李强生平图片展》在博物馆隆重展出，80幅李强在不同历史时期的重要照片第一次与家乡人民见面，既展示了李强在新民主主义革命、社会主义建设和改革开放时期的卓然风采，更生动介绍了李强在长达70年的革命生涯中听党话、跟党走，博学多才、忠诚奉献的事迹。1999年4月27日是常熟解放五十周年纪念日，常熟市委老干部局、市党史工作办公室、市文化局、档案局（馆），在常熟博物馆联合主办“纪念常熟解放五十周年——老干部藏品展”，这次展览得到了许多离退休老同志的大力支持，他们拿出珍藏数十年的渡江日记、军用挎包、渡江战役纪念章、党章、洗得褪了色的军服、胸章、绑腿带、围灯等100多件藏品在这里集中展示。展览期间，适值五一小长假，吸引了市民踊跃参观。许多老同志举家前往，在展柜前向儿孙辈讲述当年的斗争经历。

2021年是中国共产党建党100周年，为隆重纪念这个举世瞩目的光辉节日，常熟博物馆精心策划，通过举办“朝霞映在阳澄湖上——常熟博物馆藏革命文物特展”，向全市人民集中展示了馆藏革命文物的精品（图四）。这次展览比以往有了很大改进，除常规展览形式外，还设置数字VR展厅、开通线上展览。此外，展览期间举行策展人导览12场次、录制“革命文物说”视频11期、专题讲座2场，使严肃的主题展览变得生动活泼、热烈红火。据统计，在长达8个月的展期中，共接待4.65万名来自市内外的参观者，展览取得了良好教育效果。人们在人文行走中感悟筚路蓝缕，涵养爱国情怀。苏州市双塔街道百步街社区党委通过媒体获悉常熟正在举办这个红色展览后，特意组织社区30多名老党员前往参观，老党员方菊英激动地告诉记者，“这些珍贵的文物展品及丰富的展陈形式给我们留下深刻印象，这一件件革命文物仿佛在诉说着革命先烈们是如何抛头颅洒热血的，也提醒着我们要珍惜眼前的幸福生活。”[7]在参观者中，有位黄仓明老人还特意向常熟博物馆当场捐赠了他父亲黄琮珍藏70多年的5件物

图四 朝霞映在阳澄湖上——常熟博物馆藏革命文物特展

品，经专家鉴定，这些都属于革命文物。黄仓明听了激动地说："父亲黄琮1940年入伍，1941年入党，参加过抗日战争、解放战争，在解放东北、华北、华中南的战斗中多次立功受奖，这些藏品足以证明我父亲是一位为新中国诞生而浴血奋战的革命老兵，捐赠给博物馆可以用来教育我们的后代——新中国的建立来之不易呀！"

对革命文物之利用就是为了宣传好党的光辉历史，弘扬好红色文化，从而达到以史育人、以文化人的目的。举办展览只是利用革命文物的方法之一。为了将文物的来历、价值、意义讲清楚，常熟博物馆、市党史工办、沙家浜革命历史纪念馆的专家还通过撰写文章对一些重要文物作了介绍，这些文章集史料性、知识性、故事性于一体，在《常熟日报》《常熟文博》《苏州文博》《大江南北》等报刊媒体发表后收到良好效果，做到介绍一件文物，讲述一段历史，传播一种精神，教育广大人民的目的。除此，常熟博物馆还不定期举办革命文物的专题讲座也是一种开展党史学习教育的好方法。如2021年5月18日是国际博物馆日，常熟博物馆除举办革命文物特展，还专门邀请党史学者作了《读革命文物，讲红色故事》专题讲座，主讲人结合馆藏革命文物特展，紧紧围绕其中的3件重要文物，将文物的来历、意义和常熟的革命历史结合起来，对"创建常熟第一个党组织的铁证""成立常熟抗日民主政权的实证""判定常熟解放日期的确证"作了翔实介绍，通

图五 修缮后的“亦爱庐”

过以物叙史、以物证史，提升了大家的感性认识。

中共常熟党史馆和李强革命历程展示馆是利用市级文保建筑“亦爱庐”旧址（无产阶级革命家李强故居、中共常熟特别支部经常活动的地方）建设而成，于2019年9月24日竣工开放，虽然是常熟比较年轻的红色纪念馆，但由于史料丰富、脉络完整、主题鲜明、故事性强，来自市内外的参观者络绎不绝（图五）。据统计，至2021年底，这两个馆已接待团队1224个，计3.5万余人次。

党的十九大以来，尤其是2019年6月在全党开展“不忘初心，牢记使命”主题教育以来，常熟市镇两级充分利用革命战争年代留下来的革命旧址，进行修缮后活化利用，建设成红色教育场馆，如联珠洞中共常熟党史陈列室、黄草荡革命纪念馆、常熟人民抗日自卫队纪念馆、江抗东路司令部筹备会议旧址纪念馆、常熟人民抗日自卫会成立大会纪念馆、朱爱秾烈士故居陈列馆、新四军地下交通站展示馆等。此外，一批革命烈士陵园和纪念标志得到保护、完善，也有镇、村利用当地红色历史文化资源，建立了梅李历史文化博物馆、碧溪革命传统教育馆、蜂蚁村革命传统教育馆等，还有一批新的红色教育场馆正在积极筹划之中。这些不只说明各级党政领导和工作部门对革命旧址（不可移动之革命文物）保护工作的重视，更是在发掘革命文物的潜在价值并赋予厚重的现实意义，使其活力更大，魅力更强。

三 深透研究革命文物的价值意义，就是为了服务学习教育、坚定理想信念、激励踔厉前行

习近平总书记指出，加强革命文物保护利用，弘扬革命文化，传承红色基因，是全党全社会的共同责任。各级党委和政府要把革命文物保护利用工作列入重要议事日程，加大工作力度，切实把革命文物保护好、管理好、运用好，发挥好革命文物在党史学习教育、革命传统教育、爱国主义教育等方面的重要作用，激发广大干部群众的精神力量，信心百倍为全面建设社会主义现代化国家、实现中华民族伟大复兴中国梦而奋斗[8]。习近平总书记的重要指示高屋建瓴，为如何做好新时代革命文物工作指明了方向，明确了要求。常熟作为革命老区，在革命文物的征集、保管、利用方面还须作深度思考，在实践中不断总结提高。

做好普查定级工作，厘清革命文物明细。除不可移动的革命文物散布于城乡各地外，常熟的可移动革命文物主要保存在常熟博物馆、常熟档案馆、沙家浜革命历史纪念馆。此外，常熟市委党史工办、常熟图书馆及烈士亲友、民间收藏家手中也均有收藏。除此之外，在20世纪五六十年代和90年代初，为了铭记党的历史，纪念革命先烈，全国各地都在修建烈士陵园、纪念馆、博物馆等纪念场馆，与此同时进行的就是开展对革命文物的征集工作。南京雨花台烈士陵园、上海龙华烈士陵园、南京博物院、苏州博物馆、苏州革命博物馆等文博单位在常熟征集到了顾治本、任天石、黄叔雷、茅春华、顾景华等革命先烈的遗物，这些革命文物至今在各馆珍藏和展览，其中在雨花台革命烈士纪念馆展陈的就有14件。革命文物的征集工作得到了许多老同志、老战士的大力支持。1941年7月，日伪纠集重兵，对轰轰烈烈的苏常太抗日游击根据地进行大规模“清乡”，为减少损失，在常熟县江城区从事抗日教育工作的顾敏根据组织指示将62件抗日报刊秘藏于陶瓮内，细加密封，然后深埋于隐秘之处。1956年5月，江苏省博物馆（筹备处）在苏州征集革命文物，当时在常熟工作的顾敏获悉后，就将该批文物郑重捐赠。

数十年来，有关单位对所征集的革命文物予以精心整理和保护，在需要展出时各单位也都能协调配合，如1991年新建的沙家浜革命历史纪念馆在布展时就得到常熟市文管会的大力支持（此时常熟博物馆尚未成立）。但因多种原由，相关单位各藏有多少革命文物却互不清楚。所以有必要在市委、市政府领导下，按照中央和国家对革命文物工作的法令条规，相关单位通过共同研究，建立配套的普查登记和管护利用的必要制度，使革命文物的管护利用工作做到科学化、规范化、制度化。在摸清家底的同时，应对照文物鉴定标准，对革命文物进行科学定级，凸现文物价值。联合普查和权威鉴定的好处在于不但摸清革命文物的家底（数量），更了解了各件文物所具有的历史价值（质量），变一家所有为全社会所有，使常熟这座国家历史文化名城再添红色荣耀。

重视宣传研究工作，精编革命文物专著。自常熟党史工作机构成立以后，在征集革命文物的同时，也做了些研究宣传方面的工作；1991年初，常熟文管会办公室和常熟博物馆（筹）创办《常熟文博》（季刊）后，刊登过一些对馆藏革命文物的介绍，但时有时无，篇数不是很多；相关部门为记录和宣传革命文物也做了些工作，但影响和成绩都不明显。党的十八大以后，党中央高度重视学习党的历史，全社会对革命文物重要性的认识也由此得到普遍提高。文物来自人民，应为人民所有，为人民利用和服务成为全社会的共识。常熟市委党史工办、市文化局、常熟博物馆、党校等单位通过编印出版《常熟革命文史资料》《常熟国家历史文化名城词典》《常熟文博》《红色印迹》等书刊，对馆藏革命文物和散布于城乡各地的革命遗址作了部分编录，其中《常熟文博》2019年第2期用较多篇幅对馆藏革命文物择要作了介绍，并配发藏品图片40余幅和党史专家撰写的《常熟革命斗争史简介》，不但图文并茂，且印刷精美，受到许多读者、研究者的欢迎。可见常熟为介绍革命文物已经做了不少工作，且有了进步和提升，只是在系统完整介绍方面还有不少工作可做。

注重拓展办展理念，用好用活红色资源。传统的展陈方式大多是等客上门，鲜有送展上门，之所以送展上门少，因为这涉及多种原因，如人力、经费、安全、办展条件等，这些实际困难为送展进社区、进学校、进企业带来不便。但事在人为，2005

年是中国人民抗日战争胜利60周年，常熟档案馆先是利用档案馆展厅举办“人民的胜利”展览，将常熟人民的抗战史料和生动故事作了重点展示，受到社会各界的高度赞誉。考虑到各乡镇中小学校来城参观存在一定困难，档案馆便组织人力将展板送到乡镇展出，历时两个月，先后在10个镇28个展点进行巡展，使4万多名中小学生和镇村百姓接受了爱国主义教育。以后常熟档案馆又多次举办流动展览，发挥馆藏档案史料资政育人的功能，不但效果好，而且影响大。

随着办展理念的创新和办展形式的完善，办展条件已有很大改进，除办好实物展、图片展外，还运用数字化技术，举办网上展，做到线上线下并举，馆内馆外融通。尚湖镇充分利用当地不可移动的革命文物大青石这一红色资源和戏剧人才众多的优势，创作了锡剧《青石鉴》，将土地革命时期围绕大青石所发生的斗争故事搬上舞台，使广大党员群众深受教育，为帮助大家弄懂悟通中国共产党为什么“能”、为什么“行”、为什么“好”的道理发挥了积极作用。

培养红色讲解员队伍，深情讲好文物故事。作为革命文物的讲解员要提高政治站位，具有红色情怀，要领会到每次讲解都是在宣传红色文化、传播革命精神；每次解读革命文物储存的历史信息，都是一次心灵的叩问和精神的洗礼。如“亦爱庐”的牌匾见证了中共常熟特别支部的诞生，几个20岁左右的热血青年，用他们对革命的坚定信念与满腔激情掀开了常熟革命斗争史上的崭新一页；“联珠洞”见证了在国民党的白色恐怖中第一个中共常熟县委的诞生，一批逆行者在这里扛起了百折不挠的斗争大旗，前仆后继，英勇奋斗，谱写了“为有牺牲多壮志，敢叫日月换新天”的壮丽篇章；几把锈迹斑斑的大刀，见证了在中共常熟县委组织领导下第一支人民抗日武装的诞生，为“沙家浜”的传奇活剧拉开了引人入胜的序幕；一个黑色陶罐见证了中共苏常太工委书记薛惠民为了领导日伪“清乡”区的恢复工作，全然不顾严重肺病的折磨，一边咯血不止，一边指挥武装工作队与日伪军斗智斗勇，斗争不断取得胜利，而他却在1945年的春天不幸病逝……应该说每一件革命文物都是鲜活的，保存着历史的温度，闪耀着理想的光芒，使人感受到共产党人信念的执着和品德的高尚；感受到坚持真理、坚守理想，践行初心、担当使命，不怕牺牲、英勇斗争，对党忠诚、不负人民的伟大建党精神。

随着时代发展和中共党史学习教育的常态化、长效化不断推进，革命文物的历史价值与教育意义也就更为彰显，各种新的需求也会随之产生，这对革命文物工作而言是好事，也是挑战。但变化再大，需求再多，如能做好以下三件事，就能为革命文物工作打下坚实的基础。

1.精准摸排，汇成大全。革命文物是红色基因的载体，要传承红色基因，就先要摸排“家底”，就像求学先要有教材。革命文物是前人留给我们的“传家宝”，归属于人民，人民就有翔实了解的需求。所以，市有关方面应制定一个有法可依、有理可循的规矩，要求相关部门坚决执行、无条件配合，将散藏在各处的革命文物汇总、归类、定级、整理。有关部门还应采取切实举措，将流存在各地的与常熟有关的革命文物通过摄影、扫描、复制等方式予以征集，使其“回娘家”团聚，当不失为一件好事、实事。然后再由职能部门编撰《常熟革命文物大全》之类的工具书，集真实性、史料性、知识性于一体，做到一物一图，图文并茂，相信此书的出版对宣传文物、利用文物、研究历史必定大有裨益。

2.深入研究，彰显价值。每件革命文物都是党和人民在革命历程中遗留下来的实物遗存，它饱经沧桑，成为时代记忆和历史见证，但不作具体研究，就很难知晓它的意义和价值。研究的办法很多，主要有认真学习中国共产党的历史，包括中国共产党在常熟的历史，熟悉党在不同时期的路线、方针、政策和工作任务、要求与特点，这是其一；对文物所有者的经历和文物的来历也要有了解，这是其二；对同一时期敌我双方的档案文献、报刊和地方文史资料也要尽可能多读多了解，研究时才能知己知彼、融会贯通，这是其三。只有各方面都研究透彻了，才能感受到“这件”革命文物主人公的理想、信念、情感和美德，才能感受到“这件”革命文物的意义与价值，懂得该如何去介绍，才能真正让文物活起来，让参观者、研究者触摸历史、走近英雄、汲取营养。

3.重视宣教，赓续基因。宣传革命文物最常见的方式是举办展览，为了将这个庄重严肃的红色主题展览办得引人入胜，作为策展人和讲解员，首先要深刻领会展览的意义和熟悉所展文物的故事，要牢固确立讲好革命文物故事，就是讲好中国共产党的故事、讲好中国故事的使命感、光荣感，只有这样才能办出质量，讲出风采。为配合展览，还可举办讲座，将文物的故事讲深讲透、讲活讲好。也可以拍摄电视专题片、微电影，这样进社区、进学校、进家庭、进各种公共宣传平台就方便多了。此外，还可通过撰文、著书、编演文艺节目等方式进行宣传；通过参观革命遗址，进行沉浸式教育也不失为一种效果较好的教育方式。为使广大青少年都能厚植爱党爱国爱社会主义的情怀，有关方面可联合发力，将参观革命文物展览，同征文比赛、演讲比赛、知识竞赛等青少年喜闻乐见的方式结合起来，提升宣传教育的效果。无论以何种方式开展宣教活动，都是为了使每个受教育者能明其理、感其力、信其道，为实现中华民族的伟大复兴贡献力量。

身处盛世，我们迎来了革命文物工作的春天。相信随着党史学习教育的常态化、长效化开展，社会各界对这一工作的重视、支持也会与日俱增，革命文物这个承载红色历史、赓续红色基因的“传家宝”所蕴含的历史价值和现实意义也必将日益彰显。而最关键的是要用习近平总书记对革命文物工作的重要指示统领和指导工作，这是抓好革命文物工作的纲。无论是开展征集整理研究，还是利用宣传教育，都需要不辱使命、举旗抓纲，只有这样，才能真正把革命文物保护好、管理好、运用好。

注释：

［1］李晓东：《革命文物保护法规创建发展述略》，《中外文化交流》2020年第2期。

［2］《县委办公室征集革命历史档案》，《常熟县报》1957年6月17日，常熟市档案馆藏R/9/3。

［3］《在全县范围内开展革命历史材料征集工作》，《常熟县报》1957年10月12日，常熟市档案馆藏R/9/4。

［4］《现已收集到重要文物二百件左右》，《常熟市报》1957年11月4日，常熟市档案馆藏R/9-1/1。

［5］《中共常熟县委征集革命文史办公室关于革命文史、文物征集工作的意见》，常熟市档案馆藏E016-001-00001.

［6］常熟县编史修志委员会《关于征集〈常熟人民革命斗争史〉及〈常熟县志〉资料的通告》，常熟市档案馆藏E016-001-0008-0008。

［7］《红色展览深入人心》，《常熟日报》2021年5月19日第三版。

［8］中国政府网https://www.gov.cn/xinwen/2021-03/30/content_5596770.htm。

依托革命文物资源　打造党史学习教育阵地

——“常熟博物馆藏革命文物特展”的实践探索

顾秋红*

内容提要： 在中国共产党成立100周年之际，常熟博物馆策划实施了“朝霞映在阳澄湖上——常熟博物馆藏革命文物特展”，取得了良好的社会效益。本文以该展览的策展实践为例，探讨中小型博物馆如何依托革命文物资源打造党史学习教育阵地的相关经验。

关键词： 博物馆　革命文物　党史教育

2021年是中国共产党成立100周年，为了贯彻落实《关于实施革命文物保护利用工程（2018—2022年）的意见》（中办发〔2018〕45号）和习近平总书记关于革命文物工作的重要指示，深入挖掘常熟博物馆藏革命文物资源，充分发挥党史学习教育阵地和爱国主义教育基地的功能，中共常熟市委组织部、中共常熟市委宣传部、中共常熟市委党史工作办公室、中共常熟市委老干部局、常熟市文体广电和旅游局、常熟市档案馆主办，常熟博物馆承办的“庆祝中国共产党成立100周年·朝霞映在阳澄湖上——常熟博物馆藏革命文物特展”于2021年4月27日（常熟解放纪念日）在常熟博物馆隆重开幕。展览推出后，迅速成为苏州市党员群众开展党史学习教育的“红色打卡点”。至12月底，接待观众46500多人次，接待团体58批次。

一　深入钻研，丰富展陈内容形式

常熟博物馆现藏有革命文物187件/套，根据2021年5月江苏省文物局公布的《江苏省革命文物名录（第一批）》，其中13件/套为国家二级文物、29件/套为国家三级文物。这些文物见证了近代以来常熟人民抵御外来侵略、维护国家主权、捍卫民族独立和争取人民自由的英勇斗争，见证了中国共产党领导常熟人民进行革命斗争的光荣历史。常熟是一方红色热土，家喻户晓的革命现代京剧《沙家浜》是展现军民鱼水情的艺术典型，它的故事原型就发生在常熟，因此展览标题取自《沙家浜》中的一句著名唱词“朝霞映在阳澄湖上”。

展览分为三个篇章：艰难探索、抗战烽火和夺取胜利。通过近百件革命文物，有烈士遗物、文件通告、报刊书籍、勋章证件等类型，辅以老照片、多媒体视频、地方志资料等，全方位地梳理了从1919年五四运动开始至1949年4月27日常熟解放这段历史的发展脉络。展览中用实物、图片和文字为观众解读了常熟地方党史中的多个“第一”：1926年2月11日，常熟第一个中国共产党组织——中共常熟特别支部成立；1938年8月初，常熟县委直接组织和领导的第一支抗日队伍——常熟人民抗日自卫队（简称“民抗”）成立；1940年8月2日，常熟县人民抗日自卫会成立，这是常熟地区的第一个红色政权；1941年7月1日，日伪对常熟发动了第一轮“清乡”，苏常太地区开展了艰苦卓绝的反“清乡”斗争……同时为了让观众更深入地了解文物的详细内容，策展团队尝试在说明牌中加入二维码，用智能手机扫码就可以直接链接到“常熟史志”公众号，获取相对应的内容介绍。

展厅内以红色为主要背景，渲染庄严肃穆的参观氛围。展标、前言区域设置了一排干芦苇丛，营造沙家浜芦苇荡的隐秘氛围（图一）。在第二篇章“抗战烽火”区域，展柜外加装仪器装置，制造出革命火焰燃烧的效果，提升观展的体验感（图二）。为了充分利用展厅内的过渡墙面，也为了提升空间协

* 顾秋红，常熟博物馆馆员。

图一 “常熟博物馆藏革命文物特展”展标墙

调感，分别设置了“翻一翻、猜一猜”照片墙、“知史爱国、知史爱党”主题阅览区、京剧《沙家浜》经典片段播放区、大事记年表区，并放置数字互动体验一体机，既提升了与观众的互动性和观展体验，也提高了公众的参与度（图三、四）。

二　周密策划，整合多方资源优势

本次展览是常熟博物馆首次以策展小组的方式负责特展的策划组织全过程。中小型博物馆存在自身的优势和不足，在展览的策划与实施过程中，常熟博物馆努力探索一种创新的工作模式，与六家主办单位密切合作，在文物征集、学术指导、文献共享、宣传推广等方面，有效整合了各单位在藏品、人才、技术等方面的资源优势，成功将常熟博物馆打造成苏州市党史学习教育的优秀阵地。

①文物征集。为了丰富展览内容、提升展览内涵，常熟博物馆与中共常熟市委宣传部、老干部局合作，在多个媒体平台公开发布了《庆祝中国共产党成立100周年・常熟市革命文物征集公告》，最终共征集到8件借展文物、26件捐赠文物。②学术指导。策展人在撰写展览大纲及文物说明等文稿时，参考了中共常熟市委党史工作办公室出版的大量地方史研究著作以及发表的学术论文，并请党史专家对展览大纲审核把关。③文献共享。利用常熟市档案馆收藏的丰富的档案文献和老照片等红色文物，弥补了常熟博物馆馆藏实物的不足。据统计，在展览中使用常熟市档案馆收藏的文献照片共计12件。

图二　特展第二篇章“抗战烽火”区域

④宣传推广。特展开幕式与常熟市融媒体中心“奋斗百年路　启航新征程——党史学习教育融媒新闻行动”启动仪式共同举行并现场直播，现场采访策展人顾秋红，介绍特展的基本情况以及特色亮点。当天网络直播观看人数达31593人次。

三　拓宽渠道，提升宣传教育成效

常熟博物馆以公众需求为导向，提供丰富多样的社会教育服务，并积极参与其他单位的相关活动，多方合作，将“线上/线下”“虚拟/现实”“在线/在场”相结合，进一步拓展了馆藏革命文物的宣传展示和党史教育功能。在8个月展期内共接待观众4.65万人次、团体参观58批次，参与线上参观学习的人数达1.78万人次。

（一）开展丰富社教体验活动

在国际博物馆日开展“红色记忆用心绘　革命文物我守护”青少年专场社教体验活动。在中国自然和文化遗产日举办“同心向党　共绣红书衣——常熟花边体验活动”（图五）。暑期举办2021年常熟博物馆小志愿者训练营，将讲解一件革命文物列为训练营的实践考核内容（图六）。展览期间邀请常熟党史专家沈秋农先生、常熟市委党校高级教师王丽萍作党史专题讲座，使党员群众得到生动的教育（图七）。

（二）参与红色故事宣讲活动

参与常熟市文体广电和旅游局主办的“虞燕送理·红色读书台之声”文艺党课，赴社区、企业等单位开展红色故事宣讲，参与苏州市文化广电和旅游局主办的“苏州革命文物说”短视频展播栏目9期（图八），参与中共苏州市委宣传部“‘讲百个红色故事　庆建党百年华诞’爱国主义教育基地说”活动等，不断扩大了特展相关宣传教育的覆盖面。

（三）推送线上云观展服务

常熟博物馆制作、发布了特展的数字VR展厅，观众通过智能手机等数字设备可以实现“云观展”。特展期间，“常熟博物馆”微信公众号推送30期“红色印迹——博物馆里的革命文物”专题，讲述革命

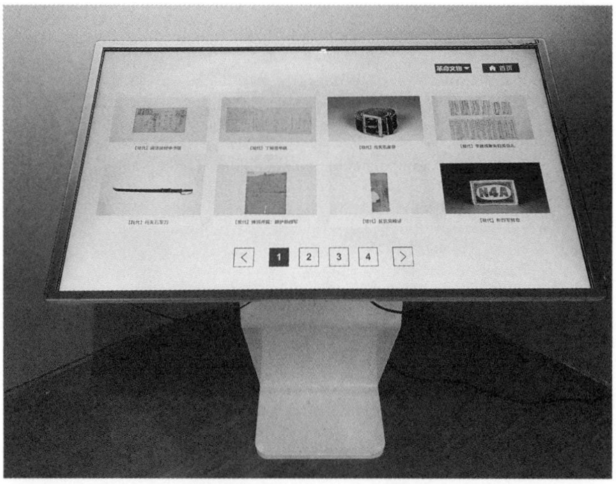

图三　展厅内设置数字互动体验一体机，提高公众参与度

图四　特展宣传页，版式设计借鉴馆藏红色刊物

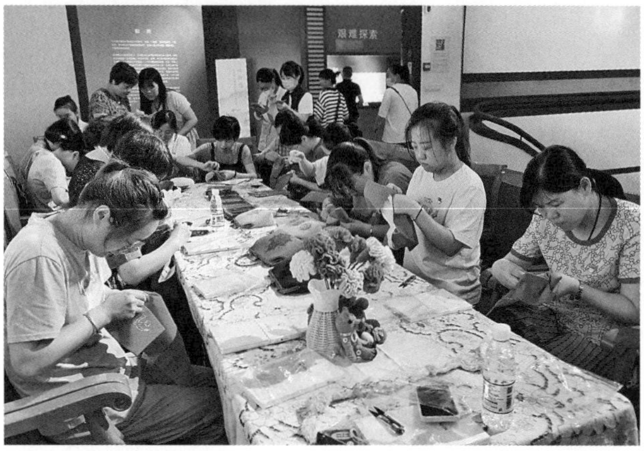

图五　同心向党 共绣红书衣——常熟花边体验活动

图六　常熟博物馆小志愿者训练营学员为讲解实践作准备

图七　常熟党史专家沈秋农专题讲座《读革命文物 讲红色故事》

图八　参与苏州市文广旅局“革命文物说”活动

文物的红色故事，受到广泛的关注。

（四）合作推广展览宣传

常熟博物馆被列为由中共苏州市委组织部、中共苏州市委宣传部、中共苏州市委党史工作办公室主办的“重温百年历程　打造‘最美窗口’——党史学习教育沉浸式主题党日活动”的现场教学点。另有苏州电视台、常熟电视台，中国网·美丽常熟、新华网·江苏、苏州新闻网等15家网站，南京信息工程大学团委、学在苏州、常熟市董浜中心小学等18个微信公众号发布了该展览的宣传报道。

四　总结与思考

本次展览展期8个月有余，取得了良好的社会效应。作为主要策展人，笔者参与了整个展览的策划与实施，上述从特展的展陈内容、展陈设计和传播效果等方面进行阐述，在实践中探索并总结经验，为今后更好地开展革命文物展示利用、更好地传播红色文化资源提供参考借鉴。

首先，革命文物凝结着中国共产党的光荣历史，被赋予了强烈的民众情感和特殊的历史意义。在此类展览内容的编写上必须坚持政治性、思想性、艺术性相统一，用史实说话，公正客观地评价历史事件和历史人物，切不可主观臆断。同时要注重整合文物、党史、军史、档案、地方志等方面研究力量，深入挖掘革命文物蕴含的思想内涵和时代价值[1]。并从馆藏资源特色和地域性出发，在共性历史背景下提炼出地域特色来准确定位展览主题。如在撰写特展大纲时，笔者认真研读了常熟市党史办、地方志研究专家等的理论研究成果，结合党史去解读文物背后的历史文化信息，再将文物进行甄选与排列、组合，形成展示单元，对展览主题进行细化、深化和提升[2]。

其次，在展览形式上，突破了传统革命历史展览“图片＋文物”的程式化模式，突出文物为核心，以物证史、以史彰物[3]。辅以与主题相关的历史照片、版画、报纸和海报等元素作为背景，坚持展示方式与展陈内容相得益彰，并适度运用现代科技手段，增强革命文物陈列展览的可视性和互动性[4]。本次展览通过开幕式直播、“革命文物说”短视频、“红色读书台之声”故事宣讲、“数字VR展厅”、微信端“红色印迹”栏目等宣传手段，以生动的语言和丰富的表现形式讲述革命知识。同时红色主题展览不仅要传递具体的信息与知识，更要激发人们心中的情感，所以在传播策略上要注重打造仪式性空间，实现精神升华[5]。如该展在展览区域设置了“知史爱国　知史爱党”主题阅览区，为观众提供一处可以举行党建活动仪式的区域，从而使红色信仰深入人心。

此次革命文物特展充分利用了馆藏红色文化资源，有效发挥了常熟博物馆社会教育功能，成功打造党史学习的教育阵地，体现了常熟博物馆积极贯彻落实国家政策，在革命文物的保护利用上取得了一定的创新成果和典型经验，对今后继续做好革命文物的展示传播和社会教育工作，做好新时代革命文物的保护利用工作，具有重要的指导意义。

注释：

［1］国家文物局：《革命文物保护利用“十四五”专项规划》，《中国文物报》2022年1月4日第3版。

［2］胡宝芳：《藏品研究与展览关系——以“为共和而战——纪念上海地区辛亥革命100周年历史文物展”为例》，中国博物馆协会博物馆学专业委员会、浙江省博物馆编：《中国博物馆协会博物馆学专业委员会论文集萃》，中国书店，2013年，第172—173期。

［3］孙艳丽：《传承红色基因　凝聚前进力量——中国共产党建党百年献礼之“初心——山东革命历史文物展”》，《文物天地》2020年第12期。

［4］欧阳敏：《以联合办展和“云展览”模式提升革命文物展示传播水平——“中流砥柱——中国共产党抗战文物展”的实践探索》，《中国博物馆》2021年第3期。

［5］叶蓉：《用展览讲好红色故事》，《中国文化遗产》2021年第6期。

征稿启事

本论丛由常熟市文化博览中心、常熟博物馆主办，立足常熟，面向国内外，宗旨为：以历史唯物主义为指导，积极宣传党和国家的文物法规与相关政策，及时反映考古、文物和博物馆工作的新发现和新成果，推动文博科学研究。坚持学术性、知识性、资料性兼顾，关注学术热点，开展学术讨论，交流文博专业信息，传播文物知识。以文博工作者和爱好者为主要阅读对象，努力为促进文博事业的高质量发展作贡献。

本论丛一年一辑，设置虞山文化研究、馆藏掇英、考古与文物、博物馆学研究等栏目，欢迎国内外作者惠赐文稿。

来稿请按照如下要求：

1. 稿件文字精炼，资料可靠，立论新颖，论据充分。

2. 文章标题需提供英文译名。

3. 请提供作者信息，包括作者姓名、工作单位、职务或职称、所在城市（不是省会的城市前必须加省名）、邮编，以上信息以脚注形式标注于文稿首页。同时在稿件尾部留下作者身份证号、手机号、电子邮箱和通讯地址。文章如获得基金项目资助，请注明基金项目及编号。

4. 文前附中文摘要和关键词。摘要300字左右；关键词3—5个，以空格相隔。

5. 正文以3000至10000字为宜，字体采用5号宋体；正文标题层次不宜过多，层次序号为一、（一）、1、（1）。

6. 图片请提供300dpi以上的清晰大图；图、表请注明名称、来源及其在文章中的位置。图片编号采用中文数字：图一、图二、图三……图一〇、图一一等。

7. 数字用法执行GB/T15835-1995《出版物上数字用法的规定》，公元纪年、年代、年、月、日、时刻、各种记数与计量等均采用阿拉伯数字；农历、清代及其以前纪年、星期几、数字作为语素构成的定型词、词组、惯用语、缩略语、临近两数字并列连用的概略语等用汉字数字。

8. 注释样式请参考《文物》期刊或《常熟文博论丛》第一辑。

9. 在不改变原意的前提下，本论丛有权对采用稿件进行删节、修改。如有异议，请在投稿时声明。

10. 本论丛采用匿名审稿制，自投稿之日起3个月内未接到采用通知，可另投他刊。来稿恕不退回，请自留底稿。稿件一经发表即按照本论丛付酬标准支付稿酬。同时本论丛有权对网络媒体以数字化方式复制、汇编、发行、信息网络传播本论丛全文。该著作权使用费与本论丛稿酬一并支付。

11. 来稿须具有原创性，未公开发表过；文中引用部分，均须做出明确标注或得到许可，如有侵犯他人著作权问题，后果由作者自负。

本论丛联系方式如下：

地址：江苏省常熟市北门大街1号常熟博物馆《常熟文博论丛》编辑部

邮编：215500

联系人：陶元骏、汪可

电话：0512-52776855转8005（陶元骏）；0512-52223207（汪可）

电子邮箱：csmuseum@vip.126.com